gretl / EViews 실증분석 예제 수록

제 3 판

계량경제학
이론과 활용

남준우 · 허 인

弘文社

제3판 머리말

이 책의 2판이 나온 지 2년이 되었다. 이 책은 학부 수준에서 계량경제학에 입문하는 학생들을 위한 교과서로 생각하고 만든 책이다. 학생들의 통계 분석 능력을 함양하기 위해서 경제학과에서 계량경제학을 학습하게 된다. 책을 쓸 때 그렇게 적어도 3번 이상의 교정을 했음에도 불구하고 수업을 진행하는 중에 오탈자도 발견되고 좀 더 매끄럽게 써야 할 부분도 발견되었다. 그래서 이러한 부분들에 대한 정리를 이번 개정판에 다시 한 번 했다. 그리고 저자는 이 책을 활용해서 학생들의 실제 데이터 분석을 하게 하는 수업을 진행했다. 수업 중에 학생들이 자료 분석하기 위해서 데이터를 모으다 보니, 이 책에서 다루지 않았던 패널자료를 분석해야 하는 경우가 종종 발생했다. 따라서 선형회귀모형에서 패널자료의 특징을 살펴보고 이에 대한 분석방법을 학부 수준에서 직관적으로 이해할 수 있게 방법론을 추가해서 수록했다.

정리하면 이번 개정판의 내용은 다음 두 가지이다.

첫 번째, 이전 판에서 서술 및 오탈자를 잡아서 수정했다. 이 부분은 책을 쓴 저자로서 평생의 숙제처럼 느껴진다. 처음 쓸 때는 완전하다고 생각했던 문장도 다시 읽어보면 부족하게 느껴질 때가 많다. 길이가 짧은 논문에서도 언제나 오탈자가 발생한다. 독자 여러분도 혹시 이해가 되지 않는 문장이나 오자가 아닌가 싶은 부분이 있으면 연락을 취해 주시면 본 교과서의 개정에 많은 도움이 될 것이다.

두 번째, 패널 분석방법을 추가했다. 저자가 처음 한 학기 동안 계량경제학을 배울 때는 제10장까지 내용을 배웠다. 따라서 제11장부터의 내용은 학생들이 데이터 분석을 실제로 하는 수업에서 부딪히게 되는 문제에 대해서 최대한 학부 수준에서 이해하기 쉽게 서술한 내용이다. 기존에 시계열자료(제11장, 제12장), 횡단면자료(제13장)를 분석할 때 부딪히게 되는 문제에 대해서는 서술이 되어 있다. 시계열과 횡단면이 동시에 존재하는 패널자료에 대해서는 이 책에서 다루지 않고 있었다. 이에 제14장에 선형회귀모형에서 패널자료를 분석하는 방법을 다루었다. 패널자료를 분석해야 하는 이유와 가장 기초적인 분석방법을 직관적으로 서술했다.

개정판을 내야 하겠다는 생각을 심어준 저자들의 수업을 들었던 학생들에게 감사 인사를 전한다. 개정판을 준비하는 과정에서 저자들을 독려해 주신 홍문사 임권규 사장님과 원고를 잘 묶어주신 이경희 주간님께도 감사의 말씀을 전한다.

2024년 2월

제2판 머리말

이 책의 초판이 나온 지 3년이 되어간다. 이 책은 계량경제학 이론에 대한 설명과 실증분석 예제를 중심으로 한 학부 수준의 계량경제학 교과서이다. 학생들의 학습을 돕기 위해 초판에서 각 장마다 계량경제학 이론을 연습하기 위한 연습문제를 수록하였고, 또한 실제 자료를 사용하여 계량경제학 이론을 이해할 수 있도록 실증분석 예제도 수록하였다. 그러나 교재로 사용하시던 교수님들로부터 제한된 연습문제만으로 학생들이 계량경제학 이론을 충실하게 이해하는 데에는 한계가 있다는 의견을 들어왔다. 또한, 실증분석에 대한 학생들의 호기심을 도출하기 위해 학생들의 관심사와 일치하는 주제에 대한 다양한 자료 분석 예제가 필요하다는 제안도 해 주셨다. 이번 개정 작업은 초판의 내용을 그대로 유지하면서 연습문제 및 실증분석 문제를 확충 보강하고자 하였다.

이번 개정판의 주요 특징은 다음과 같다.

첫째, 각 장마다 수록된 연습문제를 보강하였다. 또한, 기존의 연습문제 체계를 개편하여 기초적인 연습문제와 심화학습을 위한 심화문제로 구분하였다. 최근 계량경제학이 단순히 경제학 주제를 실증분석하기 위한 방법론의 역할을 넘어 이론의 학습에 대한 중요성이 강조되고 있다. 특히 빅데이터로 불리는 자료의 수집이 활발해지면서 계량경제학 방법론을 익힌 인재의 필요성이 높아지고 있다. 이에 금융공기업과 일부 기업의 취업에서는 계량경제학 학습 정도가 중요한 기준으로 자리잡게 되었으며, 경제, 경영 및 사회과학 분야 대학원 진학에도 계량경제학 이론에 대한 이해도가 중요한 합격 기준으로 평가됨에 따라 계량경제학 이론을 보다 다방면으로 이해할 수 있는 연습문제가 필요하게 되었다. 이러한 사회적인 요구 및 학생들의 학습을 위하여 다양한 연습문제와 심화문제를 수록하고자 노력하였다.

둘째, 부록에서는 각 장에 수록된 연습문제와 심화문제에 대한 해답을 수록하였다. 그동안 학생들로부터 연습문제 풀이에 대한 피드백의 요구가 있어 왔다. 이러한 요구에 부응하여 연습문제와 심화문제에 대한 해답을 본문의 내용에 맞추어 제공하고자 노력하였다.

셋째, 각 장마다 실증분석 문제를 보강하였다. 계량경제학 이론을 보다 충실하게 이해하기 위해서는 실제 자료를 활용한 분석이 중요하다. 이를 위해 다양한 실증분석 문제를 수록하고자 노력하였는데 학생들의 관심을 도출하기 위해 경제학 관련 주제뿐만 아니라 영화, 스포츠 등 실생활에서 접하는 문제를 통하여 학생들이 계량경제학 주제와 친밀성을 가질 수 있도록 노력하였다. 본문에서 사용하는 소프트웨어와 맞추어 실증분석 자료는 gretl과 EViews 형식의 자료뿐만 아니라 기타 다른 소프트웨어에서도 쉽게 이용할 수 있게 하기 위하여 Excel 형식으로도 제공하고 있으며 이는 홍문사 홈페이지(www.hongmoonsa.co.kr)에서 누구나 쉽게 다운로드 받을 수 있다.

이 책의 개정판을 준비하는 과정은 저자들만의 노력으로 이루어지는 것이 아니다. 연습문제의 풀이 과정에는 한국은행에 재직중인 박진 조사역의 도움을 많이 받았다. 박진 조사역은 서강대학교 학부생 시절 한국은행 입행 시험 준비과정으로 여유가 없음에도 불구하고 일부 연습문제 풀이와 타이핑의 수고를 맡아주었다. 또한, 이 책의 실증분석에서 제공되는 자료는 가톨릭대학교와 서강대학교에서 저자들의 수업을 들으면서 기말 보고서 주제를 발굴하여 자료를 분석한 학생들의 도움이 많았음을 이 글을 통하여 감사의 뜻을 밝힌다.

2021년 2월

머 리 말

최근 계량경제학을 이용한 분석은 경제학뿐만 아니라 여러 학문 분야에서 다양하게 활용되고 있다. 경제학, 경영학, 사회학, 심리학, 정치학 및 언론학 등 여러 사회과학 분야 및 자연과학은 물론이고 심지어는 실제 자료에 근거하여 결론을 도출해야 하는 인문학의 일부 분야에서도 계량경제학을 이용한 분석이 활발하게 사용되고 있다. 이러한 취지에서 본다면 기존 계량경제학 교과서는 수리적이거나 통계학적인 설명에 치중되어 응용 분야에 큰 도움이 되지 못하였다. 또한 학부 수준에서 계량경제학을 처음 배우는 학생들에게도 그 활용도가 크지 못하여 쉽게 흥미를 불러일으키지 못했다는 지적이 있어 왔다. 이에 반해 일부 교과서에서는 실증분석의 예를 중심으로 서술하다 보니 자칫 계량경제학 이론을 체계적으로 정립하지 못하여 방향을 잃게 만드는 경우도 종종 있어 왔다.

이 책은 학부 학생을 위한 교과서로서 집필되었다. 저자들이 그동안 계량경제학을 강의하면서 준비한 강의자료를 토대로 이루어졌으며, 또한 일부 내용은 저자들이 다른 책에서 소개한 내용을 수정하여 수록하고 있다. 계량경제학을 처음 배우는 학부 학생들이 흥미를 잃지 않도록 계량경제학의 기본개념에서부터 응용에 이르기까지 알기 쉽고 깊이 있게 이해할 수 있도록 설명하고 있으며 또한 그 이해도를 높이기 위해 기본개념을 실제 예에 적용할 수 있도록 구성하고 있다. 동시에 기업 및 연구소 등에서 실증분석을 다루거나 혹은 처음 계량분석을 수행하고자 하는 사람을 위해 매 장마다 실전예제를 통해 실증분석을 소개하고 있다.

다른 계량경제학 교과서와 비교하여 이 책의 주요 특징은 다음과 같다.

첫째, 내용을 쉽게 이해할 수 있도록 이론 설명 말미에 예를 들어 설명하고 있다. 자칫 수리적으로 흐르기 쉬운 이론 설명에 예를 통한 설명을 추가함으로써 이론에 대한 이해를 더욱 공고하게 할 수 있도록 하였다.

둘째, 학부 학생들은 단순히 계량경제학을 커리큘럼 이수의 일부로만 해석하기 쉽다. 그러다 보니 수업에서 배운 내용을 활용하는 수준에 미치지 못하여 수강 후에도 자료를 분석하는 데 활용하지 못하는 경우가 많다. 이 책에서는 계량경제학에 대한 이해와 흥미를 높이고 향후 활용할 수 있게 돕기 위해 매 단원마다 실증분석의 예를 소개하고 있다. 이러한 실증분석의 예로서 소비, 주가, 환율, 투수연봉, 기업수익, 중고차시장 등 학생들이 관심을 가지는 주제를 중심으로 소개하였다. 또 이를 직접 따라 해 볼 수 있게 하려고 예제 혹은 연습문제로 활용되는 모든 자료는 출판사의 사이트(www.hongmoonsa.co.kr)에서 다운받을 수 있도록 하였다.

셋째, 본 교재에서 다루는 내용을 보다 쉽게 이해하고 데이터분석을 할 수 있도록 통계 소프트웨어를 이용한 실전예제를 각 단원마다 수록하고 있다. 실증분석 연구에서 가장 많이 사용되는 통계 소프트웨어 중 하나인 EViews와 gretl을 통해 예제를 소개하고 있는데, EViews는 40여 년의 역사를 가진 소프트웨어로 처음 계량경제학을 배우는 단계에서 쉽게 터득할 수 있다. gretl은 최근 개발된 소프트웨어로 누구나 자유롭게 무료로 다운받아 사용할 수 있는 통계 소프트웨어이며 사용법이 EViews만큼 간단하다. 두 프로그램 모두 쉽게 접근할 수 있을 뿐 아니라 고급 수준의 연구에 필요한 통계 및 계량 기법을 내장하고 있어 광범위한 수준의 독자를 대상으로 한 프로그램이라 할 수 있다.

넷째, 각 단원별로 학습내용을 재확인하고 심화학습을 위한 연습문제를 제공하고 있다. 연습문제는 저자들이 그동안 강의에서 과제나 시험문제로 활용한 것으로 가능한 범위 내에서 그 해답 또한 수록하였다.

교과서를 저술하는 작업은 준비단계에서부터 실제로 상당한 기간 동안 많은 노력이 필요하다. 이러한 노력은 저자들의 노력만으로 제한되지 않는다. 이 책을 만드는 데 지원을 아끼지 않으신 홍문사의 임권

규 사장님, 이준기 부장님께 감사의 말씀을 전한다. 특히 저자들의 원고를 잘 묶어주신 이경희 주간님께도 감사의 말씀을 전한다, 본 저서를 이용하여 많은 사람들이 원하는 지식을 구하고 또한 계량경제학에 대한 이해가 깊어진다면 이는 저술활동의 큰 보람으로 남게 될 것이다.

2018년 7월 30일
남준우 · 허 인

차 례

제 I 부 계량분석의 기본 개념

제 II 부 선형회귀분석

제 6 장 선형회귀모형의 응용

제 III 부 회귀분석의 제문제

제 7 장 모형의 설정 및 검정

제 8 장 다중공선성

제 IV 부 계량모형의 활용

PART I

제 I 부는 이 책의 제II부 이하에서 다룰 계량분석 기법에 대한 기초 개념을 소개한다. 제1장에서는 다양한 실증분석의 예를 소개하여 계량경제학의 역할을 설명하며, 또한 실증분석 논문/보고서 작성법에 대하여 설명한다. 제2장에서는 기초 확률이론, 표본분포 및 가설검정 등 계량경제학 분석의 기본인 통계학의 기본 개념에 대해서 간략히 요약 · 정리한다.

계량분석의 기본 개념

1 계량경제학과 실증분석

2 확률 · 통계의 기초이론

CHAPTER 01

계량경제학과 실증분석

제1장에서는 경제학의 한 분야로서의 계량경제학의 역할을 소개하고, 이를 실제 연구에 적용하는 실증분석에 대해 설명한다. 또한 실제 계량분석에서 사용하는 자료의 성격에 대해 살펴보고 이로부터 실증분석 논문/보고서의 작성에 대해 설명한다.

1 계량경제학이란 무엇인가

계량경제학이란 경제학을 주제로 한 통계분석 방법론을 공부하는 학문이다. 경제학자는 이론을 설정하고 이 이론이 실제와 얼마나 부합하는지를 검증한 후 이론을 확정하거나 수정한다. 따라서 경제·경영 관련 연구의 수행에 있어서 주위의 경제현상을 보다 잘 이해하고 분석하는 것은 중요한 단계이다. 경제활동을 통해 발생한 실제 현상들을 분석하기 위해서 경제학자는 통계분석을 수행한다. 경제학자들은 경제이론을 보다 구체화하고 검증하기 위해서 통계자료(관찰)를 분석하고, 경제이론을 이용하여 통계자료 분석의 모형을 설정하기도 한다.

미시경제학의 수요법칙을 예를 들어보자. 수요의 법칙은 가격이 상승하면 수요가 감소한다고 설명하고 있다. 우리는 이 수요의 법칙에 따라서 담배가격 인상이 담배 수요를 감소시켜 흡연율을 감소시킬 것이라고 예상할 수 있다. 이러한 경제이론을 검증할 수 있는 관찰 혹은 분석은 실제로 담배가격 인상이 흡연율을 감소시켰는지를 살펴보는 것이다. 실례로 2015년 담배가격의 대폭 인상은 담배시장에서 수요의 법칙이 관찰되는지 여부를 분석할 자료를 제공한다. 담배시장에서 수요의 법칙이 성립하는가에 대한 구체적이고 현실성 있는 해답은 실제 통계자료를 이용하여 가격에 대한 담배수요의 탄력성을 추정함에 따라 가능하다. 이러한 통계분석의 틀을 계량경제학이 제공한다.

계량경제학이란 경제변수 간의 관계를 추정하고, 경제이론을 검정할 때 사용되는 통계방법론이다. 기업 혹은 정부 정책을 집행 · 평가하는 과정에 계량경제학이 사용된다. 거시경제학에서 계량경제학의 활용을 살펴보면, 이자율이나 물가상승률 및 GDP 등의 거시경제변수 간의 관계를 규명하고 이로부터 거시경제의 전망치를 제시하는 일이 그 예이다. 계량경제학의 활용은 거시경제변수의 예측에 한정되지 않고, 여타 경제학이나 실생활의 보다 넓은 영역에 보다 많이 적용된다. 예를 들어 소득세율을 2% 인상하면 경제성장에 대한 효과는 어떠할까? 최저임금을 10% 인상하면 실업의 문제는 없을까? 주세를 인상하면 음주운전 사고를 줄일 수 있을까? 미국 메이저리그의 류현진 선수가 올 시즌 승리게임 1승 더 기록하면 다음 협상에서 연봉이 얼마나 상승할까? 대학 진학에 따른 교육투자 수익률은 얼마일까? 동일 학력, 경력 수준에서 남 · 녀 간의 임금격차는 얼마일까? 국민들의 교육수준 증가는 비만 감소에 도움이 되나? 1주일에 한 시간을 더 학업에 투여하면 성적이 얼마나 상승할까? 현재 보유중인 중고차를 1년 더 운행 후 판매하면 가격은 어떻게 될까? 미술품에 투자하면 기대할 수 있는 투자수익률은 어떠할까 등이다.

실제로 2015년 담배가격 대폭 인상의 주된 동기로 당시 정부는 흡연율을 낮춰 국민건강을 증진시키겠다는 목표를 내세웠다. 그러나 실제

자료분석을 통한 연구 결과, 담배수요의 가격탄력성은 정부 예상보다 작게 나타났으며 이로부터 담배산업에서의 가격 정책은 흡연율을 낮추는 데는 성공적이지 않았다. 결과적으로 담배가격 인상은 국민건강증진보다는 조세수입 확대에 더 큰 효과가 있었다고 할 수 있다. 이렇듯 경제이론이나 경제현상에 대한 이해나 논쟁은 실제 자료를 계량경제학을 통해 분석함에 따라 구체성을 갖추거나 실제로 검정 가능해진다.

2 실증 계량분석의 단계

오늘날 계량경제학의 방법론은 경제학의 범위를 넘어 회계학, 재무, 마케팅 및 경영관리 등의 경영학에서도 많이 활용되고 있으며, 국방, 역사, 정치학, 사회학, 심리학 및 언론학 등의 사회과학에서도 광범위하게 사용되고 있다. 또한 임학이나 농업경제학 등의 연구에서도 계량경제학은 중요한 역할을 수행하고 있다.

이러한 분야에서의 연구를 포함한 경제학에서의 **실증분석**(empirical analysis)이란 (경제) 이론을 검정하거나 경제변수의 관계를 추정하기 위하여 자료를 분석하는 작업을 의미한다. 실증적 경제분석을 위한 이론 혹은 주제는 어디서부터 구해지는가? 이는 경제이론에서부터 주어질 수도 있으며 또한 관심사에 대한 깊은 고찰을 거친 실증적인 의문에서 찾을 수도 있다.

일반적으로 계량경제분석은 다음의 단계를 거친다.

① **경제변수 간의 관계를 계량화:** 경제변수 간의 여러 특성을 파악하는 것이 일차적 목적이다.

② **경제이론과 현실의 부합 여부와 경제행위에 관한 특정 가설을 검정:** 경제이론을 검정하기 위해 경제학의 각 분야에서 개발된 경제이론이 현실경제를 잘 설명하는가를 실제자료를 이용하여 분석하

고, 특정 가설을 검정한다.

③ **경제변수를 예측:** 한 경제변수의 변화가 다른 경제변수에 어떠한 영향을 미치는가를 분석한다. 이렇게 발견된 경제변수들 간의 관계를 이용하여, 특정 경제변수가 변동할 때 다른 경제변수의 변화를 예측할 수 있고 이 예측을 통해서 경제정책의 효과를 예상해 볼 수도 있다.

2.1 경제자료

계량경제학 방법론을 실증분석에 적용하기 위한 첫 단계는 적절한 통계자료의 획득이라고 할 수 있다. 계량경제학은 **비실험자료**(nonexperimental data)를 수집하고 분석한다는 차원에서 일반 통계학과 차이가 있다. 실험을 통해서 자료를 얻을 수 있으면 자료가 필요할 때는 적절한 실험을 통해서 새로운 자료를 만들어 낼 수 있다. 반면 비실험 자료를 이용하는 경우에는 분석을 위한 첫 단계로서 적절한 자료를 획득하는 것이 매우 중요하다. 이 부분에서 일반 통계학과 계량경제학 간에 차이가 존재한다. 실험자료를 이용하는 통계학자가 통계적인 추정을 위해 실험을 어떻게 설계할지를 연구한다면, 계량경제학자는 주어진 자료에 대해 가능한 모든 방법을 동원하여 최대한 정확한 값을 추정할 수 있는 방법을 연구한다. 일반적인 통계학의 분석대상이 되는 자연현상은 실험을 통해서 적절한 자료를 얻는 것이 가능하지만, 계량경제학에서는 분석대상이 사회현상이기 때문에 (최근의 실험경제학 일부 분야를 제외하고는) 실험을 통해서 자료를 얻는 것은 극히 제한되어 있어 적절한 자료를 찾는 작업이 중요하다.

통계자료의 수집이나 분석방법은 분석대상이 되는 경제변수의 성격이나 분석모형에 따라 달라진다. 그러므로 좋은 실증분석 연구를 위해서는 통계자료의 특징이나 출처 및 분석 자료의 한계에 대한 정확한 이해가 필요하다. 경제자료의 유형을 구분함에 있어서 큰 차이를 이루는 기준은 횡단면자료와 시계열자료이다. 또한 이 두 자료의 유형으로부터 파생된 형태로 패널자료가 있다.

2.1.1 횡단면자료

횡단면자료(cross-section data)란 일정 시점에 개인, 가계, 기업 및 국가 등과 같이 여러 개체에 대해 수집한 자료를 의미한다. 대표적인 예로 설문조사로부터 만들어진 자료를 들 수 있다. 올해 대학에 입학한 신입생들의 수능성적, 학습시간, 부모의 소득 등에 관한 자료나 우리나라 대표적인 200대 기업의 광고비와 매출액 및 종업원수 등에 관한 자료가 이에 해당된다. 또한 OECD 회원국 35개국의 인구, GDP, 문맹률, 평균수명 및 이혼율 등에 관한 자료 또한 횡단면자료이다. 따라서 횡단면자료를 이용한 실증분석에서는 개인, 기업 혹은 경제주체의 경제행위를 분석함에 있어서 일정시점에서의 경제변수 간의 관계를 규명한다.

횡단면자료가 갖추어야 할 바람직한 성질은 특정 모집단자료로부터 **확률표본**(random sampling) 방식에 의한 자료의 구축이다. 확률표본이란 모집단으로부터 임의로, 무작위로 추출하여 구성한 표본을 의미한다. 확률표본 방식에 의해 구축된 표본은 표본자료의 구성이 모집단자료의 구성과 유사한 특성을 가지게 됨에 따라 표본자료로부터 구한 표본통계치는 모집단(추정 대상인) 모수(parameter)와 유사한 값을 갖게 된다. 따라서 알려지지 않은 모집단 모수에 대한 정보를 구하기 위해 표본자료를 이용한 추정을 시행한다. 그러나 횡단면자료는 다양한 개체를 분석대상으로 하고 있기 때문에 관찰자료의 **이질성**(heterogeneity)에 대한 검토가 중요하다. 본 저서의 제9장에서는 이에 대해 집중적으로 설명한다.

2.1.2 시계열자료

시계열자료(time series data)란 주어진 개체(개인, 기업, 국가 등)에 대해 일정기간 동안 수집된 자료를 뜻한다. 예를 들어 1990년 이후 매년 우리나라의 이자율과 물가수준 및 성장률에 관한 자료 혹은 주식가격 및 통화량 등에 대한 자료가 이에 해당한다. 다른 예로는 최근 2~30년 동안 매년 우리나라 국민의 출생률, 이혼 건수, 취학률 및 평균수명 추이

등이 시계열자료에 해당된다.

시계열자료에서는 시간이 중요한 개념으로 작용한다. 특정 변수에 관한 자료를 시간에 걸쳐서 수집함에 따라 시간에 따른 변화의 추이를 분석하며 또한 이로부터 이들 변수의 미래 수준에 대한 예측도 시행한다.

시계열자료에서는 일반적으로 자료의 과거 관찰된 값이 현재 혹은 미래의 값에 영향을 미치는 구조를 갖는, 즉 특정 변수의 관찰치가 시간에 따라 상호 무관하지 않은 특징을 가진다. 예를 들어 작년 GDP 값은 올해의 GDP 수준에 대해 매우 유용한 정보를 가진다. 따라서 시계열자료의 분석에서는 이러한 상관 정도를 모형화하는 것이 중요하다. 본 저서의 제10장, 제11장 및 제12장에서는 이러한 시계열자료의 구조와 분석에 대해 설명하고 있다.

시계열자료는 그 관찰 빈도에 따라 연도별, 분기별, 월별 혹은 일별 자료 등으로 구분된다. 대부분의 국가 거시 통계자료는 연도별 및 분기별, 월별로 발표되며 주가지수의 경우에는 일별로 발표된다. 분기별 혹은 월별 자료는 그 관찰시기에 따라 주기적인 특징을 보이기도 한다. 예를 들어 실업률자료는 졸업시즌에 상승하는 규칙적인 구조를 가지며, 에어컨 판매액, 빙과류 매출자료 또한 관찰되는 계절에 따라 규칙적인 변화를 갖는다. 따라서 이러한 자료의 경우 계절에 따른 규칙성에 대한 검토를 통하여 경제변수 간의 정확한 관계를 도출할 수 있다. 이 책의 제6장 4절에서는 이에 대해 다룬다.

횡단면자료와 시계열자료의 구분이 중요한 이유는 자료의 성격에 따라 분석방법과 특징이 다르기 때문이다. 횡단면자료의 경우에는 대체로 관찰치가 거대한 모집단의 일부로서 무작위로 추출된 **확률표본**(random sample)의 과정을 통해 구해짐에 따라 관찰치의 순서(ordering)는 중요하지 않으며 서로 다른 관찰치 간에는 상관성이 없다고 보는 것이 일반적이다. 시계열자료의 경우에는 개별 변수의 크기뿐만 아니라 관찰치의 순서 또한 중요한 의미를 가지기 때문에 서로 다른 시점 간의 관찰치의 상관성을 모형화하는 데 많은 관심을 갖는다.

2.1.3 혼합자료와 패널자료

혼합자료(pooled data)란 여러 개체에 관한 자료를 시간에 걸쳐서 수집하는 자료를 의미한다. 따라서 혼합자료는 횡단면자료와 시계열자료의 특성을 동시에 보유하고 있다. **패널자료**(panel data) 혹은 **종단면자료**(longitudinal data)는 횡단면자료의 각 관찰치에 대해 시간에 걸쳐서 시계열로 관찰이 가능한 경우이다.

두 자료, 혼합자료와 패널자료의 차이를 보기 위해, 통계청에서 도시가계를 대상으로 매년 소득, 소비, 저축, 가족구성 등에 관해 시행하는 조사를 예를 들어 살펴보자. 만일 동일 가구가 매년 관찰되어야 한다는 전제가 없다면 이는 단순히 두 연도 간의 차이를 보기 위한 자료로 혼합자료에 해당한다. 그러나 동일 가구에 대해 두 기간 이상의 자료가 형성된다면 패널자료이다. 예를 들어 2017년과 2018년에 각각 기업의 매출, 임금 등에 관한 자료를 조사하였다고 하자. 2017년 표본(250개 기업)과 2018년 표본(320개 기업) 간에는 동일 기업이 존재할 수 있으나 또 동일하지 않은 기업이 존재할 수 있다. 2018년 증가된 최저임금이 기업활동에 미치는 영향을 분석하기 위하여 2017년 표본(최저임금 인상 이전)과 2018년 표본(최저임금 인상 이후)을 대상으로 각각 별도의 회귀분석을 시행하여 두 연도 간의 차이를 비교한다면 이는 혼합자료에 대한 분석에 해당한다. 만일 2017년과 2018년 두 연도에 동시에 관찰된 120개 기업을 대상으로 표본을 형성하였다면 이는 패널자료에 해당된다. 패널자료는 주어진 개체의 시간에 따른 진화를 볼 수 있다는 측면에서 경제학에서 동태(dynamic) 분석방법으로 아주 유용하다고 할 수 있다. 패널자료를 이용한 분석은 제14장에서 설명한다.

2.2 실증분석 논문의 작성

계량경제학 학습의 묘미는 다른 경제학 분야에 비해 강의 및 교과

서로부터 배운 내용을 실제 자료에 적용하여 분석할 수 있는 분석의 용이함과 범용성이라고 할 수 있다. 현대는 컴퓨터의 발달과 통계 소프트웨어의 개발로 수십 개의 변수에 대해 몇 천 혹은 몇 만 개의 관찰치가 있는 경우라 하더라도 컴퓨터를 통해 쉽게 분석할 수 있다. 이런 작업은 많은 경제학 연구에서처럼 경제학에서 다루는 내용을 실제 자료를 통해 분석해 본다는 의미 이외에도 교과서에서 배운 내용을 현실 자료에 적용하여 분석한다는 현실감을 갖고 있다. 뿐만 아니라 거창한 경제이론이 아니라 하더라도 실생활 주위에서 볼 수 있는 여러 (경제)현상에 대해 분석하고 의문점을 해결한다는 차원에서도 유익하다고 할 수 있다.

경제현상에 대한 실증분석의 출발은 다양한 경제학 분야의 학습에서 관심있는 주제를 선정하여 자료를 수집하여 분석하는 데서 시작된다. 앞에서 든 예 이외에도 실생활에서 볼 수 있는 경제현상으로는 미국의 금리변동이 한국의 주가에 어떠한 영향을 미치는가, 혹은 기업의 광고비 지출은 매출액 증가에 얼마나 도움이 되는가, 환경오염 지표에 영향을 미치는 중요 변수로는 어떤 것이 있는가, 지역별 특성이 주택가격에 미치는 영향, 아이돌가수 음반 판매량은 가격에 대해 얼마나 탄력적인가, 쌀은 열등재인가, TV가격에 브랜드 가치는 얼마나 되나 등을 예로 들 수 있다. 또한 기업 및 연구소 등의 소속 기관에서 중요한 경제현상에 대한 분석을 시도할 수도 있다. 예를 들어 기온, 소득, 계절성 및 전기 요금체계 등의 경제변수로부터 전력수요를 추정하여 전력 수요량을 예측할 수도 있다.

본 저서의 제1장에서 제14장까지 여러 내용을 다루면서 실제 경제현상에서 다룰 수 있는 바를 예를 들어 설명하지만 이 절에서는 이를 종합한 체계적인 보고서를 작성하는 방법에 대해 살펴보기로 한다.

2.2.1 주제의 선정

연구주제를 선정함에 있어서 중요한 것은 이 주제에 왜 관심이 있으며, 이 주제가 왜 중요한가를 설명하는 것이다. 때로는 경제학 학습과정에서 흥미 있는 이론을 실제 자료에 적용하여 분석해 보고자 할 수도 있고, 신문기사 혹은 경제관련 잡지에서 나오는 경제현상에 대해 엄밀하게 분석해 보고자 할 수도 있다. 때로는 막연하게 생각해 왔던 실생활에서의 궁금한 경제현상에 대해 분석할 수도 있다. 그런데 주제 선정에 있어서 중요한 것은 연구자가 이 주제에 대해 관심이 있어야 하며, 뿐만 아니라 이 주제에 대한 자료가 수집 가능하여야 한다. 마지막으로 이 주제와 자료에 맞는 추정방법에 대해 잘 알고 있어야 한다.

2.2.2 보고서의 양식

실증분석 논문을 작성하는 데에는 여러 형태를 고려할 수 있겠으나 다음과 같은 내용을 포함하는 것이 전형적이라고 할 수 있다.

① **문제의 인식:** 이 주제를 왜 선택하게 되었는가, 또한 이 주제가 왜 중요한가를 서술한다. 또한 후속되는 다음의 각 장에서는 무엇을 하는가를 간략히 서술한다.

② **기존 연구 문헌조사:** 선택한 주제에 관계되는 기존 연구를 간략히 요약한다. 따라서 현재 진행중인 연구가 기존 연구와 어떠한 연관이 있으며 기존 연구와의 차이점에 대해 서술한다.

③ **경제모형:** 사용하는 경제모형을 설명하며 경제변수를 정의한다. 모형의 가정과 검정하고자 하는 가설에 대하여 설명한다. 특히 모형을 간략하고 확실하게 설명하며 불필요한 수식 등은 되도록이면 제외한다.

④ **계량모형:** 위에서 고려한 경제모형을 추정 가능한 계량모형으로 전환하며, 계량모형에서 필요한 가정, 오차항의 분포, 함수의 형태, 변수의 선정 등에 대해 토론한다.

⑤ **자료의 분석:** 사용하는 자료에 대해 설명한다. 자료의 출처, 변수의 이름과 정의, 측정방법 등에 대해 토론한다. 중요 변수의 통계치, 그래프 등을 분석함에 따라 현 주제에 대한 잠정적인 결론을 유도할 수 있다. 특히 시계열자료의 경우 특정 변수를 시간의 흐름에 따라 추이를 보는 그래프로 변수의 변동 추이를 쉽게 파악할 수 있으며, 계절성이 존재하는지 여부를 파악할 수

있다.

주요 변수의 평균, 표준편차, 변동계수 등의 통계치도 변수의 특성에 대해 파악할 수 있을 뿐만 아니라, 종속변수와 설명변수와의 공분산 및 상관계수 등은 회귀분석에서 구하게 되는 추정치의 크기 및 부호에 대하여 중요한 정보를 제공하기도 한다. 설명변수 간의 상관계수 값의 크기는 다중공선성 존재 여부에 대한 정보를 제공한다.

⑥ **추정 및 추론:** 추정방법과 이 추정방법을 고려하게 된 이유를 설명한다. 또한 가설검정의 절차에 대해 설명한다.

⑦ **실증분석 결과와 결론:** 각 추정치의 값을 보고하고 이에 대한 해석, 통계치 등에 대해 설명한다. 특히 통계적인 유의성과 기존 연구에서의 결과와 비교 설명한다. 추정치의 값이 기대하지 않은 부호를 가질 경우 이에 대해 가능한 범위 내에서 그 이유를 설명한다. 무엇보다 가장 중요한 것은 통계 결과에 대한 경제적인 해석을 설명하는 것이다.

⑧ **모형의 확장과 연구의 한계:** 현재의 모형과 방법론 등을 확장한다면 어떻게 할 수 있는가, 또 이 연구의 한계점은 무엇인가를 서술한다.

⑨ **참고문헌:** 본문에 인용하여 참고한 문헌들을 가나다 순과 알파벳 순으로 열거하고 자료의 출처 등을 열거한다.

⑩ **부록:** 모형설정에 있어서 필요하지만 복잡한 수식의 도출과 필요한 경우 보조 분석 결과를 부록으로 첨부한다.

이상의 내용은 연구보고서에서 모두가 갖추어져야 하는 것은 아니며 보고서의 성격이나 주제 등에 따라 일부가 생략될 수 있다. 보고서를 작성할 때 또한 주의해야 할 점은 수식, 표, 그래프 등에 대해서는 일련번호를 통해 설명해야 하며, 참고문헌, 각주 혹은 미주도 보고서 작성 방법의 양식에 맞추어야 한다.

CHAPTER 02

확률 · 통계의 기초이론

계량경제학은 경제학 주제에 통계학 방법론을 적용하는 것을 다루는 학문이다. 최근에는 통계 소프트웨어의 발달로 인해 계량경제학에서 다루는 방법론에 대한 이용이 늘어나고 있으며 다방면의 연구에 있어서 계량경제학에 대한 지식이 많이 요구되고 있다. 통계 결과에 대한 해석과 주어진 문제를 해결하기 위해서는 계량경제학의 기본인 통계학에 대한 이해가 필수적이다. 본 장에서는 통계학 내용 중 기초 확률이론과 자료의 기초 통계자료에 대해 살펴보고, 표본분포 및 가설검정 등의 통계적 추론에 대해 간략히 요약 · 설명한다.

1 통계학의 기본 개념

이 장에서는 통계학에서 사용하는 기본 개념 중 자료가 관찰되기까지의 과정과 확률변수의 개념에 대해서 간단히 정리하고자 한다.

1.1 실험, 사건, 확률변수

통계학에서는 관찰 대상인 자료의 발생원인에 대해서 관심을 갖게 되는데 이러한 불확실한 자료 발생의 원천과정을 실험이라고 한다.

- **실험**(experiment): 불확실하게 두 개 이상의 결과가 나타나는 과정

자료는 '실험' 과정을 통해서 관찰된다. 예를 들어 동전을 던지는 '실험'을 했다고 가정하자. 이 실험의 결과로 앞면 혹은 뒷면이 위쪽에 나타날 것을 예상할 수 있다. 실험의 결과는 앞면 혹은 뒷면으로 두 가지이나, 사전에 앞면이 나타날지 뒷면이 나타날지는 불확실하다.

경제변수들이 나타나는 과정도 이러한 실험이라고 볼 수 있다. 예를 들어 GDP성장률은 경제활동을 통한 실험의 결과로 나타나는 숫자라고 볼 수 있다.

실험을 통해서 나타날 수 있는 모든 결과물의 집합을 표본공간이라고 한다.

- **표본공간**(sample space): 실험을 통해 나타날 수 있는 모든 결과물의 집합

동전을 던지는 실험에 있어서 가능한 결과물의 집합은 {앞면, 뒷면}이다. GDP성장률의 경우 가능한 결과물은 실수(real number)의 영역이다. 물론 과거의 데이터를 감안하거나 합리적인 추정을 통해 보면 모집단이 실수 전체는 아닐 수 있다. 경제학에서 많이 고려하는 변수 중 취업 여부 및 교육수준의 경우 가능한 결과물을 쉽게 알 수 있으나, 실업률, 임금, 자산, GDP, 투자 등의 변수들은 가능한 결과물의 집합을 확정하기 어렵다. 이러한 변수들의 표본공간은 일반적으로 합리적인 예상을 모두 포함하여 설정한다.

사건은 표본공간 중 일부를 말한다.

- **사건**(event): 표본공간의 부분집합

주사위를 던지는 실험에서 짝수가 나오는 경우의 집합 {2, 4, 6}은 사건의 예라 할 수 있다. '소비증가율이 0%일 때의 GDP성장률의 집합'도 사건이라고 할 수 있다.

- **확률변수**(random variable): 표본공간과 실수를 연결시키는 함수

예를 들어 동전을 던지는 실험에서 앞면의 경우 1, 뒷면의 경우 0이라는 숫자로 나타내는 함수는 확률변수이다.

1.2 확률, 확률밀도함수

실험의 결과는 불확실성을 가지고 있다. 만약에 실험의 결과를 이끄는 불확실성이 각 결과마다 일정하다면, 표본공간의 총 개수가 n개라고 할 때 각 사건이 일어날 확률은 $\frac{1}{n}$이 된다. 이 경우 사건 A의 집합에 속한 모든 원소의 개수를 m이라고 할 때, 사건 A의 확률은 전체 집합의 원소의 개수로 나눈 $\frac{m}{n}$이다.

- **확률**(probability): 모든 원소들이 서로 배반(mutually exclusive)이고 발생할 불확실성이 같을 경우, 그 중 m개의 원소를 가진 사건 A의 확률 $P(A)=\frac{m}{n}$이다.

예를 들어, 동전을 두 번 던지는 실험에서 결과물의 집합은 {(앞면, 앞면), (앞면, 뒷면), (뒷면, 앞면), (뒷면, 뒷면)}이다. 이 표본공간에서 앞면의 개수를 확률변수 X라 하자. 가능한 확률변수의 값은 $X=0,1,2$이다. 만일 사건 A를 $\{X=1\}$이라 하면 사건 A는 {(앞면, 뒷면), (뒷면, 앞면)}을 나타낸다. 각 원소들은 서로 겹쳐서 발생하지 않으며, 각 원소가 일어날 불확실성은 모두 같다. 따라서 사건 A가 일어날 확률은 사건 A의

원소 개수 2와 표본공간 내의 원소 개수 4의 비율인 $\frac{2}{4}$이다. 즉 $P(A)=\frac{1}{2}$이 된다. 이 확률은 확률변수 $X=1$이 될 확률이기도 하다.

확률은 아래와 같은 세 가지 특징을 가지고 있다.

① $P(U)=1$, U는 표본공간.

② 만일 두 사건 A, B가 서로 배반이라면, 즉 두 사건의 교집합이 공집합이기 때문에 $P(A\cup B)=P(A)+P(B)$

③ 모집단에 속한 모든 사건 A에 대해서, 즉 $A\subset U$이면,

$$0\leqq P(A)\leqq 1 \tag{2.1}$$

두 사건이 서로 **배반**(mutually exclusive)이라는 것은 한 사건이 발생하면 다른 사건이 발생하지 못하는 경우를 말한다. 만일 두 사건 A, B가 서로 배반이 아니라면 다음이 성립한다.

$$P(A\cup B)=P(A)+P(B)-P(A\cap B) \tag{2.2}$$

서로 **독립**(independent)인 사건은 한 사건의 발생이 다른 사건의 발생에 영향을 주지 않는 경우를 말하는데, 다음과 같은 성질을 갖는다.

- 사건 A와 B가 서로 독립이면 $P(A\cap B)=P(A)\times P(B)$이다.

서로 배반인 두 사건 A와 B는 서로 독립이 아니다. 왜냐하면 서로 배반인 경우 $A\cap B=\varnothing$이므로 $P(A\cap B)=0$이 되기 때문이다.

조건부확률(conditional probability)이란 한 사건이 발생한 것을 전제하였을 때 다른 사건이 발생할 확률을 말한다.

- $P(A|B)$: B가 발생하였을 때 A가 발생할 확률

만약에 사건 A와 사건 B가 서로 독립이라고 하면 $P(A\cap B)=P(A)$

| 그림 2-1 |

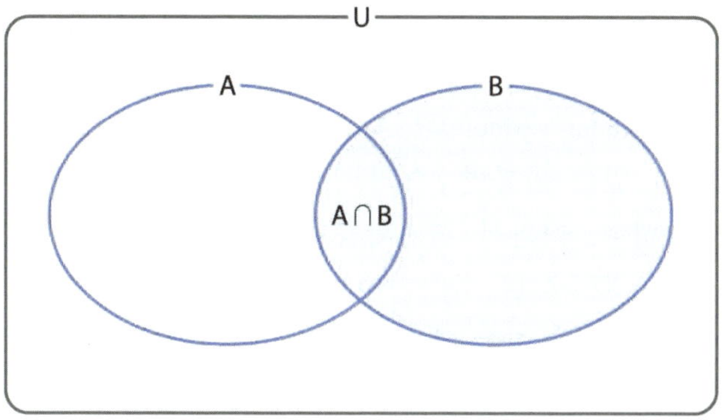

$\times P(B)$이므로

$$P(A|B) = \frac{P(A \cap B)}{P(B)} = \frac{P(A) \times P(B)}{P(B)} = P(A) \qquad \text{▸ 2.3}$$

이다. 결국 이는 사건 B의 발생이 사건 A가 발생할 가능성을 변화시키지 않는다.

확률변수는 이산변수와 연속변수로 구분되는데 확률변수가 가지는 가능한 값에 대한 확률을 **확률밀도함수**(probability density function)라는 개념을 통하여 요약 · 정리할 수 있다.

만약 확률변수 X의 표본공간이 $\{x_1, x_2, x_3, \cdots, x_n\}$과 같이 셀 수 있다면 이러한 확률변수를 **이산확률변수**(discrete random variable)라고 한다. 예를 들어 주사위 눈금, 인구의 수 및 커피 판매량 등이 이산확률변수에 해당되는 것으로 이산확률변수는 확률변수가 특정한 값을 갖는 경우에 해당된다. 따라서 이산변수의 경우 확률밀도함수란 확률변수가 취하는 값에 대한 확률을 나타내는 함수를 지칭한다.

이산확률변수의 확률밀도함수는 다음과 같이 정의된다.

$$f(x) = \begin{cases} P(X = x_i) & x = x_i \text{일 때} \\ 0 & x \neq x_i \text{일 때} \end{cases} \qquad \text{▸ 2.4}$$

이산확률변수가 특정한 값을 가지는 확률변수인 것에 비해 **연속확률변수**(continuous random variable)란 확률변수의 값이 주어진 구간 내의 모든 값을 취할 수 있는 확률변수이다. 예를 들어 키의 경우 160-180cm의 모든 값이 가능하다. 따라서 연속확률변수의 경우 어느 특정 값을 취할 확률은 0이 되며, 확률이란 확률변수가 특정 범위의 값을 취하는 확률을 나타낸다. 연속확률변수 X의 확률밀도함수는 다음과 같다.

• **연속확률변수의 확률밀도함수**: X의 확률밀도함수 $f(x)$에 대해 다음이 성립한다.

$$P(a < X < b) = \int_a^b f(x)dx \qquad \text{▸ 2.5}$$

누적분포함수(cumulative distribution function)는 확률변수가 어떤 값보다 적은 값을 취할 확률을 나타내는 것으로 다음 **식 2.6**과 같이 확률밀도함수를 이용하여 정의할 수 있다.

$$F(x) = P(X \leqq x) = \begin{cases} \int_{-\infty}^{x} f(x)dx & \text{연속확률변수의 경우} \\ \sum_{t \leq x} f(t) & \text{이산확률변수의 경우} \end{cases} \qquad \text{▸ 2.6}$$

누적분포함수는 다음과 같은 특징을 갖는다.

$$0 \leqq F(x) \leqq 1, \qquad F(\infty) = 1, \qquad F(-\infty) = 0 \qquad \text{▸ 2.7}$$

확률변수가 두 개 이상인 확률밀도함수를 **다변수 확률밀도함수**(multivariate probability density function)라고 한다. 특히 두 개의 확률변수를 갖는 **이변량 확률밀도함수**(bivariate probability density function)는 $f(x, y)$라고 나타내며, x, y는 각각 확률변수 X와 Y가 취하는 특정한 값을 나타낸다.

다변수확률밀도함수를 일변수확률밀도함수로 나타낼 수 있다. 두 확률변수 X, Y에 있어서 Y 변수의 값에 무관하게 X 변수의 확률에 대해서만 표현한 확률밀도함수를 $f_X(x)$로 나타내며 이를 **한계확률밀도함수**(marginal probability density function)라고 지칭한다. 두 이산확률변수의 이변량 확률밀도함수로부터 확률변수 X의 한계확률밀도함수는 $f_X(x) = \sum_y f(x,y)$로 구해진다. 마찬가지 방법으로 두 연속확률변수의 이변량 확률밀도함수로부터 확률변수 X의 한계확률밀도함수는 $f_X(x) = \int_{-\infty}^{\infty} f(x, y)dy$로 구해진다.

조건부확률과 마찬가지로 **조건부확률밀도함수**(conditional probability density function)는 다음 식과 같이 구해진다.

$$f_1(x|y) = \frac{f(x,y)}{f_Y(y)} \qquad \text{▸ 2.8}$$

두 확률변수가 서로 독립일 때, 다변수확률밀도함수는 다음과 같이 각 변수의 한계확률밀도함수의 곱으로 표현된다.

$$f(x,y) = f_X(x) f_Y(y) \qquad \text{▸ 2.9}$$

2 확률변수와 기댓값

확률변수 X의 확률밀도함수를 $f_X(x)$라 할 때, 확률변수의 **평균**(mean)은 수학적인 기대치를 지칭하는 것으로 **기댓값**(expected value)이라고도 한다. 이는 다음과 같이 정의된다.

$$E(X)=\begin{cases}\sum_x xf_X(x) & \text{이산변수인 경우}\\ \int_{-\infty}^{\infty} xf_X(x)dx & \text{연속변수인 경우}\end{cases} \tag{2.10}$$

여기서 이산변수의 기댓값에 있어서 $\sum_x$는 확률변수 X의 모든 가능한 값에 대한 합을 의미한다. 편의상 확률변수 X의 기댓값을 μ_X로 나타낸다.

기댓값은 다음과 같은 성질을 갖는다.

① 모든 상수 c에 대해서 $E(c)=c$.
② 두 확률변수 X, Y에 대해 $E(X+Y)=E(X)+E(Y)$.
③ 상수 a에 대하여 $E(aX)=aE(X)$.
④ 상수 a, b에 대하여 $E(aX+b)=aE(X)+b$.

만일 두 확률변수 X와 Y가 서로 독립이면,

$$E(XY)=E(X)E(Y)=\mu_X\mu_Y \tag{2.11}$$

확률변수 X의 임의의 함수 $Z=g(X)$에 대한 기댓값은

$$E[g(X)]=\begin{cases}\sum_x g(x)f_X(x) & \text{이산변수의 경우}\\ \int_{-\infty}^{\infty} g(x)f_X(x) & \text{연속변수의 경우}\end{cases} \tag{2.12}$$

로 정의된다. 이를 이용하여 확률변수의 분산을 비롯한 여러 가지 **통계적 적률**(moments)을 표현할 수 있다.

식 2.12에서 $Z=g(X)=(X-\mu_X)^2$로 두면 이에 대한 기댓값은 다음 **식 2.13**과 같이 분산에 대한 정의가 된다.

$$\sigma_X^2 = V(X) = E[(X-\mu_X)^2] \quad ▸ 2.13$$

분산의 특징은 다음과 같다.

① 모든 상수 a에 대해서 $V(a)=0$

② 상수 a, b에 대하여 $V(aX+b)=a^2 V(X)$

식 2.10의 기댓값을 또한 두 확률변수 X, Y에 대해서도 마찬가지 방법으로 표현할 수 있다. 두 확률변수 X, Y의 확률분포를 나타내는 결합(joint) 확률밀도함수를 $f(x,y)$라 할 때, 두 확률변수 X, Y의 임의의 함수 $g(X, Y)$에 대한 기댓값은 다음 **식 2.14**와 같이 표현된다.

$$E[g(X,Y)] = \begin{cases} \sum_x \sum_y g(x,y) f(x,y) & \text{이산변수의 경우} \\ \int_{-\infty}^{\infty} \int_{-\infty}^{\infty} g(x,y) f(x,y)\,dx\,dy & \text{연속변수의 경우} \end{cases} \quad ▸ 2.14$$

식 2.14에서 $g(X,Y)=(X-\mu_X)(Y-\mu_Y)$라면 다음과 같이 **공분산**(covariance)이 된다.

$$\sigma_{XY} = Cov(X,Y) = E[(X-\mu_X)(Y-\mu_Y)] \quad ▸ 2.15$$

식 2.15의 정의를 이용하면 공분산은 다음 **식 2.16**과 같이 간단히 표현될 수 있다.

$$\begin{aligned} Cov(X,Y) &= E[(X-\mu_X)(Y-\mu_Y)] \\ &= E(XY)-\mu_X\mu_Y \end{aligned} \quad ▸ 2.16$$

공분산의 특징은 다음과 같다.

① 확률변수 X, Y가 독립이라면 **식 2.16**에 의해 $E(XY)=\mu_X\mu_Y$

가 성립하므로 공분산은 0이다.

② 모든 상수 a, b, c, d에 대하여

$$Cov(aX+b,\ cY+d) = acCov(X, Y) \tag{2.17}$$

③ $Cov(X, X) = V(X)$

공분산 개념을 이용하면 다음과 같이 X와 Y의 **상관계수**(correlation coefficient)를 정의할 수 있다.

$$\rho_{XY} = Corr(X, Y) = \frac{Cov(X, Y)}{\sqrt{V(X)V(Y)}} \tag{2.18}$$

상관계수의 특징은 다음과 같다.

① 상관계수와 공분산의 부호는 같다.
② $-1 \leqq \rho_{XY} \leqq 1$

3 자료의 정리

경제현상을 분석하는 실증분석은 통계자료를 기반으로 이루어지는데 수집된 자료를 통하여 경제변수 간의 관계를 분석하기 위해서는 우선 통계 자료에 대한 이해가 필요하다. 통계자료를 이해하기 위하여 그래프를 통해 자료의 변화 추이를 살펴볼 수 있으며, 또한 여러 변수에 대한 그래프를 통해 변수 간의 관계에 대한 정보도 구할 수 있다. 그래프에 의한 이해 이외에도 자료의 대표치 및 분산도 등을 통하여 자료의 전체 분포에 대한 대략적인 이해를 가질 수 있으며, 상관도 등을 통하

여 다른 변수와의 관계에 대해서도 유추할 수 있다. 이러한 접근방법을 **기술통계학**(descriptive statistics)이라 한다.

3.1 자료의 대표치

대표치(location measure)란 주어진 자료를 대표하는 값으로 **자료의 중앙집중도**(measure of central tendency)의 척도라 할 수 있다.

- **표본평균**(sample mean): $\overline{X}=\frac{1}{n}(X_1+X_2+\cdots+X_n)=\frac{1}{n}\sum_{i=1}^{n}X_i$ ▸ 2.19
- **중간값**(median): $X_{me}=n$개의 자료를 크기에 따라 차례로 배열했을 때 정 중앙 관측치의 값[1]
- **최빈값**(mode): $X_{mo}=n$개의 자료 중 가장 관측빈도가 높은 관측치의 값

표본평균은 각 자료들에 대해 동일한 가중치 혹은 동일 확률을 부과해 구해지며 중간값은 자료를 크기 순으로 배열하였을 때 전체 자료의 정 가운데 값을 의미한다. 일반적으로 자료의 대표치로 표본평균과 중간값을 많이 사용하며, 두 값은 극단값을 반영하는 정도가 다르다.

3.2 분 산 도

분석 대상 자료가 얼마나 다양한 값을 포함하고 있는가의 지표로 **분산도**(measure of dispersion)의 개념을 사용한다.

- **범위**(range): $R=X_{\max}-X_{\min}$ (가장 큰 값과 가장 작은 값의 차이)

---

1 n이 짝수이면 $\frac{n}{2}$과 $\frac{n}{2}+1$번째 값의 평균, n이 홀수이면 $\frac{n+1}{2}$번째 값.

- **표본분산**(sample variance): $s_X^2 = \frac{1}{n-1}\sum_{i=1}^{n}\left(X_i - \overline{X}\right)^2$ ▸ **2.20**
- **표준편차**(sample deviation): $s_X = \sqrt{s_X^2}$ ▸ **2.21**

연구자에 따라 **식 2.20–2.21**의 표본분산과 표준편차에 있어서 편차의 제곱 합을 표본수(n)로 나누는 공식을 사용하기도 한다. 여기서는 표본분산의 불편성을 위해 자유도를 감안한 표본의 수로 나누는 공식 $(n-1)$을 사용한다.

3.3 상 관 도

평균, 분산 등에 관한 정보는 한 변수의 자료에 대한 특징을 분석하는 데 사용된다. 이에 반해 두 변수 간의 관계의 정도를 나타내는 **상관도**(measure of association)의 척도로 **공분산**(covariance)과 **상관계수**(correlation coefficient)를 들 수 있다.

- **표본공분산**(sample covariance): $s_{XY} = \frac{1}{n-1}\sum_{i=1}^{n}\left(X_i - \overline{X}\right)\left(Y_i - \overline{Y}\right)$ ▸ **2.22**
- **표본상관계수**(sample correlation coefficient): $r_{XY} = \frac{s_{XY}}{s_X s_Y}$ ▸ **2.23**

제2장 2절에서 설명되는 기댓값은 확률변수에 관한 것으로 이는 모집단의 특성을 설명하는 값이다. 이에 대한 표본통계량은 제2장 3절에서 설명하는 자료의 통계치에서 다루고 있다. 즉 **식 2.10**에서 표현된 기댓값은 모집단 평균에 관한 표현이며 같은 개념의 표본 통계량은 **식 2.19**에 표본평균으로 표현되어 있다. 또한 모집단 분산 **식 2.13**에 대해서는 **식 2.20**의 표본분산, **식 2.16**의 모집단 공분산에 대해서는 **식 2.22**의 표본공분산, **식 2.18**의 모집단상관계수에 대해서는 **식 2.23**의 표본상관계수를 마찬가지로 1 대 1로 연결할 수 있다.

4 정규분포 및 관련 분포

지난 절에서는 확률변수와 일반적인 확률분포함수에 대해 다루었다. 실제 경제학 등 사회과학에서는 특정 분포들이 아주 유용하게 사용되고 있는데 이 중에서 가장 널리 사용되는 분포가 정규분포이다. 정규분포는 이론적인 분포 이외에도 표본통계량의 분포로도 많이 사용되고 있다. 이 장에서는 정규분포 이외에도 가설검정 등의 통계적 추론에 많이 사용되는 분포들에 대해 살펴본다.

4.1 정규분포

정규분포(normal distribution)를 갖는 연속확률변수 X의 확률밀도함수는 다음과 같다.

$$f(x) = \frac{1}{\sigma\sqrt{2\pi}} e^{-\frac{(x-\mu)^2}{2\sigma^2}} \quad \text{▸ 2.24}$$

여기서 μ는 정규분포의 평균, σ는 정규분포의 표준편차(σ^2은 분산)를 나타낸다. 정규분포의 확률변수는 $(-\infty, \infty)$의 영역의 값을 가지며, 정규분포함수의 모양은 평균을 중심으로 대칭인 종 모양의 형태를 가진다. 확률변수 X가 평균이 μ이고 분산이 σ^2인 정규분포를 가질 때 이를 $X \sim N(\mu, \sigma^2)$으로 표기한다.

정규분포를 갖는 확률변수는 연속확률변수이다. 따라서 확률은 확률밀도함수의 면적을 통해 구한다. 평균과 분산이 다른 정규분포의 확률을 보다 일목요연하게 구하기 위해 표준정규분포를 이용한다.

표준정규분포(standard normal distribution)는 정규분포 중에서 평균 $\mu = 0$이고, 분산 $\sigma^2 = 1$인 분포를 의미한다. 표준정규분포 확률변수의 확률에 대해서는 일반적으로 통계 소프트웨어나 통계표를 통해 제공되고 있다. 따라서 일반적인 정규분포 확률변수를 다음과 같이 표준정규분포 확률변수로 전환하는 표준화 과정을 거침에 따라 일반적인 정규분포의 확률을 쉽게 구할 수 있다.

- 평균이 μ이고 표준편차가 σ인 정규분포를 갖는 확률변수 $X(X \sim N(\mu, \sigma^2))$를 다음과 같이 변환시키면 표준정규분포를 갖는 확률변수가 된다.

$$Z = \frac{(X-\mu)}{\sigma} \sim N(0,\ 1) \qquad \text{▸ 2.25}$$

식 2.25와 같이 일반적인 정규분포를 표준정규분포로 변환함에 따라 부록에 수록된 **표 B-1**의 정규분포 표를 이용하여 일반적인 정규분포 확률변수의 확률을 쉽게 구할 수 있다.

4.2 χ^2-분포

χ^2-분포(chi-square distribution)는 다음과 같이 서로 독립인 표준정규분포를 갖는 확률변수의 제곱의 합으로 정의된다. 즉 표준정규분포를 갖는 확률변수 Z_1, Z_2, $\cdots$, Z_k가 서로 독립일 때,

$$W = \sum_{i=1}^{k} Z_i^2 \qquad \text{▸ 2.26}$$

는 자유도가 k인 χ^2-분포를 따르며, $W \sim \chi^2(k)$로 표기한다. χ^2-분포의 확률변수는 0보다 큰 값을 가지며 확률밀도함수는 비대칭인 모양을 가진다. 자유도가 k인 χ^2-분포의 평균은 자유도와 같은 k이며 분산은 $2k$이다. 즉 $E(W)=k$, $V(W)=2k$이다. 따라서 χ^2-분포의 확률밀도함수의 형

태는 자유도의 크기에 따라 달라지는데, 자유도 k가 커질수록 좌우대칭에 가까운 형태를 갖는다. 부록의 **표 B-3**에는 χ^2-분포의 확률밀도함수의 백분위(percentile)에 대한 값을 제시하고 있다.

4.3 t-분포

만일 $Z \sim N(0,1)$이며 $W \sim \chi^2(k)$의 분포를 가지며 서로 독립인 확률변수라면 두 변수의 비율로 표시된 다음 **식 2.27**의 확률변수 t는 자유도가 k인 **t-분포**(t-distribution)를 가지며 이를 $t \sim t(k)$로 표기한다.

$$t = \frac{Z}{\sqrt{W/k}} \sim t(k) \qquad \text{▸ 2.27}$$

t-분포를 따르는 확률변수의 평균은 0이며 분산은 $k/(k-2)$이다. 따라서 t-분포의 확률밀도함수는 표준정규분포와 마찬가지로 0을 중심으로 좌우 대칭의 모양을 가지나 분산이 1보다 크기 때문에 표준정규분포 보다 꼬리 부분이 두터운 모양을 갖는다. 그러나 자유도 k가 증가함에 따라 분산이 1에 근접하여 표준정규분포와 유사한 형태를 갖게 된다. 부록의 **표 B-2**는 각 자유도에 따른 t-분포의 백분위 값을 나타내고 있다.

4.4 F-분포

만일 W_1, W_2가 서로 독립이며 각각 자유도가 k_1, k_2인 χ^2-분포를 갖는 확률변수라면 두 변수의 비율로 나타낸 다음 **식 2.28**의 확률변수는 자유도가 k_1, k_2인 **F-분포**(F-distribution)를 갖는다.

$$F = \frac{W_1/k_1}{W_2/k_2} \sim F(k_1,\ k_2) \qquad \text{▸ 2.28}$$

F-분포는 χ^2-분포와 마찬가지로 0 이상의 값을 가지는 확률변수이며 또한 확률밀도함수는 비대칭의 형태를 가진다. **식 2.28**을 **식 2.27**과 비교해 보면, t-분포를 갖는 확률변수의 제곱은 다음 **식 2.29**와 같이 분자의 자유도가 1인 F-분포를 갖게 됨을 알 수 있다.

$$F(1,\, k_2) \sim [(t(k_2)]^2 \tag{2.29}$$

부록의 **표 B-4**는 분모 및 분자의 자유도에 따른 F-분포의 백분위 값을 나타내고 있다.

5 표본통계량의 특징

제2장 4절에서는 이론적인 분포로서의 정규분포의 특징에 대해 다루었다. 일반적으로 경제 · 경영 등의 사회과학 분석에서는 관심있는 확률변수가 정규분포 등의 특정 확률분포를 따른다고 가정한다. 다만, 확률분포의 특징, 즉 평균이나 분산 등 **모수**(parameter)의 값은 알려져 있지 않다. 예를 들어 우리나라 국민의 키의 평균, 중위 가구의 가계부채액의 규모, 가계소득의 분산, 낙태에 대한 찬 · 반 비율 및 대통령의 국정운영에 대한 지지율 등이 이에 해당된다. 이러한 모수 값에 대한 정보를 얻기 위해 모집단의 일부인 표본자료를 추출하여 이로부터 표본통계량을 구축하며 모수에 대한 추정 등의 통계적 추론을 하게 된다. 제2장 5절에서는 이러한 표본통계량의 설정과 특징 및 가설검정의 등의 통계적 추론에 대해 다룬다.

5.1 점 추정

논의의 편의를 위해 확률변수 X가 $f(x;\theta)$의 확률분포를 따른다고 하자. 여기서 θ는 확률밀도함수를 특징짓는 모수로서 앞의 예에서 우리 국민의 키의 평균 등의 모집단 평균 μ, 혹은 가계소득의 분산 등의 모집단 분산 σ^2이 이에 해당된다. 이러한 경우 모집단 확률분포함수 $f(\cdot)$는 알려져 있는 것으로 가정한다. 예를 들어 앞에서 설명한 정규분포 등의 분포함수를 따른다고 가정한다. 반면에 모집단 평균 혹은 분산 등의 모수 θ는 알려져 있지 않으며 표본자료를 사용하여 추정해야 한다.

표본자료로부터 모집단 모수에 대해 추정한다는 것은 다음 **식 2.30**과 같이 표본자료로부터 추정량을 구축한다는 것을 의미하는 것으로 추정량은 표본자료 확률변수의 함수이다.

$$\hat{\theta} = h(X_1, X_2, \cdots, X_n) \tag{2.30}$$

식 2.30의 $\hat{\theta}$은 모수 θ의 값에 대한 정보를 제공하는 **추정량**(estimator)이며 표본자료로부터 구축되었다고 하여 **표본통계량**(sample statistics)이라 한다. 따라서 추정량 $\hat{\theta}$는 표본자료 확률변수의 함수이므로 확률변수이다.

식 2.30의 함수관계에서 실제로 관찰치 n개의 표본자료 값 $(x_1, x_2 \cdots, x_n)$이 주어졌을 때 추정량의 값은 다음과 같이 표본자료의 값으로부터 구해진다.

$$\hat{\theta} = h(x_1, x_2, \cdots, x_n) \tag{2.31}$$

식 2.31과 같이 실제 표본 자료의 값이 주어졌을 때 이 표본자료로부터 구한 $\hat{\theta}$의 수리적인 값을 **추정치**(estimate)라 한다. **식 2.30-2.31**에서 대문자 X_i는 확률변수를, 소문자 x_i는 표본자료의 값을 의미한다.

예를 들어 우리나라 전체 취업자의 주당 평균 취업시간 μ를 추정한다고 하자($\theta = \mu$). 모집단 평균에 대한 추정량으로 다음 **식 2.30a**의 표본평균 $\hat{\theta} = \overline{X}$을 들 수 있다.

$$\overline{X} = \frac{1}{n}(X_1 + X_2 + \cdots + X_n) \tag{2.30a}$$

식 2.30a는 **식 2.30**을 표본평균에 대해 표현한 식이다. 가령 100명의 취업자 표본을 추출하여 구한 결과

$$\overline{X} = \frac{1}{100}(42 + 48 + \cdots + 51) = 42.8 \tag{2.31a}$$

을 구하였다면 **식 2.31**에 해당하는 **식 2.31a**에서 구한 $\overline{X} = 42.8$(시간)은 추정치이다. 이처럼 추정결과 하나의 값을 구하여 이로부터 모집단 모수에 대한 추정을 실행하는 과정을 **점 추정**(point estimation)이라 한다.

5.2 추정량의 특성

5.2.1 불편성

추정량 $\hat{\theta}$의 기댓값이 다음 **식 2.32**와 같이 추정 대상인 모수 θ와 일치하는 통계량의 특성을 **불편**(unbiased) **추정량**이라 한다.

$$E(\hat{\theta}) = \theta \tag{2.32}$$

식 2.32의 **불편성**(unbiasedness)은 일정 크기의 표본자료를 반복하여 여러 번 추출할 경우 각 표본자료에서 구한 추정량의 평균이 추정 대상인 모수 θ와 같다는 것을 의미한다.

예 우리나라 가계의 부채액에 대한 정보를 구하기 위해 3,000가구를 무작위로 추출하여 표본평균으로부터 전체 가계의 평균 가계부채액을 추정하는 작업을 고려하자. 이는 무작위로 추출한 표본 가구의 평균이 전체 가계 평균에 대해 불편 추정량이기 때문이다.

예 북한 주민의 키의 평균, 가계 소득, 교육수준, 시장경제에 대한 이해 정도 등(θ)에 대한 정보를 얻기 위하여 탈북한 새터민의 자료로부터 구축한 표본통계량($\hat{\theta}$)을 이용한다면 이는 불편 추정량인가? 각자 판단해 보기 바란다.

5.2.2 효율성

모수 θ에 대한 두 불편 추정량 $\hat{\theta}_1$과 $\hat{\theta}_2$에 대해서 만일 $V(\hat{\theta}_1) < V(\hat{\theta}_2)$의 관계가 성립한다면 $\hat{\theta}_1$은 $\hat{\theta}_2$에 비해 **효율**(efficient) **추정량**이라 한다. **효율성**(efficiency)에서 의미하는 분산이 작다는 뜻은 일정 크기의 표본자료를 반복하여 여러 번 추출할 경우 각 표본자료에서 구한 추정량이 추정대상인 θ에 보다 근접한 값으로 추정된다는 것으로 추정량의 정확도(precision)를 의미하는 것이다. 마찬가지로 비효율적인 추정량이란 추정대상인 θ와 차이가 나는 값이 구할 가능성이 높다는 뜻이다.

5.2.3 선형 추정량

모수 θ의 추정량 $\hat{\theta}$이 표본관찰치 X_i에 대해 선형 함수이면 $\hat{\theta}$은 **선형**(linear) **추정량**이라 한다.

예 모집단 평균에 대한 추정량으로 **식 2.30a**와 같은 표본평균 $\hat{\theta} = \overline{X}$은 선형 추정량이다.

5.2.4 최량선형불편 추정량

추정량 $\hat{\theta}$이 다른 모든 선형이며 불편인 추정량과 비교하여 최소의 분산을 갖는다면 이를 **최량선형불편**(best linear unbiased) **추정량**이라 한다.

여기서 최량(best)이란 최소의 분산(minimum variance) 혹은 가장 효율적인(efficient) 추정량임을 의미한다. 이를 BLUE(best linear unbiased estimator)라고 하거나 혹은 MVLUE(minimum variance linear unbiased estimator)라고 한다.

5.2.5 평균자승오차

모수 θ의 추정량으로서 $\hat{\theta}$에 대한 **평균자승오차**(mean squared error)란 다음 **식 2.33**과 같이 정의된다.

$$MSE(\hat{\theta}) = E(\hat{\theta} - \theta)^2 \qquad \text{▸ 2.33}$$

따라서 평균자승오차는 표본자료를 여러 번 반복하여 추출할 경우 추정량 $\hat{\theta}$와 추정대상인 모수 θ와의 차이(오차) 제곱을 평균한 값을 의미하는 것으로 θ에 대한 추정량으로서 $\hat{\theta}$의 정확도에 대한 일종의 지표라 할 수 있다.

식 2.33의 평균자승오차는 다음 **식** 2.34와 같이 추정량 $\hat{\theta}$의 분산과 편의의 제곱 합으로 표현된다.

$$\begin{aligned} MSE(\hat{\theta}) &= E(\hat{\theta} - \theta)^2 \\ &= E\{\hat{\theta} - E(\hat{\theta})\}^2 + \{E(\hat{\theta}) - \theta\}^2 \\ &= V(\hat{\theta}) + \{Bias(\hat{\theta})\}^2 \end{aligned} \qquad \text{▸ 2.34}$$

따라서 두 추정량을 비교하여 선택함에 있어서 특정 추정량이 불편추정량은 아니나 분산이 작은 반면 다른 추정량은 불편추정량이지만 분산이 크다면 두 추정량 간의 선택은 평균자승오차의 관점에서는 불편추정량이 아닌 추정량을 선호할 수 있다.

5.3 모집단 평균의 추정

어떤 확률변수 X의 평균이 μ이고 분산이 σ^2이라고 하자. 즉 $E(X_i) = \mu$, $V(X_i) = \sigma^2$. 이러한 모집단 모수들은 알려져 있지 않으며 이를 추정하기 위해 앞의 설명과 같이 $(X_1, X_2, \cdots, X_n)$의 n개의 표본자료를 추출하였으며, 그 표본자료의 값은 $(x_1, x_2, \cdots, x_n)$이다. 일반적으로 확률표본에서 추출한 자료들은 서로 상관성이 없다. 즉 $i \neq j$에 대하여 $Cov(X_i, X_j) = 0$. 이를 강하게 표현하면 상호 독립이라고 할 수 있다.

관심있는 모수가 모집단 평균이라 하자. 즉 $\theta = \mu$. 이 경우 **유사성 원칙**(analogy principle)에 의해 모집단 평균 μ에 대한 자연스런 추정량은 표본평균이다. 즉 다음 **식 2.35**와 같이 $\hat{\theta} = \overline{X}$이다.

$$\overline{X} = \frac{1}{n}\sum_{i=1}^{n} X_i \qquad \text{▸ 2.35}$$

5.3.1 표본평균의 불편성

식 2.35의 표본평균에 대한 기댓값은 다음 **식 2.36**과 같다.

$$\begin{aligned} E(\overline{X}) &= \frac{1}{n}\sum_{i=1}^{n} E(X_i) \\ &= \mu \end{aligned} \qquad \text{▸ 2.36}$$

식 2.36에 의해 표본평균은 모집단 평균에 대해 불편추정량이다.

5.3.2 표본평균의 분산

식 2.35의 표본평균의 분산을 구하면 다음과 같다.

$$V(\overline{X}) = \left(\frac{1}{n}\right)^2 \sum_{i=1}^{n} V(X_i) \\ = \frac{1}{n}\sigma^2 \qquad ▸ 2.37$$

5.3.3 표본평균의 표본분포

표본평균의 분포를 도출하기 위해 모집단 확률변수 X_i가 정규분포를 갖는다고 가정하자. 즉 $X_i \sim N(\mu, \sigma^2)$. **식 2.35**에 표현된 표본평균 $\overline{X}$는 정규분포 확률변수의 선형결합 형태이므로 정규분포를 따른다. **식 2.36-식 2.37**과 함께 이를 표현하면 다음 **식 2.38**과 같다.

$$\overline{X} \sim N\left(\mu, \frac{\sigma^2}{n}\right) \qquad ▸ 2.38$$

식 2.38의 일반화된 정규분포를 **식 2.25**를 이용하여 평균이 0이며 분산이 1인 표준정규분포로 전환하면 다음 **식 2.39**와 같다.

$$\frac{\overline{X} - \mu}{\sigma / \sqrt{n}} \sim N(0, 1) \qquad ▸ 2.39$$

5.4 구간추정

5.1에서 표본평균 $\overline{X}$를 통하여 모집단 평균 μ를 추정하는 점 추정에 대하여 설명하였다. 그러나 이러한 점 추정은 유용하지만 오차가 발생하기 마련이다. 이에 대한 대안으로 모수에 대해 단정적으로 추정하기보다 가능한 값의 구간을 제시하는 **구간추정**(interval estimation)을 들 수 있다. 가령 내년의 실업률이 3.2%일 것이라고 예측하는 것 보다 내년의 실업률은 3%와 3.4% 사이에 위치할 가능성이 높다고 예측하는 것을 의

미한다. 이러한 구간을 **신뢰구간**(confidence interval)이라고 한다.

식 2.39에서 표본평균을 표준화한 확률변수는 표준정규분포를 따른다는 것을 설명하였다. 이로부터 다음의 확률을 도출할 수 있다(부록 표 B-1참조).

$$P\left[-1.96 \le \frac{\overline{X}-\mu}{\sigma/\sqrt{n}} \le 1.96\right] = 0.95 \qquad \text{▸ 2.40}$$

식 2.40을 변형하면 다음 **식 2.41**과 같이 모집단 평균에 대한 확률로 표현된다.

$$P[\overline{X}-1.96\,\sigma/\sqrt{n} \le \mu \le \overline{X}+1.96\,\sigma/\sqrt{n}\,] = 0.95 \qquad \text{▸ 2.41}$$

식 2.41은 알려져 있지 않은 모집단 평균 μ가 $\overline{X}\pm 1.96\sigma/\sqrt{n}$의 구간 내에 위치할 확률이 0.95임을 의미하고 있다. 이를 모집단 평균 μ에 대한 95% 신뢰구간이라 한다.

식 2.41에서 구한 신뢰구간은 모집단 평균 μ를 추정하기 위한 것으로 표본자료를 반복하여 추출할 경우 각 표본자료에서 구한 표본평균값이 달라짐에 따라 **식 2.41**의 방식에 따른 신뢰구간 또한 달라질 것이다. 따라서 특정 표본자료로부터 구한 95% 신뢰구간은 모집단 평균 μ를 구간 내에 포함할 수 있으나 또 다른 표본자료로부터 구한 신뢰구간은 모집단 평균 μ를 구간 내에 포함하지 않을 수 있다. 그러나 표본자료를 반복하여 추출함에 따라, 가령 100회 추출한다면 각 표본자료로부터 구한 신뢰구간이 모집단 평균 μ를 포함할 경우는 95회에 이른다는 것을 의미한다.

식 2.41의 95% 신뢰구간에서의 확률 95%는 모집단 평균이 95% 신뢰구간에 속할 확률을 의미하는 **신뢰도**(level of confidence)이다. 만일 **식 2.40**에서 신뢰구간의 신뢰도를 95%에서 90% 혹은 99%로 변경하면 임계치 또한 1.96에서 1.645 혹은 2.57로 변하게 된다.

5.5 가설검정

가설검정(hypothesis test)이란 알려져 있지 않은 모집단 모수에 대한 특정 주장 혹은 가설이 옳은지 틀린지를 표본자료로부터 구한 결과에 비추어 판단하는 것을 의미한다. 주장하는 가설이 옳다면 표본자료에서 구한 결과와 크게 차이가 나지 않으나, 주장하는 가설이 틀리다면 표본자료에서 구한 결과와 크게 차이가 나기 때문이다. 따라서 만일 특정 가설 하의 값이 앞에서 구한 **식 2.40**의 신뢰구간 안에 위치한다면 이 가설은 옳을 가능성이 높으나 만일 특정 가설 하의 값이 신뢰구간 밖에 위치한다면 이 가설은 표본자료의 결과와 크게 배치되므로 옳지 않을 가능성이 높다. 따라서 신뢰구간은 특정 가설이 옳다고 판단할 채택역에 해당된다.

가설검정은 일반적으로 모수의 값에 대해 서로 상반된 가설을 설정하고 이 중 하나를 채택하고 다른 하나를 기각하는 방식을 취한다. 이 중에서 특히 검정하고 싶은 주장 혹은 가설을 다음과 같이 **귀무가설**(null hypothesis; H_0으로 표시)이라 하며 이와 상반된 가설을 **대립가설**(alternative hypothesis; H_1으로 표시)이라 한다.

$$H_0 : \mu = \mu^0, \qquad H_1 : \mu \neq \mu^0 \qquad \text{▸ 2.42}$$

식 2.42에서 μ^0는 가설 하에서의 특정한 수치를 나타낸다. **식 2.42**와 같은 가설을 검정하는 절차는 다음과 같다.

① 가설을 설정

② 통계량의 표본분포를 파악: **식 2.42**와 같은 가설검정에서 모집단 평균의 추정량은 표본평균이므로 주어진 상황에 맞추어 표본평균에 대한 표본분포[2]를 파악한다.

---

2 만일 모집단 분산이 알려져 있지 않다면 표본분포는 $n-1$의 자유도를 갖는 t-분포

$$\frac{\overline{X}-\mu}{\sigma/\sqrt{n}} \sim N(0, 1)$$

③ 귀무가설하에서 검정통계량을 계산: $t = \dfrac{\overline{X}-\mu^0}{\sigma/\sqrt{n}}$

④ 유의수준 α(=1-신뢰수준) 하에서의 임계치를 구한다: 정규분포에서 양쪽 꼬리 확률의 합이 α인 임계치 $z_{\alpha/2}$를 구한다.

⑤ 기각역의 산정:

만일 $|t| \geq z_{\alpha/2}$이면 귀무가설을 기각한다.

만일 $|t| < z_{\alpha/2}$이면 귀무가설을 기각하지 못한다.

⑥ 판정.

이상의 가설검정 절차에서 검정하고자 하는 가설이 양측검정 혹은 단측검정인가에 따라 임계치가 $z_{\alpha/2}$, z_α로 달라지게 되며 또한 단측검정에서는 귀무가설의 부호에 따라 임계치의 부호 및 부등호의 방향이 달라진다. 자세한 내용은 본 저서의 제4장을 참조하기 바란다.

를 따르게 된다. 즉 $\dfrac{\overline{X}-\mu}{s/\sqrt{n}} \sim t(n-1)$.

실전예제 2.1 gretl 사용법

이 장에서는 gretl를 통한 예를 소개하고 있다. 독자들도 이를 응용하여 직접 실습할 수 있으며 실제 실증분석에서 사용 가능하도록 하기 위하여 각 단원마다 추정결과를 구하기 위한 gretl 및 EViews 명령문을 소개하고 있다.

gretl은 계량분석을 위한 프로그램이다. gretl을 이 책에서 소개하는 이유는 본 프로그램이 무료로 제공되는 Freeware로서 EViews를 구매하기 어려운 학생들이 사용하는 데 제약이 없을 뿐 아니라, 저자가 사용해 본 결과 EViews에 결코 뒤떨어지는 프로그램이 아니기 때문이다. 이 책에서는 2020년에 배포된 gretl을 가지고 설명한다(2020년 9월 현재 최신 버전이다.).

gretl은 대표적인 다른 Freeware인 R과 비교하면 그 사용법이 매우 단순하다. R은 데이터를 불러오고 통계분석을 할 때 자신이 프로그램을 작성해야 하는 반면에, gretl은 EViews와 마찬가지로 GUI(Graphic user interface)를 기반으로 하고 있어 몇 번의 클릭으로서 통계분석을 행할 수 있다.

다만 gretl이 12개 국어를 지원하고 있으나, 한글은 아직 지원이 되지 않는다. 물론 영문으로 프로그램을 셋팅하고 사용하는 것은 EViews와 다름없다. 그런데 gretl에서 그려주는 그래픽 프로그램은 Windows 사용자 이름이 한글로 셋팅되어 있는 경우는 실행되지 않는다. 사용자 이름이 영문으로 셋팅되어 있는 경우는 아무 문제없이 프로그램을 사용할 수 있다. 한글로 셋팅된 경우에도 그래픽을 제외하고는 회귀분석을 하는 데 아무 지장 없다.

본 저서에서는 설명의 편의를 위해 gretl 아이콘은 ☐ 안에 표시하며, 입력해야 할 gretl 명령문은 [ ] 안에 표시하고 있다.

gretl의 소개와 자세한 내용은 http://gretl.sourceforge.net/를 참조하기 바란다.

1. gretl 프로그램의 기본 체계

gretl을 실행시키면 다음과 같은 창이 하나 생성된다.

이후에 대부분의 경우에는 gretl로 작성된 데이터 파일을 더블클릭해서 분석을 하게 될 것이다. 이 때에는 위의 창에 열린 데이터 파일의 변수들의 리스트가 나타난다.

그림 2-A는 gretl을 처음 열었을 때 모습을 보여준다. 열린 창에서 File > Open data를 선택하여 저장되어 있는 자료파일을 불러올 수 있다 gretl에서는 gretl 형식으로 저장되어 있는 파일(확장자 gdt)뿐 아니라, EViews, EXCEL, STATA, SPSS, SAS 등의 데이터 형식 파일도 바로 읽어 들일 수 있다.

새로운 데이터 파일을 직접 입력하려는 경우에는 File > New data set을 선택하면 된다. 그러면 전체 데이터의 관찰치 수를 정해주어야 한다. 이후에 다시 창이 나타나 데이터의 성격을 물어본다. 즉 횡단면자료, 시계열자료 혹은 패널자료인지에 대해 답해야 한다. 시계열 혹은 패

❙ 그림 2-A ❙

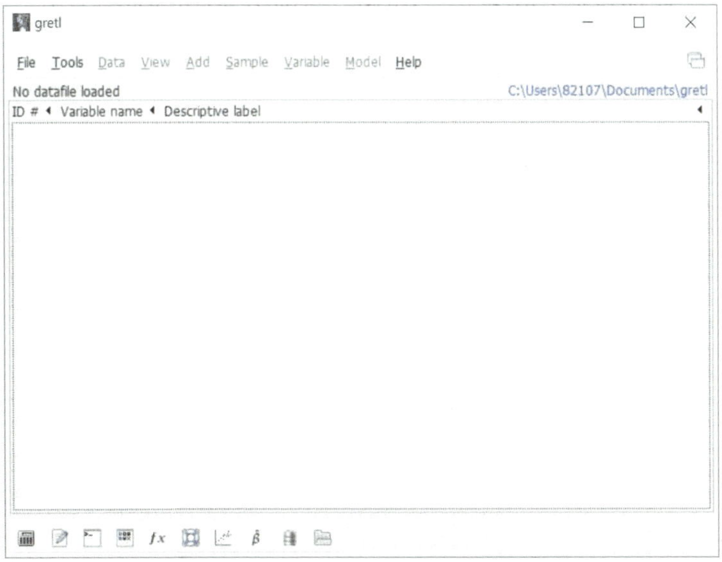

| 그림 2-B |

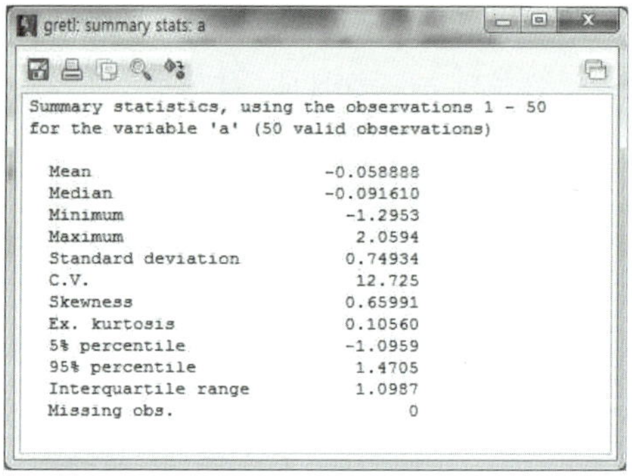
gretl: summary stats: a

```
Summary statistics, using the observations 1 - 50
for the variable 'a' (50 valid observations)

  Mean                       -0.058888
  Median                     -0.091610
  Minimum                      -1.2953
  Maximum                       2.0594
  Standard deviation           0.74934
  C.V.                          12.725
  Skewness                     0.65991
  Ex. kurtosis                 0.10560
  5% percentile                -1.0959
  95% percentile                1.4705
  Interquartile range           1.0987
  Missing obs.                       0
```

널자료라고 선택하면 시계열이 일간, 월간, 계간 혹은 연간 자료인지를 선택해야 한다. 마지막으로 확인 창 이후 데이터를 입력할 수 있다.

자료의 특성을 알아보기 위해서 특성을 알아보고자 하는 변수를 클릭한 후에 Variable 〉 Summary statistics를 차례로 선택한다(**그림 2-B**).

이외에도 Variable 〉 Frequency distribution을 선택하면 히스토그램을 구할 수 있다. 물론 여기서 빈의 개수를 지정해 줄 수 있다(**그림 2-C**).

이 그래프는 오른쪽 클릭을 통해 복사해서 Word에 붙여넣을 수 있

| 그림 2-C |

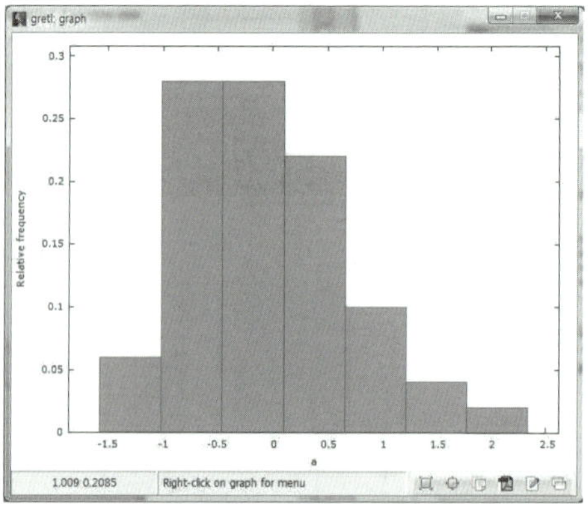

다. 다만 앞에서 설명한 대로 Windows의 사용자 이름이 한글로 설정된 경우 그래프가 그려지지 않고 에러 메세지를 출력한다.

입력된 데이터를 저장하는 방법은 File > Save data를 선택한 후 폴더를 지정하고 이름을 입력하면 된다.

2. 기초자료 분석 및 자료변환

(1) 기초자료 분석

자료의 기초통계량은 앞에서 설명한 바와 같이 Variable > Summary statistics를 선택하여 살펴볼 수 있다. 두 변수의 관계를 알아볼 때는 View > Correlation matix를 선택하면 상관관계를 분석할 두 변수(혹은 그 이상도 가능)를 선택한 후, OK를 선택한다. 그럼 두 변수의 상관계수를 구하고 그 유의성을 판단할 수 있게 임계치를 제공한다.

(2) 자료의 변환

주로 시계열 자료일 경우 자료의 변환이 필요한 경우가 많다. 예를 들어 GDP를 GDP 증가율로 전환하거나, CPI를 인플레이션으로 전환하는 경우이다. gretl에서는 이러한 변환은 Add 탭에서 가능하다. 선택한 변수에 자연대수(log), 제곱, 차분, 자연대수를 취한 후 차분, % 변화율을 구하는 것 등등을 선택할 수 있다. 이러한 변환 이외의 변환을 원하는 경우에는 Add > Define new variable에 들어가서 변수이름을 선정하고 식을 적으면 된다.

실전예제 2.2 EViews 프로그램 사용법

EViews(Econometric Views) 프로그램은 계량경제학의 첫 입문단계에서부터 고급 수준의 계량분석에 쉽게 사용할 수 있는 프로그램이다. 처음 계량경제학을 배우는 단계에서 쉽게 터득할 수 있으며, 이를 토대로 실제 실증분석에 적용할 수 있을 뿐 아니라, 고급 수준의 연구에서 필요한 여러 가지 계량경제학 기법도 내장되어 있어 광범위한 수준의 독자를 대상으로 한 프로그램이라 할 수 있다.

EViews 프로그램의 구입 등에 관한 자세한 사항은 www.eviews.com을 참조하기 바란다.

본 저서에서는 설명의 편의를 위해 EViews 아이콘은 [   ] 안에 표시하며, 입력해야 할 EViews 명령문은 [   ] 안에 표시하고 있다. 여기서는 EViews Version 10을 중심으로 EViews 프로그램의 기본적인 체제와 기초 자료분석 기법에 대해 간략히 설명한다.

1. EViews 프로그램 시작하기

(1) 윈도우 화면에서 EViews 아이콘을 두 번 클릭한다. 통상적인 다른 프로그램과 마찬가지로 메뉴바에서 File 〉 Open 〉 EViews Workfile을 차례로 누른 다음 원하는 데이터 파일을 찾아 선택한다.

(2) (변수의 선택) 원하는 변수를 마우스로 선택하여 View 단추를 누르면 spreadsheet 상에서 자료의 값을 확인할 수 있다.

(3) (그래프 및 통계치 보기) spreadsheet 상에서 View를 선택하여 Graph 혹은 Descriptive Statistics & Test를 통하여 여러 가지 형태의 그래프와 통계치를 구할 수 있다. 다음 그림은 spreadsheet에서 View 〉 Descriptive Statistics & Tests 〉 Histogram and Stats를 선택하여 도출된 그래프와 대표 통계량들이다.

| 그림 2-D |

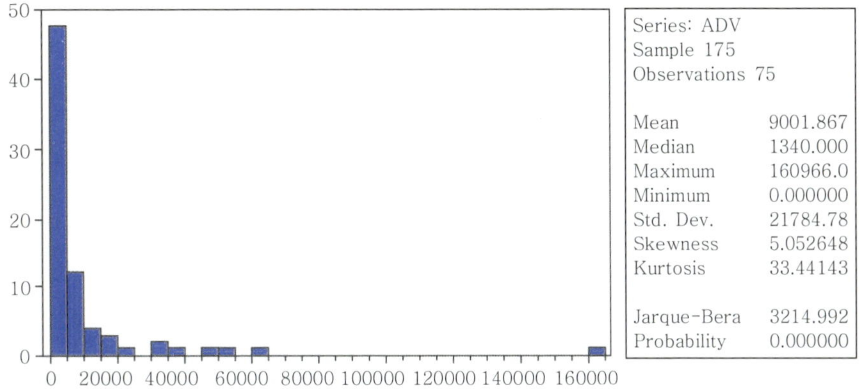

(4) (두 개 이상의 변수를 선택) 제일 상단의 Quick > Show을 선택하여 원하는 변수의 이름을 입력한다. 혹은 두 변수를 Ctrl키를 이용하여 한꺼번에 선택한 후에 마우스의 오른쪽 버튼을 클릭한 후 Open > as Group을 선택한다. 마찬가지 방법으로 그래프와 통계치를 구할 수 있으며 View > Covariance Analysis를 선택하여 대화창에 여러 가지 옵션을 선택하면 공분산과 상관계수 등을 구할 수 있다.

(5) (새로운 변수 만들기) Quick > Generate Series의 기능을 통해 기존에 입력되어 있는 변수로부터 새로운 변수를 만들 수 있다. 예를 들어 [PROFITRATIO=PROFIT/SALES]와 같이 PROFIT, SALES 두 변수로부터 PROFITRATIO 변수를 만들 수 있다. 이로부터 spreadsheet, 통계치, 그래프 등의 기능을 통하여 새로이 생성된 변수의 특징을 확인할 수 있다.

2. 새로운 데이터 파일 만들기

EViews에서 새로운 데이터 파일을 만들기 위해서는 새 데이터의 형태를 미리 설정해야 한다. 시계열 자료에서 연도별, 분기별, 월별 자료인지, 기간은 어떠한지, 횡단면 자료의 경우 전체 관찰치 수는 몇 개인지를 미리 설정해야 한다.

EViews의 초기 화면에서 File > New > Workfile을 순서대로 클릭하여 다음과 같이 데이터 형태를 설정한다.

(1) 시계열자료 파일 만들기

① 연도별 시계열자료를 만들기 위해 Workfile structrue type에서 Dated-regular frequency와 Frequency항에서 Annual항을 선택한다. Start date End date항에서 시계열자료의 시작 연도와 최종 연도를 입력한다(분기별 자료와 월별 자료의 경우 Frequency 아이콘에서 Annual 대신에 적정한 항목을 선택한다).

② 다음 Quick > Empty Group (Edit Series)을 선택하여 자료를 입력한다.

(2) 횡단면자료 파일 만들기

횡단면자료를 만들기 위해 Workfile structrue type에서 Unstructured/ Undated항을 선택하고 Data Range > Observations항에서 관찰치수를 충분한 숫자로 입력한다.

나머지 과정은 시계열자료 파일 만들기 ②와 동일하다.

(3) Excel 파일 가져오기

위 (1)이나 (2)의 시계열자료 혹은 횡단면자료의 형태를 설정한 후, ②번의 과정에서 spreadsheet을 펼친 상태에서 Excel 파일로부터 복사/붙이기 기능을 통하여 spreadsheet에 데이터를 복사한다.

다른 방법으로는 시계열자료 혹은 횡단면자료로 설정한 이후에, Proc > Import > Import from file를 차례로 선택하여서 한꺼번에 Excel 파일을 불러올 수 있다(자세한 과정은 일반적인 파일 불러오기와 큰 차이가 없다. 따라서 독자가 직접 실습을 통해서 알아보기 바란다).

위와 같은 방법으로 Excel 파일 이외의 다른 데이터 형식의 파일도 불러들일 수 있다.

3. 새 변수의 생성 및 EViews 기능 이용하기

시계열자료를 통한 새 변수의 생성 및 EViews 기능을 이용하기 위하여 부록에 제시된 **자료 A-13**의 NATIONAL_YR 파일을 예로 이용하자.

(1) 새 변수의 생성

위의 1-(5)에서와 마찬가지로 기존 변수로부터 새 변수를 생성하기 위한 다음의 예를 고려하자. 기존 변수로부터 새 변수의 생성은 Quick 〉 Generate Series를 통해 가능하다.

① 실질변수의 계산

가령 명목소비지출(CP)와 소비자물가지수(CPI)로부터 실질소비지출(RCP)를 구하기로 하자. 명목변수(Y_t)로부터 소비자물가지수(P_t)를 이용하여 실질변수(y_t)를 계산하는 다음의 식 $y_t = \frac{Y_t}{P_t} \times 100$을 입력한다.

[RCP=CP/CPI*100]

② 연간변화율의 계산

예를 들어 소비자물가지수(CPI)로부터 물가상승률(INFL)을 구하기로 하자. EViews에서 CPI 변수의 1기 이전 시차변수는 CPI(-1)이다. 따라서 소비자물가지수(P_t)로부터 물가상승률(π_t)을 계산하는 다음의 식 $\pi_t = \frac{P_t - P_{t-1}}{P_{t-1}} \times 100$을 입력한다.

[INFL=(CPI-CPI(-1))/CPI(-1)*100]

③ 수학적 연산

대수함수(Log): GDP에 자연대수(Log)를 취한 LOG_GDP 변수 만들기

[LOG_GDP=LOG(GDP)]

차분: CPI 변수의 차분 만들기

[DCPI=d(CPI)]

로그차분: 작은 변화가 있는 경우, 변화율을 로그차분으로 구할 수 있다. 실질소비의 증가율을 로그차분으로 구하기

[RCPGROWTH=dlog(RCP)]

연습문제

* 제2장의 연습문제는 제3장에서 다루는 회귀분석에서 필요한 기초적인 개념을 중심으로 한 연습문제를 다룬다.

1. 다음을 증명하라.

(1) $\sum_{i=1}^{n}(X_i-\overline{X})(Y_i-\overline{Y})=\sum_{i=1}^{n}(X_i-\overline{X})Y_i=\sum_{i=1}^{n}X_i(Y_i-\overline{Y})$
$=\sum_{i=1}^{n}X_iY_i-n\overline{X}\overline{Y}$

(2) (1)의 문제에서 $Y_i=X_i$로 두면 위 (1)의 문제는

$\sum_{i=1}^{n}(X_i-\overline{X})^2=\sum_{i=1}^{n}(X_i-\overline{X})X_i\equiv\sum_{i=1}^{n}X_i^2-n\overline{X}^2$이 성립함을 증명하라.

2. 다음의 서술에 대해 증명하라. "어떤 변수이든 표본평균에 대한 편차의 제곱 합은 다른 수에 대한 편차의 제곱 합 보다 작다", 즉, 다른 모든 수 a에 대하여

$$\sum_{i=1}^{n}(X_i-\overline{X})^2\le\sum_{i=1}^{n}(X_i-a)^2.$$

이는 $\sum_{i=1}^{n}(X_i-a)^2$은 $a=\overline{X}$일 때 최소화됨을 의미한다.

3. 확률변수 Y_i의 분산은 $V(Y_i)=\sigma_i^2$이다. 즉 $V(Y_1)=\sigma_1^2$, $V(Y_2)=\sigma_2^2$, $\cdots$, $V(Y_n)=\sigma_n^2$으로 표현된다. 또한 Y_i의 공분산은 $C(Y_i, Y_j)=\sigma_{ij}$이다. 즉 $C(Y_1, Y_2)=\sigma_{12}$, $\cdots$, $C(Y_{n-1}, Y_n)=\sigma_{n-1\,n}$으로 표현된다.

(1) 상수항 w_i에 대하여 $V\left(\sum_{i=1}^{n} w_i Y_i\right)$를 구하라.

(2) 만일 모든 $i \neq j$에 대하여 $\sigma_{ij} = 0$이 성립한다면 $V\left(\sum_{i=1}^{n} w_i Y_i\right)$를 구하라.

(3) (2)에 추가하여 만일 모든 i에 대하여 $\sigma_i^2 = \sigma^2$으로 동일한 분산을 갖는다면 $V\left(\sum_{i=1}^{n} w_i Y_i\right)$를 구하라.

PART II

제II부는 회귀분석에 가장 기본이 되는 선형회귀모형과 그 분석에 대해 살펴본다. 제3장에서는 계량모형과 모집단회귀함수, 표본회귀함수의 개념에 대해 살펴본다. 제4장에서는 독립변수가 하나인 단순회귀분석에 대해 살펴보며, 제5장에서는 제4장의 분석을 기초로 하여 독립변수가 여럿인 다중회귀분석에 대해 알아본다. 제6장에서는 선형모형을 응용한 다양한 함수의 형태와 독립변수가 정성적 변수인 경우의 가변수모형에 대해 알아본다.

선형회귀분석

CHAPTER 03

계량모형과 회귀분석

경제 주체의 경제행위를 연구하는 경제분석에서는 실제 자료를 이용하여 경제변수 간의 관계를 분석하는 계량모형을 수립하는 것이 중요하다. 계량모형은 일반적으로 회귀분석모형으로 통칭되는데 본 장에서는 회귀분석모형의 기본인 모집단회귀함수의 개념과 오차항에 대한 이해를 다룬다. 또한 표본자료를 통한 표본회귀함수의 설정 및 최소자승법에 의한 회귀모형의 추정에 대해 설명한다.

1 경제모형과 계량모형

경제이론에서는 여러 경제변수 간의 관계를 규명하고 있는데, 예를 들어 수요-공급의 원칙에서는 상품가격의 변화에 따른 상품의 수요량과 공급량의 변화에 대하여 설명하고 있으며, 소비함수에서는 개인소득의 변화에 따른 소비지출의 변화를 분석하고 있다. 또한 투자함수에서는 이자율이 변함에 따라 투자지출이 어떻게 변화하는가를 나타내고 있다. 여기서 우리가 관심을 가지는 것은 한 변수(예를 들어, 상품가격이나 소득 혹은 이자율)가 변할 때 다른 변수(수요량이나 소비 혹은 투자지출)가 어떻게 변화하는가이다. 이 관계로부터 한 변수의 값을 알 때 다른 변수에 대해 예측할 수도 있다. 예를 들어 이동통신 요금-가입자 수의 관계로부터 향후 이동통신 요금이 10초당 30원 더 인상될 경우, 가입자 수는 얼마나 어떻게 변화할 것인지 예측할 수 있다. 또 다른 예로 롯데리아에서 햄버거의 가격을 개당 100원 인상할 경우 햄버거 매출이 어떻게 변화할지 분석할 수 있으며 또한 기업의 광고비 지출이 매출액에 미치는 영향에 대해 설명할 수 있다. 즉, 경제학의 주요 관심사인 한 변수의 **한계변화**(marginal change)에 따른 다른 변수의 변화에 대해 실제 자료를 통해 분석할 수 있다.

경제이론에서 가령 소득(X)과 소비(Y) 간에 다음과 같은 함수관계가 성립한다고 하자.

$$Y = f(X) \tag{3.1}$$

$f(\cdot)$라는 함수에 대해 선형인 모형을 고려하면 **식 3.1**은

$$Y = \beta_1 + \beta_2 X \tag{3.2}$$

로 절편은 β_1, 기울기는 β_2의 값을 갖는 소비함수가 된다. 여기서 β_2는 소득 한 단위의 증가에 따른 소비의 변화, 즉 한계소비성향을 나타내는데 일반적인 의미로는 다음 **식 3.3**과 같이 한 변수(X)의 한계변화에 따른 다른 변수(Y)의 변화분을 나타내고 있다.

$$\beta_2 = \frac{dY}{dX} \tag{3.3}$$

식 3.1과 **식 3.2**에서 소비(Y)는 소득(X)에 따라서 결정되기 때문에 소비(Y)를 **종속변수**(dependent variable)라 하며, 소득(X)을 **독립변수**(independent variable) 혹은 **설명변수**(explanatory variable)라 한다. 다른 예로 대미 달러

환율을 X 변수라 하고 수출을 Y 변수라 할 때, β_2는 대미달러환율의 한 단위 변화에 따른 수출액의 변화로 표현된다. 또 광고비를 설명변수로, 매출액을 종속변수로 둔다면 β_2는 광고비 변화의 매출액에 대한 효과를 나타낸다.

식 3.1과 **식 3.2**로 표현된 **경제모형**(economic model)에서는 설명변수와 종속변수 간에 **확정적인 관계**(deterministic relation)가 이루어지고 있음을 의미하고 있다. 그런데 실제 자료에서는 이와 같은 정확한 관계가 이루어지지 않는데, 예를 들어 소득-가계소비의 관계에서 동일 소득을 가진 다른 두 가계가 가족구성원의 수, 거주지역, 주택소유의 형태(자가 혹은 전·월세), 가족구성원의 나이, 소비성향 등 가계의 특성에 따라 다르다면 상이한 소비 지출액을 보이게 된다. 이를 감안한 소비함수는

$$Y = \beta_1 + \beta_2 X + \varepsilon \qquad \text{3.4}$$

으로 표현되는데 여기서 $\beta_1 + \beta_2 X$는 소득이 설명하는 소비의 부분을 나타내고 있다. 또한 ε은 소득 이외의 다른 요인에 의한 소비를 나타내는 것으로 개인에 따라 각기 다른 값을 갖게 되므로 **확률변수**(random variable)의 특성을 갖는다. **식 3.4**는 **식 3.2**에 확률항을 첨가한 **계량모형**(econometric model)을 나타내는 것으로 종속변수(Y)와 설명변수(X) 간의 **확률관계**(stochastic relation)는 회귀분석이라는 개념을 통해 설명된다.

2 회귀분석의 개념

회귀분석(regression analysis)이란 한 변수(종속변수)가 여러 다른 변수(설명변수)에 의해 어떻게 영향을 받는가를 분석하는 것이다. 이러한 관계를 모형화하여 통계적으로 표현하는 것을 의미한다.

▌그림 3-1▐ 소득-연령의 관계

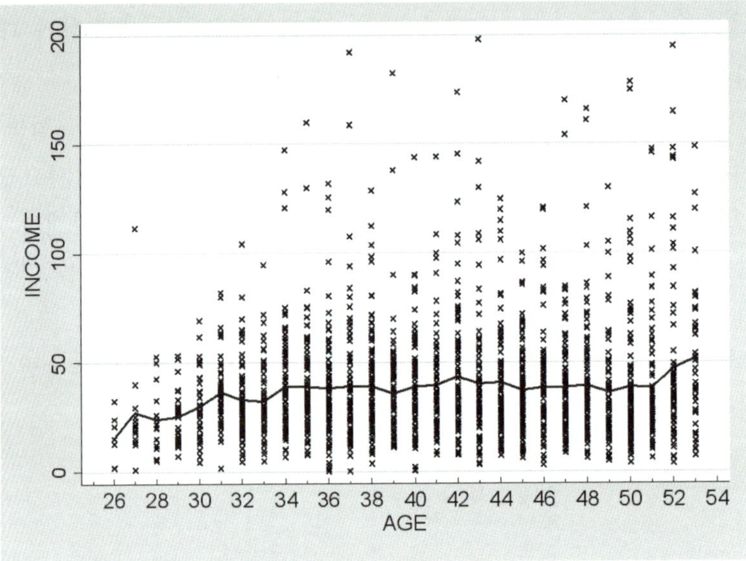

예를 들어, 연령의 변화에 따른 소득이 어떻게 변화하는가를 분석한다고 하자. 가령 어떤 자료로부터 구한 개인 2,088명에 대하여 연령과 소득을 조사하여 연령을 X-축에, 월 소득을 Y-축에 나타내기로 하자. **그림 3-1**에서 ×로 표시된 점들은 2,088명 각 개인에 대하여 연령과 소득의 값을 표현한 점으로 이와 같이 관찰 자료들을 $X-Y$ 축에 배열한 그림을 **점상관도**(scatter diagram)라 한다. 이 자료에서 가령 30대 초반의 나이에서 기대할 수 있는 소득이 얼마인가를 알고 싶다고 하자. 이러한 질문에 대한 답을 구하기 위해서는 30대 초반의 각 연령수준에서의 평균소득을 구해 볼 수 있다. 이 자료에서 연령이 33세인 74명의 평균소득을 구하면 32.12(백만 원)가 된다. 이 32.12백만 원의 금액은 연령이 33세인 사람들의 평균소득으로 이는 조건부기대치, $E(Y|X=33)=32.12$(백만 원)를 나타낸다. 또한 나이가 34세인 83명의 자료로부터 38.85(백만 원)의 평균소득을 구한다. 이를 확장하여 26~53세의 각 연령별 평균소득을

구할 수 있다. 이 값들은 각 연령별 평균소득, 즉 **조건부평균**(conditional mean) 혹은 **조건부기대치**(conditional expected value)를 나타낸 것으로 이 점들을 연결하면 **그림 3-1**의 곡선을 구할 수 있다. 이 곡선은 각 연령수준에서의 평균소득을 연결한 **조건부기대함수**(conditional expectation function), $E(Y|X)$ 로서 각 X 변수의 값에서 Y 변수의 평균을 나타내는 선이다. 따라서 회귀분석이란 설명변수의 값이 변화할 때 종속변수의 평균이 어떻게 변화하는가를 분석하며 이로부터 두 변수 간의 관계에 대해 설명, 추정 혹은 예측하는 작업을 의미한다.

3 모집단회귀함수

그림 3-1에서 주어진 자료는 어느 조그만 소국에 거주하는 전체 성인 2,088명에 대한 연령과 소득의 자료라고 가정하자. 그리고 우리는 이 소국에 거주하는 전체 성인(모집단)의 연령-소득의 관계에 관심이 있다고 하자. 총 거주민의 연령과 소득의 자료를 $(X_1,\ Y_1)$, $(X_2,\ Y_2)$, …, $(X_N,\ Y_N)$이라고 나타내면, $N=2{,}088$은 모집단의 크기를 의미한다. 여기서 아래 첨자 i는 관찰치[1]를 나타낸다.

그림 3-1의 회귀선에서 나이가 1세 더 많아짐에 따라 연령의 변화에 따른 평균소득의 증가분이 모든 연령수준에서 동일한, 즉 조건부 기대함수가 직선이라고 가정하자. 직선이라는 선형함수는 Y-축 절편과 기울기로 특징되기 때문에 β_1의 절편과 β_2의 기울기를 갖는 다음 **식 3.5**로 표현할 수 있다.

---

1 일반적으로 횡단면자료의 경우 (X_i, Y_i)로 나타내고, 시계열자료의 경우 (X_t, Y_t)로 표현한다.

| 그림 3-2 | 모집단회귀선

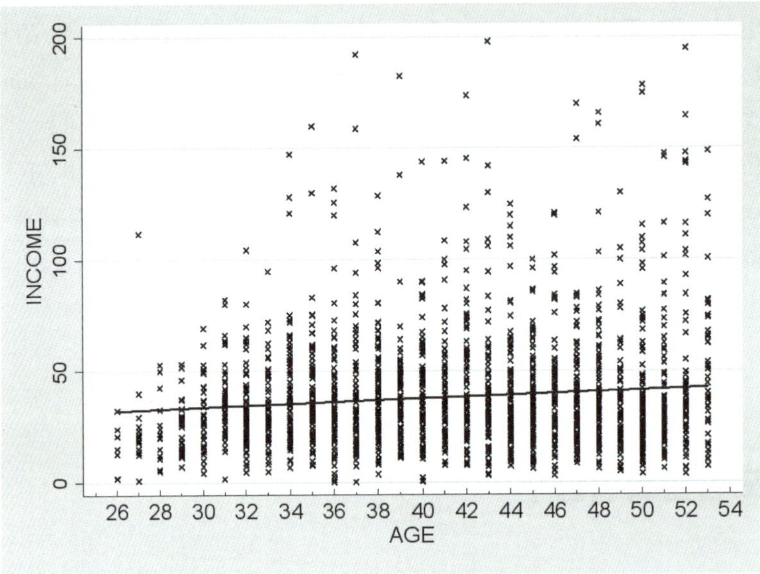

$$E(Y|X) = \beta_1 + \beta_2 X \quad \text{▸ 3.5}$$

모집단회귀함수(population regression function)란 협의의 의미에서 모집단 자료로부터 각 설명변수 X 값과 종속변수 Y의 평균 간의 관계를 나타내는 **식 3.5**를 지칭하는 것이며, **모집단회귀선**(population regression line)이란 다음 **그림 3-2**와 같이 $X-Y$ 축에 모집단회귀함수를 도형으로 표현한 선을 지칭한다. **그림 3-2**는 **그림 3-1**의 가상적인 모집단 자료로부터 구한 (직선의) 모집단회귀선을 나타내고 있다.

그림 3-1과 **그림 3-2**의 모집단회귀함수에서 왜 모든 관찰치가 모집단회귀선 위에 위치하지 않고 모집단회귀선을 중심으로 상하로 퍼져 있을까? 이는 곧 동일 연령의 개인들이 왜 동일 소득을 갖지 않는가 하는 질문이다. 즉, 33세 연령의 모든 개인의 소득은 평균인 32.12(백만 원)로 동일하지 않고, 왜 최소 4.80(백만 원)에서 최대 94.80(백만 원)으로 개인

별로 다양한 값을 갖는가? 이는 1절에서 설명한 바와 같이 연령 이외에도 학력수준, 성별구분 및 능력 등 개인의 다양한 특성들이 소득을 결정짓기 때문이다. 이와 같이 연령 이외의 다른 요인에 의한 소득을 확률변수 ε으로 표현한다.

이로부터 연령이 설명하는 소득부분, 즉 $E(Y_i|X_i)=\beta_1+\beta_2X_i$와 연령 이외의 변수들이 설명하는 소득부분 (ε_i)을 합하면 관찰되는 개인의 소득(Y_i)이 구해지므로 개인별 소득을 다음과 같이 연령의 함수로 표현할 수 있다.

$$Y_i=\beta_1+\beta_2X_i+\varepsilon_i \quad \text{▸ 3.6}$$

여기서 $(\beta_1+\beta_2X_i)$는 종속변수 Y의 값 중에서 설명변수 X가 설명하는 **체계적인 부분**(systematic part)을 나타낸다. 또한 ε_i는 설명변수 X에 의해 설명되지 못하는 종속변수 Y의 모형 내에서의 **비체계적인 부분**(non-systematic part)을 나타내는 것으로 앞 1절 및 2절에서 예를 든 학력수준, 성별구분, 능력 등 연령(X) 이외의 다른 요인에 의한 소득이 이에 해당된다.

모집단회귀함수를 표현한 **식 3.6**을 정리하면 다음과 같다.

X_i:	**독립변수** 혹은 **설명변수**
Y_i:	**종속변수**
β_1, β_2:	**모집단회귀함수**의 절편과 기울기를 나타내는 **회귀계수**(regression coefficient)
ε_i:	**오차항**(error term) 혹은 **교란항**(disturbance term).

모집단회귀함수의 특성에 대해 분석한다는 것은 (모르는) 회귀계수 β_1, β_2를 추정하는 것을 기본으로 두고 있다. 특히 β_2는 설명변수의 값이 한 단위 변할 때 종속변수의 평균적인 변화분을 의미하는 것으로 설명변수의 한 단위변화에 따른 종속변수의 (평균적인) 반응도 혹은 **한계효과**

(marginal effect)를 나타낸다.

모집단회귀함수에서 만일 β_1과 β_2 값을 안다면 이 소국에 거주하는 어떤 특정인의 연령을 알 때 이 개인의 연령수준에서 연령이 설명하는 소득을 **식 3.5**에 의해 구할 수 있다. 뿐만 아니라 다른 지역에서 이 국가로 이민 오는(자료에 포함되어 있지 않은) 특정인의 연령(X)을 알 때, 그 사람의 연령이 설명하는 소득 Y에 대한 **예측**(forecasting, prediction)도 가능하다.

4 오차항에 대한 분석

식 3.6으로부터 오차항은 다음 **식 3.7**과 같이 표현된다.

$$\varepsilon_i = Y_i - (\beta_1 + \beta_2 X_i) \qquad \text{▸ 3.7}$$

이 오차항의 값은 다음 **그림 3-3**에서와 같이 주어진 X 값에서 관찰된 Y 값과 회귀선에서의 값의 차이를 나타낸다. 이 값은 관찰치에 따라 양수, 음수 혹은 0의 값을 가진다. 자료가 회귀선 근방에 위치하고 있으면 아주 작은 값을 가지지만 자료가 회귀선에서 멀리 떨어져 있으면 양 혹은 음의 큰 값을 가진다. 이의 평균은 0이라 할 수 있다. 이는 또한 **식 3.6**의 양변에 조건부 기대치를 취하면 **식 3.5**로부터

$$E(Y_i | X_i) = \beta_1 + \beta_2 X_i + E(\varepsilon_i | X_i) \qquad \text{▸ 3.8}$$

이 성립하므로 $E(\varepsilon_i | X_i) = 0$이 된다. 그러므로 회귀선이 각 X값에서 Y의 조건부 기대치를 지난다는 사실은 오차항의 조건부 기대치가 0임을 의미한다.

| 그림 3-3 | 모집단회귀선과 오차항

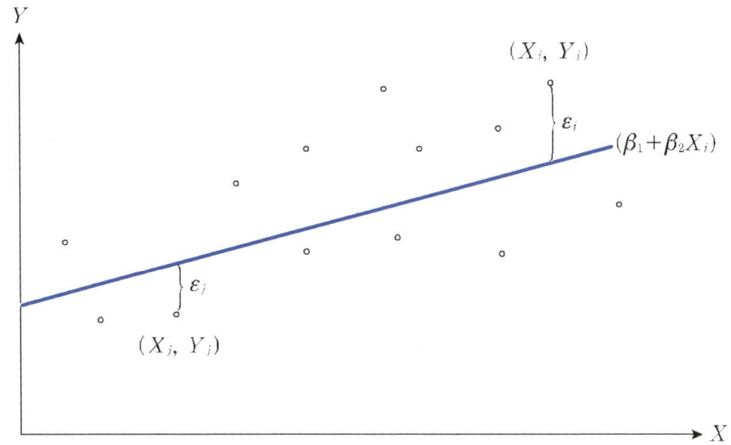

오차항이 발생하는 이유는 다음과 같다.

① **누락변수**(omitted variables)의 영향: Z를 Y에 영향을 미치는 또 다른 설명변수라고 하고, u_i를 진정한 오차항이라 하자. 만일 실제회귀모형이 $Y=\alpha+\beta X_i+\gamma Z_i+u_i$인데 설명변수 Z를 누락하여 모형을 $Y_i=\alpha+\beta X_i+\varepsilon_i$로 설정하였다면 $\varepsilon_i=\gamma Z_i+u_i$가 되어 오차항 ε_i는 누락변수 Z의 영향을 반영하게 된다.

제 3 장 1절의 소비함수의 예에서는 소득 이외에 소비에 영향을 주는 가족구성원의 수, 거주지역, 주택소유의 형태, 가족구성원의 나이, 소비성향 등이 이 누락변수에 해당되며, 제 3 장 2절의 연령-소득의 예에서는 연령 이외에 소득을 설명하는 개인의 학력수준, 성별, 능력 등이 이에 해당된다.

② **모형설정의 오류**(specification error): 설명변수 X와 종속변수 Y의 진정한 관계는 **비선형관계**(nonlinear relationship)인데 이를 선형모형으로 추정한다면 비선형관계와 선형관계의 차이가 오차항으로 표현된다. 예를 들어 **그림 3-1**에서와 같이 평균연령과 소득

간에 곡선모양의 회귀선과 같은 관계를 가지나, **그림 3-2**와 같이 직선의 회귀선으로 추정하면 의도하지 않은 오차항이 발생한다.

③ **측정오차**(measurement error): X와 Y변수를 측정하는 데 발생하는 오차로서, 예를 들어 개인의 능력(X)에 의해 소득(Y)을 설명하는 모형을 고려하자. 관찰되지 못하는 능력의 측정변수로 지능지수(X)를 사용하였다고 하자. 이 경우 진정한 모형은 $Y_i = \alpha + \beta Z_i + u_i$인데 추정한 모형은 $Y_i = \alpha + \beta X_i + \varepsilon_i$로 오차항 $\varepsilon_i = \beta(Z_i - X_i) + u_i$가 된다. 이는 흔히 관찰되지 않는 변수의 **대용변수**(proxy variable)를 잘못 선택한 경우에 해당된다.

④ **예측 불가능한 오차**(unpredictable error): 아무리 잘 구성한 계량모형이라도 특정 변수에 영향을 주는 모든 요인을 파악하는 것은 불가능하며 또한 미래에 대한 불확실성으로 정확한 예측이 불가능한 상황이 발생한다. 이런 효과들이 오차항으로 표현된다.

따라서 좋은 계량모형을 만든다는 것은 위에서 열거한 오차항 부분을 최소화하는 것을 말한다.

5 표본회귀함수

4절에서 설명한 모집단회귀함수는 관심 대상인 모집단의 모든 자료가 이용 가능한 경우에 해당된다. 그러나 전체 모집단 자료는 사실상 획득 불가능할 뿐 아니라 거액의 경비가 소요된다. 따라서 모집단자료의 일부인 표본자료로부터 모집단관계를 유추할 수밖에 없다. 표본자료는 흔히 설문조사 등을 통해 구해지는데 이와 같이 모집단의 일부인 표본자료로부터 모집단회귀함수의 특성을 유추하는 것이 연구자의 목적이며 이를 **추정**(estimation)이라 한다.

(X_1, Y_1), (X_2, Y_2), $\cdots$, (X_N, Y_N)의 모집단으로부터 추출한 표본자료 (X_1, Y_1), (X_2, Y_2), $\cdots$, (X_n, Y_n)(n: 표본의 크기, $n < N$)에서의 두 변수의 관계를 나타내는 회귀선을 **표본회귀선**(sample regression line)이라 한다. 표본회귀선은 모집단자료의 일부인 표본자료로부터 구한 회귀선이기 때문에 모집단회귀선과 일치하지 않을 수 있으며, 또 다른 표본자료를 구하여 표본회귀선을 구한다면 첫 표본회귀선과 정확하게 일치하지 않을 수 있다. 그러나 표본의 개수를 크게 하고 모집단의 특성을 잘 반영하는 **확률표본**(random sample)을 구성한다면 이 표본회귀선으로부터 (알려져 있지 않은) 모집단회귀선에 대해 더 정확한 정보를 구할 수 있다.

모집단에서 설명변수 X와 종속변수 Y의 관계를 나타내는 **식 3.6**과 유사하게 표본에서의 관계를 표현하면 다음 **식 3.9**와 같다.

$$Y_i = b_1 + b_2 X_i + e_i \tag{3.9}$$

| 그림 3-4 | 표본회귀선과 잔차항

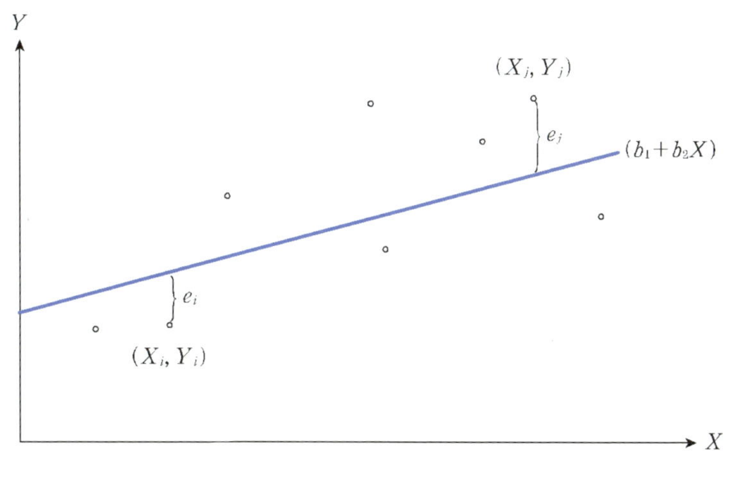

여기서 b_1은 **표본회귀선의 절편**, b_2는 **표본회귀선의 기울기**를 나타내며, $e_i = Y_i - (b_1 + b_2X_i)$로 **그림 3-4**에서 보듯이 실제 종속변수의 값과 표본회귀선이 설명하는 값의 차이를 나타낸다.

각 설명변수가 설명하는 종속변수의 값을 $\widehat{Y}_i = b_1 + b_2X_i$로 나타내면 다음의 **식 3.10**이 도출된다.

$$\begin{aligned} Y_i &= \widehat{Y}_i + e_i \\ &= b_1 + b_2X_i + e_i \end{aligned} \tag{3.10}$$

여기서

b_1: 모집단회귀계수 β_1의 추정량,

b_2: 모집단회귀계수 β_2의 추정량,

$\widehat{Y}_i$: 설명변수 X가 **설명하는 종속변수의 부분**(fitted value), $E(Y_i|X_i)$의 추정량,

e_i: X에 의해 설명되지 못하는 **잔차**(residual).

표본자료로부터 회귀선을 추정한다는 것은 회귀계수 β_1, β_2의 추정량 b_1, b_2를 구하는 것을 의미하며, 이러한 **식 3.10**의 표현을 **표본회귀함수**(sample regression function)라 한다.

6 최소자승법에 의한 회귀모형의 추정

어떤 표본자료가 주어졌을 때, 제3장 5절에서 설명하는 회귀선, 즉 b_1, b_2, $\widehat{Y}_i$ 및 e_i는 어떻게 구할 수 있는가? 이에 대한 해답으로 여러 방법을 고려할 수 있으나 가장 많이 사용되는 최소자승법에 대해 설명한다.

▌그림 3-5▌ 최소자승 추정법

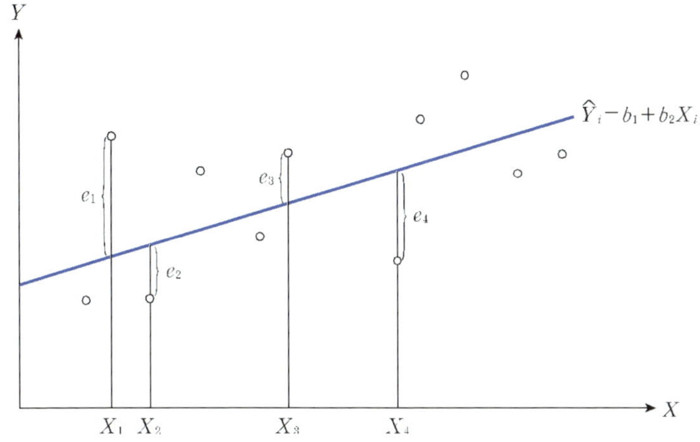

최소자승법(least squares method)에 의한 β_1, β_2의 추정은 다음 **식 3.11**과 같이 설명변수 X가 설명하지 못하는 종속변수 Y의 부분, 즉 잔차의 제곱 합을 최소화하는 방법을 의미한다.

$$\sum_{i=1}^{n} e_i^2 = \sum_{i=1}^{n} (Y_i - b_1 - b_2X_i)^2 \qquad \text{▸ 3.11}$$

최소자승법의 이해를 위해 다음의 **그림 3-5**를 고려하자. **그림 3-5**에는 4개의 표본자료 (X_1, Y_1), …, (X_4, Y_4)가 있는 경우를 제시하고 있다. 이 경우 주어진 표본자료의 성격을 잘 설명하는 회귀선이란 이 4개의 자료와 가장 가까이 있는 회귀선을 의미한다. 이는 각 관찰치에 있어서 설명변수 X가 설명하지 못하는 종속변수의 부분, 즉 종속변수의 값과 회귀선까지의 수직거리의 차이인 잔차 e_i의 부분을 작게 함을 의미한다.

잔차를 작게 하는 방법으로 단순히 잔차의 합, 즉 $\sum_{i=1}^{n} e_i$를 최소화하는 방법을 고려해 볼 수 있으나 이 방법은 적절하지 못한 방법이다. e_i

는 자료 (X_i, Y_i)가 회귀선보다 위에 위치했을 때에는 양수이고, 아래에 위치해 있을 때에는 음수이다. 따라서 만일 회귀선이 모든 자료보다 위에 있다면 모든 잔차 e_i가 음수이다. 이런 경우 $\sum_{i=1}^{n} e_i$를 최소화하려면 회귀선이 자료로부터 위로 멀리 떨어진 회귀선을 구하는 것이 최선이 될 것이다.

$\sum_{i=1}^{n} e_i$를 0에 가깝게 만드는 혹은 $\left(\sum_{i=1}^{n} e_i\right)^2$을 최소화하는 기준도 합당한 기준이 되지 못한다. e_i가 적절하게 양수와 음수로 분포되어 회귀선이 자료의 평균을 통과한다면 기울기와 관계없이 $\sum_{i=1}^{n} e_i$를 0으로 만들 수 있기 때문이다.

잔차항을 기준으로 회귀식을 도출하기 위해서는 개별 잔차의 절대적인 크기에 대해 고려해야 한다. 이에 대한 답으로 만일 잔차의 제곱합 $\sum_{i=1}^{n} e_i^2$을 최소화하는 회귀선[2]을 구한다면 **그림 3-5**에서 보듯이 회귀선에서 멀리 위치한 e_1, e_4의 값이 회귀선에서 가까운 자료의 잔차 e_2, e_3에 비해 더 큰 비중을 차지하게 되므로 자료의 분산 정도를 잘 반영하는 회귀선이 될 수 있다. 이러한 의미에서 $\sum_{i=1}^{n} e_i^2$을 최소화하는 최소자승법에 의한 추정량은 다음 장의 설명과 같이 바람직한 통계적인 특성을 갖는다.

잔차 제곱합을 최소화하는 최소자승 추정법으로부터 구한 1계조건을 정리하면(**실전예제 3.1 참조**) 다음과 같은 최소자승 추정법의 **정규방정식**(normal equation)을 구할 수 있다.

$$\sum_{i=1}^{n} e_i = \sum_{i=1}^{n} (Y_i - b_1 - b_2 X_i) = 0 \qquad \text{▸ 3.12}$$

$$\sum_{i=1}^{n} X_i e_i = \sum_{i=1}^{n} X_i (Y_i - b_1 - b_2 X_i) = 0 \qquad \text{▸ 3.13}$$

---

2 유사한 방법으로 $\sum_{i=1}^{n} |e_i|$를 최소화하는 방법을 고려할 수 있는데 이러한 추정방법을 least absolute deviations(LAD) 추정방법이라 한다. LAD 추정량은 본 교재의 범위를 벗어나는 내용으로 생략한다.

❙그림 3-6❙ 소득을 나이에 대해 회귀분석한 표본회귀선

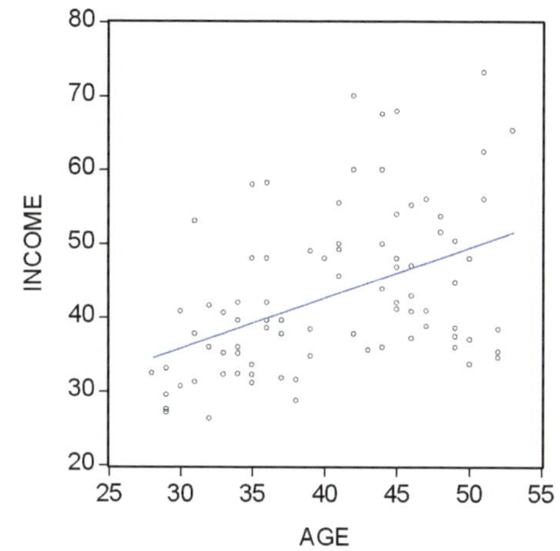

이 두 **식** 3.12와 3.13으로부터 다음의 최소자승 추정량을 구한다(**식** 3.12와 3.13으로부터 **식** 3.14와 3.15의 도출은 **실전예제** 3.1 참조).

$$b_2 = \frac{\sum_{i=1}^{n}(X_i - \overline{X})(Y_i - \overline{Y})}{\sum_{i=1}^{n}(X_i - \overline{X})^2} = \frac{\sum_{i=1}^{n} X_i Y_i - n\overline{X}\,\overline{Y}}{\sum_{i=1}^{n} X_i^2 - n\overline{X}^2} \qquad \text{▸ 3.14}$$

$$b_1 = \overline{Y} - b_2\overline{X} \qquad \text{▸ 3.15}$$

여기서 $\overline{X} = \frac{1}{n}\sum_{i=1}^{n} X_i$, $\overline{Y} = \frac{1}{n}\sum_{i=1}^{n} Y_i$로 각각 설명변수 X와 종속변수 Y의 표본평균을 나타낸다.

예 3.1 다음은 부록 A의 자료 A-8의 INCOME 파일(혹은 실전예제 3.2)의 자료를 이용하여 구한 통계치이다.

$$n=92 \qquad \sum_{i=1}^{92} X_i = 3{,}728 \qquad \sum_{i=1}^{92} Y_i = 3{,}957.4$$

$$\sum_{i=1}^{92} X_i^2 = 155{,}810.00 \qquad \sum_{i=1}^{92} X_i Y_i = 163{,}586.27$$

$$\sum_{i=1}^{92} Y_i^2 = 180{,}570.86$$

혹은

$$\sum_{i=1}^{92}(X_i-\overline{X})^2 = 4{,}744.957 \qquad \sum_{i=1}^{92}(X_i-\overline{X})(Y_i-\overline{Y}) = 3{,}255.540$$

$$\sum_{i=1}^{92}(Y_i-\overline{Y})^2 = 10{,}342.442$$

이 통계치로부터 표본평균 $\overline{X}=(3{,}728/92)=40.522$와 $\overline{Y}=(3{,}957.4/92)=43.015$를 구할 수 있다. 이와 식 3.14, 3.15로부터

$$b_2 = 3{,}255.540/4{,}744.957 = 0.69$$
$$b_1 = 43.015 - 0.69 \times 40.522 = 15.05$$

의 최소자승 추정치를 구한다. 즉 주어진 표본 92명의 자료로부터 연령이 설명하는 소득은 $\widehat{Y}_i = 15.05 + 0.69X_i$로 설명된다.[3] 여기서 $b_2 = 0.69$는 X가 한 단위 증가할 때 나타나는 Y의 평균적인 변화분으로 나이가 1세 증가함에 따른 소득의 증가분이 0.69(백만 원)임을 의미한다. 이 자료로부터 구한 표본회귀선은 그림 3-6과 같다. ■

회귀계수 β_1, β_2에 대한 **추정량**(estimator)이라 함은 **식 3.14 및 3.15**와 같이 표본자료로부터 모집단 모수 β_1, β_2를 추정하는 규칙을 지칭하며, **추정치**(estimate)라 함은 추정량에 대해 실제 표본자료로부터 구한 값 $b_1 = 15.05$, $b_2 = 0.69$를 의미한다.

3 수식으로부터 도출된 추정치 값과 후술하는 gretl 및 EViews 추정결과(그림 4-A 및 그림 4-G) 간의 차이는 반올림에 따른 차이이다.

실전예제 3.1

수식의 도출

1. 정규방정식, 식 3.12와 식 3.13의 도출

식 3.11을 b_1과 b_2에 대해 미분하면 다음과 같은 1계 조건 식을 구한다.

$$\frac{\partial\left(\sum_{i=1}^{n} e_i^2\right)}{\partial b_1} = -2\sum_{i=1}^{n}(Y_i - b_1 - b_2X_i) = -2\sum_{i=1}^{n} e_i = 0$$

$$\frac{\partial\left(\sum_{i=1}^{n} e_i^2\right)}{\partial b_2} = -2\sum_{i=1}^{n}(Y_i - b_1 - b_2X_i)X_i = -2\sum_{i=1}^{n} e_iX_i = 0 \qquad \text{▸ 3.A}$$

식 3.A로부터 다음의 최소자승 추정량의 정규방정식 **식 3.12**와 **식 3.13**이 도출된다.

$$\sum_{i=1}^{n} e_i = 0, \qquad \sum_{i=1}^{n} X_ie_i = 0$$

2. 2계 조건의 도출

위 1계 조건식을 한 번 더 미분하면 다음의 2계 조건식을 구한다.

$$\frac{\partial^2\left(\sum_{i=1}^{n} e_i^2\right)}{(\partial b_1)^2} = 2n, \qquad \frac{\partial^2\left(\sum_{i=1}^{n} e_i^2\right)}{(\partial b_2)^2} = 2\sum_{i=1}^{n} X_i^2$$

두 2계 조건식이 모두 양수임에 따라 1계 조건의 해가 목적함수 $\sum_{i=1}^{n} e_i^2$를 최소화함을 알 수 있다.

3. 최소자승추정치, 식 3.14와 식 3.15의 도출

식 3.12로부터

$$\sum_{i=1}^{n} e_i = 0 \Rightarrow \sum_{i=1}^{n}(Y_i - b_1 - b_2 X_i) = 0$$

$$\Rightarrow \sum_{i=1}^{n} Y_i - nb_1 - b_2 \sum_{i=1}^{n} X_i = 0 \qquad \text{▸ 3.B}$$

가 성립되어 $b_1 = \overline{Y} - b_2 \overline{X}$인 회귀계수 절편의 추정식, **식 3.15**를 구할 수 있다.

또한 **식 3.13**은

$$\sum_{i=1}^{n}(Y_i - b_1 - b_2 X_i) X_i = 0$$

을 의미하므로 여기에 **식 3.15**, b_1의 공식을 대입하면

$$\sum_{i=1}^{n}(Y_i - \overline{Y} + b_2 \overline{X} - b_2 X_i) X_i = 0 \Rightarrow b_2 = \frac{\sum_{i=1}^{n} X_i (Y_i - \overline{Y})}{\sum_{i=1}^{n} (X_i - \overline{X}) X_i}$$

가 도출되어 **식 3.14**를 구할 수 있다.

연습문제

1. 다음의 용어에 대하여 설명하라.

(1) 경제모형과 계량모형
(2) 설명변수(독립변수)와 종속변수
(3) 회귀분석
(4) 조건부 평균
(5) 조건부 기대함수
(6) 모집단회귀함수(모집단회귀선)
(7) 회귀계수
(8) 오차항
(9) 누락변수
(10) 표본회귀함수(표본회귀선)
(11) 잔차
(12) 최소자승법
(13) 정규방정식
(14) 추정량과 추정치

2. 아래의 각 문장의 진위 여부를 판단하고, 그 이유를 간략히 설명하라.

(1) 설명변수 X와 종속변수 Y 간의 표본 공분산이 0이면 최소자승법에 의한 회귀선의 기울기는 0이다.
(2) 선형 회귀분석모형에서 절편의 유무와 상관없이 최소자승추정법에 의한 잔차의 합은 0이다.
(3) 회귀분석에서 절편의 유무와 상관없이 $\overline{\hat{Y}} = \overline{Y}$이다.
(4) $Y_i = \beta_1 + \beta_2 X_i + \varepsilon_i$의 모집단 모형에서 $\sum_{i=1}^{n} \varepsilon_i = 0$이다.
(5) 최소자승 추정법에 의한 잔차의 값은 모두 0이다.
(6) 최소자승 추정법에 의한 회귀식에서 만일 독립변수와 종속변수의 평균이 0이면 $b_1 = 0$이다.

3. 회귀계수 기울기의 최소자승 추정량 $b_2 = \dfrac{s_{XY}}{s_X^2}$으로 표현될 수 있음을 보여라.

여기서 s_{XY}는 두 변수 X, Y의 표본공분산을 나타내며, s_X^2는 설명변수 X의 표본분산을 나타낸다.

4. 다음은 학생 8명의 학점(GPA)과 주당 학습시간(STUDY)에 관한 자료이다.

학생	1	2	3	4	5	6	7	8
GPA	2.8	3.4	3.0	3.5	3.6	3.0	2.7	3.7
STUDY	21	24	26	27	29	25	25	30

학습시간과 학점의 관계에 대한 회귀식 $GPA_i = \beta_1 + \beta_2 STUDY_i + \varepsilon_i$에서

(1) β_1, β_2의 최소자승추정치 b_1, b_2를 구하여라.

(2) 만일 주당 학습시간이 5시간 증가한다면 학점은 얼마나 오르는가?

(3) 그래프에 학생 8명의 자료를 위치하여 보고, 또한 (2)에서 구한 회귀선을 그려보라.

(4) (3)의 그래프에 두 변수 GPA와 STUDY의 평균을 구하여 표시하고 회귀선이 두 변수의 평균을 지나는지 확인하라.

(5) 각 학생에 대해 주당 학습시간이 설명하는 학점, 즉 학점의 추정치(fitted value)와 잔차를 구하고 잔차의 합이 0인지 확인하라.

5. 시험성적과 학습시간 간의 관계를 구하기 위해 다음은 30명의 학생을 대상으로 계량경제학과목 시험성적(Y)과 계량경제학 학습시간(X)에 대하여 구한 자료를 요약한 것이다.

$$\sum_{i=1}^{n} Y_i = 2{,}400 \qquad\qquad \sum_{i=1}^{n} X_i = 450$$

$$\sum_{i=1}^{n}(X_i-\overline{X})(Y_i-\overline{Y})=3{,}600 \qquad \sum_{i=1}^{n}(X_i-\overline{X})^2=900$$

(1) 최소자승 추정법에 의한 회귀계수 β_1, β_2의 추정치 b_1, b_2의 값을 구하라.

(2) 시험성적과 학습시간과의 관계를 $Y_i=\beta_1+\beta_2 X_i+\varepsilon_i$라 할 때, 오차항 ε_i의 발생원인으로 고려될 수 있는 누락변수로는 무엇을 들 수 있는가?

6. 총학생회에서는 학생들의 음주(술) 지출 함수를 구하기 위하여 100명의 표본으로부터 아르바이트(알바) 수입(X_i)과 음주 지출(Y_i)에 대한 다음과 같은 통계치를 구하였다.

$$\sum_{i=1}^{100}X_i=800,\quad \sum_{i=1}^{100}Y_i=600,\quad \sum_{i=1}^{100}X_iY_i=6{,}600,$$

$$\sum_{i=1}^{100}X_i^2=10{,}000,\quad \sum_{i=1}^{100}Y_i^2=6{,}100$$

(1) 알바 수입액과 음주 지출비에 대한 표본 상관계수 값을 구하라.

(2) 알바 수입액과 음주 지출간에 $Y_i=\beta_1+\beta_2 X_i+\varepsilon_i$이 선형관계가 있다고 가정하자. 최소자승법에 의한 회귀계수 β_1, β_2의 추정치 b_1, b_2를 구하라.

(3) b_1, b_2 값에 대해 해석하라.

심화문제

1. 절편을 포함한 회귀식에서 다음을 증명하라.

(1) $\sum_{i=1}^{n}\left(\hat{Y}_i - \overline{Y}\right)e_i = 0.$

(2) $\overline{Y} = \overline{\hat{Y}}.$

(3) $\sum_{i=1}^{n} Y_i = \sum_{i=1}^{n} \hat{Y}_i.$

(4) $\sum_{i=1}^{n} X_i Y_i = \sum_{i=1}^{n} X_i \hat{Y}_i.$

(5) $\sum_{i=1}^{n}\left(\hat{Y}_i - \overline{\hat{Y}}\right)\left(Y_i - \overline{Y}\right) = \sum_{i=1}^{n}\left(\hat{Y}_i - \overline{\hat{Y}}\right)^2 = \sum_{i=1}^{n}\left(\hat{Y}_i - \overline{\hat{Y}}\right)Y_i$

2. 다음의 괄호 안에 (>, <, =, 판단불가) 중 하나의 대소관계를 나타내는 값을 선택하여 기입하고 그 이유를 설명하시오.

$(X_1, Y_1), \cdots, (X_n, Y_n)$의 자료를 이용하여 $Y_i = \beta_1 + \beta_2 X_i + \varepsilon_i$의 모형을 추정함에 있어서

(1) $\sum_{i=1}^{n}\left(Y_i - \overline{Y}\right)^2$ (   ) $\sum_{i=1}^{n}\left(b_1 + b_2 X_i - \overline{Y}\right)^2$

(2) $\sum_{i=1}^{n} \hat{Y}_i$ (   ) $\sum_{i=1}^{n} Y_i$

(3) $\sum_{i=1}^{n} Y_i \hat{Y}_i$ (   ) $\sum_{i=1}^{n} \hat{Y}_i^2$

3. 소비함수를 추정하기 위한 다음 모형에서 종속변수는 소비를, 독립변수는 소득을 나타낸다. 다음의 서술이 옳으면 T, 그르면 F로 표시하고 그 근거를 제시하시오.

(1) 소비함수를 추정하기 위해 IMF에서 발행하는 International

Financial Statistics로부터 OECD 40개국의 달러($)로 표시된 2019년 소비와 소득 자료를 구하여 절편과 기울기의 추정치 b_1, b_2를 구하였다. 다음에 이 자료를 2019년 평균 대미달러 환율(예를 들어 1$=1,000원)을 적용하여 원화로 구한 소비와 소득의 자료에 대해 최소자승법을 적용하여 b_1^*, b_2^*를 구하였다. 이 때 두 회귀분석의 결과, 절편과 기울기의 추정치의 값은 아무런 차이가 없다.

(2) 시계열 자료로부터 우리나라 소비함수를 추정하기 위해 1990-2019년 기간 동안의 달러로 표시된 1인당 GDP와 1인당 소비의 자료를 구하여 소비함수를 추정하여 절편과 기울기의 추정치 b_1, b_2를 구하였다. 다음에 이 자료를 각 연도별 평균 대미달러 환율을 적용하여 원화로 환산한 소비와 소득의 자료에 대해 최소자승법을 적용하여 b_1^*, b_2^*를 구하였다. 이 때 두 회귀분석 결과의 값은 아무런 차이가 없다.

(3) 종속변수 Y에 동일한 값 c를 더하여 새로운 종속변수 $Y^* = Y+c$를 구하였다. Y^*를 독립변수 X에 회귀분석한 결과 기울기의 추정치는 종속변수 Y를 독립변수에 회귀분석한 원래의 기울기의 추정치와 같은 값을 갖는다.

4. 소비함수를 추정하기 위하여 시계열 자료를 이용하여 소비(Y_t)를 상수항과 가처분소득(X_t)에 대해 회귀분석하여 회귀식 $\hat{Y}_t = a_1 + b_1 X_t$와 잔차 e_{1t}를 구하였다. 또한 저축함수를 추정하기 위하여 저축(Z_t)를 상수항과 가처분소득(X_t)에 대해 회귀분석하여 저축함수 $\hat{Z}_t = a_2 + b_2 X_t$와 잔차 e_{2t}를 구하였다. 물론 모든 연도 t에 있어서 소비 + 저축 = 가처분소득, 즉 $Y_t + Z_t = X_t$이다.

(1) $b_1 + b_2$의 값을 구하라.

(2) $a_1 + a_2$의 값을 구하라.

(3) $e_{1t}+e_{2t}$의 값을 구하라.

5. Y를 상수항과 X의 독립변수에 회귀분석한 절편과 기울기가 각각 b_1, b_2라 하고, c_1+Y를 상수항과 c_2+X의 독립변수에 회귀분석한 절편과 기울기를 각각 a_1, a_2라 하자($c_1, c_2 \neq 0$). a_1, a_2를 b_1, b_2와 c_1, c_2로 표시하라.

(1) a_1

(2) a_2

6. $Y_i=\mu+\varepsilon_i$의 모형에서 잔차항 제곱합 $\sum_{i=1}^{n}(Y_i-\hat{\mu})^2$을 최소화하는 $\hat{\mu}=\overline{Y}$임을 증명하라.
이 모형은 단순회귀분석 모형 $Y_i=\beta_1+\beta_2 X_i+\varepsilon_i$에서 설명변수인 X_i가 없으며 $\beta_1=\mu$인 경우에 해당한다.

7. $Y_i=\beta_1+\beta_2 X_i+\varepsilon_i$의 모형에서 절편이 없는 $Y_i=\beta X_i+\varepsilon_i$의 모형을 고려하자. 다음 질문에 답하라.

(1) β에 대한 최소자승추정량을 구하라.

(2) 이 모형에서는 **식 3.12**와 같은 $\sum_{i=1}^{n}e_i=0$의 정규방정식이 성립하는가? 판단하고 그 이유를 설명하라.

8. $Y_i=\beta_1+\beta_2 X_i+\varepsilon_i$의 모형에서 종속변수와 설명변수를 각각 $Y_i^*=\dfrac{Y_i-\overline{Y}}{s_Y}$, $X_i^*=\dfrac{X_i-\overline{X}}{s_X}$로 치환하여 $Y_i^*=\beta_1^*+\beta_2^* X_i^*+\varepsilon_i^*$로 표준화된 변수를 이용한 회귀모형(standardized regression model)으로 고려하였을 경우 절편 β_1^*의 최소자승추정량 b_1^*를 구하라.

CHAPTER 04

단순회귀분석

회귀분석의 첫걸음으로 제4장에서는 종속변수를 설명하는 설명변수가 한 개(상수항을 포함한 설명변수의 수가 2개)[1]인 단순회귀분석을 다룬다. 이를 위해 단순회귀분석 모형에 필요한 기본적인 가정과 이러한 가정 하에서 최소자승 추정량이 가지는 통계적인 특성에 대해 분석한다. 이를 기반으로 회귀계수에 대한 신뢰구간 및 가설검정 등의 통계적 추론과 또한 회귀모형의 적합도를 평가하는 결정계수에 대해 공부한다. 마지막으로 회귀모형을 이용한 예측에 대해 설명한다.

1 단순회귀분석의 기본 가정

제3장에서 최소자승법을 통하여 구한 표본추정량 b_1, b_2로부터 모집단 회귀계수 β_1, β_2에 대한 신뢰구간, 가설검정 등의 통계적 추론을 위해서는 종속변수 Y_i가 생성되는 과정에 대해 다음과 같은 기본적인 가

1 일반적으로 설명변수의 수를 나타낼 때 상수항 1을 포함한다. 따라서 단순회귀분석에서는 설명변수의 수가 상수항과 X, 두 개이다.

정이 필요하다. 이러한 가정은 회귀분석에서의 기본 가정으로 이를 고전적 가정(classical assumption)이라 한다.

가정 1 선형회귀모형

회귀모형은 다음과 같이 모수에 대해 선형인 모형이다.

$$Y_i = \beta_1 + \beta_2 X_i + \varepsilon_i \quad ▸ 4.1$$

가정 1에서는 설명변수 X와 종속변수 Y의 관계를 가정하는 것으로 여기서 선형모형이라 함은 변수 X에 대해 선형을 의미하는 것이 아니라 회귀계수 β_1, β_2에 대해 선형모형을 가정하는 것을 유의하여야 한다. '선형(linearity)'이라 함은 회귀계수 β_1, β_2에 대한 1차 미분 값이 β_1, β_2의 함수가 아닌 일정한 상수가 됨을 의미한다. 예를 들어 $Y_i = \beta_1 + \beta_2 X_i^2 + \varepsilon_i$는 선형모형이지만 $Y_i = \beta_1 + \sqrt{\beta_2} X_i + \varepsilon_i$은 비선형모형(nonlinear model)이다(제4장의 연습문제 3번을 참조).

그런데 $Y_i = \beta_1 + \beta_2 X_i^2 + \varepsilon_i$와 같이 모수에 대해서는 선형이지만 변수에 대해 비선형인 모형은 계량모형의 설정에서 문제가 없을까 하고 궁금해 할 수 있다. 이는 $Z_i \equiv X_i^2$로 치환하면 이 모형은 $Y_i = \beta_1 + \beta_2 Z_i + \varepsilon_i$가 되어 **식 4.1**과 분석상 아무런 차이가 없으며 선형모형의 범주에서 다룰 수 있다.

가정 2 설명변수의 비확률성

설명변수 X는 비확률(nonstochastic)변수이다.

가정 2에서 설명변수가 비확률변수라는 가정으로부터 향후 평균 및 분산 등의 수학적 기댓값의 작용에 있어서 설명변수 X는 상수항으로 취급하는 것이 가능하다. 설명변수의 비확률성은 제3장의 예에서 보듯이 X를 연령, Y를 소득이라 한다면 연령을 28세로 고정한 후 28세에 해당되는 개인의 소득자료를 추출하고, 또한 연령을 29세로 고정한 후 29세에 해당되는 개인의 소득자료를 추출하는 방식의 **층화표본**(stratified sample)임을 의미한다. 이 경우 설명변수인 연령의 값은 표본추출시 사전 확정된 값으로 확률변수가 아닌 상수로 취급될 수 있다.

경제 · 경영자료 및 여타 사회과학자료에서 설명변수 X가 비확률성을 갖는다는 가정은 비합리적일 수 있다. 가령 모집단으로부터 표본자료를 추출할 때 (연령, 소득)의 값을 가진 관찰치, 즉 개인을 대상으로 표본을 추출하는 것이 일반적인 표본추출방법이며, 특정 연령수준을 사전에 정한 후 이 연령대의 개인을 대상으로 표본추출하는 층화표본은 특정한 목적의 경우에만 적용되기 때문이다. 그러나 이와 같이 설명변수가 확률성을 갖는 경우라고 하더라도 여기서의 통계적인 도출에 약간의 수정만이 필요할 뿐이며 전반적인 결과에는 차이가 없다. 따라서 여기서는 논의의 편리를 위해 보다 단순화된 가정, 설명변수의 비확률성을 가정한다.

일반적으로 설명변수가 확률변수인 경우 최소자승 추정법을 위해 필요한 가정은 $Cov(X_i, \varepsilon_i) = 0$이다. 만일 이 가정이 지켜지지 않는다면 즉, $Cov(X_i, \varepsilon_i) \neq 0$이면 종속변수 Y에서 설명변수 X와 오차항 ε의 영향을 구분할 수 없기 때문에 최소자승 추정량의 불편성은 지켜지지 않는다. 설명변수의 비확률성에 대한 가정으로부터 $Cov(X_i, \varepsilon_i) = 0$은 자동 성립한다.

가정 3 **식별성**(identification)

전체 표본에 있어서 설명변수 X는 적어도 서로 다른 두 값을 가진다.

$$s_X^2 = \frac{1}{n-1}\sum_{i=1}^{n}\left(X_i - \overline{X}\right)^2 \neq 0$$

가정 3이 위배되는 경우로 모든 관찰치의 설명변수 값이 동일한 값을 갖는 $X_i = c$를 들 수 있다. 이러한 경우 제3장 **식 3.14**의 분자와 분모가 모두 0이 되어 표본회귀선의 기울기 b_2를 구할 수 없게 된다. 따라서 표본회귀선의 기울기를 구하기 위한 조건으로 설명변수 X가 전체 관찰치에 있어서 최소한 서로 다른 두 값을 가져야 한다.

가정 4 오차항의 평균

오차항의 평균은 0이다.

$$E(\varepsilon_i) = 0 \qquad \text{4.2}$$

가정 4는 제3장 **그림 3-2**에서 보듯이 많은 관찰치는 회귀선보다 위에 위치하여 오차항의 값이 양수이지만, 또 다른 상당수의 관찰치는 회귀선보다 아래에 위치하여 오차항의 값이 음수가 되어 이들의 평균이 0이 됨을 의미한다. 즉 종속변수 Y의 체계적인 부분은 설명변수 X를 통해 설명되며 오차항 ε은 Y의 비체계적인 부분을 나타내는 확률항이다. 또한 가정 4는 가정 2와 함께 종속변수 Y의 평균이 $E(Y_i) = \beta_1 + \beta_2 X_i$임을 의미한다.

가정 5 오차항의 분산

모든 관찰치에 대해 오차항은 σ^2의 동일 분산을 갖는다.

$$V(\varepsilon_i) = E[(\varepsilon_i - E(\varepsilon_i))^2] = E(\varepsilon_i^2) = \sigma^2 \qquad \text{4.3}$$

가정 5는 각 설명변수 X의 값에 있어서 종속변수 Y가 그 평균을 중심으로 분산된 정도가 같다는 **동분산**(homoscedasticity) 가정을 의미한다. 향후 제9장에서는 이 가정을 완화한 경우를 살펴보기로 한다. 가정 5를 가정 2와 결합하면 모든 관찰치에 대해 $V(Y_i) = \sigma^2$임을 의미한다.

가정 6 오차항의 상관성

서로 다른 관찰치 간의 오차항은 상관이 없다.

$$Cov(\varepsilon_i, \varepsilon_j) = E[(\varepsilon_i - E(\varepsilon_i))(\varepsilon_j - E(\varepsilon_j))] = E[\varepsilon_i \varepsilon_j] = 0 \text{ (모든 } i \neq j \text{에 대해)} \quad \text{▸ 4.4}$$

가정 6에서는 오차항의 변화에 있어서 체계성이 존재하지 않는다는 것을 의미하며, 강한 의미로 서로 다른 관찰치의 오차가 독립임을 의미한다. 그런데 향후 제10장에서 보듯이 대부분의 시계열자료에서는 서로 다른 시점의 오차 간에 상관성을 가지는 **자기상관**(autocorrelation)이 존재하는 것이 일반적이다. 그러나 여기서는 일단 그런 관계는 없다고 가정한다. 가정 6을 가정 2와 결합하면 $Cov(Y_i, Y_i) = 0,\ i \neq j$임을 의미한다.

이상의 가정을 요약하면 다음과 같다.

가정 1: $Y_i = \beta_1 + \beta_2 X_i + \varepsilon_i$

가정 2: 설명변수 X는 비확률(nonstochastic)변수

가정 3: 전체 표본에 있어서 설명변수 X는 적어도 서로 다른 두 값을 가진다.

가정 4: $E(\varepsilon_i) = 0 \quad \Rightarrow \quad E(Y_i) = \beta_1 + \beta_2 X_i$

가정 5: $V(\varepsilon_i) = \sigma^2 \quad \Rightarrow \quad V(Y_i) = \sigma^2$

가정 6: $Cov(\varepsilon_i, \varepsilon_j) = 0,\ i \neq j \quad \Rightarrow \quad Cov(Y_i, Y_j) = 0,\ i \neq j$

2 최소자승 추정량의 통계적 특성

제4장 1절에서 주어진 고전적 가정, 가정 1~가정 6하에서 최소자승 추정량은 다음과 같은 통계적 특성을 갖는다(통계적 특성의 도출에 대해서는 **실전예제 4.1**을 참조). 여기서는 최소자승 추정량의 특성을 설명함에 있어서 대부분의 경우 우리가 주로 관심을 가지는 회귀계수 β_2의 추정량 b_2에 집중하여 설명을 전개한다. 모집단 회귀계수 중 절편 β_1의 추정량 b_1에 대해서도 마찬가지 논리를 적용할 수 있으며, 실제로 대부분의 경제분석에서 절편은 특별한 의미를 갖지 않기 때문이다.

2.1 불 편 성

가정 1~가정 4하에서[2] 최소자승 추정량은 불편성(unbiasedness)을 갖는다. 즉,

$$E(b_1) = \beta_1,\ E(b_2) = \beta_2 \qquad \text{▸ 4.5}$$

불편성이란 통계량이 갖추어야 할 바람직한 성질 중 하나이다. 그러나 이는 표본회귀식의 추정치가 모집단의 모수와 같다($b_1 = \beta_1$, $b_2 = \beta_2$)는 것을 의미하는 것은 아니다. 불편성이란 모집단으로부터 표본추출을 여러번 반복할 경우 각 표본집단으로부터 구한 최소자승 추정치는 서로 다른 값을 가질 수 있으나 구해진 추정치들의 평균이 우리가 추정하고자 하는 모수와 같다는 것을 의미한다. 이를 하나의 표본집단에 대해 설명하면 표본으로부터 구한 추정치는 평균적으로 모집단의 회귀계수와 같음을 의미한다.

---

2 실전예제 4.1의 증명에서 보듯이 최소자승 추정량의 불편성에 가정 5와 가정 6은 영향을 미치지 않는다. 이는 제9장과 제10장에서 설명하고 있는 이분산과 자기상관이 발생하여도 최소자승 추정량의 불편성은 유지됨을 의미한다.

최소자승 추정량의 불편성에 대해서는 제2장의 **그림 2-1**에서 보듯이 일정한 모집단으로부터 표본을 여러 번 반복 추출할 경우 b_2 분포의 중심이 β_2임을 의미한다.

2.2 최소자승 추정량의 분산

가정 1~가정 6하에서 최소자승 추정량은 다음의 분산과 공분산을 갖는다.

$$V(b_1) \equiv \sigma_{b_1}^2 = \sigma^2 \left[\frac{1}{n} + \frac{\overline{X}^2}{\sum_{i=1}^{n} (X_i - \overline{X})^2} \right] = \sigma^2 \left[\frac{\sum_{i=1}^{n} X_i^2}{n \sum_{i=1}^{n} (X_i - \overline{X})^2} \right]$$

$$V(b_2) \equiv \sigma_{b_2}^2 = \frac{\sigma^2}{\sum_{i=1}^{n} (X_i - \overline{X})^2}$$

$$Cov(b_1,\ b_2) \equiv \sigma_{b_1, b_2} = \sigma^2 \left[\frac{-\overline{X}}{\sum_{i=1}^{n} (X_i - \overline{X})^2} \right] \quad \blacktriangleright 4.6$$

분산은 확률변수인 b_2와 그의 평균 혹은 실제 값인 β_2와의 거리를 측정하는 지표이다. 따라서 분산이 작다는 것은 자료로부터 구한 b_2의 값이 추정하고자 하는 모수 β_2의 값과 차이가 크지 않다는 것을 의미하므로 분산의 크기는 추정치의 정확도와 반비례 관계에 놓여 있다.

최소자승 추정량의 분산은 **식 4.6**에서 보는 바와 같이 다음의 영향을 받는다.

① 만일 오차항의 분산 σ^2값이 커지게 되면 최소자승 추정량의 분산은 커진다. 오차항의 분산 σ^2값이 크다는 것은 종속변수 Y가 X로 설명된 부분(조건부평균)을 중심으로 널리 퍼져 있음을 의미한

다. 이 경우 오차항 ε으로 표현되는 불확실성이 높으므로 최소자승추정량은 정확도가 낮은 추정치를 낳게 된다.

② 설명변수 X의 값이 넓게 퍼져 있을수록, 즉 $\sum_{i=1}^{n}(X_i-\overline{X})^2$이 클수록 최소자승 추정량의 분산은 작아진다. 설명변수 X의 값이 넓게 퍼져 있으면 설명변수의 변화에 의한 종속변수의 변화를 상대적으로 잘 설명할 수 있기 때문이다.

③ 표본의 크기(n)가 증가할수록 $\sum_{i=1}^{n}(X_i-\overline{X})^2$의 값이 커지게 되어 최소자승 추정량의 분산과 공분산은 작아진다. 표본관찰치의 수가 증가할수록 전체 모집단의 크기에 비해 표본의 크기가 근접하게 되므로 모집단의 모수에 대한 정보를 더 정확히 구할 수 있기 때문이다.

④ **식 4.6**에서 회귀선의 절편과 기울기의 공분산은 설명변수의 표본평균, $\overline{X}$와 반대의 부호를 가진다. 가령 $\overline{X}>0$이라면 공분산은 음수의 값을 갖게 되는데, 만일 어떤 영향으로 두 변수 X, Y의 평균은 변화가 없고 기울기 b_2가 커진다면 회귀선은 항상 $(\overline{X}, \overline{Y})$점을 지나기 때문에 절편 b_1의 값은 작아질 수밖에 없다.

2.3 선형추정량

제3장의 **식 3.14**로부터

$$b_2=\frac{\sum_{i=1}^{n}(X_i-\overline{X})(Y_i-\overline{Y})}{\sum_{i=1}^{n}(X_i-\overline{X})^2}=\frac{\sum_{i=1}^{n}(X_i-\overline{X})Y_i}{\sum_{i=1}^{n}(X_i-\overline{X})^2}$$

에서 $w_i\equiv\frac{(X_i-\overline{X})}{\sum_{i=1}^{n}(X_i-\overline{X})^2}$로 두면

$$b_2 = \sum_{i=1}^{n} w_i Y_i \qquad \text{▸ 4.7}$$

가 되어 Y_i의 선형결합형태로 표현된다. 이를 **선형추정량**(linear estimator)이라 한다. 마찬가지 방법으로 b_1도

$$b_1 = \overline{Y} - b_2\overline{X} = \sum_{i=1}^{n}\left(\frac{1}{n} - w_i\overline{X}\right)Y_i \equiv \sum_{i=1}^{n} v_i Y_i$$

로 표현되어 선형추정량이 된다. 여기서 $v_i \equiv \left(\frac{1}{n} - w_i\overline{X}\right)$를 나타낸다.

2.4 가우스-마르코프 정리

가정 1~가정 6의 고전적 가정 하에서 최소자승 추정량 b_1과 b_2는 선형불편추정량 중에서 최소의 분산을 갖는다. 즉 최소자승 추정량은 **최량선형불편추정량**(BLUE; Best Linear Unbiased Estimator)이다. 여기서 최량이라 함은 최소의 분산을 갖는다는 의미(MVLUE; Minimum Variance Linear Unbiased Estimator)이다.

가우스-마르코프 정리(Gauss-Markov theorem)는 회귀계수 β_1, β_2의 추정량으로서 선형이며 불편인 추정량 중에서 최소자승 추정량이 최소의 분산을 갖는 추정량임을 의미한다.

3 회귀분석모형의 적합도 평가: 결정계수

회귀모형의 추정에 있어서 주요 관심사 중의 하나는 이 모형이 주어진 자료에 얼마나 적합한가 혹은 주어진 자료에서 (선택된) 설명변수가 종속변수를 얼마나 잘 설명하느냐이다. 다음의 **그림 4-1**에서 (a)의 경우는 비교적 자료가 회귀선 근방에 위치하여 X가 설명하지 못하는 종속변수의 값, 즉 잔차의 부분이 작은 반면, (b)의 경우에는 자료들이 회귀선으로부터 멀리 위치하여 X가 설명하지 못하는 종속변수의 값, 즉 잔차의 부분이 크게 나타나고 있다. 이 둘의 결과에서 (a)의 경우에는 회귀선의 설명력이 비교적 높은 반면, (b)는 회귀선의 설명력이 상대적으로 낮다고 할 수 있다.

회귀모형의 설명력, 혹은 회귀선의 적합도를 나타내는 지표로는 다음의 과정을 통해 계산되는 결정계수(coefficient of determination)가 있다.

┃그림 4-1┃ 결정계수 값이 큰 경우와 작은 경우

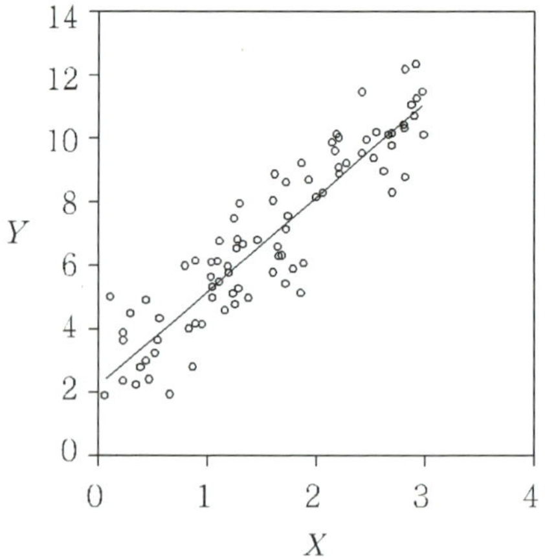

(a) 결정계수 값이 큰 경우

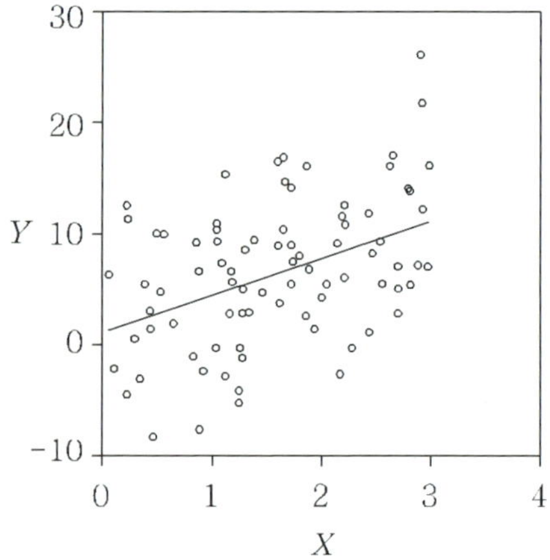

(b) 결정계수 값이 작은 경우

$$Y_i = \widehat{Y}_i + e_i \qquad \text{▸ 4.8}$$

$$Y_i - \overline{Y} = \left(\widehat{Y}_i - \overline{Y}\right) + e_i \qquad \text{▸ 4.9}$$

이로부터

$$\sum_{i=1}^{n}\left(Y_i - \overline{Y}\right)^2 = \sum_{i=1}^{n}\left(\widehat{Y}_i - \overline{Y}\right)^2 + \sum_{i=1}^{n} e_i^2 + 2\sum_{i=1}^{n}\left(\widehat{Y}_i - \overline{Y}\right)e_i \qquad \text{▸ 4.10}$$

이 성립한다. 제3장의 최소자승 추정량의 정규방정식, **식 3.12**와 **식 3.13**에 의해 $\sum_{i=1}^{n} e_i = 0$ 혹은 $\sum_{i=1}^{n}\left(\widehat{Y}_i - \overline{Y}\right)e_i = 0$이 되므로 다음 **식 4.11**이 성립한다.

$$\sum_{i=1}^{n}\left(Y_i - \overline{Y}\right)^2 = \sum_{i=1}^{n}\left(\widehat{Y}_i - \overline{Y}\right)^2 + \sum_{i=1}^{n} e_i^2 \qquad \text{▸ 4.11}$$

식 4.11의 첫 번째 부분, $\sum_{i=1}^{n}\left(Y_i - \overline{Y}\right)^2$는 종속변수 Y가 그 평균인 $\overline{Y}$로부터 얼마나 변동이 큰가를 나타내는 Y의 **전체변동**(TSS: total sum of squares)을 나타내며, 두 번째 부분, $\sum_{i=1}^{n}\left(\widehat{Y}_i - \overline{Y}\right)^2$은 Y 중에서 X에 의해 **설명되는 부분의 변동**(ESS: explained sum of squares)을 나타낸다. 마지막 부분, $\sum_{i=1}^{n} e_i^2$은 Y 중에서 X에 의해 설명되지 못하는 **잔차의 변동**(RSS: residual sum of squares)을 나타낸다.

결정계수 R^2는 Y의 전체변동 중에서 설명변수 X에 의해 설명되는 부분의 변동이 얼마인가를 측정한다.

$$R^2 = \frac{ESS}{TSS} = 1 - \frac{RSS}{TSS} = \frac{\sum_{i=1}^{n}\left(\widehat{Y}_i - \overline{Y}\right)^2}{\sum_{i=1}^{n}\left(Y_i - \overline{Y}\right)^2} = 1 - \frac{\sum_{i=1}^{n} e_i^2}{\sum_{i=1}^{n}\left(Y_i - \overline{Y}\right)^2} \qquad \text{▸ 4.12}$$

여기서 TSS, ESS 및 RSS가 모두 0 이상의 값을 갖기 때문에 결정계수 R^2은 0 혹은 양수 값을 가진다. 또한 $TSS = ESS + RSS$이므로 결정계수 R^2은 1 이하의 값을 가지게 되어 $0 \le R^2 \le 1$이 성립한다. R^2값이 1에 가까울수록 주어진 모형이 자료에 더 적합하다고 판정된다. 참고로 $R^2 = 1$인 경우는 모든 표본자료가 회귀선에 위치한 경우로 모든 관찰치에 대해 잔차 값이 0인 경우이다.

결정계수의 도출은 위에서 살펴본 바와 같이 최소자승 추정량에 대한 정규방정식을 나타내는 **식 3.12**와 **식 3.13**에 의존한다. 따라서 만일 모형 내에서 모집단회귀선의 절편, $\beta_1 = 0$이 성립하여 설명변수로 상수항이 불필요한 경우라 할지라도 $0 \le R^2 \le 1$의 성립을 위해서 일반적으로 설명변수로 상수항을 포함시킨 회귀모형을 사용한다.

예 4.1 부록 A-8 INCOME 파일에서 주어진 92명의 소득-연령 자료로부터 66쪽의 예 3.1에서

$$\sum_{i=1}^{92}\left(Y_i - \overline{Y}\right)^2 = 10{,}342.442$$

을 구하였다. 또한 실전예제에 제시한 바와 같이 회귀분석 결과에서

$$\sum_{i=1}^{92} e_i^2 = 8{,}149.776$$

이므로 결정계수 $R^2 = 1 - \frac{8{,}149.776}{10{,}342.442} = 0.21$이다. 이 값은 연령이 설명하는 소득의 변동은 약 21%임을 의미한다. ■

4 최소자승 추정량의 확률분포

가정 7 오차항의 정규성

오차항은 정규분포를 갖는다.

$$\varepsilon_i \sim N(0, \sigma^2) \qquad \text{▸ 4.13}$$

가정 7은 최소자승 추정량의 정확한 확률분포를 도출하여 통계적 추론을 시행하기 위해 필요한 가정이다. 그러나 이 가정이 지켜지지 않는 경우에도 표본수가 충분히 크다면 중심극한정리(central limit theorem)에 의해 최소자승 추정량의 분포를 정규분포로 근사화할 수 있으므로 최소자승 추정량에 대한 다음의 추론은 유효하다고 할 수 있다.

가정 7은 가정 2와 함께 Y_i의 분포함수가 평균이 $\beta_1 + \beta_2 X_i$, 분산이 σ^2인 정규분포함수임을 의미한다. 즉,

$$Y_i \sim N(\beta_1 + \beta_2 X_i,\ \sigma^2)$$

4.1 오차항의 분산 σ^2값을 알 때의 최소자승 추정량의 확률분포

식 4.7, $b_2 = \sum_{i=1}^{n} w_i Y_i$에서와 같이 최소자승 추정량은 종속변수 Y의 선형결합인 형태로 표현되며 가정 7에 의해 종속변수 Y는 $Y_i \sim N(\beta_1 + \beta_2 X_i, \sigma^2)$의 정규분포를 가진다. 따라서 가정 1~가정 7 하에서 최소자승 추정량은 다음과 같은 정규분포를 가진다.

$$b_1 \sim N(\beta_1,\ \sigma_{b_1}^2)$$
$$b_2 \sim N(\beta_2,\ \sigma_{b_2}^2) \quad \text{▸ 4.14}$$

식 4.14의 정규분포를 평균이 0이고 분산이 1인 분포로 표준화하면 다음의 표준정규분포를 얻는다.

$$\frac{b_1 - \beta_1}{\sigma_{b_1}} \sim N(0, 1)$$
$$\frac{b_2 - \beta_2}{\sigma_{b_2}} \sim N(0, 1) \quad \text{▸ 4.15}$$

식 4.15의 분포로부터 모르는 모수 β_1, β_2에 대한 신뢰구간을 구할 수 있는데 예를 들어 β_2에 대한 95% 신뢰구간은 $(b_2 \pm 1.96\sigma_{b_2})$가 된다.

일반적으로 오차항의 분산인 σ^2(혹은 표준편차인 σ값)이 알려져 있지 않기 때문에 **식 4.6의** 최소자승 추정량의 분산인 $\sigma_{b_2}^2$(혹은 σ_{b_2})와 신뢰구간을 구할 수 없다. 이 경우 σ^2값은 표본자료를 이용하여 다음과 같이 추정할 수 있다.

4.2 σ^2과 $\sigma_{b_2}{}^2$의 추정량

오차항의 분산인 σ^2은 $V(\varepsilon_i) = E(\varepsilon_i{}^2) = \sigma^2$이므로 오차항 ε_i의 값을 안다면 σ^2을 계산할 수 있다. 그러나 모집단 모수 β_1, β_2값이 알려져 있지 않기 때문에 ε_i의 값은 구할 수 없으며, 대신에 잔차 e_i의 값은 표본자료와 b_1, b_2로부터 도출할 수 있다. 즉 $e_i = Y_i - (b_1 + b_2 X_i)$이므로, 표본자료 $(X_i,\ Y_i)$와 최소자승 추정치 b_1, b_2로부터 e_i를 구할 수 있다. 따라서 오차항의 분산 σ^2의 추정량, s^2은 다음 **식 4.16**과 같이 구할 수 있다.

$$s^2 = \frac{1}{n-2}\sum_{i=1}^{n} e_i^2 \qquad \text{▸ 4.16}$$

s를 **회귀식의 표준오차**(standard error of regression)라 한다. **식 4.16**에서 잔차항의 제곱합 $\sum_{i=1}^{n} e_i^2$을 관찰치 수 n으로 나누지 않고 $(n-2)$로 나누는 이유는 불편추정량, 즉

$$E(s^2) = \sigma^2 \qquad \text{▸ 4.17}$$

의 특성을 갖게 하기 위함이다. 표본 관찰치 수로부터 2를 빼는 이유는 n개의 표본자료로부터 2개의 회귀계수(β_1, β_2)를 추정하는 데 따르는 자유도의 감소를 고려한 것이다.

식 4.16에서 구한 s^2을 **식 4.6**에 대입하면 다음 **식 4.18**과 같이 **최소자승 추정량**(b_1, b_2)**의 분산의 추정량**을 구할 수 있다.

$$\widehat{V}(b_1) \equiv s_{b_1}^2 = s^2\left[\frac{1}{n} + \frac{\overline{X}^2}{\sum_{i=1}^{n}\left(X_i - \overline{X}\right)^2}\right] = s^2\left[\frac{\sum_{i=1}^{n} X_i^2}{n\sum_{i=1}^{n}\left(X_i - \overline{X}\right)^2}\right]$$

$$\widehat{V}(b_2) \equiv s_{b_2}^2 = \frac{s^2}{\sum_{i=1}^{n}\left(X_i - \overline{X}\right)^2} \qquad \text{▸ 4.18}$$

식 4.18의 분산의 추정량은 **식 4.17**에 의해 $E(s_{b_1}^2) = \sigma_{b_1}^2$, $E(s_{b_2}^2) = \sigma_{b_2}^2$의 불편성을 가진다. 이로부터 **회귀계수의 표준오차**(standard error of regression coefficient)는 다음 **식 4.19**로 주어진다.

$$s_{b_1} = s\sqrt{\frac{1}{n} + \frac{\overline{X}^2}{\sum_{i=1}^{n}\left(X_i - \overline{X}\right)^2}} = s\sqrt{\frac{\sum_{i=1}^{n} X_i^2}{n\sum_{i=1}^{n}\left(X_i - \overline{X}\right)^2}}$$

$$s_{b_2} = \frac{s}{\sqrt{\sum_{i=1}^{n}\left(X_i - \overline{X}\right)^2}} \qquad \text{▸ 4.19}$$

예 4.2 제3장의 INCOME 파일에서 주어진 소득-연령에 대한 92명의 자료와 회귀분석결과에서 $\sum_{i=1}^{92} e_i^2 = 8,149.776$이다.

따라서 $s^2 = \frac{8,149.776}{(92-2)} = 90.55$이며, $s_{b_2}^2 = \frac{90.55}{4,744.96} = 0.019$,

$s_{b_2} = \sqrt{0.019} = 0.14$이다. ■

4.3 최소자승 추정량의 확률분포와 모집단회귀계수의 신뢰구간

회귀계수 β_2에 대한 계산 가능한 신뢰구간을 구하기 위해 95% 신뢰구간 $b_2 \pm 1.96\sigma_{b_2}$에 모르는 σ_{b_2} 대신에 제4장 2절에서 구한 s_{b_2}를 대입하면 어떨까? 이 경우 **식 4.15**에서의 표준정규분포가 성립하지 않고 **식 2.27**의 논리에 의해 t-분포를 가지게 되는데 이 경우에는 다음과 같이 $(n-2)$의 자유도를 갖는다. 즉 가정 1~가정 7 하에서 다음의 분포가 성립한다.

$$\frac{b_1 - \beta_1}{s_{b_1}} \sim t(n-2), \quad \frac{b_2 - \beta_2}{s_{b_2}} \sim t(n-2) \qquad \text{▸ 4.20}$$

$(n-2)$의 자유도를 갖는 t-분포에서

$$P(-t_{\alpha/2} \le t \le t_{\alpha/2}) = 1 - \alpha \qquad \text{▸ 4.21}$$

가 성립하는 $t-$분포의 값을 **그림 4-2**에서 보듯이 $t_{\alpha/2}$라고 하자. **식 4.20**을 **식 4.21**에 적용하면 다음 **식 4.22**가 성립한다.

┃그림 4-2┃ $t-$분포의 임계치

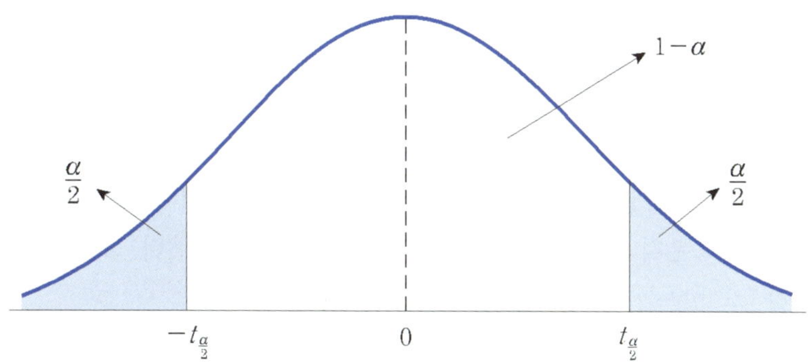

$$P\left(-t_{\alpha/2} \le \frac{b_2-\beta_2}{s_{b_2}} \le t_{\alpha/2}\right) = 1-\alpha$$

$$\Rightarrow P(b_2 - t_{\alpha/2}s_{b_2} \le \beta_2 \le b_2 + t_{\alpha/2}s_{b_2}) = 1-\alpha \qquad \text{4.22}$$

이로부터 β_2에 대한 $100(1-\alpha)\%$ 신뢰구간은 $b_2 \pm t_{\alpha/2}s_{b_2}$를 구한다.

예 4.3 INCOME 파일의 소득-연령의 92개의 관찰치로부터 회귀분석결과 $b_2 = 0.68$과 $s_{b_2} = 0.14$를 구하였다. 또한 자유도 92-2=90에 있어서 95% 신뢰수준에 해당되는 임계치가 2.00(60의 자유도를 참조함)이므로 β_2의 95% 신뢰구간은 $(0.68 \pm 2.0 \times 0.14) = (0.40,\ 0.96)$이다. ■

5 회귀계수에 대한 통계적 추론

대부분의 실증분석에서는 회귀계수에 대한 신뢰구간을 구할 뿐 아니라 회귀계수에 대한 특정한 가설을 검정한다. 이러한 절차를 통해 경제이론이 현실 자료를 잘 설명하고 있는가를 검정하기도 하며 회귀분석모형이 자료에 적합한지를 분석할 수도 있다. 따라서 모집단회귀계수에 대한 막연한 추측(가설)이 합리적인지를 표본자료 회귀분석결과에 비추어 판단할 수 있다. 가령 연령 1세 증가에 따라 연봉이 80만 원 증가한다는 가설을 검정하고 싶다면 표본자료로부터 구한 $b_2 = 0.59$의 결과로부터 그 가설($\beta_2 = 0.8$)을 지지할 수 있는가를 알아보는 것이다.

5.1 귀무가설과 대립가설

귀무가설(null hypothesis)이란 모집단 회귀계수에 대해 특정한 값을 부여한 가설을 뜻하며 H_0로 표시한다. **대립가설**(alternative hypothesis)이란 귀무가설에 대응되는 가설을 뜻하며 흔히 H_1으로 표시한다. 예를 들어 나이가 들어감에 따라 연봉이 해마다 80만 원씩 증가한다는 추측에 대한 귀무가설과 이에 대한 간단한 대립가설은 $H_0 : \beta_2 = 0.8$, $H_1 : \beta_2 \neq 0.8$이다. 이를 일반화하면 다음 **식 4.23**과 같다.

$$H_0 : \beta_2 = \beta_2^0, \qquad H_1 : \beta_2 \neq \beta_2^0 \qquad \text{▸ 4.23}$$

여기서 β_2^0는 검정하고자 하는 가설 하의 임의의 값으로 예를 들면 0, 1 혹은 0.8 등의 특정 수치를 나타낸다.

5.2 신뢰구간을 이용한 가설검정의 이해

4절에서 연령-소득 간의 관계로부터 구한 β_2에 대한 95% 신뢰구간은 (0.40, 0.96)이다. 따라서 귀무가설에서 주장하는 바와 같이 0.8의 값이 이 신뢰구간 안에 위치하고 있기 때문에 (5%의 오류를 범할 확률로) 이 가설이 맞는 것으로 판단한다. 만일 위 95% 신뢰구간이 0.8의 값을 구간 내에 포함하고 있지 않다면, 즉 귀무가설에서 주장하는 $\beta_2 = 0.8$이 신뢰구간 안에 위치하고 있지 않다면 가설이 맞지 않는 것으로 판정한다.

귀무가설 하에서의 값이 신뢰구간 밖에 위치하면 표본자료로부터 구한 결과와 일치하지 않는 것으로 판단되므로 기각(reject)되고, 신뢰구간 안에 위치하면 표본자료로부터 구한 결과와 큰 차이가 없어 귀무가설이 채택된다. 엄밀한 표현으로는 "기각되지 못한다(do not reject)"는 표현을 사용한다. 따라서 신뢰구간은 귀무가설을 기각할 수 있는 **기각역**(rejection region)을 설정한다. 95% 신뢰수준 혹은 5% 유의수준에서의 가설검정을 일반화하면 $100(1-\alpha)\%$에서의 모수 β_2에 대한 신뢰구간은 $(b_2 - t_{\alpha/2}s_{b_2},\ b_2 + t_{\alpha/2}s_{b_2})$이 된다.

가설검정 결과, 특히 $H_0 : \beta_2 = 0$인 귀무가설을 기각하는 경우에 대해 "β_2는 **통계적으로 유의**(유의미)**하다**"(statistically significant)라고 표현한다. 위의 귀무가설을 기각하지 못하는 경우에 대해 "β_2는 **통계적으로 유의**(유의미)**하지 못하다**"(statistically insignificant)라고 표현한다.

5.3 유의수준의 설정

가설검정에 있어서 특정 귀무가설을 기각하거나 기각하지 못한다는 판정을 내릴 때 사실 진정한 모수 값, β_2를 모르기 때문에 잘못 판단할 수 있는 오류가 항상 존재한다. 귀무가설이 옳은데도 이를 기각하는 오류를 범할 확률을 유의수준이라 하며, 흔히 α로 표시한다. 가설검정을 시행하기 위해서는 이 확률의 값을 사전적으로 설정해야 하는데 흔히 0.01(즉 1%), 0.05 혹은 0.1의 값을 많이 택하며, 그 중에서 0.05의 값을 가장 많이 사용한다.

5.4 단측검정과 양측검정

$H_0 : \beta_2 = \beta_2^0$의 귀무가설에 대하여 대립가설은 설정방향에 따라 $H_1 : \beta_2 \neq \beta_2^0$, $H_1 : \beta_2 > \beta_2^0$ 혹은 $H_1 : \beta_2 < \beta_2^0$로 둘 수 있는데 대립가설 하에서의 모수 값의 방향에 따라 **양측검정**(two-sided test) 혹은 **단측검정**(one-sided test)이라 부른다. 단측검정은 $H_1 : \beta_2 < \beta_2^0$ 혹은 $H_1 : \beta_2 > \beta_2^0$와 같이 대립가설 하에서의 모수 값의 부등호가 한쪽 방향인 경우이며, 양측검정은 $H_1 : \beta_2 \neq \beta_2^0$의 경우이다. 양측검정과 각각의 단측검정에서의 가설검정은 기각역의 설정에 있어서 다음에 설명하는 바와 같이 조금씩 다르다.

5.5 가설검정의 절차 및 해석

먼저 양측검정의 경우에 대해 가설검정의 절차를 요약하면 다음과 같다.

① 가설을 설정: $H_0 : \beta_2 = \beta_2^0$, $H_1 : \beta_2 \neq \beta_2^0$

② 통계량의 표본분포를 파악: $\dfrac{b_2 - \beta_2}{s_{b_2}} \sim t(n-2)$

③ 귀무가설 하에서 검정통계량값을 계산: $t = \dfrac{b_2 - \beta_2^0}{s_{b_2}}$

④ 유의수준 α 하에서 **임계치**(critical value)를 계산: $t_{\alpha/2}$

| 그림 4-3 | 양측검정의 기각역

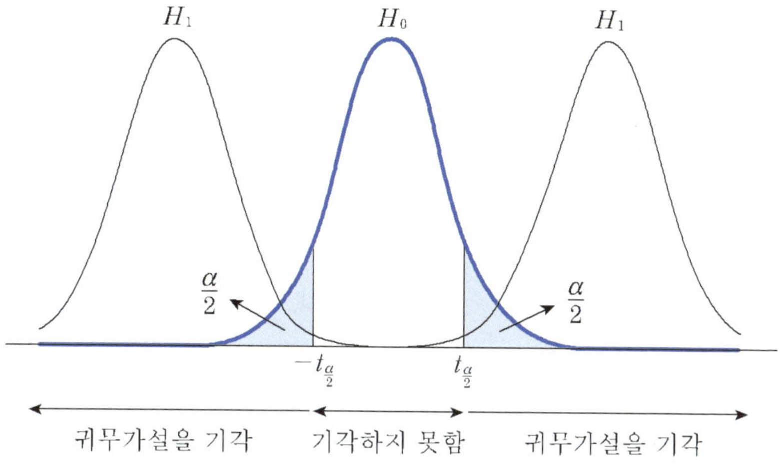

⑤ 기각역(rejection region)의 산정:

만일 $|t| \geq t_{\alpha/2}$이면 귀무가설을 기각하며, $|t| < t_{\alpha/2}$이면 귀무가설을 기각하지 못한다.

이를 그림으로 표현하면 **그림 4-3**과 같다.

⑥ 판정.

5.6 단측검정에서의 가설검정 1

① 가설을 설정: $H_0 : \beta_2 = \beta_2^0$, $H_1 : \beta_2 < \beta_2^0$

② 통계량의 표본분포를 파악: $\dfrac{b_2 - \beta_2}{s_{b_2}} \sim t(n-2)$

③ 귀무가설 하에서 검정통계량값을 계산: $t = \dfrac{b_2 - \beta_2^0}{s_{b_2}}$

④ 유의수준 α 하에서 임계치를 계산: $-t_{\alpha}$

| 그림 4-4 | 단측검정 1의 기각역

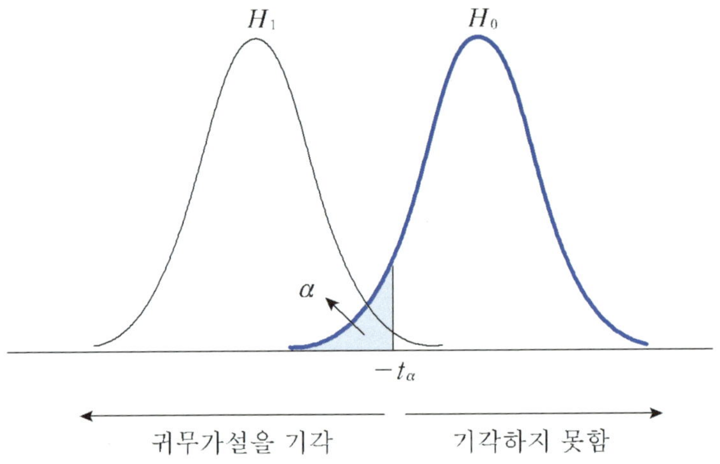

⑤ 기각역의 산정:
만일 $t \leq -t_\alpha$이면 귀무가설을 기각하며, $t > -t_\alpha$인 경우에는 귀무가설을 기각하지 못한다.
이를 **그림 4-4**와 같이 표현할 수 있다.

⑥ 판정.

5.7 단측검정에서의 가설검정 2

① 가설을 설정: $H_0 : \beta_2 = \beta_2^0$, $H_1 : \beta_2 > \beta_2^0$

② 통계량의 표본분포를 파악: $\dfrac{b_2 - \beta_2}{s_{b_2}} \sim t(n-2)$

③ 귀무가설 하에서 검정통계량값을 계산: $t = \dfrac{b_2 - \beta_2^0}{s_{b_2}}$

④ 유의수준 α 하에서 임계치를 계산: t_α

| 그림 4-5 | 단측검정 2의 기각역

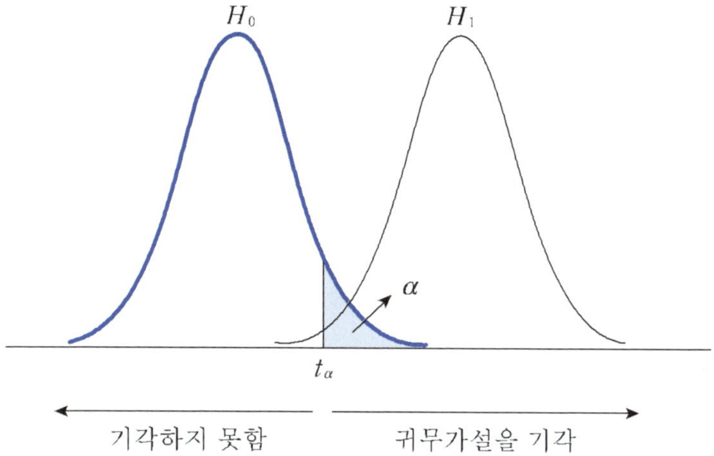

⑤ 기각역의 산정:

만일 $t \geq t_\alpha$이면 귀무가설을 기각하며, $t < t_\alpha$인 경우에는 귀무가설을 기각하지 못한다.

이를 **그림 4-5**와 같이 표현할 수 있다.

⑥ 판정.

예 4.4 INCOME 자료에서 구한 $b_2 = 0.68$, $s_{b_2} = 0.14$의 결과로부터 $H_0 : \beta_2 = 0.8$, $H_1 : \beta_2 \neq 0.8$의 가설을 검정하기로 하자. 귀무가설 하에서 $t = \frac{(0.68 - 0.8)}{0.14} = -0.86$이다. 90의 자유도에서 5% 유의수준의 임계치는 1.990이며 $|t| = 0.86 < 1.99$이므로 $\beta_2 = 0.8$의 귀무가설을 기각하지 못한다. ■

5.8 2−t 실용기준

$H_0 : \beta_2 = 0$, $H_1 : \beta_2 \neq 0$의 가설검정은 중요한 의미를 가지는데 만일 $H_0 : \beta_2 = 0$이 맞는다면 이는 설명변수 X가 종속변수 Y에 유의적인(유의미한) 영향을 주지 못함을 의미하며, 반대로 만일 $H_0 : \beta_2 = 0$이 맞지 않다면 이는 설명변수 X가 종속변수 Y에 유의적인(유의미한) 영향을 가짐을 의미한다.

$H_0 : \beta_2 = 0$에 대한 귀무가설 하에서의 검정통계치는 $t = \frac{b_2}{s_{b_2}}$가 되며 이를 **t−통계치**(t-ratio)라 한다. 또한 t−통계치의 표본분포는 t−분포를 가지나 표본수가 충분히 클 때에는 정규분포에 근접해 가므로 $\alpha = 0.05$, 즉 5%의 유의수준에서 임계치는 1.96, 대략적으로 2가 된다.

임계치를 대략 2라고 하면, $|t| < 2$(즉 $-2 < t < 2$)일 때 귀무가설을 기각하지 못하기 때문에 설명변수 X가 종속변수 Y에 유의적인 영향을 주지 못한다. 즉, 설명변수 X가 종속변수 Y의 설명에 있어서 중요한 요인이 되지 못함을 의미한다. 반대로 만일 $|t| \geq 2$(혹은 $t \geq 2$이거나 $t \leq -2$)이면 귀무가설을 기각하기 때문에 설명변수 X가 종속변수 Y에 유의적인 영향을 가짐을 의미한다. 즉, 설명변수 X가 종속변수 Y의 설명에 있어서 중요한 요인임을 의미한다.

따라서 사전적으로 특정 설명변수가 종속변수에 중요한 변수인지 아닌지를 판단하기 위해서는 대략적으로 t−통계치의 절대값과 2를 비교하면 된다. 이를 **2−t 실용기준**(2−t rule of thumb)이라 한다. 대부분의 통계 소프트웨어에서는 회귀계수의 추정치 b_2, 표준오차 s_{b_2}와 함께 t−통계치를 구해준다. 따라서 2−t 실용기준에 의한 판단에서는 통계표로부터 임계치를 구하는 과정을 거칠 필요없이 $H_0 : \beta_2 = 0$의 가설에 대한 기각 여부를 대략적으로 쉽게 판단할 수 있다.

예 4.5 INCOME 파일의 소득-연령의 92개 표본 관찰치로부터 연령이 소득에 중요한 영향을 미치는가 혹은 $H_0 : \beta_2 = 0$, $H_1 : \beta_2 \neq 0$의 가설을 검정하기로 하자. $t-$통계치는 $t = \frac{0.68}{0.014} \approx 4.92$이다. 따라서 $t-$통계치의 절대값이 2보다 크므로 $2-t$ 실용기준에 의해 귀무가설을 기각한다. 즉 연령은 소득 결정에 있어 중요한 변수라고 판단된다. ■

5.9 유의확률에 의한 가설검정

$H_0 : \beta_2 = 0$의 귀무가설에 대한 가설검정의 절차에서부터 구해진 검정통계치로 귀무가설의 기각여부를 판단할 때, 유의확률이라는 개념도 이용할 수 있다. **유의확률**($p-$value)이란 다음 **식 4.24**와 같이 $H_0 : \beta_2 = 0$의 귀무가설을 기각하기 위한 유의수준의 최소값, 혹은 $t-$분포에서 $t-$통계치의 절대값보다 큰 값을 가질 확률을 의미한다.

$$\text{유의확률} = 2 \cdot P(t(n-2) > |t-\text{통계치}|) \qquad \text{▸ 4.24}$$

예 4.6 표본수가 30인 단순회귀분석모형에서 $t-$통계치가 2.763이라면 이 경우 $t-$분포에서의 자유도는 28이므로 이 $t-$값에 해당되는 유의확률은 0.01이다. ■

예 4.7 표본수가 충분히 큰 경우, $t-$통계치가 -1.96이라면 이 경우 유의확률은 정규분포 표를 이용하여 0.05이다. ■

유의확률을 이용하여 가설검정을 시행할 때 (예를 들어 유의수준 $\alpha =$ 0.05 혹은 0.10의 수준에서) 다음의 기준을 적용한다.

$$\begin{aligned} &\text{만일 유의확률} \leq \alpha \text{이면 귀무가설을 기각} \\ &\qquad \text{유의확률} > \alpha \text{이면 귀무가설을 기각하지 않음} \end{aligned} \qquad \text{▸ 4.25}$$

따라서 유의확률은 「귀무가설을 기각하는 경우 잘못된 판단을 하게 될 확률」로 해석 가능하므로 통상적인 가설검정에 편리하게 사용할 수 있다.

대부분의 통계 소프트웨어에서는 관찰치 수와 자유도에 따라 $t-$통계치에 해당되는 유의확률을 구해준다. 따라서 가령 컴퓨터 앞에서 작업 시 $H_0: \beta_2 = 0,\ H_1: \beta_2 \neq 0$에 대해 빠른 판정결과를 원한다면 $t-$통계표를 참고할 필요 없이 소프트웨어가 제공해 주는 유의확률 값을 이용해서 **식 4.25**에 따라 $H_0: \beta_2 = 0,\ H_1: \beta_2 \neq 0$에 대해 바로 검정할 수 있다.

예 4.8 INCOME 파일의 자료에서 기울기 β_2에 대한 $t-$통계치는 $t = 4.92$이다. 이에 해당되는 유의확률은 0.0000이 된다. 따라서 이 유의확률은 대략적인 유의수준 0.05보다 작으므로 $H_0: \beta_2 = 0$의 가설을 기각한다. ■

6 예 측

계량분석의 중요한 목적 중의 하나는 미래 특정 시점에서 설명변수의 값을 알 때 종속변수의 값을 예측하는 것이라 할 수 있다. 주어진 자료의 관찰치 $i = 1,\ 2,\ \cdots,\ n$에 대해 추정된 회귀식이 $\hat{Y}_i = b_1 + b_2 X_i$라고 한다면 새로운 관찰치 f에 대한 설명변수의 값 X_f를 알 때 Y_f의 **예측치**(predicted value)는 다음 **식 4.26**으로 구해진다.

$$\hat{Y}_f = b_1 + b_2 X_f \qquad \text{▸ 4.26}$$

이때의 **예측오차**(prediction error)는

$$e_f = \widehat{Y}_f - Y_f$$
$$= (b_1 - \beta_1) + (b_2 - \beta_2)X_f - \varepsilon_f \qquad \text{4.27}$$

이며 예측오차는 다음과 같은 성질을 갖는다.

$$E(e_f) = 0 \qquad \text{4.28}$$

$$V(e_f) = \sigma^2\left[1 + \frac{1}{n} + \frac{(X_f - \overline{X})^2}{\sum_{i=1}^{n}(X_i - \overline{X})^2}\right] \qquad \text{4.29}$$

또한 오차항의 분산 σ^2이 알려져 있지 않은 경우 예측오차의 분산에 대한 추정치와 표준오차는

$$s_f^2 = s^2\left[1 + \frac{1}{n} + \frac{(X_f - \overline{X})^2}{\sum_{i=1}^{n}(X_i - \overline{X})^2}\right] \qquad \text{4.30}$$

$$s_f = \sqrt{s_f^2} \qquad \text{4.31}$$

로 구해진다. 이때 예측오차는 가정 7하에서

$$\frac{e_f}{s_f} = \frac{\widehat{Y}_f - Y_f}{s_f} \sim t(n-2) \qquad \text{4.32}$$

의 분포를 가지므로 실제값 Y_f에 대한 $100(1-\alpha)\%$ 신뢰구간은 $\left(\widehat{Y}_f - t_{\alpha/2}s_f,\ \widehat{Y}_f + t_{\alpha/2}s_f\right)$로 미래의 실제값에 대한 구간추정이 가능하다.

| 그림 4-6 | 예측치의 신뢰구간

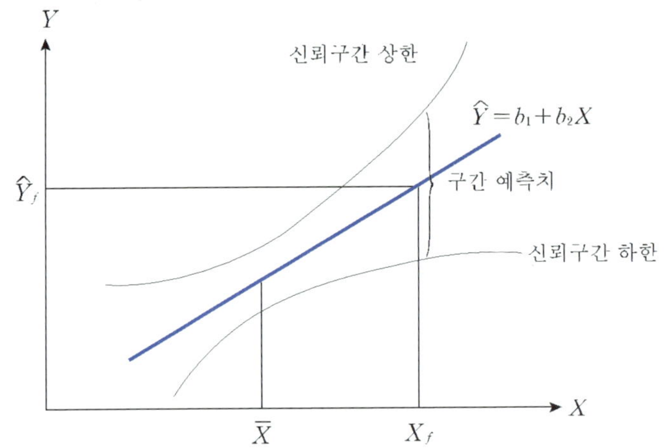

예측에 있어서 관찰치 수, 즉 n이 커지게 되면 **식 4.30**의 분산이 작아지고 또한 일정한 신뢰수준 하에서 신뢰구간이 좁아지게 되어 더욱 더 구체성을 가진 구간예측이 가능하다. 또한 예측하고자 하는 관찰치의 설명변수 X_f의 값이 $\overline{X}$로부터 멀어질수록 넓은 구간의 예측치를 얻게 되며 이는 모호한 구간예측을 의미한다. 이는 다음 **그림 4-6**에서 보듯이 $X_f=\overline{X}$인 경우 신뢰구간이 가장 짧으며, $|X_f-\overline{X}|$값이 커질수록 신뢰구간은 넓어지는 모양을 갖기 때문이다.

실제 예측에서는 X_f의 값이 알려져 있지 않는데 이 경우에는 시계열분석을 통해 X_f를 예측하고 이 예측치를 이용하여 Y_f를 예측할 수 있다. 종속변수 Y를 설명하는 설명변수가 과거시차변수이면 가까운 미래에 있어서의 설명변수의 값은 최근 과거 자료의 함수이므로 X_f 값은 알려져 있다고 볼 수 있다.

예 4.9 INCOME 파일에서 소득-연령의 관계로부터 $\widehat{Y}_i=15.47+0.68X_i$를 구하였다. 여기서 만일 지금 내 나이가 35세이면 얼마의 소득을 기대할 수 있을까를 예측해 보자. $X_f=35$일 때의 $\widehat{Y}_f=15.47+0.68\times 35=39.27$을 구할 수 있다. 또한 식 4.31에 의해

$$s_f = 9.52\sqrt{1+\frac{1}{92}+\frac{(35-40.52)^2}{4,744.96}} = 9.60$$

을 구한다. 따라서 Y_f의 실제값에 대한 95% 구간예측은 $(39.27-2.00\times 9.60,\ 39.27+2.00\times 9.60)=(20.07,\ 58.47)$이다. ■

7 회귀분석결과의 보고

대개의 회귀분석결과는 컴퓨터의 통계 소프트웨어를 통해 그 결과가 구해지며 **실전예제 4.2**에서는 gretl의 결과를 수록하고 있다. 그런데 소프트웨어에 따라서 그 결과를 보고하는 양식이 조금씩 다르며 또한 용어의 사용에서도 조금씩 차이가 있다. 따라서 보고서 혹은 논문을 작성할 때 회귀분석결과를 보고하는 통일된 양식이 필요하다. 회귀분석결과에 주로 사용되는 양식으로 다음의 두 가지를 들 수 있다.

① $\widehat{Y}_i = 15.47 + 0.68X_i$
$\quad(5.69)\quad(0.14)\qquad R^2=0.21$

( ) 안은 표준오차.

② $\widehat{Y}_i = 15.47 + 0.68X_i$
$\quad(2.72)\quad(4.92)\qquad R^2=0.21$

( ) 안은 t−통계치.

이 두 기본적인 양식에 더하여 필요에 따라 추가적인 정보를 제공하거나, 필요한 통계치를 수록하기도 한다. 다중회귀분석의 경우에는 설명변수가 많아서 표로 나타내기도 한다. 이 책에서는 계량경제학을 처음 배우는 학생들이 개별 회귀계수의 통계적인 유의성을 판단하는 데 편리하도록 두 번째 양식을 따르기로 한다.

실전예제 4.1 수식의 도출

1. 최소자승 추정량의 불편성: 식 4.5의 도출

식 4.7과 같이 최소자승 추정량은 종속변수 Y에 대해 선형으로 표현된다. 여기서

$$\sum_{i=1}^{n} w_i = \frac{\sum_{i=1}^{n}(X_i - \overline{X})}{\sum_{i=1}^{n}(X_i - \overline{X})^2} = 0 \qquad \text{▸ 4.A}$$

이 성립하며

$$\sum_{i=1}^{n} w_i X_i = \frac{\sum_{i=1}^{n}(X_i - \overline{X})X_i}{\sum_{i=1}^{n}(X_i - \overline{X})^2} = 1 \qquad \text{▸ 4.B}$$

이 성립한다. 따라서

$$\begin{aligned} E(b_2) &= E\left(\sum_{i=1}^{n} w_i Y_i\right) \\ &= \sum_{i=1}^{n} w_i E(Y_i) \quad \text{(가정 4에 의해)} \\ &= \sum_{i=1}^{n} w_i(\beta_1 + \beta_2 X_i) \\ &= \beta_1 \sum_{i=1}^{n} w_i + \beta_2 \sum_{i=1}^{n} w_i X_i \quad \text{(식 4.A와 4.B에 의해)} \\ &= \beta_2 \end{aligned} \qquad \text{▸ 4.C}$$

2. 최소자승 추정량의 분산과 공분산: 식 4.6의 도출

식 4.7로부터

$$V(b_2) = V\left(\sum_{i=1}^{n} w_i Y_i\right)$$

$$V(b_2) = \sum_{i=1}^{n} w_i^2 V(Y_i) + 2\sum_{i \neq j}^{n} w_i w_j Cov(Y_i,\ Y_j)$$

$$= \sigma^2 \sum_{i=1}^{n} w_i^2 \qquad \text{(가정 5와 가정 6에 의해)}$$

$$= \frac{\sigma^2}{\sum_{i=1}^{n}\left(X_i - \overline{X}\right)^2}$$

$$Cov(b_1,\ b_2) = E[(b_1 - E(b_1))(b_2 - E(b_2))]$$

$$= E[(b_1 - \beta_1)(b_2 - \beta_2)]$$

$$= -\overline{X}E(b_2 - \beta_2)^2$$

$$= -\overline{X}V(b_2)$$

$$= \sigma^2\left[\frac{-\overline{X}}{\sum_{i=1}^{n}\left(X_i - \overline{X}\right)^2}\right]$$

3. 가우스-마르코프 정리의 증명

앞에서 $b_2 = \sum_{i=1}^{n} w_i Y_i$로 종속변수 Y_i에 대하여 선형이며 $E(b_2) = \beta_2$임을 보였다. 그러면 가우스-마르코프 정리에서 남은 증명은 선형이며 불편인 추정량 중에서 최소자승 추정량이 가장 작은 분산을 갖는다는 것을 증명하는 것이다.

이를 증명하기 위해 다른 선형인 추정량을 $\widetilde{\beta_2} = \sum_{i=1}^{n} k_i Y_i$로 정의하자. 그러면

$$E(\widetilde{\beta_2}) = \sum_{i=1}^{n} k_i E(Y_i)$$

$$= \sum_{i=1}^{n} k_i(\beta_1 + \beta_2 X_i)$$

$$= \beta_1 \sum_{i=1}^{n} k_i + \beta_2 \sum_{i=1}^{n} k_i X_i$$

가 된다. 그런데 여기서 $\widetilde{\beta_2}$가 불편성을 충족시키기 위해서는 $\sum_{i=1}^{n} k_i = 0$, $\sum_{i=1}^{n} k_i X_i = 1$의 조건이 성립하여야 한다.

$\widetilde{\beta_2}$의 분산은 다음과 같이 도출된다.

$$V(\widetilde{\beta_2}) = \sum_{i=1}^{n} k_i^2 V(Y_i)$$

$$= \sigma^2 \sum_{i=1}^{n} k_i^2$$

$$= \sigma^2 \sum_{i=1}^{n} (k_i - w_i + w_i)^2$$

$$= \sigma^2 \sum_{i=1}^{n} (k_i - w_i)^2 + 2\sigma^2 \sum_{i=1}^{n} w_i(k_i - w_i) + \sigma^2 \sum_{i=1}^{n} w_i^2$$

$$= \sigma^2 \sum_{i=1}^{n} (k_i - w_i)^2 + 2\sigma^2 \sum_{i=1}^{n} w_i(k_i - w_i) + V(b_2)$$

그런데 두 번째 항에서

$$\sum_{i=1}^{n} w_i(k_i - w_i) = \frac{\sum_{i=1}^{n} X_i k_i}{\sum_{i=1}^{n} \left(X_i - \overline{X}\right)^2} - \sum_{i=1}^{n} w_i^2 = 0$$

이 성립한다. 따라서

$$V(\widetilde{\beta_2}) = \sigma^2 \sum_{i=1}^{n} (k_i - w_i)^2 + V(b_2) \geq V(b_2)$$

가 성립한다. $V(\widetilde{\beta_2}) = V(b_2)$가 성립하기 위해서는 $k_i = w_i$이어야 한다. 즉

최소자승 추정량일 때에만 제일 작은 분산을 가지며, 다른 모든 선형이며 불편인 추정량은 최소자승 추정량보다 분산이 크다.

4. 예측오차의 평균과 분산: 식 4.28과 4.29의 도출

식 4.27에서 $e_f = (b_1 - \beta_1) + (b_2 - \beta_2)X_f - \varepsilon_f$이므로

$$E(e_f) = E(b_1 - \beta_1) + E(b_2 - \beta_2)X_f - E(\varepsilon_f) = 0$$

이 된다. 또한

$$V(e_f) = V(b_1) + V(b_2)X_f^2 + V(\varepsilon_f) + 2Cov(b_1, b_2)X_f - 2Cov(b_1, \varepsilon_f) - 2Cov(b_2, \varepsilon_f)X_f$$

그런데 b_1, b_2는 각각 ε_1, ε_2, $\cdots\varepsilon_n$의 함수이며 가정 6에 의해 $Cov(\varepsilon_i, \varepsilon_f) = 0$, $i \neq f$이므로 마지막 두 항은 0이 된다. 따라서 $V(e_f) = V(b_1) + V(b_2)X_f^2 + V(\varepsilon_f) + 2Cov(b_1, b_2)X_f$이 되며 여기에 **식** 4.6을 대입하여 정리하면 **식** 4.29가 도출된다.

실전예제 4.2 gretl 명령문 및 추정결과

1. Regression Output

부록에 수록된 **자료** A-8의 INCOME 파일을 연다. Model > Ordinary Least Squares...를 선택한다.

gretl: specify model 창에서 Dependent Variable 에 [INCOME]을 Regressors에 [AGE]를 선택하고 OK를 선택하면 다음 **그림** 4-A 창의 결과를 구한다.

❙ 그림 4-A ❙

```
gretl: model 1
File  Edit  Tests  Save  Graphs  Analysis  LaTeX

Model 1: OLS, using observations 1-92
Dependent variable: INCOME

             coefficient   std. error   t-ratio   p-value
  ---------------------------------------------------------
  const      15.4692       5.68511      2.721     0.0078    ***
  AGE        0.679783      0.138145     4.921     3.87e-06  ***

Mean dependent var   43.01522   S.D. dependent var   10.66083
Sum squared resid    8149.776   S.E. of regression   9.515937
R-squared            0.212007   Adjusted R-squared   0.203251
F(1, 90)             24.21416   P-value(F)           3.87e-06
Log-likelihood      -336.8044   Akaike criterion     677.6087
Schwarz criterion    682.6523   Hannan-Quinn         679.6444
```

(1) *Coefficient*: 회귀계수의 추정치
여기서 C는 상수항을 의미하므로 $15.46924 = b_1$이며 AGE는 설명변수를 나타내므로 $0.679783 = b_2$이다.

(2) *Std. Error*: 회귀계수의 표준오차
따라서 $5.685114 = s_{b_1}$, $0.138145 = s_{b_2}$이다.

(3) t-*statistic*: t-통계치
b_1의 t-통계치는 2.721이며, b_2의 t-통계치는 4.921이다.

(4) *Prob.*: 유의확률
b_1과 b_2의 유의확률은 각각 0.0078, 0.0000이다.

(5) R-*squared*: 결정계수, $R^2 = 0.212007$

(6) *S.E. of regression*: $s = 9.515937$

(7) *Sum squared resid*: 잔차항 제곱합, $\sum_{i=1}^{92} e_i^2 = 8,149.776$

(8) *Mean dependent var*: 종속변수 Y의 평균, $\overline{Y} = 43.01522$

(9) *S.D. dependent var*: 종속변수 Y의 표준편차

$$s_Y = \sqrt{\frac{1}{92-1}\sum_{i=1}^{92}\left(Y_i - \overline{Y}\right)^2} = 10.66083$$

| 그림 4-B |

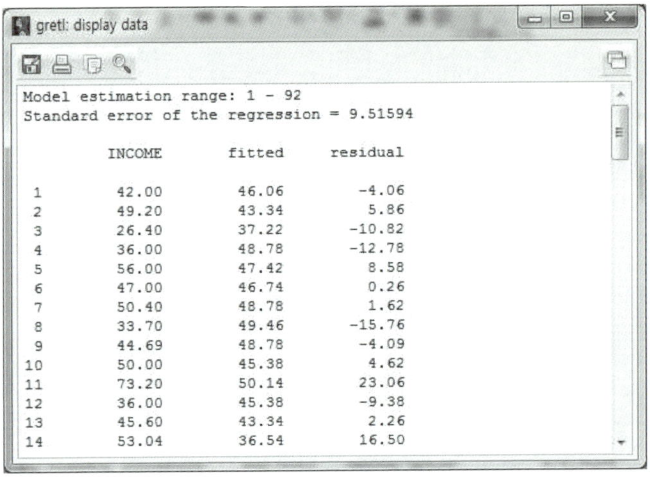
gretl: display data

Model estimation range: 1 - 92
Standard error of the regression = 9.51594

	INCOME	fitted	residual
1	42.00	46.06	-4.06
2	49.20	43.34	5.86
3	26.40	37.22	-10.82
4	36.00	48.78	-12.78
5	56.00	47.42	8.58
6	47.00	46.74	0.26
7	50.40	48.78	1.62
8	33.70	49.46	-15.76
9	44.69	48.78	-4.09
10	50.00	45.38	4.62
11	73.20	50.14	23.06
12	36.00	45.38	-9.38
13	45.60	43.34	2.26
14	53.04	36.54	16.50

Analysis 〉 Display actual, fitted, residual을 선택하면 **그림 4-B** table이 나타난다. 여기서 Residual plot은 Graphs 〉 Residual plot 〉 By Observation Number를 선택하면 **그림 4-C**와 같이 그려진다.

(1) *obs*: 관찰치를 나타내며 i (i=1, 2, ⋯, n)로 표시한다.

(2) *Income*: 종속변수 Income의 실제값으로 Y_1=42.00, ⋯, Y_{92}= 40.80이다.

(3) *Fitted*: 설명변수 X가 설명하는 종속변수 Y의 부분으로 $\widehat{Y}_1$=46.06, ⋯, $\hat{Y}_{92}$=35.86이다.

(4) *Residual*: 설명변수가 설명하지 못하는 종속변수 Y의 부분으로 잔차, e_1=46.06, ⋯, e_{92}=35.86이다.

| 그림 4-C |

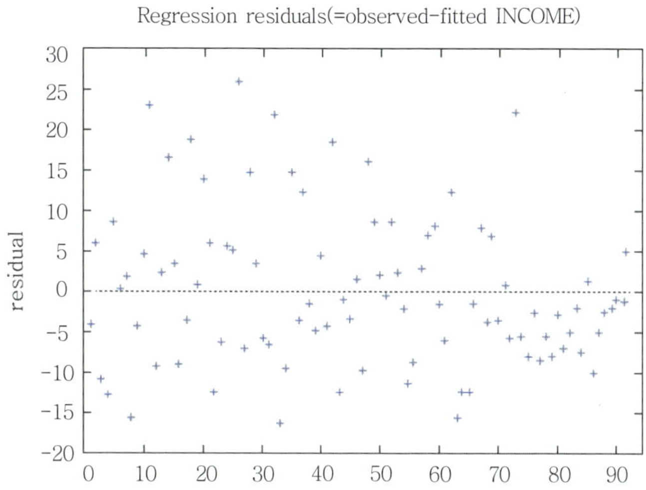

그림 4-C의 Residual Plot은 잔차 e_i값을 그림으로 표현한 것으로 중앙의 수평선은 회귀선을 나타내며 점들은 각 Y값의 위치를 나타낸다. 중앙의 수평선 위쪽에 있는 점은 잔차가 양수인, 즉 종속변수의 값이 회귀선보다 위에 있는 관찰치이며, 수평선의 아래쪽에 있는 점은 잔차가 음수인 즉 종속변수의 값이 회귀선보다 아래에 있는 관찰치를 나타내고 있다. 수평선과 점과의 거리는 회귀선으로부터의 거리를 나타낸다.

2. Coefficient, Covariance Matrix

위의 회귀분석 결과 창에서 Analysis 〉 Coefficient covariance matrix를 선택한다.

| 그림 4-D |

Coefficient covariance matrix

const	AGE	
32.3205	-0.773320	const
	0.0190841	AGE

그림 4-D의 표는 대칭 행렬이기 때문에, 왼쪽 하단은 생략되었다. 나타난 결과는 b_1, b_2의 분산과 공분산을 나타내는 것으로 $s_{b_1}^2=32.3205$, $s_{b_2}^2=0.0190841$, $s_{b_1,b_2}=-0.773320$이다.

3. 예측하기

AGE에 따른 INCOME의 예측치를 구하는 방법은 [Analysis] 〉 [Forecasts...]를 선택하면 된다. 본 분석에서는 분석에 모든 데이터(첫번째부터 92번째까지의 모든 데이터)를 사용하였지만, 만약에 앞의 일부자료만 사용하고 그 이후의 데이터는 AGE만 있을 경우에는 Forecast range를 알맞게 조절해 주어 INCOME이 없는 자료에 대한 예측치도 만들어 낼 수 있다. 여기서 OK를 선택하면 그래프와 테이블이 생성되며, 이는 실제 INCOME과 AGE로 예측한 prediction과 그 예측치의 표준편차를 보여주고 95% 신뢰구간을 제시한다.

실전예제 4.3 gretl 실증분석의 예

1. 투수 연봉결정 모형

부록에 수록된 **자료 A-15**의 PITCHER 파일은 코리언리그에 소속된 프로야구 투수 중에서 신인과 외국인 투수를 제외한 115명의 2008년도 경기 성적과 2009년 연봉 자료를 수록한 것이다(자료에 관한 자세한 설명은 부록 참조). 투수연봉(Money)과 승수(WIN)와의 관계를 알아보기 위한 회귀분석은 [Model] 〉 [Ordinary Least Squares...]를 선택하여 [Regressors]에 [WIN]을 [Dependent variable]에 [MONEY]를 선택하여 OK를 선택한다.

각 선수들의 2009년 연봉(MONEY; 단위: 만 원)을 상수항과 그 전년

| 그림 4-E |

Model 1: OLS, using observations 1-115
Dependent variable: MONEY

	Coefficient	*Std. Error*	*t-ratio*	*p-value*	
const	5161.97	1104.55	4.6734	<0.0001	***
WIN	1310.08	205.08	6.3882	<0.0001	***

Mean dependent var	9992.174	S.D. dependent var	10029.55
Sum squared resid	8.42e+09	S.E. of regression	8634.634
R-squared	0.265320	Adjusted R-squared	0.258818
F(1, 113)	40.80847	P-value(F)	3.87e-09
Log-likelihood	−1204.476	Akaike criterion	2412.952
Schwarz criterion	2418.442	Hannan-Quinn	2415.180

도에 몇 승을 기록하였는가(WIN; 단위: 개)에 대해 회귀분석하여 구한 gretl 결과는 **그림 4-E**와 같다.

이 결과에서 추정된 회귀식은 $\widehat{MONEY}_i = 5161.97 + 1310.08\,WIN_i$이다. 이 결과로부터 투수가 1승의 기록을 더 추가함에 따라 연봉은 평균 1,310만 원 증가하는 것으로 나타났다. 1승 추가 기록의 연봉에 대한 공헌도의 95% 신뢰구간은 (903.94, 1,716.06)만 원이다.

투수 개인의 승리 실적의 연봉에 대한 영향도는 t-통계치 값의 절대치가 6.39로 2보다 크게 나타나 2-t 실용기준에 따른 검정 결과 유의적인 것으로 판명되었다. 또한 이 변수의 유의확률은 0.0000으로 이는 통상적인 유의수준 0.05 혹은 0.01보다 작게 나타나 투수의 승리 실적이 연봉에 아무런 영향이 없다는 귀무가설을 기각하게 된다. 따라서 투수의 승리실적은 연봉에 유의적인 영향을 가짐을 알 수 있다.

결정계수의 값으로부터 전체 연봉의 변화 중 승리실적이 설명하는 비중은 약 26.53%임을 알 수 있다. 이 결과에서 만일 어떤 투수가 5승을 기록한다면 기대하는 연봉의 평균은 $5161.967 + 1310.080 \times 5 = 11{,}712.37$만 원이다. 또한 표본자료에 속한 투수의 평균연봉은 9,992.174만 원이다.

2. 소비함수의 추정

케인즈의 절대소득가설에 의하면 소비는 소득에 의해 결정된다. 우리나라 국가 통계자료(NATIONAL_YR파일)로부터 연간 소비함수를 추정하기 위하여 소비에 대한 자료로 민간소비지출(CP)을, 소득에 대한 자료로 국민소득(GNI)을 이용하였다. 소비함수를 추정하기 위하여 gretl에서 Model > Ordinary Least Squares...를 선택하여 Regressors에 GNI을 Dependent variable에 CP를 선택하여 OK를 선택한다.

추정결과에서 1980~2017년 기간 동안의 우리나라 한계소비성향은 0.473으로 추정되었다. 이에 대한 t-통계치는 64.478로 나타나 2-t 실용기준과 유의확률에 따른 검정결과 유의적인 것으로 판명되었다.

그림 4-F의 추정결과는 자기상관 및 단위근 검정을 통한 안정성 여부 등 시계열자료 분석에서 필요한 면밀한 검토를 거치지 않은 결과이다. 이에 대한 자세한 설명은 제10장, 제11장, 제12장에서 이루어진다.

| 그림 4-F |

Model 1: OLS, using observations 1980-2017 (T = 38)
Dependent variable: CP

	Coefficient	*Std. Error*	*t-ratio*	*p-value*	
const	31828.4	6808.99	4.6745	<0.0001	***
GNI	0.47268	0.00733089	64.4778	<0.0001	***

Mean dependent var	422702.9	S.D. dependent var	203467.6
Sum squared resid	1.32e+10	S.E. of regression	19112.32
R-squared	0.991415	Adjusted R-squared	0.991177
F(1, 36)	4157.391	P-value(F)	8.51e-39
Log-likelihood	−427.4997	Akaike criterion	858.9995
Schwarz criterion	862.2747	Hannan-Quinn	860.1648
rho	0.960960	Durbin-Watson	0.282573

실전예제 4.4 EViews 명령문 및 추정결과

부록에 설명된 INCOME 파일은 제3장에서 소개된 소득-연령의 관계를 분석하는 자료이다. 소득(INCOME)을 종속변수로 상수항과 연령(AGE)의 설명변수에 대해 회귀분석하여 구한 EViews 명령문과 결과는 다음과 같다.

1. Regression Output

EViews 프로그램을 실행한 후 도구창에서 File > Open > Workfile을 차례로 선택하여 해당되는 파일의 위치를 선정한다.

Quick > Estimate Equation을 선택한 후 [INCOME C AGE]와 같이 종속변수 상수항 설명변수 순서로 입력하면 결과가 나타난다. gretl과 같으므로 결과는 생략한다. 변수의 해석도 동일하다.

2. Actual, Fitted, Residual Table

Regression Output 상태의 Equation 도구창에서 View > Actual, Fitted, Residual > Actual, Fitted, Residual Table항을 선택한다. 그러면 **그림 4-G**의 결과를 구할 수 있으며 그 의미는 gretl의 경우와 같다.

❙그림 4-G❙

obs	Actual	Fitted	Residual	Residual Plot
1	42.0000	46.0595	-4.05946	
2	49.2000	43.3403	5.85967	
3	26.4000	37.2223	-10.8223	
4	36.0000	48.7786	-12.7786	
5	56.0000	47.4190	8.58097	
6	47.0000	46.7392	0.26076	

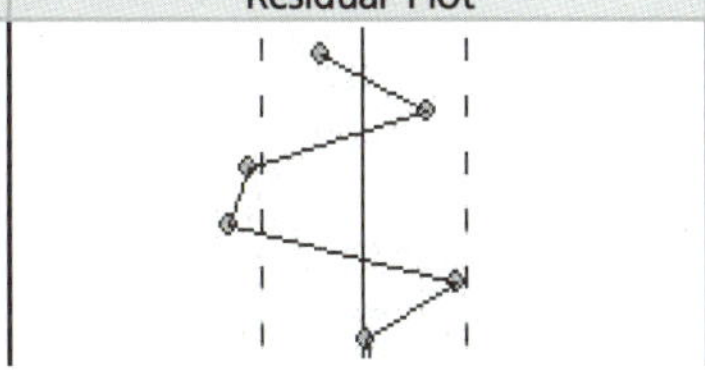

[생 략]

3. Coefficient, Covariance Matrix

Regression Output 혹은 Actual Fitted Residual Table 상태에서 View > Covariance Matrix항을 차례로 선택하면 gretl에서와 같은 행렬이 구해진다. 결과의 해석도 gretl의 결과와 같다.

4. EViews에서 예측하기

회귀분석결과를 구한 후 미래의 설명변수 값을 알 때 종속변수 값에 대해 예측하는 EViews 명령문은 Quick > Sample에서 표본기간을 미래의 (설명변수값이 입력되어 있는) 표본기간으로 설정한다. 회귀분석결과가 나타나 있는 창에서 Proc > Forecast항을 선택한 다음 Forecast Name항에 예측치의 이름(예를 들어 [incomef])를 입력하고, S.E.항에 예측치의 표준오차의 이름(예를 들어 [sef])을 입력한다. 그러면 이 예측에 관한 여러 정보기준값이 나타나며 Show, Graph 등의 기능을 통해 예측치를 확인할 수 있다.

실전예제 4.5 EViews 실증분석의 예

1. 투수 연봉결정 모형

EViews에서 Quick > Estimate Equation을 선택한 후 [MONEY C WIN]을 입력하면 gretl과 같은 결과를 얻는다.

2. 소비함수의 추정

국가 통계자료(NATIONAL_YR 파일)를 연 후, Quick > Estimate Equation을 선택한 후 [CP C GNI]를 입력하면 gretl과 같은 결과를 얻는다.

연습문제

1. 다음의 용어에 대하여 설명하라.

(1) 선형모형	(2) 설명변수의 비확률성
(3) 식별성	(4) 동분산
(5) 자기상관	(6) 불편성
(7) 가우스-마르코프 정리	(8) 최량선형추정량
(9) 결정계수	(10) 회귀식의 표준오차
(11) 회귀계수의 표준오차	(12) 양측검정과 단측검정
(13) 2-t 실용기준	(14) 유의확률
(15) 예측	

2. 아래의 각 문장이 맞는지 틀리는지를 판단하고 그 이유를 간략히 설명하라.
   (1) 설명변수 X의 분산이 크면 클수록 회귀계수 β_2에 대한 신뢰구간은 넓어진다.
   (2) 오차항 ε_i가 정규분포를 가지지 않으면 최소자승 추정량은 BLUE가 아니다.
   (3) 예측에 있어서 만일 모집단 회귀함수의 절편 β_1과 기울기 β_2의 값과 미래의 설명변수의 값을 정확히 알면 예측오차의 분산은 0과 같다.
   (4) 설명변수 X의 분산이 크면 클수록 회귀계수 β_2의 추정치로서 최소자승 추정량 b_2의 정확도는 떨어진다.
   (5) 설명변수 X의 값들이 표본평균 $\overline{X}$에 가까울수록 최소자승법에 의한 기울기는 더욱 더 정확하게 추정된다.

(6) 오차항의 분산이 크면 클수록 회귀계수의 최소자승 추정량의 분산은 커진다.

(7) 유의확률의 값이 크다는 것은 추정치가 유의적으로 0과 다르다는 것을 의미한다.

(8) 오차항이 정규분포를 가진다는 가정은 최소자승 추정량의 분산의 크기와는 무관하다.

(9) 회귀분석에서 만일 $\hat{\sigma}^2 = 0$이면 모든 관찰치 i에 대하여 $Y_i = \hat{Y}_i$의 관계가 성립한다.

(10) 최소자승 추정량은 불편추정량이므로 어떤 표본으로부터 구한 회귀계수의 추정치는 표본을 바꾸어도 그 값은 변하지 않는다.

(11) 표본 회귀선의 추정결과 기울기의 추정치 $b_2 = 0$이다. 이는 결정계수 $R^2 = 0$임을 의미한다.

3. 다음의 각 모형에 대해 선형인지 여부를 판단하라.

(1) $Y_i = \beta_1 + \beta_2 X_i^2 + \varepsilon_i$

(2) $Y_i = \beta_1 + \beta_2^2 X_i^2 + \varepsilon_i$

(3) $Y_i = \beta_1 + \beta_2 \log(X_i) + \varepsilon_i$

(4) $Y_i = \log(\beta_1) + \log(\beta_2) X_i + \varepsilon_i$

(5) $\log(Y_i) = \beta_1 + \beta_2 \log(X_i) + \varepsilon_i$

(6) $Y_i = \beta_1^2 + \beta_2 X_i + \varepsilon_i$

4. 최소자승 추정법으로부터 $\sum_{i=1}^{n}(Y_i - \hat{Y}_i)(\hat{Y}_i - E(Y_i))$을 구하라.

5. **실전예제 4.1**에서는 회귀식의 기울기 β_2에 대한 최소자승 추정량 b_2의 불편성을 증명하였으며 또한 b_2의 분산, $V(b_2)$를 구하였다. 이를 참고하여 **식 3.15**에서 구한 회귀식의 절편 β_1에 대한 최소자승

추정량 b_1에 대하여 다음 질문에 답하라.

(1) b_1을 종속변수 Y_i에 대한 선형결합으로 표현하라.

(2) **식 4.5**의 $E(b_1) = \beta_1$임을 증명하라.

(3) $V(b_1)$을 구하고 **식 4.6**과 일치하는지 확인하라.

6. 다음은 1993년 2월-1994년 12월 기간 동안의 월별 서울시 오존농도(O3, 단위: ppm)을 상수항과 기온(TEM, 단위: 섭씨 도)에 대하여 회귀분석한 결과이다.

$$\begin{array}{lll} \widehat{O3}_t = & 0.0074 + 0.00060\,TEM_t, & R^2 = 0.362 \\ se = & (0.0006) \quad (\ A\ ) & \\ t - stat = & (2.733) \quad (3.447) & \\ p - value = & (0.0125) \quad (0.0024) & \end{array}$$

여기서 se는 회귀계수의 표준오차를 나타내며, t-stat는 t-통계치 값을, p-value는 유의확률을 각각 나타낸다.

(1) $b_2 = 0.00060$에 대해 해석하라.

(2) $R^2 = 0.362$에 대해 해석하라.

(3) 괄호 안의 (A)는 얼마인가?

(4) 위 결과에서 2-t 실용기준으로 판단했을 때 기온(TEM)은 오존농도(O3)의 발생에 중요한 변수로 판단되는가?

(5) 기온(TEM)은 오존농도(O3)의 발생에 영향을 미치지 못한다는 $H_0 : \beta_2 = 0$의 가설을 유의확률을 통해 5% 유의수준에서 검정하라.

(6) $H_0 : \beta_2 \geq 0$의 가설을 대립가설에 대해 5% 유의수준에서 검정하라.

(7) 위 결과에 추가로 회귀식의 표준오차 s의 값을 0.0074로 구하였다. 이러한 경우 잔차의 제곱합 값을 구하라.

(8) 94년 12월 경우 (평균)기온은 -2도였다. 94년 12월의 오존농도(O3) 값을 예측하라.

심화문제

1. 다음을 증명하라.

   (1) Y를 X에 회귀분석 했을 때의 결정계수 R^2는 두 변수 X, Y의 상관계수 $\gamma_{X,Y}$의 제곱과 일치한다. 즉, $R^2 = \gamma_{X,Y}^2$의 관계가 성립한다.

   (2) 식 4.6에서 $Cov(b_1, b_2) = -\overline{X} \cdot V(b_2)$이 성립한다.

   (3) 최소자승 추정법에 의한 표본회귀선은 $(\overline{X},\ \overline{Y})$점을 항상 지난다.

   (4) 두 회귀선 $Y_i = \alpha + \beta X_i + \varepsilon_i$, $X_i = \gamma + \delta Y_i + u_i$의 기울기 β와 δ의 추정치를 b와 d라고 할 때, $b \cdot d \leq 1$이다.

   (5) $\dfrac{\left(\sum_{i=1}^{n}(Y_i - \overline{Y})(\hat{Y}_i - \overline{Y})\right)^2}{\sum_{i=1}^{n}(Y_i - \overline{Y})^2 \sum_{i=1}^{n}(\hat{Y}_i - \overline{Y})^2} = R^2$의 관계가 성립한다.

2. 남 · 녀 간의 임금격차를 분석하기 위해 100명의 표본을 추출하였다. 이 중에서 남자는 80명이며 여자는 20명이다. 성별 구분을 표현하기 위해 남성의 경우에는 $X_i = 1$이라 표현하였으며, 여성의 경우에는 $X_i = 0$이라 표현하였다. 관찰치 $i = 1, 2, \cdots, 80$을 남성이라 한다면 $X_i = 1\ (i = 1, \cdots, 80)$이며, $i = 81, \cdots, 100$을 여성이라 한다면 $X_i = 0\ \ (i = 81, \cdots, 100)$이다. 남성 표본의 평균 임금은 2.0(백만 원)이며 여성 표본의 평균 임금은 1.0(백만 원)이다. 또한 남성 표본에 있어서 임금 제곱의 합은 632(백만 원)이며, 여성 표본에 있어서 임금 제곱의 합은 100(백만 원)이다.

   회귀분석에 있어서 개인의 임금수준을 종속변수로 두고, 독립변수로 $(1,\ X_i)$로 둘 경우 다음 물음에 답하라.

   (1) 회귀계수 절편의 추정치를 구하라.

(2) 회귀계수 기울기의 추정치를 구하라.
(3) 결정계수 R^2의 값을 구하라.

3. 회귀분석 모형에서 절편이 없는 회귀분석 모형을 고려하자. 이 모형은 제4장 1절의 가정 중 가정 2-가정 6은 아무런 변화가 없고 **식 4.1**의 가정 1만 다음과 같이 수정된 경우이다.

가정 1: 회귀모형은 다음과 같이 모수에 대해 선형인 모형이다.

$$Y_i = \beta X_i + \varepsilon_i$$

(1) β에 대한 최소자승 추정량 b^*를 구하라.(제3장 심화문제 7번과 동일한 문제임)
(2) (1)에서 구한 최소자승 추정량 b^*는 β에 대해 불편 추정량인가? 판단하라.
(3) b^*의 분산 $V(b^*)$를 구하라.
(4) (1)에서 구한 표본회귀선은 $(\overline{X}, \overline{Y})$점을 항상 지나는가? 판단하라.
(5) 이제 위에서 상정한 가정 1이 틀렸으며 실제 모형은 $Y_i = \alpha + \beta X_i + \varepsilon_i$이며 절편 $\alpha \neq 0$이었다. 이 경우 (1)에서 구한 b^*는 β에 대해 불편 추정량인가? 판단하라.

4. 제3장 심화문제 6번에서 살펴본 $Y_i = \beta_1 + \varepsilon_i$의 회귀분석 모형에서 결정계수 R^2값을 구하라.

5. $\widehat{Y}_i = 12 + 0.000045X_i, \qquad R^2 = 0.40, \qquad n = 12$
$\qquad (2.5) \; (0.000015)$

( )안의 수치는 표준오차를 나타냄.

아래의 물음에 답하라.

(1) 위 회귀분석 결과를 보고 어떤 학자는 X의 추정계수의 크기가

0.000045로 아주 작으므로 X가 Y에 미치는 영향은 무시할 수 있다고 주장하였다. 이 주장이 타당한지의 여부와 그 이유를 설명하라.

(2) 위 회귀분석 결과에서 만일 종속변수를 변환하여 $Y_i + 1$을 상수항과 X_i에 대해 회귀분석한 경우의
① 결정계수 R^2값을 구하고 설명하라.
② 상수항의 표준오차 값을 구하라.

6. 모집단 회귀 모형, $Y_i = \beta_1 + \beta_2 X_i + \varepsilon_i$를 추정한 다음의 두 식을 고려하자:

(A) $Y_i = b_1 + b_2 X_i + e_i$　　　　(B) $W_i = b_1^* + b_2^* Z_i + e_i^*$

여기서 $W_i = Y_i - \overline{Y}$, $Z_i = X_i - \overline{X}$의 관계가 성립한다.

(1) b_2^*와 b_2의 관계를 구하라.
(2) b_1^*의 값을 구하라.
(3) (A)에서의 잔차항 e_i와 (B)에서의 잔차항 e_i^*의 관계를 구하라.
(4) 두 추정식에서의 σ^2의 추정량, $\hat{\sigma}^2$와 $\hat{\sigma}^{*2}$의 관계를 구하라.
(5) 두 추정식에서의 결정계수 R^2과 R^{*2}의 관계를 구하라.

7. 다음 질문은 표본 관찰치 $n = 52$개로 구성된 표본 자료로부터 단순회귀분석한 결과에 대한 질문이다. 물음에 답하라.

(1) 추정된 회귀식의 표준오차 값으로 $s^2 = 2.05$를 구하였다. 이 회귀식의 잔차 제곱합은 얼마인가?
(2) 최소자승 추정량 b_2의 분산의 추정량 $s_{b_2}^2 = 0.0008$로 구하였다. $\sum_{i=1}^{52} (X_i - \overline{X})^2$의 값은 얼마인가?
(3) 만일 $\overline{X} = 68.14$, $b_2 = 0.15$이고 $\overline{Y} = 14.07$이라면 절편 b_1의 추정

치는 얼마인가?

(4) 어떤 관찰치의 자료가 $X_i = 58.3$, $Y_i = 12.28$이라면 이 관찰치의 최소자승 추정법에 의한 잔차는 얼마인가?

8. 다음은 2000년 프로야구 경기에 출전한 119명 투수의 연봉 및 실적에 관한 정보이다. 투수의 실적이 연봉에 미치는 효과를 분석하기 위하여 〈표 1〉에서는 로그로 환산[3]한 투수 연봉(MONEY; 만 원)과 승리게임수(WIN; 승리한 게임수)에 대해 통계치를 정리한 표이며 〈표 2〉에서는 회귀분석 결과를 수록하고 있다.

〈표 1〉 자료의 통계치

	LOG(MONEY)	WIN
Mean	8.322	3.210
Median	8.294	1.000
Maximum	9.798	18.000
Minimum	7.313	0.000
Std. Dev.	0.618	1.217

〈표 2〉 회귀분석 결과

$$
\begin{array}{lcll}
LOG(MONEY_i) & = & (\ \ A\ \ ) + 0.089\ WIN_i & + e_i \\
s.e. & = & (0.059) & (\ \ B\ \ ) \\
t-stat. & = & (\ --\ ) & (7.877) \\
p-value & = & (0.000) & (\ \ C\ \ )
\end{array}
$$

$$R^2 = 0.347, \quad s = 0.501, \quad RSS = (\ \ D\ \ )$$

(1) (A), (B), (D)의 괄호 안의 값을 구하라.

(2) $H_0 : \beta_1 = 0$의 귀무가설을 대립가설에 대해 5% 유의수준에서 검정하라.

(3) 승리게임수의 연봉에 대한 영향도에 대하여 $H_0 : \beta_2 \geq 0.05$의 가

3 로그로 환산한 연봉을 승리게임수에 대해 회귀분석하는 로그-선형모형의 해석에 대해서는 제6장에서 다룰 것임.

설을 5% 유의수준에서 검정하라.

(4) (C)의 값은 0.01보다 큰가, 작은가? 판단하라.

(5) 어떤 투수의 경우 승리게임수가 8게임이었다. 이 투수의 로그(연봉)을 예측하라.

(6) 결정계수 값의 크기에 대해 해석하라.

실증분석 문제

* 다음의 실증분석 문제는 부록에 제시된 자료를 이용할 것.

1. FIRM 파일로부터 매출액(SALES)을 광고비(ADV)에 대해 회귀분석하는 다음의 모형을 고려하자.

$$SALES_i = \beta_1 + \beta_2 ADV_i + \varepsilon_i$$

(1) 두 변수, SALES와 ADV에 대한 평균, 분산, 상관계수 등의 통계치를 구하고 해석하라.
(2) (1)의 통계치에서 판단컨대 SALES와 ADV 두 변수의 관계는 무관하다고 판단되는가? 설명하라.
(3) 회귀분석한 결과를 구하라.
(4) (3)에서 구한 결과에서 광고비 한 단위가 증가할 때 매출액은 어떻게 반응하는가?
(5) 회귀분석 결과로부터 다음의 답을 구해 보라.
 (a) 잔차의 제곱합은 얼마인가?
 (b) 설명된 변동은 얼마인가?
 (c) 회귀식에서 광고비에 의해 설명되는 매출액의 변동은 몇 퍼센트인가?

2. INCOME 파일에서 소득(INCOME)을 상수항과 연령(AGE)에 대해 회귀분석한 컴퓨터 출력결과 **그림 4-A**와 동일한 결과를 구하고 다음에 답하라.

(1) 회귀계수 β_2에 대한 95% 신뢰구간을 구하라.
(2) β_2에 대한 t-통계치 값은 얼마이며 2-t 실용기준에 의할 때 연령은 소득의 설명에 중요한 변수인가?
(3) β_2에 대한 유의확률 값은 얼마이며 1% 유의수준에서 $\beta_2 = 0$의 가설을 유의확률에 의해 판정하라.

(4) 귀무가설 $\beta_2 \leq 0$를 대립가설에 대해 5% 유의수준에서 검정하라.

(5) 나이가 45세인 개인 홍길동의 소득을 예측하고, 예측치의 95% 신뢰구간을 구하라.

3. 파일 USEDCAR에는 중고차의 판매가격(PRICE)과 차량의 특징이 수록되어 있다. 중고차의 판매가격을 상수항 및 주행거리(MILEAGE)에 대해 다음의 모형을 추정하라.

$$PRICE_i = \beta_1 + \beta_2 MILEAGE_i + \varepsilon_i$$

(1) 중고차의 판매가격과 주행거리의 평균, 표준편차 등의 통계치를 구하라.

(2) 두 변수 판매가격과 주행거리에 대한 상관계수 값은 얼마이며 그 해석은 어떠한가?

(3) 위 모형에서 β_1의 추정치는 얼마이며, 그 해석은 어떠한가?

(4) 회귀계수 β_2의 추정치는 얼마이며, 그 해석은 어떠한가?

(5) 표본회귀선이 (1)에서 구한 두 변수의 평균을 지나는가? 이는 왜 그러한가?

(6) 회귀계수 β_2에 대한 95% 신뢰구간을 구하라.

(7) 결정계수 R^2값은 얼마이며, 그 해석은 어떠한가?

(8) (2)에서 구한 상관계수 값의 제곱은 (7)에서 구한 결정계수 값과 일치하는가? 이 결과는 어떻게 해석할 수 있는가? (심화문제 4장 1-(1) 참조)

(9) 20,000km를 주행한 중고차의 가격은 얼마로 예측되는가?

4. MOVIE 파일은 2012년에 개봉된 한국영화 관객수에 관한 정보를 담고 있다. 영화 상영 스크린 수는 영화 흥행에 가장 중요한 변수로 간주되고 있다. 이 자료를 분석하고 다음 질문에 답하시오.

(1) 관객 수(AUDIENCE)와 스크린 수(SCREEN)에 대한 통계치를 구

하고 해석하라.

(2) 관객 수(AUDIENCE)와 스크린 수(SCREEN) 간의 상관계수를 구하고 해석하라.

(3) 관객수(AUDIENCE)를 상수항과 스크린 수(SCREEN)에 대해 회귀분석하고 결과를 해석하라. 스크린 수 변수의 회귀계수 추정치는 얼마인가? 이는 어떻게 해석되는가?

(4) (3)의 회귀분석에서 스크린 수 변수의 회귀계수에 대한 t-통계치 값은 얼마인가? 이는 어떻게 해석되는가?

(5) (3)의 회귀분석에서 결정계수 값은 얼마이며 이는 어떻게 해석되는가?

(6) (3)의 회귀분석에서 유의확률 값은 얼마인가? 이로부터 $H_0 : \beta_2 = 0$이라는 가설에 대해 검정하라.

(7) 관객수를 스크린 수 대신에 주연배우 인지도(ACTOR)에 대해 회귀분석하고 (1)-(6)의 과정을 반복하고 해석하라.

(8) (7)에서의 스크린 수 대신에 감독인지도(DIRECTOR)에 대해 회귀분석하고 (1)-(6)의 과정을 반복하고 해석하라.

5. EPL_PLAYER 파일은 2017-2018 시즌 잉글리쉬 프리미어 리그(EPL) 축구 선수들의 연봉과 성적에 관한 정보를 수록하고 있다. 축구 선수들의 연봉(WAGE)이 리그 출장 경기수(APPEARNCE)에 의해 결정된다고 생각하여 다음 식과 같은 회귀분석 모형을 설정하였다. 물음에 답하시오.

$$WAGE_i = \beta_1 + \beta_2 APPEARANCE_i + \varepsilon_i$$

(1) 연봉(WAGE)과 출장경기수(APPEARANCE)에 대한 통계치를 구하고 해석하라.

(2) 연봉(WAGE)과 출장경기수(APPEARANCE)에 대한 상관계수 및 점상관도를 구하고 해석하라.

(3) 연봉(WAGE)을 출장경기수(APPEARANCE)에 대해 회귀분석하고 결과를 해석하라. EPL 선수들은 1경기 더 출장함에 따라 연봉은 얼마나 증가하는가?

(4) (3)의 회귀분석에서 $H_0 : \beta_2 \geq 0$의 가설을 5% 유의수준에 검정하라.

(5) (3)의 회귀분석에서 결정계수 값은 얼마이며 이는 어떻게 해석되는가?

(6) 만일 어떤 선수가 시즌 기간 동안 40경기에 출장한다면 기대하는 연봉은 얼마인가?

(7) STAT85 변수는 구단 외부에서 개별 선수들에 대하여 평가한 것으로 85점 이상이면 1의 값을, 85점 이하이면 0의 값을 갖는 변수이다. 연봉(WAGE)을 상수항과 STAT85 변수에 대해 회귀분석하라. STAT85 변수의 유의성은 어떠한가?

(8) (7)의 회귀식에서 잔차 제곱합 값은 얼마인가?

(9) 연봉(WAGE) 변수로부터 $\sum_{i=1}^{448}\left(WAGE_i - \overline{WAGE}\right)^2$ 값을 구하라. 이는 (8)의 잔차 제곱합 값과 일치하는가? 이는 왜 그러한가?

CHAPTER 05

다중회귀분석

제4장에서는 종속변수를 설명하는 설명변수가 하나(상수항을 포함한 설명변수가 두 개)인 단순회귀분석에 대하여 설명하였다. 그러나 대부분 경제모형에서는 다수의 설명변수가 종속변수를 설명하는 다중회귀모형이 일반적이다. 따라서 이 장에서는 단순회귀분석과 다중회귀분석의 차이에 대해 살펴보고, 다중회귀분석에서의 결정계수 사용의 문제점과 이에 대한 대안으로 조정된 결정계수에 대하여 설명한다. 또한 하나 이상의 계수의 값에 대한 가설을 검정하는 여러 종류의 결합 가설에 대한 가설검정 절차에 대해 살펴본다.

1 다중회귀모형의 구조

1.1 단순회귀분석의 단점

선형모형 $Y_i = \beta_1 + \beta_2 X_i + \varepsilon_i$의 추정을 기본으로 하는 단순회귀분석은 한 개의 설명변수 X만으로 종속변수 Y를 설명하고 있다. 그러나 실증분석에서는 종속변수 Y에 여러 변수가 영향을 미치는 것이 일반적이다. 예를 들어 롯데리아의 햄버거 판매량에는 햄버거의 가격 이외에 다른 경쟁회사 햄버거의 가격, 롯데리아의 광고비지출, 일반 소비자의 경제수준 혹은 구제역 파동 여부 등이 영향을 미친다. 또한 이동통신 가입자 수에는 요금 이외에 이동통신 사업자에 대한 규제 정도, 단말기 보조 여부 및 경쟁사의 판매행위를 비롯한 여러 경제변수 등이 영향을 미치는 것이 일반적이다.

만일 종속변수 Y를 설명하는 모형이 설명변수가 두 개 이상인 다중회귀모형이 적절함에도 단순회귀모형을 설정한다면 모형설정(model specification)이 정확하지 않게 된다. 뿐만 아니라, 제7장에서 살펴보듯이 종속변수 Y의 설명에 중요한 변수들이 누락되면 계수 추정량에 편의(bias)가 발생한다.

1.2 다중회귀모형의 일반형

종속변수 Y가 X_2, X_3, $\cdots$, X_k와 상수항 1을 포함한 k개의 설명변수에 의해 설명되는 **다중회귀모형**(multiple regression)의 일반형은 다음과 같이 표현될 수 있다.

$$Y_i = \beta_1 + \beta_2 X_{2i} + \cdots + \beta_k X_{ki} + \varepsilon_i \qquad \text{▸ 5.1}$$

이 모형을 추정함은 $\beta_1, \beta_2, \cdots, \beta_k$의 k개의 모수를 추정함을 의미한다. 표본에서의 추정식은 단순회귀분석에서와 마찬가지로

$$Y_i = b_1 + b_2 X_{2i} + \cdots + b_k X_{ki} + e_i \qquad \text{▸ 5.2}$$

로 표현된다. 여기서 $X_{ji}(j=1, 2, \cdots, k,\ i=1, 2, \cdots, n)$는 j번째 변수에 대한 i번째 관측치의 값을 나타내며, 첫 번째 변수는 $X_{1i}=1$로 상수항을 나타낸다. 예를 들어 100명의 개인에 대한 설명변수로 (1, 나이, 가족 수,

소득)의 자료를 구하였다면 표본 수 $n=100$, $k=4$이며 $X_{3,50}$은 50번째 관찰치의 세 번째 변수의 값, 가족 수를 나타낸다.

1.3 다중회귀분석 계수의 해석

단순회귀모형에서는 설명변수가 X 하나이므로 β_2는 X 변수의 한 단위 증가에 따른 종속변수 Y의 변화로 해석되었다. 다중회귀분석에서도 회귀계수의 해석은 마찬가지이지만 다음과 같은 차이가 있다. 예를 들어 $Y_i=\beta_1+\beta_2X_i+\beta_3Z_i+\varepsilon_i$의 다중회귀분석모형에서 β_2의 의미는 우선 수리적으로

$$\beta_2=\frac{\partial E(Y_i)}{\partial X_i}=\left.\frac{dE(Y_i)}{dX_i}\right|_{\triangle Z_i=0} \qquad \text{▸ 5.3}$$

을 의미하는 것으로, 이는 Z변수가 불변일 때 X변수 한 단위 변화에 따른 Y변수의 평균 변화분을 나타낸다. 마찬가지로

$$\beta_3=\frac{\partial E(Y_i)}{\partial Z_i}=\left.\frac{dE(Y_i)}{dZ_i}\right|_{\triangle X_i=0} \qquad \text{▸ 5.3–1}$$

을 의미한다. 따라서 다중회귀분석에서 회귀계수의 해석은 여타 다른 설명변수가 불변일 때 해당 설명변수의 한 단위 변화에 따른 종속변수의 평균 변화분을 나타내는 '**직접효과**'(direct effect) 혹은 '**순효과**'(net effect)를 의미한다. 이러한 경우 다른 설명변수는 통제(controlled)되었다고 한다.

예를 들어 **식 5.3**의 해석에 있어서 기온(X)과 노동시간(Z)이 농산물수확량(Y)에 영향을 미치는 모형을 고려하자. 기온(X)은 농산물수확량에 직접적인 영향을 미칠 뿐만 아니라 적정 기온은 근로환경을 좋게 만들어 투입되는 노동시간(Z)에 영향을 주어 농산물수확량에 간접적인 영향을 미

치게 된다. 이처럼 한 설명변수의 변화는 직접적으로 종속변수에 영향을 미치지만 또 다른 설명변수의 변화를 유발하여 간접적으로도 종속변수에 영향을 미친다. **식 5.3**에서 회귀계수 β_2는 기온의 농산물 수확량에 대한 총 효과 중에서 노동시간(Z)은 통제된 상태에서 기온(X) 변화의 농산물 수확량(Y)에 대한 직접적인 영향도를 나타낸다.

예 5.1 회사원의 임금수준(Y)을 남・여 성별구분(X; 이러한 정성변수의 사용에 대해서는 추후 제 6 장 가변수모형에서 설명함)과 경력연수(Z)에 대해 회귀분석하는 $Y_i = \beta_1 + \beta_2 X_i + \beta_3 Z_i + \varepsilon_i$의 모형을 고려하자. β_2는 동일 경력수준(경력수준이 통제된 상태)에서 성별차이에 따른 임금의 격차를 나타내며 β_3는 남・여 구분 없이(성별구분이 통제된 상태에서) 경력연수 1년 증가에 따른 임금의 차이를 나타낸다. ■

이를 일반적인 다중회귀모형 $Y_i = \beta_1 + \beta_2 X_{2i} + \cdots + \beta_k X_{ki} + \varepsilon_i$로 확장하면 β_2는 X_3, …, X_k 등 X_2 이외의 다른 설명변수들이 불변인 상태(혹은 통제된 상태)에서 X_2의 한 단위 증가에 따른 Y의 변화분을 나타낸다. 단순회귀분석과 달리 이러한 해석의 차이가 발생하는 이유는 다중회귀분석에서는 설명변수가 둘 이상이므로 이들 간에 상호작용이 발생하기 때문이다. 즉 특정 설명변수의 값이 변할 때 다른 설명변수의 값도 변하기 때문이다.

추후 제7장에서 설명하는 바와 같이 이러한 경우 만일 여타 설명변수 X_3, …, X_k를 누락하게 되면 이 경우 표본추정량은 β_2에 대한 불편추정량이 되지 못한다. 따라서 회귀분석모형의 설정에 있어서 종속변수에 영향을 미치는 모든 설명변수를 잘 파악하여 모형을 설정하는 것이 중요하다.

2 최소자승법에 의한 추정

식 5.1의 모집단회귀식 $Y_i = \beta_1 + \beta_2 X_{2i} + \cdots + \beta_k X_{ki} + \varepsilon_i$에 대한 표본회귀식을 **식 5.2**와 같이 $Y_i = b_1 + b_2 X_{2i} + \cdots + b_k X_{ki} + e_i$로 표현하자. 최소자승법에 의한 추정은 단순회귀분석의 경우와 마찬가지로 $\sum_{i=1}^{n} e_i^2 = \sum_{i=1}^{n}(Y_i - b_1 - b_2 X_{2i} - \cdots - b_k X_{ki})^2$을 최소화하는 b_1, b_2, $\cdots$, b_k의 값을 구하는 것이다.

가령 상수항을 포함하여 설명변수가 세 개인 모형 $Y_i = \beta_1 + \beta_2 X_{2i} + \beta_3 X_{3i} + \varepsilon_i$에서 β_1, β_2, β_3의 최소자승 추정량은 $\sum_{i=1}^{n} e_i^2 = \sum_{i=1}^{n}(Y_i - b_1 - b_2 X_{2i} - b_3 X_{3i})^2$을 최소화하는 b_1, b_2, b_3를 구하는 것이다. 이 경우 1차 조건을 만족하는 정규방정식은 다음의 세 개의 연립방정식으로 표현된다.

$$\sum_{i=1}^{n} e_i = 0 \Rightarrow \sum_{i=1}^{n}(Y_i - b_1 - b_2 X_{2i} - b_3 X_{3i}) = 0$$

$$\sum_{i=1}^{n} X_{2i} e_i = 0 \Rightarrow \sum_{i=1}^{n} X_{2i}(Y_i - b_1 - b_2 X_{2i} - b_3 X_{3i}) = 0$$

$$\sum_{i=1}^{n} X_{3i} e_i = 0 \Rightarrow \sum_{i=1}^{n} X_{3i}(Y_i - b_1 - b_2 X_{2i} - b_3 X_{3i}) = 0 \qquad \text{▸ 5.4}$$

이 세 연립방정식을 만족하는 최소자승 추정량 b_1, b_2, b_3는 다음의 **식 5.5-5.7**과 같다.

$$b_1 = \overline{Y} - b_2 \overline{X}_2 - b_3 \overline{X}_3 \qquad \text{▸ 5.5}$$

$$b_2 = \frac{(S_{2Y} S_{33} - S_{3Y} S_{23})}{(S_{22} S_{33} - S_{23}^2)} \qquad \text{▸ 5.6}$$

$$b_3 = \frac{(S_{3Y} S_{22} - S_{2Y} S_{23})}{(S_{22} S_{33} - S_{23}^2)} \qquad \text{▸ 5.7}$$

여기서 $S_{..}$는 다음과 같이 X_2, X_3, Y 변수 간의 2차 적률(moment)을 나

타낸다.

$$S_{jY} = \sum_{i=1}^{n}\left(X_{ji} - \overline{X}_j\right)\left(Y_i - \overline{Y}\right) \quad (j=2,\ 3)$$

$$S_{jj} = \sum_{i=1}^{n}\left(X_{ji} - \overline{X}_j\right)^2 \quad (j=2,\ 3)$$

$$S_{23} = \sum_{i=1}^{n}\left(X_{2i} - \overline{X}_2\right)\left(X_{3i} - \overline{X}_3\right)$$

식 5.6에서 보듯이 변수 X_2의 계수추정치인 b_2의 값이 종속변수 Y와 X_2 변수뿐만 아니라 모형에 포함된 다른 변수, 즉 X_3 변수의 값에도 의존하고 있다. 마찬가지로 **식 5.7**에서 계수추정치 b_3의 값은 종속변수 Y와 X_3변수 외에 X_2 변수에도 의존함을 알 수 있다. 따라서 다중회귀모형에서의 계수추정치는 개별 단순회귀모형에서의 계수 추정치와 다르다. 이는 다중회귀모형에서의 회귀계수가 단순회귀모형에서의 회귀계수와는 달리 '순효과' 혹은 '직접효과'를 의미한다는 측면을 반영하고 있다.

식 5.5-5.7의 다중회귀모형에서의 최소자승 추정량은 설명변수의 수가 4개, 5개 등으로 증가하면 그 식 또한 달라진다. 설명변수의 수가 3보다 많을 때 최소자승 추정량을 **식 5.5-5.7**과 같은 식으로 표현하는 것은 복잡할 뿐 아니라 이 수식을 검토하는 작업은 무의미하다. 그러나 자료가 주어지면 일반적인 통계 소프트웨어에서는 이러한 공식에 의해 회귀계수와 분산의 추정치 등 회귀분석 결과를 구해 준다. 따라서 여기서는 컴퓨터를 통해 구한 회귀분석 결과에 대한 해석과 추론에 대해 다루기로 한다.

단순회귀분석과 다중회귀분석의 주요한 차이로는 오차항 분산의 추정치를 구함에 있어서 다음 **식 5.8**과 같이 잔차 제곱합을 $n-2$가 아닌 $n-k$로 나누어 주는 것이다.

$$s^2 = \frac{\sum_{i=1}^{n} e_i^2}{n-k} \qquad \text{▸ 5.8}$$

식 5.8에서 k는 상수항을 포함한 설명변수의 수를 나타낸다.

3 결정계수와 조정된 결정계수

다중회귀분석에서도 단순회귀분석과 마찬가지로 결정계수는

$$R^2 = 1 - \frac{\sum_{i=1}^{n} e_i^2}{\sum_{i=1}^{n} \left(Y_i - \overline{Y}\right)^2}$$

로 정의된다. 다중회귀분석에서 결정계수, R^2은 설명변수의 수가 증가함에 따라 증가한다. 가령 설명변수의 수의 증가에 따라 추가되는 설명변수가 종속변수를 설명하는 데 중요한 변수라면 설명변수가 설명하지 못하는 잔차 제곱합 $\sum_{i=1}^{n} e_i^2$이 크게 감소하며 따라서 R^2 값이 크게 증가한다. 반면에 추가되는 설명변수가 종속변수를 설명하는 데 중요하지 않다고 하더라도 잔차 제곱합을 일정 부분 감소시켜 R^2의 값이 소폭 증가하게 된다. 따라서 회귀모형의 설명력을 높이기 위해, 즉, 결정계수 R^2의 값을 증가시키기 위해 종속변수(Y)의 설명에 중요하든 중요하지 않든 상관없이 설명변수의 수를 증가시키고자 하는 유인이 존재한다.

이와 같은 바람직하지 않은 경우를 방지하기 위해 R^2값을 산출할 때 포함된 설명변수의 수를 감안하여 그 수에 따라 R^2값에 불이익을 주는 것을 고려할 수 있다. 이에 대한 답으로 다음과 같은 **조정된 결정계수**(adjusted R^2; $\overline{R}^2$)를 사용한다.

$$\overline{R}^2 = 1 - \frac{\sum_{i=1}^{n} e_i^2/(n-k)}{\sum_{i=1}^{n}\left(Y_i - \overline{Y}\right)^2/(n-1)} = 1-(1-R^2)\frac{n-1}{n-k} \quad ▸ 5.9$$

식 5.9에서 $k > 1$이면 항상 $R^2 > \overline{R}^2$의 관계가 성립하며, 다른 조건이 일정할 때 설명변수의 개수 k의 증가에 따라 $\overline{R}^2$의 값은 감소함을 알 수 있다. 따라서 종속변수 Y의 설명에 유의적이지 않은 설명변수를 포함시킴에 따라 결정계수 R^2를 무조건 증가시키고자 하는 관행을 방지할 수 있다.

결정계수의 해석에 있어서 다음의 사항을 주의해야 한다.

① 결정계수 $R^2 > 0$이지만 $\overline{R}^2 < 0$의 경우가 가능하다. 이는 결정계수 R^2가 아주 작은 값을 가지는 경우이며 이러한 경우 $\overline{R}^2 = 0$으로 간주하는 것이 적당하며 이는 고려하고 있는 모형이 자료에 적합하지 않음을 의미한다.

② 종속변수가 다른 두 모형의 결정계수 값을 비교하여 모형의 우월성을 판단하는 것은 무의미하다. 이는 두 모형 간에 종속변수가 다르기 때문에 결정계수 식의 분모 항에 있는 종속변수의 전체 변동값이 서로 다르기 때문이다. 예를 들어 소비함수의 경우에는 소득의 설명력이 아주 크기 때문에 대체로 0.9 이상의 결정계수를 구하는 것은 어렵지 않다. 그러나 투자함수의 경우 투자의 결정요인은 아주 다양할 뿐 아니라 기업가의 미래에 대한 예상 등 자의적인 요인에 크게 의존하기 때문에 경제변수들로 투자를 설명하기는 어려우며 이 경우 대체로 0.6 이상의 결정계수 값을 구하기란 쉽지 않다.

③ 마찬가지 이유로 동일 자료로 모형을 구성하더라도 종속변수의 형태가 다르다면 결정계수의 크기를 비교하는 것은 무의미하다. 가령 한 모형에서는 $\ln(Y)$를 종속변수로 고려하고 있고, 다른

모형에서는 Y를 종속변수로 사용한다고 하자. 이 두 모형 간에는 결정계수의 분모항에 있는 종속변수의 전체 변동값이 다르기 때문에 이로부터 결정계수의 크기를 직접 비교하는 것은 부적절하다.

예 5.2 제4장의 실전예제 4.3과 4.5에서 살펴본 PITCHER 파일을 이용하여 투수의 연봉(MONEY)을 상수항과 전년도 실적, 즉 WIN(승리게임 수), FOUR(포볼 수), SAVE(세이브 게임 수), LOSE(패한 게임 수), YEAR(프로구단 활동시즌 수)에 대하여 다음의 모형을 설정하였다.

$$MONEY_i = \beta_1 + \beta_2 WIN_i + \beta_3 FOUR_i + \beta_4 SAVE_i + \beta_5 LOSE_i + \beta_6 YEAR_i + \varepsilon_i \quad (5.10)$$

β_2와 β_4는 각각 승리게임 수와 세이브게임 수가 팀 성적에 바로 영향을 미치기 때문에 양수 값을 가지는 것으로 예상된다. 포볼 수는 상대팀의 득점 기회에 도움이 되기 때문에 $\beta_3 < 0$으로 기대되며 또한 패한 게임 수는 팀 성적에 부정적인 영향을 미치기 때문에 $\beta_5 < 0$로 기대된다. 그러나 이들 포볼 수와 패한 게임 수는 운동경기 중 승리에 부차적으로 발생하는 것이기 때문에 연봉에는 커다란 영향을 미치지 않을 것으로 기대된다. 프로야구 구단에 입단하여 활동한 시즌 수(YEAR)는 팀 성적에는 직접적인 영향을 미치지 않지만 간접적으로 오랜 경험이 팀 성적에 좋은 영향을 미칠 수 있으며, 또한 대체로 재직연수에 따라 연봉이 증가한다는 임금함수의 원칙에 따라 $\beta_6 > 0$으로 예상된다.

115명의 표본으로부터 구한 결과는 다음과 같다.

$$\begin{aligned}\widehat{MONEY}_i = & \underset{(0.03)}{52.33} + \underset{(4.17)}{1119.05}\, WIN_i - \underset{(-0.02)}{1.57}\, FOUR_i + \underset{(3.04)}{407.87}\, SAVE_i \\ & + \underset{(0.26)}{79.74}\, LOSE_i + \underset{(5.60)}{818.33}\, YEAR_i \\ R^2 = 0.470,\ & \overline{R}^2 = 0.445 \end{aligned} \quad (5.11)$$

여기서 괄호 안의 값은 t-통계치를 나타낸다.

다른 조건이 같을 때 투수가 1승의 기록을 더 올림에 따라 연봉은 약 1,119만 원 증가한다. 또한 다른 조건이 일정할 때, 세이브 1게임은 연봉을 408만 원 증가시킨다. 프로야구 구단에 입단 후 활동시즌의 경험이 1년 더 많아짐에 따라 연봉은 약 818만 원 증가한다. 포볼 수는 연봉을 2만 원 감소시키며 패한 게임 수는 연봉을 80만 원 증가시키는 것으로 나타났으나 이 두 변수는 모두 유의적이지 못하다. 결정계수 값은 0.470로 전체 연봉 변동의 약 47.0%를 이들 변수가 설명하는 것으로 나타났다.

이 결과에서 $\sum_{i=1}^{115} e_i^2 = 6.08 \times 10^9$을 구하였는데 $k=6$이므로,

$$s^2 = \frac{6.08 \times 10^9}{115-6} = 5,380,531.0$$

으로 실전예제의 결과에 나와 있는 $s=7,470.273$을 제곱한 값이 된다. 또한 결정계수와 조정된 결정계수 간에는

$$\overline{R}^2 = 1-(1-R^2)\frac{n-1}{n-k} = 1-(1-0.470)\frac{115-1}{115-6}$$

의 관계가 성립함을 알 수 있다. ■

4 다중회귀모형에 대한 가설검정

제4장의 단순회귀분석의 경우와 마찬가지로 최소자승법으로 구한 추정치로부터 회귀계수에 대한 신뢰구간, 가설검정 등의 추론을 위해서는 회귀모형에 대하여 다음과 같은 기본적인 가정이 필요하다.

4.1 다중회귀모형의 가정

가정 1 선형회귀모형

회귀모형은 다음과 같이 모수에 대해 선형인 모형이다.

$$Y_i = \beta_1 + \beta_2 X_{2i} + \cdots + \beta_k X_{ki} + \varepsilon_i$$

가정 2 설명변수의 비확률성

설명변수 X_2, X_3, ⋯, X_k는 비확률(nonstochastic) 변수이다.

가정 3 식별성: 완전공선성의 배제

설명변수들 간에는 정확한 선형관계가 존재하지 않는다.

가정 4 오차항의 평균

오차항의 평균은 0이다.

$$E(\varepsilon_i) = 0$$

가정 5 오차항의 분산

모든 관찰치에 대해 오차항은 σ^2의 일정한 분산을 갖는다.

$$V(\varepsilon_i) = \sigma^2$$

가정 6 오차항의 상관성

서로 다른 관찰치 간의 오차항은 상관이 없다.

$$Cov(\varepsilon_i, \varepsilon_j) = 0 \qquad \text{(모든 } i \neq j \text{에 대해)}$$

가정 3은 단순회귀분석과 달리 다중회귀분석모형에서 처음 나타나는 가정으로 이 가정이 위배되는 경우를 **완전공선성**(perfect collinearity)이라 한다. 이에 대해서는 제8장에서 자세히 설명한다.

가정 1~가정 4 하에서 최소자승 추정량 $b_j(j=1, 2, \cdots, k)$은 단순회귀분석에서와 마찬가지로 불편 추정량이 된다. 뿐만 아니라 가정 1~가정 6 하에서, 최량선형불편추정량(BLUE)이 된다는 가우스-마르코프 정리의 결과가 성립한다.

최소자승 추정량에 대한 정확한 확률분포 도출을 위하여 오차항의 분포에 대해 다음의 가정이 추가로 필요하다.

가정 7 오차항의 정규성

오차항은 정규분포를 갖는다.

$$\varepsilon_i \sim N(0,\ \sigma^2)$$

4.2 개별 회귀계수 β에 대한 신뢰구간과 가설검정

개별 회귀계수 β에 관한 신뢰구간과 가설검정은 t-분포를 이용해 이루어지며 방법은 제4장의 단순회귀분석과 동일하다. 다만 임계치를 구하는 데 있어서 자유도가 $(n-k)$가 됨을 유의하여야 한다. 이는 상수항을 포함한 설명변수의 수가 k개이기 때문이다. 즉,

$$\frac{b_j - \beta_j}{s_{b_j}} \sim t(n-k), \qquad j=1,\ 2,\ \cdots,\ k \qquad ▸ 5.12$$

의 분포가 성립한다.

H_0: $\beta_j = \beta_j^0$의 개별 회귀계수에 대한 가설검정에 대해서는 제4장과 마찬가지로 양측검정과 단측검정에서의 논리가 동일하게 적용된다. 또한 2-t 실용기준과 유의확률에 의한 가설검정도 마찬가지로 적용된다.

예 5.3 예 5.2에서 설명한 투수의 연봉결정 추정식에서 구한 (상수항, WIN, FOUR, SAVE, LOSE, YEAR) 변수의 각 회귀계수의 유의확률 값은 실전예제에서 보듯이 다음과 같다.

유의확률 = (0.97, 0.00, 0.98, 0.00, 0.80, 0.00)

개별 설명변수가 종속변수에 유의적인 영향을 주는가를 보기 위한 가설검정에서 승리게임 수(WIN), 세이브 수(SAVE)와 프로구단 활동시즌 수(YEAR)는 각각 5% 유의수준에서 $\beta_j = 0(j=2,\ 4,\ 6)$인 가설을 기각하였다. 따라서 이들 변수는 각각 개별적으로 연봉에 유의적인 영향을 주는 것으로 판정되었다. 반면에 포볼 수(FOUR)와 패한 게임 수(LOSE) 각각은 연봉에 유의적인 영향을 주지 못하는 것으로 판정되었다. ■

4.3 모형의 적합도에 대한 가설검정

개별 회귀계수에 대한 가설검정 이외에 다중회귀모형에서의 또 다른 관심사는 여러 회귀계수의 값에 대한 복합가설의 유의성을 검정하는 것이다. 4.2절의 개별 회귀계수의 유의성 검정에서는 t-분포를 이용하였으나, 4.3~4.5절의 복합가설의 유의성 검정에서는 F-통계치가 사용된다.

여러 회귀계수에 대한 유의성을 검정하는 복합가설의 대표적인 예로는 선택된 설명변수 전체가 모형에 적합한가를 판단하는 것이다. 이는

$Y_i = \beta_1 + \beta_2 X_{2i} + \cdots + \beta_k X_{ki} + \varepsilon_i$의 회귀모형에서 다음 **식 5.13**과 같이 종속변수에 대한 상수항을 제외한 모든 설명변수의 영향도에 대해 검정하는 것이다.

$$H_0: \ \beta_2 = \beta_3 = \cdots = \beta_k = 0,$$

H_1: (β_1을 제외하고) 적어도 하나의 β_j는 0이 아니다. ▸ **5.13**

식 5.13의 귀무가설 하에서는 선택된 설명변수 전체가 종속변수에 영향을 미치지 못함을 의미하는 것으로, 이는 곧 R^2의 유의성, $H_0: \ R^2 = 0$을 검정하는 것과 같다.

이상의 모형의 적합도에 대한 가설 검정에 대해서는 다음 **식 5.14**의 F-통계치가 사용된다.

$$F = \frac{\sum_{i=1}^{n}\left(\hat{Y}_i - \overline{Y}\right)^2/(k-1)}{\sum_{i=1}^{n} e_i^2/(n-k)} = \frac{R^2/(k-1)}{(1-R^2)/(n-k)} \qquad \text{▸ 5.14}$$

식 5.13의 귀무가설 하에서 **식 5.14**의 F-통계치는 $(k-1)$과 $(n-k)$의 자유도를 갖는 F-분포를 따른다. 따라서 일정한 유의수준 α에서 $(k-1)$과 $(n-k)$의 자유도를 갖는 F-분포의 임계치로부터 만일 $F \geq F(k-1,\ n-k;\ \alpha)$이면 귀무가설을 기각한다. 이는 최소 하나 이상의 설명변수가 종속변수의 설명에 유의적임을 의미한다. 반대로 $F < F(k-1,\ n-k;\ \alpha)$이면 귀무가설을 기각하지 못하여 설명변수 전체가 종속변수의 설명에 유의적이지 않다고 판정, 즉 설명변수 전체가 모형에 적합하지 않음을 의미한다.

예 5.4 앞의 PITCHER 파일의 예에서 모든 변수가 연봉 결정에 영향을 미치지 못한다는 H_0: $\beta_2 = \beta_3 = \cdots = \beta_6 = 0$의 가설은 F-통계치 값이 19.30이며 이는 5와 109의 자유도를 갖는 5% 유의수준에서의 F-분포의 임계치 2.29보다 크므로 기각된다. 또한 F-통계치에 대한 유의확률 값 0.00으로부터 이를 재확인할 수 있다. ■

참고 $(n-k)$의 자유도를 가지는 t-분포와 1과 $(n-k)$의 자유도를 가지는 F-분포 간에는 제2장 **식 2.29**와 같이 $t(n-k)^2 = F(1,\ n-k)$의 관계가 성립한다. 따라서 단순회귀모형 $Y_i = \beta_1 + \beta_2 X_i + \varepsilon_i$에서 모형의 적합도에 대한 검정은 H_0: $\beta_2 = 0$의 가설을 검정하는 것이며 이는 제4장에서의 t-분포를 이용할 수도 있으며 또한 위에서의 F-분포를 이용할 수도 있다.

이러한 경우 통계치 간에는 $t^2 = F$의 관계가 성립하며 또한 임계치 간에도 $t(n-k;\ \frac{\alpha}{2})^2 = F(1,\ n-k;\ \alpha)$의 관계가 성립한다.

예 5.5 제4장의 INCOME 파일의 실전예제 4.2와 4.4의 결과에서 H_0: $\beta_2 = 0$의 가설을 검정함에 있어서 t-통계치=4.920788, 이에 대한 유의확률 값=0.0000이며, 또한 90의 자유도에서 $t_{0.05/2} \approx 1.990$이다. 이는 상수항을 제외한 설명변수가 하나인 모형의 경우이다. 따라서 H_0: $\beta_2 = 0$ 혹은 H_0: $R^2 = 0$의 가설을 검정하기 위해 F-분포를 적용하면 F-통계치=24.21416이며 이에 대한 유의확률 값=0.000004이며, 1과 90의 자유도에서 $F(1{,}90;\ 0.05) \approx 3.96$이다.

이상으로부터 t-분포에 의한 결과와 F-분포에 의한 결과 사이에는 다음과 같은 관계가 성립한다. 통계치 간에는 $(4.920788)^2 = 24.21416$의 관계가 성립하며, 또한 임계치 간에는 $(1.99)^2 = 3.96$의 관계가 성립함을 알 수 있다. 또한 두 검정치의 유의확률 값은 서로 같다. ■

4.4 회귀계수의 일부분에 대한 가설검정

$Y_i = \beta_1 + \beta_2 X_{2i} + \cdots + \beta_k X_{ki} + \varepsilon_i$의 다중회귀모형에서 회귀계수 β의 일부분에 대한 가설로 고려할 수 있는 것의 예로

$$H_0:\ \beta_{k-1} = 0,\ \beta_k = 0 \quad ▸ 5.15$$

혹은

$$H_0:\ \beta_{k-1} = \beta_k \quad ▸ 5.16$$

등을 들 수 있다.

식 5.15에서는 X_{k-1}과 X_k의 두 변수가 종속변수에 영향이 없다는 것을 의미하며, **식 5.16**에서는 X_{k-1}과 X_k의 두 변수가 종속변수에 대한 영향도가 같다는 것을 의미한다. 이와 같은 모수 β의 일부분에 대한 가설을 검정하는 방법으로 **제약된 최소자승 추정치**(restricted least squares estimate)와 **제약되지 않은 최소자승 추정치**(unrestricted least squares estimate)를 사용한다. 제약된 최소자승 추정치란 **식 5.15** 혹은 **식 5.16**의 귀무가설 하에서의 추정식, 즉 제약조건을 고려한 최소자승 추정치를 구하는 것이다.

식 5.15의 조건을 고려한 회귀분석모형은

$$Y_i = \beta_1 + \beta_2 X_{2i} + \cdots + \beta_{k-2} X_{k-2i} + \varepsilon_i \quad ▸ 5.17$$

이 된다. 따라서 **식 5.15**의 조건 하에서는 종속변수 Y를 상수항과 설명변수 X_2, X_3, $\cdots$, X_{k-2}에 대해 회귀분석하여 **제약된 모형**(restricted model) **에서의 잔차의 제곱합**$\left(RSS_R \equiv \sum_{i=1}^{n} e_i^{*2}\right)$과 **결정계수**($R_R^2$) 값을 구한다.

식 5.16의 조건을 고려한 회귀분석모형은

$$Y_i = \beta_1 + \beta_2 X_{2i} + \cdots + \beta_{k-1}(X_{k-1i} + X_{ki}) + \varepsilon_i \quad ▸ 5.18$$

가 된다. 따라서 **식 5.16**의 조건 하에서는 종속변수 Y를 상수항과 설명변수, X_2, ⋯, X_{k-2}, $(X_{k-1}+X_k)$에 대해 회귀분석하여 마찬가지로 **제약된 모형**(restricted model)**에서의 잔차의 제곱합**$\left(RSS_R \equiv \sum_{i=1}^{n} e_i^{*2}\right)$과 **결정계수**$(R_R^2)$ 값을 구한다.

한편 **식 5.15** 혹은 **식 5.16**의 제약조건을 감안하지 않은 일반적인 형태의 회귀모형은 $Y_i = \beta_1 + \beta_2 X_{2i} + \cdots + \beta_k X_{ki} + \varepsilon_i$이므로 여기서는 종속변수 Y를 상수항과 설명변수 X_2, X_3, ⋯, X_k에 대해 회귀분석하여 **제약되지 않은 모형**(unrestricted model)**에서의 잔차의 제곱합**$\left(RSS_U \equiv \sum_{i=1}^{n} e_i^2\right)$과 **결정계수**$(R_U^2)$ 값을 구한다.

제약된 모형에서의 잔차 제곱합과 제약되지 않은 모형의 잔차 제곱합 간에는 다음의 관계가 성립한다. 만일 **식 5.15** 혹은 **식 5.16**의 가설이 맞는다면 $RSS_R \approx RSS_U$의 관계가 성립하나 만일 **식 5.15** 혹은 **식 5.16**의 가설이 성립하지 않는다면 $RSS_R > RSS_U$가 성립하며 두 값 간에는 통계적으로 유의미한 차이가 발생한다. 따라서 **식 5.15**(혹은 **식 5.16**)의 가설검정을 위한 통계량으로 다음 **식 5.19**와 같이 제약된 모형에서의 잔차 제곱합과 제약되지 않은 모형에서의 잔차 제곱합의 차이를 이용한다.

$$F = \frac{(RSS_R - RSS_U)/J}{RSS_U/(n-k)} \tag{5.19}$$

식 5.19의 F-통계량은 귀무가설 하에서 $F(J,\ n-k)$의 분포를 가진다. 여기서 J는 제약조건의 개수로 **식 5.15**의 가설 예에서는 2이며, **식 5.16**의 가설 예에서는 1이다. $(n-k)$는 제약되지 않은 모형에서의 자유도를 나타낸다.

식 5.19의 분자와 분모를 $TSS = \sum_{i=1}^{n}(Y_i - \overline{Y})^2$으로 나누면 다음의 **식 5.20**을 구할 수 있다.

$$F = \frac{(R_U^2 - R_R^2)/J}{(1-R_U^2)/(n-k)} \tag{5.20}$$

식 5.19 혹은 **식 5.20**의 F-통계치는 귀무가설 하에서 J와 $(n-k)$의 자유도를 갖는 F-분포를 따른다. 따라서 일정한 유의수준 α에서 J와 $(n-k)$의 자유도를 갖는 F-분포의 임계치로부터 만일 $F \geq F(J,\ n-k;\ \alpha)$이면 귀무가설을 기각한다. 이는 **식 5.15**와 **식 5.16**의 모형설정에 있어서 제약조건이 추정 자료와 통계적으로 부합하지 않음을 의미한다. 반대로 $F < F(J,\ n-k;\ \alpha)$이면 귀무가설을 기각하지 못하여 제약조건이 추정 자료와 통계적으로 부합함을 의미한다.

예 5.6

139쪽의 예 5.2에서 살펴본 투수의 연봉결정 모형에서 FOUR와 LOSE 두 변수가 공히 연봉결정에 영향을 미치지 못한다는 가설 H_0: $\beta_3 = \beta_5 = 0$을 검정하여 보자. 제약조건이 맞는다면 식 5.10의 모형에서 FOUR와 LOSE 두 변수는 제외되어야 한다. 따라서 귀무가설 하에서의 추정식의 결과는 다음과 같다.

$$\widehat{MONEY}_i = \underset{(0.10)}{128.91} + \underset{(6.44)}{1150.34}\,WIN_i - \underset{(3.10)}{409.82}\,SAVE_i + \underset{(5.74)}{822.36}\,YEAR_i$$

$$R^2 = 0.469,\quad \overline{R^2} = 0.455,\quad \sum_{i=1}^{115} e_i^2 = 6.09 \times 10^9 \qquad ▸ \textbf{5.21}$$

이로부터 $\beta_3 = \beta_5 = 0$의 가설에 대한 F-통계치는

$$F = \frac{(6.09 \times 10^9 - 6.08 \times 10^9)/2}{6.08 \times 10^9/(115-6)} = 0.09$$

이다. 이는 5% 유의수준에서 2와 109의 자유도를 갖는 F-분포의 임계치 3.07보다 작으므로 $\beta_3 = \beta_5 = 0$의 가설은 기각되지 못한다. 즉, FOUR와 LOSE 두 변수는 모두 연봉결정에 영향을 주지 못한다. ■

4.5 회귀계수의 선형결합에 대한 가설검정

$Y_i = \beta_1 + \beta_2 X_{2i} + \cdots + \beta_k X_{ki} + \varepsilon_i$의 다중회귀모형에서 회귀계수 β의 전부 혹은 일부에 대한 유의성 검정 이외에 회귀계수 β의 선형결합에 대한 제약을 귀무가설로 고려할 수 있다. 이러한 예로 경제학에서 많이 사용되는 콥-더글라스 생산함수에 대한 제약조건을 살펴보자.

종속변수 Y는 산출량, 설명변수 X_2는 노동량, X_3는 자본을 나타내며, X_4, …, X_k는 산출량에 영향을 미치는 기타 변수를 나타낸다. 콥-더글라스 생산함수에서 노동과 자본이 산출량에 대해 규모의 보수불변(constant returns to scale) 원칙을 가진다면 이는 $\beta_2 + \beta_3 = 1$로 표현된다. 따라서 규모에 대한 보수불변의 원칙이 적용되는가를 검정하기 위한 귀무가설은 다음 **식 5.22**와 같다.

$$H_0: \ \beta_2 + \beta_3 = 1 \tag{5.22}$$

이 경우 귀무가설 하에서 $\beta_2 = (1 - \beta_3)$가 되므로 앞 4.4절에서와 마찬가지로 제약조건 하에서의 회귀모형은 **식 5.23**과 같다.

$$\begin{aligned} & Y_i = \beta_1 + (1 - \beta_3) X_{2i} + \beta_3 X_{3i} + \cdots + \beta_k X_{ki} + \varepsilon_i \\ \Rightarrow \ & Y_i - X_{2i} = \beta_1 + \beta_3 (X_{3i} - X_{2i}) + \cdots + \beta_k X_{ki} + \varepsilon_i \end{aligned} \tag{5.23}$$

따라서 제약조건 하에서는 종속변수($Y - X_2$)를 상수항과 설명변수($X_3 - X_2$), …, X_k에 대해 회귀분석하여 제약된 모형에서의 β들의 추정치 b_1^*, b_3^*, …, b_k^*와 잔차의 제곱합 $RSS_R = \sum_{i=1}^{n} e_i^{*2}$을 구한다. 이때 제약조건 하에서 β_2의 추정치는 $b_2^* = (1 - b_3^*)$가 된다.

또한 4.4절에서의 회귀계수 β의 일부분에 대한 가설검정과 마찬가지로 제약조건을 감안하지 않은 회귀모형은 $Y_i = \beta_1 + \beta_2 X_{2i} + \cdots + \beta_k X_{ki} + \varepsilon_i$이므로 종속변수 Y를 상수항과 설명변수 X_2, X_3, …, X_k에 대해 회귀분석하여 잔차의 제곱합 $RSS_U = \sum_{i=1}^{n} e_i^2$을 구한다.

이러한 경우 검정통계량[1]은

$$F=\frac{(RSS_R-RSS_U)/J}{RSS_U/(n-k)} \tag{5.24}$$

로 이 F-값은 귀무가설 하에서 $F(J,\ n-k)$의 분포를 가진다. 여기서 J는 제약조건의 개수를 나타내는 것으로 위의 예에서는 1이 된다.

예 5.7 예 5.2의 투수의 연봉결정모형에서 승리게임 수는 연봉에 대해 세이브게임 수의 두 배 효과가 있다는 $\beta_2=2\beta_4$의 가설을 검정하기로 하자. 귀무가설 하에서 제약된 모형은

$$MONEY_i=\beta_1+\beta_4(2\,WIN_i+SAVE_i)+\beta_3 FOUR_i+\beta_5 LOSE_i+\beta_6 YEAR_i+\varepsilon_i$$

가 되므로, 이에 대한 추정식은 다음과 같다.

$$\begin{aligned}\widehat{MONEY}_i= &\underset{(-0.18)}{-258.20}+\underset{(5.14)}{483.70}(2\,WIN_i+SAVE_i)+\underset{(0.40)}{22.16}FOUR_i\\ &+\underset{(0.27)}{83.60}LOSE_i+\underset{(5.73)}{831.23}YEAR_i\end{aligned}$$

$$R^2=0.467,\ \ \bar{R}^2=0.447,\ \ \sum_{i=1}^{115}e_i^2=6.12\times10^9 \tag{5.25}$$

예 5.2의 제약되지 않은 결과와 식 5.25로부터 $\beta_2=2\beta_4$의 가설을 검정하기 위한 F-통계치의 값은 다음과 같이 도출된다.

---

1 회귀계수의 선형결합에 대한 가설검정에서는 4.4절 회귀계수의 일부분에 대한 가설검정과 달리 식 5.24의 F-통계치 값을 식 5.20과 같이 결정계수의 차이로 표현할 수 없다. 따라서 선형결합에 대한 가설검정에서는 두 모형에서의 결정계수 값을 구하여 가설검정에 이용할 수 없게 된다. 이는 선형결합에 대한 가설검정에서는 제약된 모형과 제약되지 않은 모형 간에 종속변수가 달라지기 때문이다.

$$F=\frac{(6.12\times10^9-6.08\times10^9)/1}{6.08\times10^9/(115-6)}\approx0.72$$

이는 5%의 유의수준에서 1과 109의 자유도를 갖는 F-분포의 임계치 3.92보다 작으므로 H_0: $\beta_2=2\beta_4$의 가설은 기각되지 못한다. 따라서 승리게임 수(WIN)의 연봉에 대한 영향도는 세이브게임 수(SAVE)의 연봉에 대한 영향도의 2배라고 할 수 있다. 이러한 경우 세이브게임 수가 한 게임 증가함에 따라 연봉은 약 484만 원 증가하며, 승리게임 수가 한 게임 증가함에 따라 연봉은 그의 두 배인 968만 원 증가한다고 할 수 있다. ■

5 예 측

미래의 종속변수에 대한 예측 역시 단순회귀분석의 경우와 동일하다. 다만 설명변수가 둘 이상이므로 종속변수의 예측치를 구하기 위해서는 각 설명변수의 값을 투입해야 한다. 즉 관찰치 f에 대한 종속변수 Y_f의 예측치는

$$\widehat{Y_f}=b_1+b_2X_{2f}+b_3X_{3f}+\cdots+b_kX_{kf}$$

가 되며 예측오차 및 신뢰구간 등은 제4장의 논리를 그대로 적용할 수 있다.

예 5.8 식 5.11의 결과에서 만일 WIN=1, FOUR=32, SAVE=1, LOSE=1, YEAR=5인 어떤 선수의 연봉을 예측한다면, 위 결과에 의해

$$\widehat{MONEY_i}=52.33+1119.05\times1-1.57\times32+407.87\times1$$
$$+79.74\times1+818.33\times5=5,620.76$$

(만 원)의 연봉을 받는다고 예측할 수 있다. ■

실전예제 5.1 gretl 명령문 및 추정결과

1. 식 5.11의 추정결과

PITCHER 파일을 연 후, Model > Ordinary Least Squares...를 선택하여 Regressors에 [WIN, FOUR, SAVE, LOSE, YEAR]를 차례로 선택한다. Dependent variable에 [MONEY]를 선택하여 OK를 선택한다.

❙그림 5-A❙

Model 1: OLS, using observations 1-115
Dependent variable: MONEY

	Coefficient	*Std. Error*	*t-ratio*	*p-value*	
const	52.3272	1503.49	0.0348	0.9723	
WIN	1119.04	268.607	4.1661	<0.0001	***
FOUR	−1.56788	62.7995	−0.0250	0.9801	
SAVE	407.865	134.312	3.0367	0.0030	***
LOSE	79.7402	310.72	0.2566	0.7979	
YEAR	818.325	146.25	5.5954	<0.0001	***

Mean dependent var	9992.174	S.D. dependent var	10029.55
Sum squared resid	6.08e+09	S.E. of regression	7470.273
R-squared	0.469566	Adjusted R-squared	0.445234
F(5, 109)	19.29843	P-value(F)	1.02e-13
Log-likelihood	−1185.746	Akaike criterion	2383.492
Schwarz criterion	2399.961	Hannan-Quinn	2390.177

(1) Adjusted R-squared: 조정된 결정계수, $\overline{R}^2=0.445234$.

(2) F-statisitc: H_0: $\beta_2=\beta_3=\beta_4=\beta_5=\beta_6=0$에 대한 F-통계치 값 $=19.29843$

(3) P-value(F): H_0: $\beta_2=\beta_3=\beta_4=\beta_5=\beta_6=0$의 F-통계치 값 $=19.29843$에 대한 유의확률 값$=0.000000$.

2. 식 5.24의 추정결과

식 5.24를 추정하기 위해서 gretl에서는 새로운 Regressor가 될 변수를 만들어 분석해야 한다. Pitcher자료가 열린 창에서 Add > Define new variable를 차례로 선택하여 [WINSAVE=2*WIN+SAVE]와 같이 입력하고 OK를 누른 후, Model > Ordinary Least Squares...를 선택하여 Regressor에 [WINSAVE, FOUR, LOSE, YEAR]를 차례로 선택한다. Dependent variable에 [MONEY]를 선택하여 OK를 선택한다.

gretl에서는 제5장에서와 같이 같은 종속변수를 가지고 여러 가지 회귀분석을 한 결과를 한 표로 만들어서 출력할 수 있다. **그림 5-A** 및 gretl 결과가 있는 창에서 File > Save to session as icon 을 선택한다. 그러면 바탕화면에 icon view라는 창이 생성되며 이 창에서 Model 1, Model 2, Model 3을 클릭해서 끌어다가 Model table에 순서대로 넣는다. Model table을 더블클릭해서 열어보자.

그림 5-B는 앞에서 분석한 세 가지 회귀분석을 일목요연하게 정리하고 있다. 이와 같은 기능은 회귀분석 결과를 보고서에 넣는 데 유용하다.

| 그림 5-B |

	(1)	(2)	(3)
const	52.33 (1503)	128.9 (1230)	-258.2 (1449)
WIN	1119** (268.6)	1150** (178.7)	
FOUR	-1.568 (62.80)		22.16 (55.11)
SAVE	407.9** (134.3)	409.8** (132.3)	
LOSE	79.74 (310.7)		83.60 (310.2)
YEAR	818.3** (146.2)	822.4** (143.3)	831.2** (145.1)
WINSAVE			483.7** (94.10)
n	115	115	115
Adj. R2	0.4452	0.4548	0.4471
lnL	-1186	-1186	-1186

Standard errors in parentheses
* indicates significance at the 10 percent level
** indicates significance at the 5 percent level

실전예제 5.2 EViews 명령문 및 추정결과

1. 식 5.11의 추정결과

EViews에서 데이터를 연 후, Quick 〉 Estimate Equation을 선택한 후 [MONEY C WIN FOUR SAVE LOSE YEAR]를 입력한다. 결과는 gretl의 결과와 같다.

나머지 **식 5.24** 회귀분석결과와 방법도 gretl과 유사하다.

연습문제

1. 다음의 용어에 대하여 설명하라.
   (1) 다중회귀분석
   (2) 다중회귀분석 계수의 해석
   (3) 조정된 결정계수
   (4) 결정계수의 유의성
   (5) 제약된 최소자승 추정치
   (6) 제약되지 않은 최소자승 추정치

2. 아래의 각 문장이 맞는지 틀리는지를 판단하고 그 이유를 간략히 설명하라.
   (1) 설명변수의 수가 증가하면 증가할수록 조정된 결정계수 $\overline{R}^2$의 값은 항상 증가하나 그 증가폭은 추가된 설명변수가 유의적인 변수인가 아닌가에 달려있다.
   (2) $Y_i = \beta_1 + \beta_2 X_{2i} + \beta_3 X_{3i} + \varepsilon_i$의 모형에서 $\beta_2 = \beta_3$의 제약조건을 감안하였을 때의 결정계수(R_R^2)값은 제약조건을 감안하지 않았을 때의 결정계수(R_U^2)값과 비교하여 만일 제약조건이 맞다면 크고 $(R_R^2 > R_U^2)$ 제약조건이 틀리다면 작다$(R_R^2 < R_U^2)$.

3. 다음은 봉급수준(Y)을 상수항과 교육수준(ED; 교육년수), 경력월수(EXP)와 현직장근무월수(TEN)에 대해 설정한 회귀분석 모형이다.

$$Y_i = \beta_1 + \beta_2 ED_i + \beta_3 EXP_i + \beta_4 TEN_i + \epsilon_i$$

위 모형을 어느 회사 93명의 회사원 표본에 대해 구한 결과는 다음과 같다.

$$\hat{Y}_i = 3179.49 + 139.61\,ED_i + 1.48\,EXP_i + 20.66\,TEN_i$$
$$s.e. = (383.44) \quad (27.71) \quad (0.70) \quad (20.66)$$

$$R^2 = 0.302, \qquad F-stat. = (\ A\ )$$

(1) 경력월수가 봉급수준에 영향을 미치지 못한다는 $H_0 : \beta_3 = 0$의 귀무가설을 5% 유의수준에서 검정하라.

(2) 위 결과에서 괄호 안의 (A) 값을 구하라.

(3) 위 결과에서 조정된 결정계수 $\overline{R}^2$을 구하라.

(4) 위 결과로부터 모형의 적합도, 즉 $H_0 : \beta_2 = \beta_3 = \beta_4 = 0$의 가설에 대해 5% 유의수준에서 검정하라.

4. 감정평가사의 주택가격 평가(ASSESS)가 실제 매매가격(PRICE)에 주는 영향을 분석하기 위해 다음의 모형을 설정하였다.

$$PRICE_i = \beta_1 + \beta_2 ASSESS_i + \varepsilon_i$$

이 모형에서 만일 $\beta_1 = 0,\ \beta_2 = 1$이라면 이는 감정평가사의 평가가 합리적임을 시사한다고 한다.
88개의 표본자료로부터 위 모형을 추정한 결과는 다음과 같다.

$$\widehat{PRICE}_i = -14.47 + 0.976\,ASSESS_i$$
$$s.e. \quad = \ (16.27)\ (0.049)$$

$$RSS = 165{,}644.51, \quad R^2 = 0.820$$

(1) $H_0 : \beta_1 = 0$의 가설을 5% 유의수준에서 검정하라.

(2) 위 모형에서 $H_0 : \beta_2 = 1$의 가설을 5% 유의수준에서 검정하라.

(3) 위 자료에서 $\sum_{i=1}^{88}(PRICE_i - ASSESS_i)^2 = 209{,}448.99$이다. 이 정보를 이용하여 $H_0 : \beta_1 = 0,\ \beta_2 = 1$의 가설을 5% 유의수준에서 검정하라.

(4) 이제 위 모형에 주차장의 크기(LOTSIZE), 주택면적(AREA), 침

실수(BDRMS)를 추가하여

$$PRICE_i = \beta_1 + \beta_2 ASSESS_i + \beta_3 LOTSIZE_i + \beta_4 AREA_i + \beta_5 BDRMS_i + \epsilon_i$$

의 모형을 추정한 결과 $R^2 = 0.829$를 구하였다. 이로부터 이들 추가 변수가 부적합한 변수인가의 $H_0 : \beta_3 = \beta_4 = \beta_5 = 0$의 가설을 5%의 유의수준에서 검정하라.

심화문제

1. 표본수가 124인 자료에서 Y를 상수항과 (X_2, X_3, X_4)에 대해 회귀분석한 결과 잔차항 제곱합이 60이었다. 또한 Y를 상수항과 (X_2, Z)에 대해 회귀분석한 결과 잔차항 제곱합이 64이었으며 여기서 $Z = X_3 + X_4$이다.
(1) 여기서 검정가능한 가설을 도출하라.
(2) (1)의 가설을 5% 유의수준에서 검정하라.

2. 다음의 두 회귀분석 결과는 동일 자료로부터 구한 결과이다. 이 표본의 관찰치의 수는 얼마인가?

$$\hat{Y}_i = \underset{(8.515)}{16.899} - \underset{(-4.728)}{2978.5}X_i, \qquad R^2 = 0.6149$$

$$\hat{Y}_i = \underset{(3.3705)}{97.242} - \underset{(-6.6070)}{3782.2}X_i + \underset{(2.9712)}{2815.0}Z_i, \qquad R^2 = 0.7706$$

( )안은 t-통계치 값을 나타낸다.

3. $Y_i = \beta_1 + \beta_2 X_{2i} + \beta_3 X_{3i} + \beta_4 X_{4i} + \varepsilon_i$의 모형에 대해 H_0: $\beta_1 = \beta_3$, $\beta_2 = 1$인 가설을 검정하기 위한 모형의 설명변수와 종속변수는 무엇인가?

4. $Y_i = \beta_1 + \beta_2 X_{2i} + \beta_3 X_{3i} + \beta_4 X_{4i} + \varepsilon_i$의 모형에서 만일 $\beta_2 + \beta_3 = \alpha$이고 $\beta_2 + \beta_4 = \alpha$가 성립하는 경우, α 및 기타 회귀계수를 추정할 수 있는 방법을 설명하라. 특히 종속변수와 설명변수는 무엇인가?

5. 2000년-2019년의 연도별 거시 자료로 부터 수입수요함수를 추정하기 위해 Y=수입재에 대한 지출, X_2=개인 가처분소득, X_3=시간을 나타내

는 추세변수(이 변수에 대해서는 제6장, 2.3.2의 로그-선형 모형의 설명 참조)로부터 다음의 회귀분석 결과를 구하였다.

$$\widehat{Y}_t = -859.92 + 0.6470\,X_{2t} - 23.195\,X_{3t}, \qquad R^2 = 0.9776 \qquad (A)$$
$$\widehat{Y}_t = -261.09 + 0.2452\,X_{2t}, \qquad R^2 = 0.9388 \qquad (B)$$

(1) 추정결과 회귀식 (A)의 조정된 결정계수 값을 구하라.

(2) 추정결과 (A)에서 X_3 변수의 표준오차 값을 구하라.

6. 다음은 65개의 관찰치를 이용하여 $Y_i = \beta_1 + \beta_2 X_{2i} + \beta_3 X_{3i} + \beta_4 X_{4i} + \varepsilon_i$의 회귀분석 모형을 추정한 결과이다. 여기서 ( )안은 표준오차를 나타낸다.

$$\underset{}{Y_i} = \underset{(1.024)}{-1.656} + \underset{(0.127)}{0.497\,X_{2i}} - \underset{(0.085)}{0.083X_{3i}} + \underset{(0.202)}{0.535X_{4i}} + e_i,$$

$$R^2 = 0.671, \quad \sum_{i=1}^{65} e_i^2 = 56.96 \quad (A)$$

$$Y_i - X_{4i} = \underset{(0.436)}{-2.175} + \underset{(0.126)}{0.503(X_{2i} - X_{4i})} - \underset{(0.077)}{0.102(X_{3i} - X_{4i})} + e_i^*,$$

$$R^2 = 0.7706, \quad \sum_{i=1}^{65} e_i^{*2} = 57.25 \quad (B)$$

(1) 위 (A), (B) 두 결과를 비교하여 추정가능한 가설을 도출하라.

(2) (1)의 가설을 5% 유의수준에서 검정하라.

7. 어떤 회귀분석에서 설명된 변동, $\sum_{i=1}^{n}(\widehat{Y}_i - \overline{Y})^2 = 109.6$이었으며 설명되지 않은 잔차의 제곱합은 $\sum_{i=1}^{n} e_i^2 = 18.48$이었다.

(1) 이 회귀분석의 결정계수 값을 구하라.

(2) 이 결과가 $n = 30, k = 4$인 자료로부터 구해진 결과이다. 이 경우 조정된 결정계수 값을 구하라.

8. 다음의 $Y_i = \beta_1 + \beta_2 X_{2i} + \beta_3 X_{3i} + \beta_4 X_{4i} + \beta_5 X_{5i} + \varepsilon_i$의 모형을 추정하기 위하여 22개의 관찰치로부터 다음과 같은 두 결과를 얻었다. ( )안은 표준오차를 나타냄.

$$\underset{}{Y_i} = \underset{(2.0)}{2.837} - \underset{(0.987)}{1.481 X_{2i}} + \underset{(0.690)}{1.181 X_{3i}} + \underset{(0.134)}{0.186 X_{4i}} + \underset{(0.370)}{0.257 X_{5i}} + e_i, \quad \sum_{i=1}^{n} e_i^2 = 0.4277 \qquad (A)$$

$$Y_i + X_{2i} = \underset{(0.820)}{-0.738} + \underset{(0.155)}{0.199 X_{4i}} + \underset{(0.165)}{0.261 X_{5i}} + e_i^*, \quad \sum_{i=1}^{n} e_i^{*2} = 0.6788 \qquad (B)$$

(1) 위 (A)와 (B) 두 결과를 모두 이용하여 검정할 수 있는 가설을 도출하라.

(2) (1)에서 도출한 가설을 5%의 유의수준에서 검정하라.

실증분석 문제

1. PITCHER 파일에서 투수의 연봉(MONEY)을 상수항과 승리한 게임 수(WIN), 세이브 수(SAVE), 패한 게임 수(LOSE), 활동시즌 수(YEAR)에 대해

$$MONEY_i = \beta_1 + \beta_2 WIN_i + \beta_3 SAVE_i + \beta_4 LOSE_i + \beta_5 YEAR_i + \varepsilon_i$$

의 모형을 회귀분석한 결과로부터 다음 질문에 답하라.

(1) 회귀분석에서 구한 결과로부터 결정계수 R^2값과 조정된 결정계수 $\overline{R}^2$값에는 **식 5.9**의 관계가 성립하는지 검토하라.

(2) 개별 회귀계수의 값이 0이다는 가설을 5% 유의수준에서 검정하라.

(3) 위 모형에서 만일 패한 게임 수(LOSE)의 변수를 설명변수에서 제외한다면 결정계수 R^2의 값은 (1)의 경우에 비해 증가하는가, 감소하는가? 그 이유는 무엇인가? 추가적인 컴퓨터 작업과정 없이 답하라.

(4) 위 모형에서 만일 패한 게임 수(LOSE)의 변수를 설명변수에서 제외한다면 조정된 결정계수 $\overline{R}^2$의 값은 (1)의 경우에 비해 증가하는가, 감소하는가? 그 이유는 무엇인가? 추가적인 컴퓨터 작업과정 없이 답하라.

(5) H_0: $\beta_2 = \beta_3 = \beta_4 = \beta_5 = 0$의 가설을 5%의 유의수준에서 검정하라.

(6) 승리한 게임수와 패한 게임수 간에는 연봉에 대해 동일 크기의 반대효과($\beta_2 = -\beta_4$)가 있다는 가설을 5%의 유의수준에서 검정하라.

2. 제4장의 실증분석 문제 3번에서 다루었던 파일 USEDCAR에는 중고차의 판매가격(PRICE)과 차량의 특징이 수록되어 있다. 중고차의 판매가격을 상수항 및 주행거리(MILEAGE), 배기량(CC), 출고 후 경과기간(PERIOD), 에어백 수(AIRBAG)에 대해 회귀분석하고 다음의 물음에 답하라.

(1) 에어백 수는 중고차의 판매가격을 상승시키는가?

(2) 위 모형에서 모형의 적합도, 즉 주행거리, 배기량, 출고 후 경과기간, 에어백 수의 계수가 모두 0이라는 가설을 5% 유의수준에서 검정하라.

(3) 제4장에서의 단순회귀분석과 비교하여 배기량, 출고 후 경과기간, 에어백 수가 판매가격에 영향을 미치지 못한다는 가설을 5% 유의수준에서 검정하라.

(4) 위 모형에서 배기량이 2,000cc이며, 주행거리가 45,000km, 출고 후 36개월이 경과하였으며 장착된 에어백이 한 개인 어떤 중고차의 가격은 얼마로 예측되는가?

3. TOURISM 파일은 세계 121개국의 관광경쟁력 지수에 관한 자료이다. 관광경쟁력은 문화, 경제적 측면이외에 전반적인 생활수준에 의존한다고 할 수 있다. 따라서 TOURISM 파일에는 관광경쟁력과 관련된 문화적인 측면의 변수로 유네스코 등재 세계문화유산 수(UNESCO), 경제적인 측면의 변수로 1인당 GDP(PGDP), 건강수준을 나타내는 변수로 건강기대수명(LIFE) 및 치안상태를 나타내는 변수로 치안지수(SECURE) 변수를 포함하고 있다.

다음 질문에 답하시오.

(1) 관광경쟁력 지수(COMP) 변수와 UNESCO, PGDP, LIFE 및 SECURE에 대한 통계치를 구하라. 우리나라(Excel 자료에는 국가명이 명기되어 있음)는 각 변수에 있어서 세계 평균과 비교하여 어떠한 수준인가?

(2) 관광경쟁력 지수(COMP) 변수와 UNESCO, PGDP, LIFE 및 SECURE의 각 변수 간의 점상관도를 구하고 두 변수의 관계가 어떠한지에 대해 해석하라.

(3) 관광경쟁력 지수(COMP)를 상수항과 PGDP, SECURE, UNESCO, LIFE 변수에 대해 회귀분석하라.

(4) 개별 변수의 유의성에 대해 5% 유의수준에서 판단하라.

(5) 만일 우리나라의 경우 건강(LIFE=73)과 치안상태(SECURE=0.771)는 변함없고, 현 상황에서 1인당 GDP가 38,000$로 증가하고, UNESCO 세계 문화유산 등재 건수가 15건이 된다면 관광경쟁력지수는 얼마나 상승하는가?

4. NERD file은 145개 기업의 생산비에 관한 횡단면 자료를 입력한 것이다. 여기서 Y=비용(COST), X2=생산량(OUTPUT), X3=임금(WAGE), X4=자본가격(CAPTP), X5=연료가격(FUELP)을 나타내는 변수이다. 이로부터 비용함수를 다음과 같이 설정하였다.

$$Y_i = \beta_1 + \beta_2 X_{2i} + \beta_3 X_{3i} + \beta_4 X_{4i} + \beta_5 X_{5i} + \varepsilon_i$$

(1) 생산량이 생산비에 아무런 관계가 없다는 가설을 5% 유의수준하에서 검정하라.

(2) 모형의 적합도에 대해 잔차 제곱합을 이용하여 5% 유의수준에서 검정하라.

(3) (2)의 가설을 R^2을 이용하여 검정하라. (2)에서의 통계치와 같은 값인지 확인하라.

(4) 생산비가 자본가격과 연료가격에 아무런 영향을 받지 않는다는 가설 $H_0 : \beta_4 = \beta_5 = 0$을 잔차 제곱합을 이용하여 5%의 유의수준에서 검정하라.

(5) (4)의 가설을 R^2를 이용하여 검정하라. (4)에서와 같은 값의 통계치를 확인하라.

(6) 비용함수가 동차성 원리(homogeneity; $\beta_3 + \beta_4 + \beta_5 = 1$)를 따른다는 가설을 5%의 유의수준에서 검정하라.

(7) (6)의 가설을 결정계수를 이용하여 검정할 수 있는가? 판단하라. 검정할 수 없다면 그 이유는 무엇인가.

(8) 생산함수가 규모에 대한 보수불변(constant returns to scale; $H_0 : \beta_2 = 1$)이라는 가설을 5%의 유의수준 하에서 t-test를 이용

하여 검정하라.

(9) 자본가격과 연료가격의 생산비에 대한 영향이 같다는 가설을 5%의 유의수준 하에서 검정하라.

5. STUDENTRENT 파일은 2014년 현재 서강대학교 인근 자취방의 특징 및 전·월세 가격에 관한 정보이다. 전세와 월세의 비용구조의 차이로 인하여 임대료 가격에 대한 상호 객관적인 비교가 불가능하다. 이에 대해 대부분의 공인중개사에서는 월세 금액 10만원을 전세 금액 1000만원에 해당한다는 주장에 따라 전세환급가능금 = 전세금 + 월세금 × 100의 개념을 사용하고 있다. 관리비의 경우에도 자취방을 구하는 학생 임대인에게 있어서는 월세와 같은 기능을 가진다. 전세환급가능금 개념에 따라 임대료 RENT = DEPOSIT + (MFEE + MANAGE) × 100의 식을 사용하여 주어진 자료로부터 임대료(RENT) 변수를 구하고 다음 질문에 답하시오.

(1) 임대료(RENT)를 전용면적(AREA), 옵션수(OPTIONS), 가장 가까운 학교 출입문과의 거리(DSCHOOL) 및 가장 가까운 지하철역과의 거리(DSTATION), 대흥역, 신촌역 및 이대입구 지하철역과의 거리(DAEHUNG, SINCHON, EWHA)에 대해 회귀분석하고 개별 변수의 유의성에 대해 5% 유의수준에서 판단하라.

(2) 학생들은 자취방을 구함에 있어서 학교와의 거리가 중요한 요인이며 교통 편의는 중요한 요인이 아니라고 한다. 이를 반영하여 (1)의 회귀분석에서 DSCHOOL, DAEHUNG, SINCHON 및 EWHA 변수 모두가 임대료 결정에는 중요한 요인이 아니다는 결합가설을 5% 유의수준에서 검정하라.

(3) 교통 편의 문제에 대해서 가장 가까운 지하철역과의 거리가 중요한 요인이며 특정 지하철역과의 거리는 중요한 요인이 아니다는 주장이 있다. 이를 (1)의 회귀분석에서 DAEHUNG, SINCHON 및 EWHA 변수 모두가 임대료 결정에는 중요한 요인이 아니다는 결합가설을 5% 유의수준에서 검정하라.

CHAPTER 06

선형회귀모형의 응용

이 장에서는 제3, 4, 5장에서 살펴본 선형회귀모형의 응용을 다루는 장이다. 첫 부분은 입력하는 자료의 단위를 달리함에 따라 회귀분석 결과가 어떻게 달라지며 이에 대한 해석 또한 어떻게 되는가에 대해 설명한다. 둘째로는 기본 선형회귀모형의 범주에 속하지만 변수에 대해 비선형인 대표적인 모형들에 대해 살펴본다. 셋째로, 설명변수가 정성적인 자료인 경우 이의 처리 방법, 즉 가변수의 도입 및 해석에 대해 설명한다. 마지막으로 가변수 모형의 응용분야로 시계열자료에서 흔히 발생하는 계절성에 대해 분석한다.

1 자료의 측정단위

제3장에서 도출한 표본회귀함수의 절편과 기울기에 대한 추정치 b_1, b_2는 표본자료의 측정단위에 의존함을 알 수 있다. 예를 들어 소득-연령의 관계에 있어서 설명변수인 X는 연령을 나타내는 변수로 '세'로 입력되어 있다. 즉 45세이면 $X=45$이며, 또한 종속변수인 Y는 '백만 원' 단위로

입력되어 만일 소득이 42,000,000원이면 $Y=42$이다. 따라서 $b_2=0.59$란 설명변수 X의 한 단위 증가(연령의 1세 증가)에 대해 종속변수 Y가 0.59 단위, 즉 Y의 측정단위가 백만 원이므로 0.59×백만 원=590,000원 증가함을 의미한다.

그런데 가령 연령을 '개월' 단위로 환산하여 입력하거나 소득을 '천 원' 혹은 '원'단위로 입력하면 b_1, b_2의 값이 달라진다. 따라서 통계 변수의 단위는 분석결과에 영향을 미친다. 그러면 어떤 단위를 사용해야 할까? '연 금리 12%'의 경우 12라고 컴퓨터에 입력해야 하는가, 아니면 0.12로 입력해야 하는가? 혹은 평균 월 금리로 환산하여 0.01이나 1이라고 입력해야 하는가?

이상의 질문에 대한 답은 입력하는 자료의 단위를 달리함에 따라 b_1, b_2의 값이 달라지지만 단위를 고려한 회귀계수의 추정량에 대한 해석은 동일하다는 것이다. 뿐만 아니라 결정계수 R^2와 t-통계치 및 F-통계치 값 등은 단위에 의존하지 않는 값이므로 변수의 단위를 변환한다고 해도 그 값은 변하지 않는다. 따라서 통계변수의 단위는 통계적인 추론에 아무런 영향을 주지 않는다.

종속변수 및 설명변수의 측정단위 변환에 따른 b_1, b_2의 체계적인 변화를 보기 위해 다음의 두 표본회귀모형을 고려하자.

$$\text{(a)}\quad Y_i = b_1 + b_2 X_i + e_i \qquad \text{▸ 6.1}$$

$$\text{(b)}\quad Y_i^* = b_1^* + b_2^* X_i^* + e_i^* \qquad \text{▸ 6.2}$$

여기서 X^*, Y^*는 X, Y의 자료를 단위 변환한 것으로 $Y_i^* = w_1 Y_i$ $X_i^* = w_2 X_i$의 관계가 있다. 예를 들어 소득-연령의 관계에서 Y는 '백만 원' 단위로 나타낸 소득, X는 '세' 단위의 연령, Y^*는 '천 원' 단위의 소득, X^*는 '개월' 단위로 표현한 연령이라고 하자. 그러면 $w_1=1{,}000$, $w_2=12$의 관계가 성립한다. 최소자승 추정치 **식 6.1**에서의 값과 **식 6.2**에서의 값 간에는 다음 **식 6.3**의 관계가 성립한다.

$$b_2^* = \frac{\sum_{i=1}^{n}\left(X_i^* - \overline{X}^*\right)\left(Y_i^* - \overline{Y}^*\right)}{\sum_{i=1}^{n}\left(X_i^* - \overline{X}^*\right)^2} = \frac{w_1 w_2 \sum_{i=1}^{n}\left(X_i - \overline{X}\right)\left(Y_i - \overline{Y}\right)}{w_2^2 \sum_{i=1}^{n}\left(X_i - \overline{X}\right)^2}$$

$$= \frac{w_1}{w_2} b_2 \quad \text{▸ 6.3}$$

마찬가지 방법으로 $b_1^* = w_1 b_1$이 성립한다. 표준오차 s_{b_1}, s_{b_2}에 대해서도 마찬가지 관계가 성립하여, 회귀계수와 표준오차의 비율로 표현되는 $t-$통계치 값 간에는 $t^* = b_2^*/s_{b_2}^* = b_2/s_{b_2} = t$가 성립한다. 이외에 유의확률 값, R^2 값도 자료의 단위변환에 따라 아무런 변화가 없다.

예 6.1 다음은 소득-연령의 관계를 추정하는 INCOME 파일에서 소득과 연령의 단위를 변환하여 새로운 변수로 만들었다. 여기서 INCOME = 소득(백만 원), INC_THD = 소득(천 원)이며 AGE = 연령(세), AGE_MON = 연령(개월)로 단위를 변환하였다. 예를 들어 첫번째 관찰치의 경우 INCOME = 42.00, INC_THD = 42,000, AGE = 45, AGE_MON = 45 × 12 = 540이다. 각각의 경우 회귀분석결과는 다음과 같으며 추정결과는 실전예제에 수록되어 있다.

소수의 경우 유효숫자 세 자리로 제한하기 때문에 결과의 미미한 차이가 보이나 컴퓨터 결과를 참고하면 아무런 차이가 없음을 알 수 있다. 여기서 ( ) 안은 t-통계치를 나타냄.

(a) INCOME을 상수항과 AGE에 대해 회귀분석한 경우

$$\widehat{INCOME}_i = \underset{(2.721)}{15.469} + \underset{(4.921)}{0.680} AGE_i \qquad R^2 = 0.212 \quad \text{▸ 6.4}$$

(b) INCOME을 상수항과 AGE_MON에 대해 회귀분석한 경우

$$\widehat{INCOME}_i = \underset{(2.721)}{15.469} + \underset{(4.921)}{0.0566} AGE\_MON_i \qquad R^2 = 0.212 \quad \text{▸ 6.5}$$

(c) INC_THD를 상수항과 AGE에 대해 회귀분석한 경우

$$\widehat{INC\_THD}_i = 15.469 + 679.783AGE_i \qquad R^2 = 0.212 \qquad (6.6)$$
$$(2.721) \quad (4.921)$$

(d) INC_THD를 상수항과 AGE_MON에 대해 회귀분석한 경우

$$\widehat{INC\_THD}_i = 15.469 + 56.649AGE\_MON_i \qquad R^2 = 0.212 \qquad (6.7)$$
$$(2.721) \quad (4.921)$$

(a)~(d)에서 추정계수 간에는 식 6.3의 관계가 성립함을 알 수 있다. 또한 각 결과에서 t-통계치는 (a)~(d)의 경우 모두 같은 값을 가지며 결정계수 R^2 또한 변함이 없음을 알 수 있다.

각 결과에 있어서 회귀계수의 추정량에 대한 해석을 살펴보기 위해 연령이 1단위 변함에 따른 소득의 변화, 즉 기울기 b_2값에 대해 해석해 보기로 하자.

(a)에서 기울기 0.680의 의미는 AGE가 1단위 증가할 때 INCOME이 0.680단위 증가한다는 것이다. 즉 연령이 1세 증가할 때 소득은 0.680(백만 원), 즉 680,000원 증가한다.

(b)에서는 설명변수는 '개월' 단위이며 종속변수는 '백만 원' 단위이다. 기울기 0.0566의 의미는 AGE_MON가 1단위 증가할 때 INCOME이 0.0566단위 증가한다는 것이다. 이는 연령이 1개월 증가할 때 소득은 0.0566(백만 원) 즉, 56,600원 증가함을 의미하는 것으로 연령을 '세'로 환산하여 해석하면 연령이 1세(=12개월) 증가할 때 소득은 56,600×12=679,200원 증가하는 것으로 반올림을 감안하면 (a)에서의 해석과 같은 결과이다.

(c)에서는 설명변수는 '세'로 종속변수는 '천 원' 단위이다. 따라서 기울기 679.783의 해석은 연령의 1세 증가에 따른 소득의 증가가 679.793(천 원), 즉 679,793원 증가함을 의미하는 것으로, 반올림에 따른 차이를 감안하면 해석이 (a), (b)와 같다.

마지막으로 (d)에서는 설명변수는 '개월', 종속변수는 '천 원' 단위이다. 이때 설명변수의 한 단위 증가에 따른 종속변수의 변화는 56.649로, 연령이 1개월 증가할 때 소득은 56,649원 증가, 혹은 연령이 1세 증가할 때 소득은

56,649×12=679,788원 증가하여 (a), (b), (c), (d)의 결과는 모두 같은 해석을 가짐을 알 수 있다.

이상을 절편 b_1에 대하여 해석하여도 (a), (b), (c), (d)의 결과는 모두 동일한 해석을 가짐을 알 수 있다. ■

이상의 예에서 보듯이 자료의 단위변환에 따른 회귀계수의 추정치의 값은 달라지지만 그 해석은 마찬가지이다. 단위변환에도 불구하고 t-통계치는 변하지 않는데, 이 추정결과로부터 특정 가설, 예를 들어 H_0: $\beta_2=0$을 검정할 때 이 가설의 기각 여부를 판정 짓는 것은 개별 계수의 추정치가 아니라 t-통계치이므로 단위를 변환한다고 하더라도 가설검정 결과는 동일하다.

2 함수의 형태

우리는 이제까지 회귀계수 $\beta_1, \beta_2, \cdots, \beta_k$에 대해 선형인 모형을 고려하였으며, 설명변수 X와 종속변수 Y에 대해서 선형 혹은 비선형의 여부는 회귀모형의 추정에 있어서 쟁점이 아니었다. 이 절에서는 설명변수 X와 종속변수 Y에 대해서 비선형이면서 모수 $\beta_1, \beta_2, \cdots, \beta_k$에 대해 선형인 모형 중에서 특별한 의미를 갖는 모형을 소개한다.

2.1 모든 변수에 대해 선형인 기본모형

다음과 같이 회귀계수 β에 대하여 선형인 함수를 고려하자.

$$Y_i = \beta_1 + \beta_2 X_i + \beta_3 Z_i + \varepsilon_i \qquad \text{▸ 6.8}$$

이 함수는 설명변수인 X_i, Z_i에 대하여 선형인 모양을 이루고 있다. 이 경우 회귀계수의 의미는 해당 설명변수의 한 단위 변화에 따른 종속변수의 평균변화분, 즉 **한계효과**(marginal effect)는 $\beta_2 = \partial E(Y_i)/\partial X_i$, $\beta_3 = \partial E(Y_i)/\partial Z_i$로 설명변수의 절대적인 1단위 변화에 따른 종속변수의 절대적인 변화분을 나타내는 것으로 종속변수의 설명변수에 대한 한계효과는 일정한 값을 가지는 상수이다.

2.2 한 변수에는 비선형, 다른 변수에는 선형인 모형

다음과 같이 한 변수에는 선형이지만 다른 변수에는 비선형인 모형을 고려하자.

$$Y_i = \beta_1 + \beta_2 A_i + \beta_3 A_i^2 + \beta_4 E_i + \varepsilon_i \qquad \text{▸ 6.9}$$

식 6.9의 모형에서 소득(Y)은 교육수준(E)에 대하여 선형으로 증가한다. 그러나 연령(A)에 대해서는 연령(A)의 증가에 따라 소득(Y)이 증가하나 그 증가 폭이 모든 연령대에 대하여 동일한 것이 아니라 연령 증가에 따라 더 빠른 (혹은 더 느린) 속도로 변화하는 비선형관계를 보이고 있다. 이 경우 소득에 대한 교육수준의 한계효과는 $\partial E(Y_i)/\partial E_i = \beta_4$로 상수이나, 연령에 대한 한계효과는 $\partial E(Y_i)/\partial A_i = \beta_2 + 2\beta_3 A_i$로 개인의 연령수준에 의존하게 된다. 실제로 각 연령대별로 연령의 소득에 대한 한계효과가 다르다면 소득은 연령에 대하여 **식 6.9**와 같이 비선형인 모형이 된다.

이러한 경우 $W_i = A_i^2$로 두면

$$Y_i = \beta_1 + \beta_2 A_i + \beta_3 W_i + \beta_4 E_i + \varepsilon_i \qquad \text{▸ 6.10}$$

로 되어 모수와 변수들에 대하여 모두 선형인 모형을 가지기 때문에 지금까지 고려한 선형모형의 분석기법(최소자승법)으로 회귀계수의 추정치를 구할 수 있다. 또한 그래프로 나타낼 때에도 변수들에 대하여 직선인 회귀선을 그릴 수 있기 때문에 분석에 있어서 아무런 차이가 없다.

예 6.2 다음은 INCOME 파일에서 소득-연령의 관계에 있어서 소득(INCOME)을 상수항과 교육수준(ED), 연령의 제곱(AGE²)항에 대하여 회귀분석한 결과이다.

$$\widehat{INCOME}_i = 62.147 + 2.817ED_i + 4.297AGE_i - 0.044AGE_i^2$$
$$(-1.827) \quad (3.151) \quad (2.491) \quad (-2.148)$$
$$R^2 = 0.328 \qquad \text{▸ 6.11}$$

여기서 교육수준(교육수준 자료에 대해서는 제6장 후반부에서 설명)의 소득에 대한 한계효과는 2.817(백만 원)으로 교육수준에 대해서는 일정한 값을 보이지만 연령의 소득에 대한 한계효과는 4.297-0.0888× AGE_i로 개인의 연령수준에 의존한다. 예를 들어 30세에서 31세로 연령이 1세 증가함에 따른 소득의 증가는 1.657(백만 원)이지만 40세에서 41세로 연령이 1세 증가함에 따른 소득의 증가는 0.777(백만 원)으로 현재의 연령수준에 의존하는 값이 된다. ■

2.3 변환된 선형함수의 여러 가지 형태

2.3.1 더블로그(double-log)모형

설명변수와 종속변수 둘 다 로그(log)를 취한 다음 **식 6.12**를 고려하자.

$$\log Y_i = \beta_1 + \beta_2 \log X_i + \varepsilon_i \qquad \text{▸ 6.12}$$

식 6.12의 모형에서 회귀계수 β_2는 다음 **식 6.13**과 같이 해석된다.

$$\beta_2 = \frac{d\log E(Y_i)}{d\log X_i} = \frac{dE(Y_i)/E(Y_i)}{dX_i/X_i} \quad ▸ 6.13$$

식 6.13에서 회귀계수 β_2는 설명변수의 상대적인 1단위 변화에 따른 종속변수의 상대적인 변화를 나타내는 것으로 종속변수의 설명변수에 대한 탄력성을 나타내고 있다. 따라서 만일 종속변수의 설명변수에 대한 (일정한) 탄력성을 추정하고 싶다면 **식 6.12**와 같은 **더블로그**(double log)**모형** 혹은 **로그-로그**(log-log)**모형**을 선택해야 한다.

예 6.3 FIRM 파일은 1994년 우리나라 제조업종에 속하는 기업 75개에 대한 당기순이익에 관한 자료로 여기서 SALES 변수는 매출액(백만 원), ADV 변수는 광고비(백만 원)를 나타내고 있다. 이 자료에서 매출액을 광고비에 대하여 더블로그모형을 적용하여 회귀분석한 결과는 다음과 같다.

$$\widehat{\log(SALES_i)} = 9.809 + 0.413\log(ADV_i)$$
$$(26.822)\ (8.273) \qquad R^2 = 0.487 \quad ▸ 6.14$$

여기서의 결과는 광고비가 1% 증가할 때 평균 매출액은 약 0.4% 증가함을 의미한다. ■

더블로그모형은 일정탄력성 값의 추정 이외에도 경제학에서 유용하게 사용되고 있다. 예를 들어 생산함수, 수요함수 혹은 효용함수 등에서 다음 **식 6.15**의 콥-더글라스함수 형태를 가정한다면 함수가 지수함수(exponential function)의 형태가 되어 모수인 회귀계수에 대해 선형함수가 아니기 때문에 최소자승법을 적용할 수 없다. 그러나 양변에 로그를 취하게 되면 $\log Y$가 종속변수, $\log X$가 설명변수인 회귀계수에 대해 선형모형이 되어 최소자승법을 적용할 수 있다.

$$Y_i = AX_i^{\beta} Z_i^{\gamma} e_i^{\varepsilon}$$
$$\Rightarrow \log Y_i = \log A + \beta\log X_i + \gamma\log Z_i + \varepsilon_i \quad ▸ 6.15$$

2.3.2 로그-선형모형

기본모형에 비교하여 다음 **식 6.16**과 같이 종속변수에 로그를 취한 **로그–선형**(log–linear)**모형**을 고려하자.

$$\log Y_i = \beta_1 + \beta_2 X_i + \varepsilon_i \quad \text{▸ 6.16}$$

식 6.16의 모형에서 회귀계수 β는 다음 **식 6.17**과 같이 해석된다.

$$\beta_2 = \frac{d\log E(Y_i)}{dX_i} = \frac{dE(Y_i)/E(Y_i)}{dX_i} \quad \text{▸ 6.17}$$

식 6.17에서 회귀계수 β_2는 설명변수의 절대적인 1단위 변화에 따른 종속변수의 상대적인 변화를 나타내는 것으로 설명변수가 1단위 증가할 때 종속변수는 $\beta_2 \times 100\%$ 증가함을 의미한다. 이 모형은 $\log Y$가 종속변수, X가 설명변수로 더블로그모형과 마찬가지로 최소자승법을 적용하여 추정할 수 있다.

예 6.4 다음은 INCOME 파일의 소득-연령 관계에서 소득을 연령에 대하여 로그-선형모형을 적용한 결과이다.

$$\widehat{\log(INCOME_i)} = 3.087 + 0.0159AGE_i$$
$$(24.842) \quad (5.276) \qquad R^2 = 0.236 \quad \text{▸ 6.18}$$

이 결과에서는 연령이 1세 증가함에 따라 소득은 평균 1.59% 증가함을 의미하고 있다. ■

로그-선형모형에서 만일 설명변수 X가 시간을 나타내는 변수라면

$$\beta_2 = \frac{d\log E(Y_t)}{dt} = \frac{dE(Y_t)/E(Y_t)}{dt} \quad \text{▸ 6.19}$$

로 Y변수의 평균성장률을 나타내고 있다. 따라서 특정변수의 표본기간 중 평균성장률을 구하고 싶다면 로그를 취한 변수를 종속변수로, 시간변수(time variable)를 설명변수로 하는 로그-선형모형을 선택해야 한다. 여기서 시간변수란 표본기간 동안 $t=1, 2, \cdots, n$의 값을 갖는 변수를 말한다.

2.3.3 선형-로그모형

선형-로그(linear-log)**모형**은 다음 **식 6.20**과 같이 설명변수에 로그를 취한 모형을 의미한다.

$$Y_i = \beta_1 + \beta_2 \log X + \varepsilon_i \tag{6.20}$$

식 6.20의 선형-로그모형에서 회귀계수 β_2는 다음 **식 6.21**과 같이 해석된다.

$$\beta_2 = \frac{dE(Y_i)}{d\log X_i} = \frac{dE(Y_i)}{dX_i/X_i} \tag{6.21}$$

식 6.21에서 회귀계수 β_2는 설명변수의 상대적인 1단위 변화에 따른 종속변수의 절대적인 변화를 나타내고 있다. 이 모형은 Y가 종속변수, $\log X$가 설명변수로 최소자승법을 적용하여 추정할 수 있다.

예 6.5 다음은 FIRM 파일 자료로부터 매출액을 광고비에 대하여 선형-로그모형을 적용하여 회귀분석한 결과이다.

$$\begin{aligned} \widehat{SALES}_i = &-1565325 + 404440 \log(ADV_i) \\ &(-2.323) \qquad (4.399) \qquad\qquad R^2 = 0.212 \end{aligned} \tag{6.22}$$

여기서의 결과는 광고비가 1% 증가할 때 평균매출액은 4,044.40(백만원) 즉, 약 40.4억 원 증가하는 것을 의미한다. ■

2.3.4 역 함 수

종속변수와 설명변수 간에 역관계를 가지는 다음 **식** 6.23의 역(reciprocal)함수 모형을 고려하자.

$$Y_i = \beta_1 + \beta_2 \frac{1}{X_i} + \varepsilon_i \qquad \text{▸ 6.23}$$

이 함수에서 회귀계수 β_2는 특별한 의미를 가지는 것은 아니나 단기 필립스곡선의 경우 실업률(UNP)과 물가상승률(π) 간에 상충관계가 존재하는 것을 추정하기 위하여 다음 **식** 6.24와 같은 역함수를 고려한다.

$$\pi_i = \beta_1 + \beta_2 \frac{1}{UNP_i} + \varepsilon_i \qquad \text{▸ 6.24}$$

2.3.5 함수형태의 선정

앞의 2.3.1~2.3.4의 경우에서와 같이 모수 β_2가 탄력성 등의 특별한 의미를 가지지는 않지만 종종 설명변수와 종속변수에 로그 등을 취하는 경우를 볼 수 있다. 이는 2.3.1~2.3.4에서의 모형이 특정한 β_2값의 부호에 따라 종속변수 혹은 설명변수에 비선형인 형태를 가지기 때문에 단순히 종속변수와 설명변수에 선형인 모형을 고려하는 것보다 일반화된 함수형태가 되기 때문이다.

2.4 비선형모형

다음과 같은 형태의 간단한 화폐수요함수를 고려하자.

$$Y_i = \beta_1 + \frac{\beta_2}{(X_i - \beta_3)} + \varepsilon_i \qquad \text{▸ 6.25}$$

여기서 Y_i는 이자율, X_i는 통화량을 나타내며, β_1은 유동성함정에서의 이자율, β_3는 거래적 동기에 의한 현금보유액을 나타낸다. 이 경우 β_1, β_2, β_3는 X와 Y의 자료를 이용하여 추정해야 할 모수이며 이 모형은 회귀계수에 대해 비선형모형이다.

이러한 함수의 경우 위에서와 같이 $Z_i = 1/(X_i - \beta_3)$로 변환하면 $Y_i = \beta_1 + \beta_2 Z_i + \varepsilon_i$로 선형인 모형으로 보이지만 Z_i에 추정해야 할 모수 β_3가 포함되어 있기 때문에 선형모형이 되지 못한다.

이러한 비선형모형에서는 선형인 모형에 적용되는 (통상)최소자승 추정치의 특성이 만족되지 않으며 회귀계수를 추정하는 방법도 회귀계수에 대한 **명확한 해**(closed form solution)가 주어지지 않으므로 간단하지 않다. 이러한 경우 **비선형최소자승법**(nonlinear least squares method)을 적용하여 추정치를 계산하는데, 비선형모형에서 추정치의 계산은 회귀계수에 대한 초기값(연구자가 부여하는 임의의 값)으로부터 다음 단계의 값을 계산하고 또 이 값으로부터 계속적인 반복기법(iteration)을 통하여 추정치의 변화가 미미할 때까지 반복하여 계산한다.[1] 이러한 경우 추정치는 종종 유일한 해를 가지지 않을 수도 있으며 영원히 그 값을 구할 수 없는 경우도 있다. 비선형최소자승법에 대한 설명은 본 저서의 범위를 벗어나므로 생략한다.

3 가변수모형

지금까지의 회귀식에서 사용된 변수는 변수의 크기가 중요한 의미를 갖는 **정량적 변수**(quantitative variable)를 가정하였다. 그러나 회귀모형의 설명변수로 **정성적 변수**(qualitative variable)가 포함될 수 있다. 이 경우 설

1 코시수열(Cauchy sequence)의 개념을 활용하여 극한값을 구하는 것이다.

명변수의 값이 어떤 범주(category)에 속하는가에 따라 회귀선의 절편 혹은 기울기가 달라질 수 있다. 이러한 예로 남 · 녀의 성별구분에 따른 차이, 학력에 대한 차이, 파업발생 여부, 중소기업과 대기업의 차이, 계절성 및 어떤 시점을 전후한 구조의 변화 등을 생각할 수 있다. **가변수**(dummy variable)는 이와 같이 범주를 나타내는 정성적 자료의 처리에 사용된다.

가변수모형을 보다 쉽게 이해하기 위하여 다음과 같은 남 · 여 간 임금격차 모형을 예로 고려하자. 다음 **식 6.26-6.27**은 성별 임금구조를 분석하기 위하여 남 · 여 두 집단의 자료를 이용한 임금수준(Y)의 경력연수(X)에 대한 각각의 회귀분석 모형이다.

$$\text{남성의 임금식: } Y_i = \alpha_1 + \beta_1 X_i + \varepsilon_i \tag{6.26}$$

$$\text{여성의 임금식: } Y_i = \alpha_2 + \beta_2 X_i + \varepsilon_i \tag{6.27}$$

여기서 절편 α_1, α_2는 각 성별집단의 초봉을 나타내고, 기울기 β_1, β_2는 각 성별집단에서의 경력에 따른 임금상승분으로 해석할 수 있다. 각각의 α_1, α_2, β_1, β_2를 추정하기 위해서는 남성의 자료를 이용하여 임금을 경력연수에 회귀분석하여 α_1, β_1를 추정하고, 여성의 자료를 이용하여 임금을 경력연수에 회귀분석하여 α_2, β_2를 추정하면 된다. 그러나 가령 남 · 여 간에 있어서 초봉을 나타내는 절편은 다르지만 기울기를 나타내는 경력에 따른 임금상승분이 같다면, 즉 $\beta_1 = \beta_2 = \beta$이면 이때의 동일한 기울기 β는 남 · 여 두 집단의 자료를 통합하여 하나의 회귀식에서 추정되어야 한다. 이러한 경우 남 · 여 성별을 구분하는 정성적 변수를 회귀식에 포함하기 위해 가변수가 사용된다.

3.1 절편이 다른 경우

위의 예로부터 다음의 모형을 고려하자.

남성의 임금식: $Y_i = \alpha_1 + \beta X_i + \varepsilon_i$ ▸ 6.28

여성의 임금식: $Y_i = \alpha_2 + \beta X_i + \varepsilon_i$ ▸ 6.29

식 6.28과 **식 6.29** 모형에서는 경력에 따른 임금상승분은 같고 ($\beta_1 = \beta_2 = \beta$), 절편이 다른 경우($\alpha_1 \neq \alpha_2$)를 가정하고 있다. 두 모형의 식을 하나의 회귀식으로 통합하기 위하여 다음 **식 6.30**과 같이 가변수를 설정하여 정성적 변수인 성별구분을 수량화할 수 있다.

$$D_i = \begin{cases} 0, & i\text{가 여자인 경우} \\ 1, & i\text{가 남자인 경우} \end{cases}$$ ▸ 6.30

식 6.30의 가변수를 통하여 **식 6.28**과 **식 6.29**는 다음 **식 6.31**과 같이 하나의 식으로 통합 가능하다.

$$Y_i = \alpha + \gamma D_i + \beta X_i + \varepsilon_i$$ ▸ 6.31

식 6.31에서 여성의 경우에는 $D_i = 0$이므로 회귀식이 $Y_i = \alpha + \beta X_i + \varepsilon_i$가 되며, 남성의 경우에는 $D_i = 1$이므로 회귀식이 $Y_i = (\alpha + \gamma) + \beta X_i + \varepsilon_i$가 된다. 따라서 두 집단 간에는 γ만큼의 절편의 차이가 있으나 동일한 기울기 β를 가지게 된다.

이러한 경우 종속변수인 임금수준(Y_i)을 설명변수인 상수항과 성별가변수(D_i)와 경력연수(X_i)에 대하여 회귀분석하면 모수(α, γ, β)의 추정치를 구할 수 있다. 여기서 $\gamma(= \alpha_1 - \alpha_2)$는 성별에 따른 초봉의 격차를 나타내는 것으로 $\gamma > 0$이면 남자의 초봉이 더 크며, $\gamma < 0$이면 여자의 초봉이 더 크고, $\gamma = 0$이면 남 · 여 간에 초봉에서 차이가 없다는 것을 의미한다.

위와 반대의 경우로 성별 구분에 따른 가변수를

$$W_i = \begin{cases} 1, & i\text{가 여자인 경우} \\ 0, & i\text{가 남자인 경우} \end{cases} \tag{6.32}$$

로 두어 $Y_i = \alpha + \delta W_i + \beta X_i + \varepsilon_i$로 회귀분석하면 이때의 δ에 대한 해석은 γ에 대한 해석과 반대로 되며, $\delta = -\gamma$의 관계가 성립한다. 따라서 가변수 D_i 혹은 W_i에 해당되는 계수의 해석은 0의 값을 갖는 기준그룹에 비해 1의 값을 갖는 비교그룹의 절편이 그만큼 크다는 것을 의미한다.

남·여 간의 초봉의 차이를 나타내는 γ에 대한 가설검정은 통상적인 t-검정방법을 이용한다. 즉 H_0: $\gamma = 0$ 혹은 H_0: $\gamma \geq 0$, H_0: $\gamma \leq 0$의 각각의 가설에 대한 검정은 통상적인 t-검정의 양측 혹은 단측검정을 통하여 이루어진다.

예 6.6 INCOME 파일에서 남·여 간의 소득격차를 알아보기 위해 소득을 상수항과 연령, 성별구분을 나타내는 가변수($MALE_i$; 남자이면 $MALE_i = 1$, 여자이면 $MALE_i = 0$)에 대해 $INCOME_i = \beta_1 + \gamma MALE_i + \beta_2 AGE_i + \varepsilon_i$의 모형을 설정하였다. 표본자료로부터 구한 회귀분석 결과는 다음과 같다.

$$\begin{aligned} \widehat{INCOME}_i = & \ 17.564 + 6.776 MALE_i + 0.494 AGE_i \\ & (3.133) \quad (2.412) \qquad\quad (3.181) \qquad R^2 = 0.260 \end{aligned} \tag{6.33}$$

이 결과에서 남·여 간에 절편의 차이가 없음을 의미하는 $\gamma = 0$의 귀무가설은 t-검정에 의해 기각된다. 따라서 남·여 간에는 절편의 차이가 존재하며 같은 연령조건하에서 남자는 여자보다 6.776(백만 원) 더 높은 소득을 가진다. 이로부터 남·여 각각의 그룹에 대한 추정식을 다음과 같이 도출할 수 있다.

$$\text{남성의 추정식: } \widehat{INCOME}_i = 24.340 + 0.494 AGE_i \tag{6.34}$$

$$\text{여성의 추정식: } \widehat{INCOME}_i = 17.564 + 0.494 AGE_i \tag{6.35}$$

■

시계열자료에 있어서 가변수의 도입은 정책의 유효성을 판단하거나 시계열모형의 구조가 특정시점을 기준으로 변화하였는가 여부를 판단하는 중요한 수단이 될 수 있다. 즉 정책도입시점을 기준으로 이전과 이후 기간 간에 거시경제모형의 구조적인 차이가 존재하는가를 판단하기 위하여 가변수를 도입한다.

예를 들어 1990년에 시행된 토지초과이득세제의 도입이 지가안정에 중요한 역할을 하였는가를 검정하는 문제를 고려하자. 만일 토지초과이득세가 지가안정에 기여했다면 토지초과이득세제 도입을 기준으로 지가 변화의 추세가 바뀌게 된다. 이를 분석하기 위해 종속변수(Y_t)는 t시점에서의 전국평균지가를 나타내고, 설명변수(X_t)는 지가에 영향을 주는 거시경제변수일 경우 토지초과이득세제 도입에 따른 가변수는 다음 **식 6.36**과 같다.

토지초과이득세제 도입 이전의 기간에 대해 $D_t = 0$

토지초과이득세제 도입 이후의 기간에 대해 $D_t = 1$ ▸ **6.36**

이로부터 $Y_t = \alpha + \gamma D_t + \beta X_t + \varepsilon_t$의 회귀모형에서 각 경우의 회귀식은 다음 **식 6.37**로 표현된다.

토지초과이득세제 도입 이전: $Y_t = \alpha + \beta X_t + \varepsilon_t$

토지초과이득세제 도입 이후: $Y_t = (\alpha + \gamma) + \beta X_t + \varepsilon_t$ ▸ **6.37**

회귀계수 γ는 토지초과이득세제 도입에 따른 구조적인 변화를 나타내는 것으로 만일 $\gamma < 0$이면 토지초과이득세제 도입에 따라 지가가 하락하였음을 의미하고, $\gamma = 0$이면 토지초과이득세제 도입이 지가에 영향을 미치지 않는다는 것을 의미한다. 또한 $\gamma > 0$이면 토지초과이득세제 도입에 따라 오히려 지가가 상승하였음을 의미한다.

3.2 기울기가 다른 경우

남 · 여 두 집단 간에 초봉은 같으나 경력연수(X_i)에 대한 임금상승분, 즉 기울기가 다른 경우, 각 집단에 대한 회귀식은 다음 **식 6.38-6.39**과 같다.

남성의 경우: $Y_i = \alpha + \beta_1 X_i + \varepsilon_i$ ▸ **6.38**

여성의 경우: $Y_i = \alpha + \beta_2 X_i + \varepsilon_i$ ▸ **6.39**

두 회귀식을 D_i(여성의 경우 $D_i = 0$, 남성의 경우 $D_i = 1$)의 가변수를 이용하여 하나의 회귀식으로 통합하면 다음 **식 6.40**과 같다.

$$Y_i = \alpha + \beta X_i + \gamma D_i X_i + \varepsilon_i$$ ▸ **6.40**

식 6.40의 회귀식에서 여성의 경우 회귀식은 $Y_i = \alpha + \beta X_i + \varepsilon_i$가 되고 남성의 경우 회귀식은 $Y_i = \alpha + (\beta + \gamma) X_i + \varepsilon_i$가 되어 γ는 남 · 여 간에 호봉승급분의 차이, 즉 설명변수 X의 기울기 차이를 표현된다. 이러한 경우에도 통상적인 t-검정을 통해 남 · 여 간의 기울기 차이의 유무를 검정할 수 있다.

예 6.7 INCOME 파일에서 남 · 여 간에 연령이 소득에 대하여 미치는 영향도가 다르다는 것을 전제로 다음의 회귀식을 구할 수 있다.

$$\widehat{INCOME}_i = 22.902 + 0.334 AGE_i + 0.193 AGE_i \times MALE_i$$
$$(3.626) \quad (1.711) \qquad (2.442) \qquad R^2 = 0.261$$ ▸ **6.41**

여기서 $AGE \times MALE$ 변수는 5% 유의수준에서 유의적인 것으로 나타났다. 만일 10%의 유의수준을 택한다면 AGE 변수 또한 유의적인 것으로 판정되기 때문에 다음의 회귀식을 도출할 수 있다.

여성의 경우: $\widehat{INCOME_i}=22.902+0.334AGE_i$ ▸ 6.42

남성의 경우: $\widehat{INCOME_i}=22.902+0.527AGE_i$ ▸ 6.43

즉 여성의 경우 연령이 1세 증가함에 따라 소득은 0.334(백만 원) 증가하나 남성의 경우 연령이 1세 증가함에 따라 소득이 0.527(백만 원) 증가한다. ■

통화공급량(M_t)이 주가지수(P_t)에 영향을 미치는 모형에서 1993년 금융실명제의 실시로 제도금융권 외부로 유출되는 통화량이 적어 통화공급량의 주가지수에 대한 영향도가 커졌는지를 분석한다고 하자. 이 경우

$$D_t=\begin{cases} 0, \text{ 금융실명제 실시 이전} \\ 1, \text{ 금융실명제 실시 이후} \end{cases}$$ ▸ 6.44

로 두고 모형 $P_t=\alpha+\beta M_t+\gamma D_t M_t+\delta GDP_t+\varepsilon_t$를 추정하면 금융실명제 실시 이전에는 통화량의 주가지수에 대한 효과가 β이었으나 금융실명제 실시 이후에는 $(\beta+\gamma)$로 변하는 것을 고려할 수 있다.

3.3 절편과 기울기 모두 다른 경우

위의 두 경우를 다 고려한 모형으로 임금구조에 있어서 성별에 따라 초봉(절편 α)과 경력에 따른 임금상승분(기울기 β)이 모두 다르다고 가정할 경우

남성의 경우: $Y_i=\alpha_1+\beta_1 X_i+\varepsilon_i$

여성의 경우: $Y_i=\alpha_2+\beta_2 X_i+\varepsilon_i$ ▸ 6.45

에서 D_i(여성의 경우 $D_i=0$, 남성의 경우 $D_i=1$)의 가변수를 도입하면 $Y_i=\alpha+\gamma D_i+\beta X_i+\delta D_i X_i+\varepsilon_i$의 회귀식이 된다. 여기서 γ는 절편인 초봉의

차이, δ는 기울기인 경력에 따른 임금상승분의 차이를 나타낸다. 따라서 이 모형에서는 남 · 여 간에 임금방정식이 다르다면 이 차이가 초봉(절편)의 차이에 기인하는 것인지, 경력에 따른 임금상승분(기울기)의 차이에 기인하는 것인지 혹은 둘 다의 차이에 기인하는 것인지를 판별할 수 있다.

3.4 여러 범주의 경우

지금까지는 남 · 여, 정책시행 전 · 후 등과 같이 범주의 수가 두 개인 경우에 대해서 살펴보았다. 이러한 방법은 교육수준, 계절, 지역, 직업, 연령계층 등 여러 개의 범주를 다루는 경우에 대해서도 확장하여 적용할 수 있다.

예를 들어 학력수준에 따른 임금의 차이를 설명하기 위해, 최종학력수준을 중졸 이하, 고졸, 대졸 이상의 세 개의 중복되지 않는 범주로 구분한다고 하자.

D_i의 가변수는 고등학교 졸업에 대한 가변수로서 i개인의 최종학력이 고등학교 졸업인 경우 $D_i=1$, i개인의 최종학력이 고등학교 졸업이 아닌 경우 $D_i=0$로 나타낸다. 또한 W_i의 가변수는 최종학력 기준으로 i개인이 대학교 졸업인 경우 $W_i=1$, i개인이 대학교 졸업이 아닌 경우 $W_i=0$으로 둔다. 그러면

중졸 이하의 경우: $D_i=0,\ W_i=0$

고졸의 경우: $D_i=1,\ W_i=0$ ▸ 6.46

대졸 이상의 경우: $D_i=0,\ W_i=1$

로 표현된다. 따라서 두 개의 가변수를 이용하여 세 개의 범주를 구분할 수 있다. 이 경우 회귀식은 $Y_i=\alpha+\gamma D_i+\delta W_i+\beta X_i+\varepsilon_i$가 되어 각 학력별 회귀식은 다음 **식 6.47**과 같다.

$$\text{중졸 이하의 경우:}\quad Y_i = \alpha + \beta X_i + \varepsilon_i$$
$$\text{고졸의 경우:}\quad Y_i = \alpha + \gamma + \beta X_i + \varepsilon_i \qquad (6.47)$$
$$\text{대졸 이상의 경우:}\quad Y_i = \alpha + \delta + \beta X_i + \varepsilon_i$$

따라서 γ는 중졸 이하의 경우와 비교할 때, 고등학교 졸업에 따른 임금 인상분을, δ는 중졸 이하의 경우에 비해 대졸자의 임금인상분을 나타낸다.

예 6.8 INCOME 파일에서 변수 ED는 개인의 교육수준을 나타내는 것으로 중학교 졸업 이하의 경우 $ED=0$, 고등학교 졸업의 경우 $ED=1$, 전문대학 졸업의 경우 $ED=2$, 4년제 대학 졸업의 경우 $ED=3$, 대학원 졸업의 경우 $ED=4$를 나타낸다. 이로부터 최종학력 기준으로 고졸 여부를 나타내는 변수로 HIGH(고졸의 경우 HIGH=1, 기타 학력의 경우 HIGH=0)와 전문대학, 대학원을 포함한 대졸 여부를 나타내는 변수로 COLLEGE(대졸의 경우 COLLEGE=1, 기타 학력의 경우 COLLEGE=0)를 새로 만들었다. 이로부터 각 학력별 구분은 다음과 같다.

$$\text{중졸 이하의 경우:}\quad (HIGH_i = 0,\ COLLEGE_i = 0)$$
$$\text{고졸의 경우:}\quad (HIGH_i = 1,\ COLLEGE_i = 0) \qquad (6.48)$$
$$\text{대졸 이상의 경우:}\quad (HIGH_i = 0,\ COLLEGE_i = 1)$$

따라서 HIGH와 COLLEGE 두 가변수만으로 세 범주를 구분할 수 있게 되었다. 이로 부터 소득을 상수항과 연령, 고졸 여부 및 대졸 여부를 나타내는 가변수에 대해 회귀분석한 결과는 다음과 같다.

$$\widehat{INCOME}_i = \underset{(0.551)}{4.217} + \underset{(5.680)}{0.816}AGE_i + \underset{(0.904)}{3.691}HIGH_i + \underset{(2.020)}{8.478}COLLEGE_i$$
$$R^2 = 0.272 \qquad (6.49)$$

이상의 결과에서 5%의 유의수준에서 고졸 여부를 나타내는 가변수는 유의적이지 않으나, 대졸 여부를 나타내는 가변수는 유의적이다. 따라서 고졸 이하와 대졸 이상 간에는 소득의 격차가 존재한다. 여기서 대졸자는 고졸 이하의 학력에 비해 같은 연령조건하에서 8.478(백만 원)의 더 높은 수준의 연봉을 가지는 것으로 나타났다. 이로부터 회귀식은 다음 식과 같이 도출된다.

중졸 이하의 경우: $\widehat{INCOME_i}=4.217+0.816AGE_i$

고졸의 경우: $\widehat{INCOME_i}=7.908$[2]$+0.816AGE_i$ ▸ 6.50

대졸 이상의 경우: $\widehat{INCOME_i}=12.695+0.816AGE_i$

■

이상과 같이 M개의 범주로 구분하고자 하는 경우, 필요한 가변수의 수는 $(M-1)$이 된다. 이는 M개의 범주 중에서 하나의 그룹은 기준이 되며 나머지 $(M-1)$개의 그룹에 대한 가변수만 있으면 M개의 범주를 충분히 구분 가능하기 때문이다. 범주의 수만큼 가변수를 만들어 사용하게 되면 상수항과 함께 제8장에서 설명하는 **완전공선성**(perfect collinearity)이 발생하게 되어 모수의 추정치를 구할 수 없는 **가변수 함정**(dummy variable trap) 문제가 나타난다.

예를 들어 횡단면 분석에서 거주지역에 따른 임금의 격차를 알기 위하여 거주지역을 중부(서울 · 경기 · 충청), 영동, 영남, (제주를 포함한)호남의 네 범주로 구분하였다고 하자. 이를 분석하기 위한 가변수의 설정은 다음 식과 같다.

$D_i=1$ 영동지역 거주자, $D_i=0$ 기타 지역

$W_i=1$ 영남지역 거주자, $W_i=0$ 기타 지역 ▸ 6.51

$Z_i=1$ 호남지역 거주자, $Z_i=0$ 기타 지역

식 6.51의 세 가변수를 통해 네 거주지역을 영동지역($D_i=1, W_i=0, Z_i=0$), 영남지역($D_i=0, W_i=1, Z_i=0$), 호남지역($D_i=0, W_i=0, Z_i=1$) 및 중부지역

2 고졸 절편의 추정치와 중졸 절편의 추정치가 다르지만, 고졸 가변수(HIGH)의 계수가 통계적으로 유의미하지 않으므로 둘의 차이 또한 통계적으로 다르다고 볼 수는 없다.

$(D_i=0, W_i=0, Z_i=0)$으로 구분 가능하다. 이때 만일

$$S_i=1 \text{ 중부지역 거주자, } S_i=0 \text{ 기타 지역} \quad (6.52)$$

의 가변수를 하나 더 도입하여 4개의 가변수를 두게 되면 모든 관측치 i에 대하여 $D_i+W_i+Z_i+S_i=1$이 되어 상수항과 일치하게 되므로 완전 공선성이 발생하게 된다.

3.5 여러 정성 변수의 경우

정성 변수가 2개 이상인 경우에도 각각의 정성 변수에 대한 가변수를 만들어 같은 방법을 적용하면 된다. 위의 임금구조의 예에서 남·여 간의 성별차이와 대졸·고졸 간의 두 개의 정성 변수가 각각 두 개의 범주를 가지는 경우 다음과 같이 각 구분에 대하여 가변수를 설정할 수 있다.

$$\begin{aligned} &D_i=0 \text{ 여성의 경우, } D_i=1 \text{ 남성의 경우} \\ &W_i=0 \text{ 고졸의 경우, } W_i=1 \text{ 대졸의 경우} \end{aligned} \quad (6.53)$$

이로부터 회귀식을 $Y_i=\alpha+\gamma D_i+\delta W_i+\beta X_i+\varepsilon_i$로 설정할 경우 각 성별, 학력별 구분에 따른 회귀식은 다음과 같다.

$$\begin{aligned} &\text{고졸 여성의 경우: } Y_i=\alpha+\beta X_i+\varepsilon_i \\ &\text{고졸 남성의 경우: } Y_i=\alpha+\gamma+\beta X_i+\varepsilon_i \\ &\text{대졸 여성의 경우: } Y_i=\alpha+\delta+\beta X_i+\varepsilon_i \\ &\text{대졸 남성의 경우: } Y_i=\alpha+\gamma+\delta+\beta X_i+\varepsilon_i \end{aligned} \quad (6.54)$$

이상의 회귀식에서 γ는 성별효과를, δ는 학력의 차이에 따른 효과를 반영한다.

또 다른 예로 시계열자료의 경우 증권시장부양정책의 효과를 판별하기 위해 89년 11월 특단조치, 89년 12월 12.12조치의 효과를 고려한다고 하자. 이러한 경우에는

$$D_t = 0 \text{ 89년 11월 이전}, \; D_t = 1 \text{ 89년 11월 이후}$$
$$W_t = 0 \text{ 89년 12.12 이전}, \; W_t = 1 \text{ 89년 12.12 이후} \quad (6.55)$$

로 두면 $Y_t = \alpha + \gamma D_t + \delta W_t + \beta X_t + \varepsilon_t$에서 γ는 특단조치의 효과를, δ는 12.12조치의 효과를 나타낸다.

예 6.9 INCOME 파일에서 남·여 간의 성별구분과 학력수준도 소득에 영향을 미친다는 전제하에서 학력수준을 (중졸 이하, 고졸, 대졸 이상)의 세 범주로 구분하여 다음의 회귀분석 결과를 구하였다.

$$\begin{aligned}\widehat{INCOME}_i = \; & \underset{(0.969)}{7.309} + \underset{(3.941)}{0.627}AGE_i + \underset{(2.471)}{6.785}MALE_i + \underset{(0.651)}{2.599}HIGH_i \\ & + \underset{(1.865)}{7.637}COLLEGE_i \qquad R^2 = 0.319\end{aligned} \quad (6.56)$$

이상의 결과에서 성별구분을 나타내는 가변수와 대졸 학력 여부를 나타내는 가변수 각각은 소득 결정에 유의적이다. 여기서 같은 연령과 같은 학력수준에서 남자는 여자보다 6.785(백만 원) 더 높은 소득을 가지며, 또한 대졸자는 중졸 이하의 학력에 비해 같은 연령조건 하에서 7.637(백만 원)의 더 높은 수준의 소득을 가지는 것으로 나타났다. 이로부터 각 계층에 있어서 절편은 다음과 같다.

	여 자	남 자
중졸 이하	7.309	14.094
고 졸	9.908[3]	16.693[3]
대졸 이상	14.946	21.731

3 고졸의 추정치는 중졸과 다르게 추정되나, 고졸 가변수(HIGH)의 계수추정치가 통계적으로 유의미하지 않으므로 둘의 차이도 통계적으로 다르다고 볼 수는 없다.

4 가변수모형의 응용: 계절성분석

시계열분석에 있어서 중요한 문제 중의 하나는 시간이 변함에 따라 그 자료가 변화하는 모양이 여러 형태로 혼합되어 있다는 것이다. 시계열자료는 통상적으로 시간이 변함에 따라 **그림 6-1**의 (a)와 같이 체계적으로 변하는 부분(추세부분; trend, 특정 변수가 설명하거나 시간에 따라 성장하는 부분), 그림 (b)와 같이 특정한 시기에 있어서 규칙적인 변동을 나타내는 부분(계절변동부분; seasonal part) 및 그림 (c)와 같이 자기상관 부분(오차항; random disturbance term)의 세 부분의 합으로 구성되어 그림 (d)와 유사한 형태를 보인다. 따라서 (d)와 같이 관찰되는 자료로부터 (a)의 추세와 (b)의 계절성 부분에 대한 설명이 정확할수록 시계열자료에

그림 6-1 계절성이 있는 시계열자료의 모양

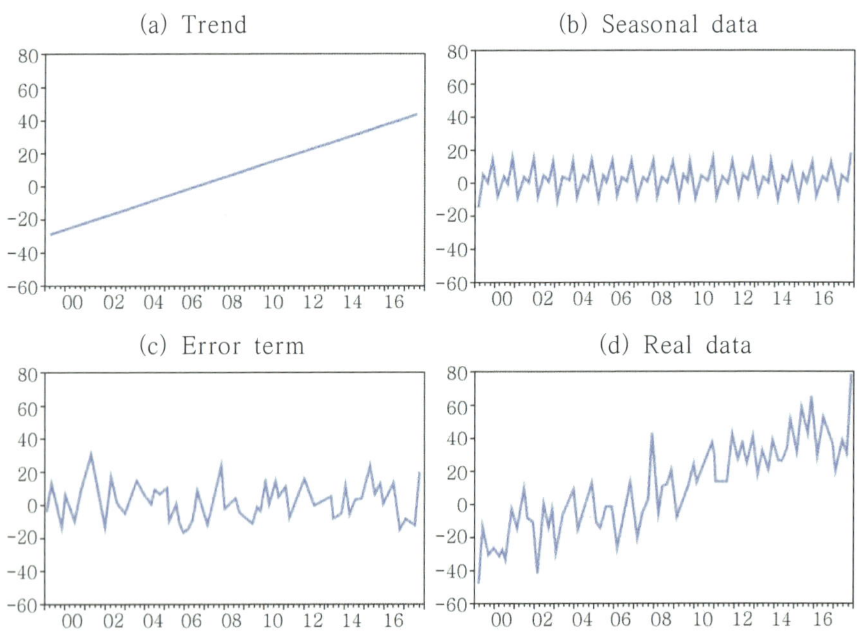

대한 분석은 정확해진다.

그림 6–1에서 (d)는 실제 관찰되는 자료로서 (d)의 관찰 자료로부터 (b)의 계절성 부분을 제외하면 남는 부분은 (a)+(c)가 되며 이에 대해서는 회귀분석을 통한 분석이 가능하다. 즉, (a)의 부분은 설명변수 또는 시계열분석에서 설명될 수 있으며, (c) 부분은 자기상관 등의 오차항의 구조를 통해 설명된다. 따라서 (b)의 계절성 부분에 대한 설명이 필요하다.

(b)의 **계절성 부분**(seasonal part)은 대개의 경우 월별 혹은 분기별(때로는 요일별)에 따라 주기적인 모양을 갖는 구조를 가진다. 따라서 시계열자료에서 추세를 나타내는 부분을 잘 설명하기 위해서는 (b)와 같은 계절성 부분에 대한 설명이 필요하다. 예를 들어 에어컨 판매량의 자료를 분기별로 관찰하면 소득의 증가에 따라 판매량이 증가하지만 소득과 무관하게 매년 여름에 에어컨 판매량은 급증하며 겨울에는 급감하는 주기적인 형태를 가진다. 따라서 에어컨 판매량이 소득에 의해 어떻게 설명되는가를 보기 위해서는 이러한 계절적인 요인에 대한 설명이 필요하다. 또한 실업율의 경우 1분기의 경우 계절적 요인으로 동일 조건 하에서 다른 분기보다 실업률이 더 높다.

이러한 **계절성**(seasonality)을 설명하는 변수로 가변수를 이용한 **계절 가변수**(seasonal dummy variable)가 있다.

분기별 자료에 대해 다음의 세 가변수를 고려하자.

$$D_{2t}=\begin{cases}1,\ t\text{가 2분기에 해당하는 경우}\\0,\ t\text{가 2분기 외 다른 분기인 경우}\end{cases}$$
$$D_{3t}=\begin{cases}1,\ t\text{가 3분기에 해당하는 경우}\\0,\ t\text{가 3분기 외 다른 분기인 경우}\end{cases} \qquad \blacktriangleright 6.57$$
$$D_{4t}=\begin{cases}1,\ t\text{가 4분기에 해당하는 경우}\\0,\ t\text{가 4분기 외 다른 분기인 경우}\end{cases}$$

이러한 가변수를 도입한 회귀식은 다음과 같다.

$$Y_t = \alpha + \alpha_2 D_{2t} + \alpha_3 D_{3t} + \alpha_4 D_{4t} + \beta X_t + \varepsilon_t \qquad \text{▸ 6.58}$$

식 6.58의 모형은 절편이 분기별로 다르나 동일한 기울기를 갖는 가변수 모형이다. 이 경우 각 분기별 회귀식은 다음 **식 6.59**와 같이 표현된다.

$$\begin{aligned} &1\text{분기}: \ Y_t = \alpha + \beta X_t + \varepsilon_t \\ &2\text{분기}: \ Y_t = \alpha + \alpha_2 + \beta X_t + \varepsilon_t \\ &3\text{분기}: \ Y_t = \alpha + \alpha_3 + \beta X_t + \varepsilon_t \\ &4\text{분기}: \ Y_t = \alpha + \alpha_4 + \beta X_t + \varepsilon_t \end{aligned} \qquad \text{▸ 6.59}$$

이 회귀모형에서 2, 3, 4분기에 있어서 절편은 1분기에 비하여 각각 α_2, α_3, α_4만큼 큰(음수 값을 가지면 작은) 값을 나타내게 되어 설명변수 X와 무관하게 주기적인 모양을 갖는 계절성을 설명할 수 있다. 또한 설명변수 X가 한 단위 증가함에 따라 종속변수는 모든 분기에 있어서 평균적으로 β만큼 증가한다.

주의 분기별 자료를 이용한 계절성분석에서는 1, 2, 3, 4분기의 네 범주가 있기 때문에 D_{2t}, D_{3t}, D_{4t}의 세 개의 가변수를 사용한다.

예 6.10 NATIONAL_QUARTER 파일은 우리나라 주요 경제지표에 대한 분기별 자료를 수록한 파일이다. 이 자료를 이용하여 우리나라 소비함수를 추정하기 위하여 민간소비(CP)를 상수항과 국민소득(GNI), 이자율(R)에 대해 회귀분석한다. 분기별 자료의 사용에 있어서 계절성이 있을 것으로 판단하여 4분기를 기준 분기로 설정하여 1, 2, 3분기에 대한 계절 가변수를 포함하여 추정한 결과는 다음과 같다.

$$CP_t = 39207.98 + 0.37GNI_t - 560.52R_t + 9070.33D_{1_t} - 684.11D_{2_t}$$
$$\quad (4.40) \quad (18.34) \quad (-0.93) \quad (5.78) \quad (-0.46)$$
$$+1228.48D_{3_t} + e_t \qquad R^2 = 0.97 \tag{6.60}$$
$$(0.83)$$

분기별 소비함수에 있어서 2분기와 3분기의 계절 가변수는 유의적이지 않은 것으로 나타났으며 1분기의 계절 가변수는 유의적인 것으로 나타났다. 따라서 1분기는 다른 분기에 비해 소비의 절대금액이 9070.33(10억원) 더 많은 것으로 나타났다. ■

5 가변수모형을 활용한 실증분석의 예

다음 예는 위의 분석방법들을 종합적으로 활용하여 분석한 논문이다. 이 장의 방법론을 활용하여 실증분석 논문을 작성하는 데 참고가 되길 바란다.

예 6.11 '슈퍼스타K' 경연에 대한 심사위원 평가점수 결정요인 분석: 심사위원은 어떠한 특성을 선호하는가?*

[본 실증분석의 예에서는 남준우 · 이창화 · 나동엽(문화경제연구, 2015)의 연구 중 일부를 요약하여 소개한다.]

본 연구는 TV 경연 프로그램으로 인기리에 방송된 '슈퍼스타K' 프로그램 본선 경연에 있어서 심사위원의 평가에 영향을 미치는 특성에 대해 살펴본다. '슈퍼스타K' 본선 공연 평가에 있어서 심사위원 평가 점수의 결정요인은 수량화가 가능한 변수 중에서 주로 다음의 특성에 의존한다. 첫째로 선곡의 특성으로, 이는 곡의 인기도, 장르 및 외국 곡 여부 등이라 할 수 있으며, 둘째로는 해당 시즌과 라운드 및 라운드 내에서의 경연순서 등의 라운드 자체의 특성이라 할 수 있다. 셋째로는 참가자 혹은 참가 팀(이하 참가 팀이라 함)의 특성이라 할 수 있는데 여기에는 참가 팀의 성별, 나이 등 참가 팀의 구성 및 가창 실력 등이 해당된다.

본 연구에 사용된 자료는 평가자료가 공개된 '슈퍼스타K'의 시즌 1부터 시즌 6까지 본선에 진출하여 방송된 참가 팀을 대상으로 공개된 정보를 이용하였다. 회귀분석에서 종속변수인 심사위원의 평가점수에는 로그를 취환한 값을 사용하였는데 이는 개별 가변수의 차이에 따른 심사위원 평가점수의 퍼센트 변화를 보기 위함이며, 마찬가지로 설명변수 중 원곡의 인기도에 대해 로그를 취환한 로그-로그모형을 추정함에 따라 원곡의 인기도 1퍼센트 변화에 따른 심사위원 평가점수의 퍼센트 변화를 보기 위함이다.

다음 표 6-A에서는 지면 절약을 위해 회귀분석에 사용된 변수에 대한 설명과 회귀분석 결과를 같이 수록하였다. 또한 대부분의 변수가 가변수인 관계로 회귀계수의 유의성 판정에 용이하도록 회귀계수와 괄호 안에 유의확률을 수록하였다. ■

┃표 6-A┃ 변수에 대한 설명 및 회귀분석 결과

변수	변수 설명	추정 결과	
참가팀의 특성			
AGE	팀 구성원 평균 나이	0.002(0.005)***	0.002(0.010)**
NUM	팀 인원 수	0.005(0.155)	0.004(0.289)
GENDR	성별 구분		
GENDR1	여자의 경우=1		
GENDR2	남자의 경우=1	0.001(0.944)	0.001(0.892)
GENDR3	혼성팀의 경우=1	0.017(0.107)	0.012(0.403)
라운드의 특성			
ORDER	순서	0.005(0.000)***	
ORDERFIRST	첫 순서의 경우=1		0.002(0.885)
ORDERLAST	마지막 순서의 경우=1		0.039(0.000)***
ROUND	라운드		
ROUND1	1 라운드의 경우=1		
ROUND2	2 라운드의 경우=1	0.008(0.386)	0.003(0.738)
ROUND3	3 라운드의 경우=1	0.022(0.034)**	0.015(0.172)
ROUND4	4 라운드의 경우=1	0.039(0.000)***	0.031(0.002)***
ROUND5	5 라운드의 경우=1	0.058(0.000)***	0.049(0.001)***
TYPE	곡의 성격		
TYPE1	일반곡의 경우=1		
TYPE2	리메이크 곡의 경우=1	-0.032(0.117)	-0.036(0.084)*
TYPE3	지정곡의 경우=1	-0.032(0.017)**	-0.032(0.018)**
TYPE4	심사위원 곡 미션의 경우=1	0.013(0.188)	0.012(0.233)
TYPE5	특정 가수 곡 미션의 경우=1	0.020(0.092)*	0.019(0.133)
SEASON	시즌	0.001(0.804)	0.001(0.749)
선곡의 특성			
POP	곡의 인기도(로그)	0.002(0.316)	0.002(0.413)
DOM	국내 곡=1	-0.006(0.626)	-0.005(0.652)
GENRE	곡의 장르		
GENRE1	발라드 곡의 경우=1		
GENRE2	힙합의 경우=1	0.069(0.005)***	0.070(0.063)*
GENRE3	락의 경우=1	-0.007(0.432)	-0.004(0.644)
GENRE4	댄스 곡의 경우=1	-0.013(0.385)	-0.012(0.428)
GENRE5	트로트 곡의 경우=1	0.106(0.000)***	0.126(0.000)***
GENRE6	알앤비/소울의 경우=1	0.016(0.215)	0.017(0.174)
GenChg	장르 변환의 경우=1	0.018(0.044)	0.019(0.036)**
R^2		0.391	0.368

* 괄호 안은 임의확률(p-value)을 나타냄.
*: p-value<0.10, **: p-value<0.05, ***: p-value<0.01.

회귀분석 결과에서 우선 참가 팀의 특성 중 참가 팀의 평균 나이가 높을수록 심사위원의 점수가 높게 나타났다.

선곡 특성의 영향도에서는 선곡의 인기도는 유의적이지 않게 나타났으며, 선곡 형태 중에서 일반곡에 비해 리메이크 곡이나 지정곡은 비교적 낮은 점수를 받았으나 미션으로 지정된 특정 가수 곡의 경우에는 상대적으로 좋은 평가를 받았다. 곡의 장르 또한 유의적으로 나타났는데 가창실력 등 참가 팀의 특성을 통제한 상태에서 발라드에 비해 힙합이나 트로트 곡이 높은 점수를 획득한 것으로 나타났다. 특히 힙합 곡은 발라드에 비해 7 퍼센트, 트로트 곡은 발라드에 비해 대략적으로 10 퍼센트 이상의 높은 점수를 획득하였다. 또한 장르를 변환한 경우 좋은 평가를 받았음을 알 수 있다. 따라서 심사위원의 평가는 선곡의 장르로 부터 많은 영향을 받는 것을 알 수 있다.

마지막으로 라운드의 특성에 있어서 경연순서는 중요한 변수로 작용하였는데 경연순서가 늦을수록 심사위원의 평가점수가 약 0.5 퍼센트 증가하는 것으로 나타났으며 특히 마지막 순서의 경우에는 앞선 경연들에 비해 심사위원의 점수가 약 4 퍼센트 높은 것으로 나타났다. 이러한 결과는 심사위원들이 경연평가에 있어서 경연이 반복되는 가운데 공연의 마지막 부분에 이르러 앞의 순서에 비해 후속하는 경연에 비교적 좋은 평가를 내리며 특히 마지막 곡의 경우에는 높은 평가를 내린다는 점을 의미한다.

또한 라운드가 진행될수록 특히 3~5라운드의 경우 첫 라운드에 비해 심사위원의 점수가 높게 나타났다. 이는 라운드의 진행에 따라 최저 점수자가 탈락함에 따라 실력있는 팀이 잔류하게 되어 나머지 경연 팀에 대한 평가점수가 높아진 것으로 보인다. 특히 5라운드의 경우에는 첫 라운드에 비해 심사위원의 점수가 약 5~6 퍼센트 정도 높은 것으로 나타났다.

다음 표 6-B는 이상에서 살펴본 심사위원 심사점수에 대한 개별 결정요인을 크게 선곡, 라운드 및 개인의 특성으로 분류하여 이들 요인에 대한 F-통계치를 구한 결과이다. 모형의 결과에서 경연순서를 설명변수로 포함한 경우(ORDER) 및 경연의 첫 순서 및 마지막 순서효과(Order First/Last)를 감안한 모형에서 공히 선곡의 특성에 대한 F-통계치 값이 높게 나타났다. 이상으로 볼 때 심사위원의 심사평가 점수에 대한 영향도는 선곡의 특성, 라운드의 특성 및 참가 팀의 특성 순인 것을 알 수 있다.

┃표 6-B┃ 선곡, 라운드 및 개인의 특성에 대한 F-통계치

	orderQuantile	orderFirst, orderLast
선곡의 특성	8.91 (0.0000)	12.30 (0.0000)
라운드 특성	9.51 (0.0000)	7.90 (0.0000)
참가팀 특성	3.50 (0.0089)	2.28 (0.0627)

* 괄호 안은 유의확률(p-value)을 나타냄.

실전예제 6.1 gretl 명령문 및 추정결과

1. 자료의 단위 변환에 따른 gretl의 명령문

INCOME 파일을 연 후, INCOME과 AGE 변수의 단위를 변환시키는 방법은 Add > Define new variable을 선택한 후 다음 수식을 입력하면 된다.

[INC_THD=INCOME*1000]
[AGE_MON=AGE*12]

이상의 변수를 생성한 후 필요한 모형을 추정한다.

2. 함수의 형태에 있어서 gretl의 명령문과 결과

INCOME 파일을 연 후에 Add 탭을 선택하면 자연대수 함수, 제곱함수 등 여러 가지 변환이 가능하다. 미리 설정된 변환 이외의 변환이 필요할 경우에는 앞에서와 같이 Define new variable을 선택하여 수식을 입력하면 된다.

(a) **식 6.11**과 같이 소득을 교육수준, 연령과 연령의 제곱에 회귀분석하고자 할 때는 연령 제곱의 변수를 먼저 생성한다. AGE를 선택한 이후 Add > Squares of selected variables를 차례로 선택하면 sq_AGE 변수가 생성된다. 이후 Model > Ordinary Least Squares...를 선택한 이후에 Dependent variable에 [INCOME]을 Regressors에 [ED, AGE, sq_AGE]를 선택한다.

(b) **식 6.14**의 결과를 만들기 위해서 SALES와 ADV 변수를 Ctrl키를 누른 상태에서 클릭해서 동시에 선택한 후, Add > Logs of selected variables를 선택한다. 그러면, l_ADV, l_SALES 변수가 생성된다. 생성되기 전에 missing value가 만들어졌다는 경고 메시지도 나타난다. 자료중 광고비가 0일 기업이 존재하기 때문에 log값이 정의되지 않아서

발생하는 경고메세지이다. 분석에 missing value가 있는 관찰치는 제외되고 분석된다. Model > Ordinary Least Squares...를 선택한 이후에 Dependent variable에 [l_SALES], Regressor에 [l_ADV]를 선택한다.

3. 가변수모형

(a) 절편이 다른 경우 : Dependent variable에 [Income]을 Regressors에 [MALE, AGE]를 선택한다.

(b) 기울기가 다른 경우 : **식 6.41**의 추정을 위해서는 MALE×AGE 변수를 생성해야 한다. Add > Define new variable을 선택한 후 [MALEAGE=MALE* AGE]와 같이 입력한다.

4. 기존의 가변수로부터 새로운 가변수 만들기

(a), (b)의 High와 College 변수 만들기는 Add > Define new variable을 선택한 후 이전과 마찬가지로 [High=(ED==1)], [College=(ED>1)]와 같이 입력하면 된다.

5. 계절성 분석: 식 6.60의 결과 구하기

계절성 분석을 위해서 해당 분기에만 1의 값을 갖고 나머지 분기에는 0의 값을 갖는 가변수를 만드는 방법은 Add > Periodic dummies를 선택하면 된다. 선택하면 dq1, dq2, dq3, dq4가 생성되고 각 가변수마다 어떤 분기에서 1의 값을 갖는지 옆에 설명되어 있다. NATIONAL_QUARTER 파일의 자료가 분기별 자료라고 인식되어 있기 때문에 Periodic dummies 생성이 가능하다. 만약에 횡단면자료를 불러온 경우에는 Periodic dummies가 활성화되지 않는다.

만들어진 가변수들을 이용해서 **식 6.60**의 결과를 만들 수 있다. Model > Ordinary Least Squares...를 선택한 이후에 Dependent variable에 [CP], Regressor에 [GNI, R, dq1, dq2, dq3]를 선택한다.

실전예제 6.2 EViews 명령문 및 추정결과

1. 자료의 단위 변환에 따른 EViews 명령문 및 결과

INCOME, AGE 변수로부터 INC_THD, AGE_MON 변수 만들기:
Quick 탭의 선택항목 중에서 Generate Series을 클릭한 후 다음을 각각 입력하면 된다.

[INC_THD=INCOME*1000]

[AGE_MON=AGE*12]

분석결과는 gretl과 같다.

2. 함수의 형태에 있어서 EViews 명령문 및 결과

EViews에서 특정 변수를 제곱, LOG, EXP 등으로 변환하여 회귀분석 결과를 구할 때 다음을 새로운 변수로 간주하여 Estimate Equation항에 입력한다.

$|X|$: ABS(X) 혹은 @ABS(X)

Ln(X): LOG(X) 혹은 @LOG(X)

e^X: EXP(X) 혹은 @EXP(X)

(a) **식 6.11**의 결과: 소득을 상수항과 교육수준, 연령의 제곱에 대하여 회귀분석하기 위해서는 INCOME 파일에서 Quick > Estimate Equation에서 다음을 입력한다.

[INCOME C ED AGE AGE^2]

결과는 gretl과 같다.

(b) **식 6.14**의 결과: FIRM 파일에서 매출액을 광고비에 대하여 더블로그 모형을 적용하여 추정하기 위해서 FIRM 파일을 열어 자료를 확인해

보자. ADV라는 변수에 광고비 지출액이 들어 있다. 이 중 광고비 지출액이 0인 기업이 하나 있는데, 로그함수의 특성상 0일 경우 음의 무한대 값을 가지므로 계산이 불가능하다. 따라서 Estimate Equation에서 아래와 같이 바로 실행하면, 로그함수 값을 구할 수 없다는 에러 메시지가 나타난다.

[LOG(SALES) C LOG(ADV)]

이 문제를 해결하기 위해서는 Quick 탭 밑의 Generate Series창을 열어서 [LOG_ADV=LOG(ADV)]를 입력하여 새로운 변수를 생성한다. 이때에도 로그함수 값을 구할 수 없다는 에러 메시지가 나타나지만, 이를 무시하고 생성된 새로운 시리즈를 열어보면, 0이었던 기업의 데이터에 NA(Not Available)라고 처리되고 나머지 자료들은 변환된 것을 확인할 수 있다.

매출액(SALES) 변수는 0 이하의 값을 갖지 않으므로 특별히 새로운 변수로 전환할 필요 없다. Quick 탭 밑에 Estimate Equation을 선택하여 다음과 같이 입력한다.

[LOG(SALES) C LOG_ADV]

3. 가변수모형

EViews에서는 두 변수의 곱을 새로운 변수로 정의하지 않고 회귀방정식을 정의할 때, MALE*AGE와 같이 입력해도 분석할 수 있다.

4. 기존의 가변수로부터 새로운 가변수 만들기

(a) HIGH 변수 만들기

고등학교 졸업자(ED=1)에 대하여 HIGH=1로 기록하기 위해서는 다음과 같이 실행하면 된다.

Generate Series 〉Enter equation항에 [HIGH=(ED=1)]

(b) COLLEGE 변수 만들기

전문대학교 졸업 이상(ED=2, 3, 4)인 관찰치에 대하여 COLLEGE=1로 기록하려면 다음을 실행하면 된다.

Generate Series 〉Enter equation항에 [COLLEGE=(ED>1)]

5. 계절성 분석: 식 6.60의 결과 구하기

해당 분기에만 1의 값을 갖고 여타 분기에는 0의 값을 갖는 가변수는 EViews에서 직접 입력하거나 변수 생성을 통해 만들 수 있지만 EViews에서 자동으로 이 가변수를 불러들이는 기능이 갖추어져 있다. EViews에서 @SEAS(D)(여기서 D는 해당분기를 나타냄)를 입력하면 자동으로 계절가변수를 만든다. 따라서 계절가변수를 이용하여 회귀식을 추정하고자 하는 경우, Estimate Equation에서 다음을 입력한다.

[CP C GNI R @SEAS(1) @SEAS(2) @SEAS(3)]

연습문제

1. 다음의 용어에 대하여 설명하라.

(1) 더블로그모형
(2) 로그-선형모형
(3) 선형-로그모형
(4) 역함수
(5) 비선형모형
(6) 가변수
(7) 가변수함정
(8) 계절성, 계절가변수

2. 아래의 각 문장이 맞는지 틀리는지를 결정하고, 그 이유를 간략히 설명하라.

(1) 가계소비함수를 추정하는 회귀모형 $Y_i = \beta_1 + \beta_2 X_i + \varepsilon_i$에서 Y는 소비를, X는 소득을 나타낸다고 할 때, 이 소비함수에 대한 한계소비성향의 추정치 b_2는 사용하는 횡단면자료가 (소비 및 소득 모두) 원화로 표시된 경우와 달러로 표시된 경우 차이가 없다.

(2) (1)에서와 달리 종속변수 Y에 대해서만 측정단위가 원화에서 달러로 바뀌는 경우, 계수 추정치 b_2의 값은 변화하지만 R^2의 값은 변화하지 않는다.

(3) $Y_i = \beta_1 + \beta_2 X_i + \gamma D_i + \varepsilon_i$의 모형에서 가변수 D_i 의 값을 i 의 특성에 따라 (0, 1)로 두는 대신 (0, 2)로 두면 γ의 추정치의 값이 2배가 된다.

3. 다음은 대기업 CEO 209명으로부터 구한 회귀분석 결과이다.

$$\log(WAGE)_i = 4.822 + 0.257\log(SALES_i) + e_i$$

여기서 WAGE는 천원 단위로 환산한 CEO의 임금이며, SALES는 백만원 단위로 환산한 매출액을 나타내며 log(.)는 상용로그를 나타낸다.

(1) $\log(SALES_i)$ 변수의 회귀계수 추정치 0.257은 무엇을 나타내는가?

(2) WAGE를 천원 단위 대신 원 단위로 환산한 값을 사용하여 위 모형을 새로 추정하였을 때, 절편과 기울기의 추정치를 구하라.

4. 다음 추정식 (A)에서 Y_i는 1일 커피소비량, X_i는 흡연개비수, D_i는 남자이면 1을, 여자이면 0을 나타내는 가변수이다.

$$\hat{Y}_i = -0.8 + 2D_i + 0.5X_i + 0.2(D_i \times X_i) \qquad \text{(A)}$$

그런데 W_i를 여자이면 1을 나타내고, 남자이면 0을 나타내는 가변수라 하여 추정한 다음 식

$$\hat{Y}_i = b_1 + b_2 W_i + b_3 X_i + b_4 (W_i \times X_i) \qquad \text{(B)}$$

의 결과에서 b_1, b_2, b_3, b_4의 값을 구하라.

심화문제

1. 개인의 연간임금(W_i)이 연간소비(C_i)에 미치는 영향을 알아보기 위하여 200명 개인에 대한 연간임금과 연간소비 자료로부터 다음과 같은 결과를 도출하였다.

$$\underset{}{\log C_i} = \underset{(18)}{50} + \underset{(0.3)}{0.9W_i}, \quad R^2 = 0.88$$

( ) 안은 표준오차를 나타냄

(1) 위 추정에서 회귀계수 기울기의 추정치 0.9에 대해 해석하라.

(2) 위의 분석에서 개인의 월평균소득(M_i, $M_i = W_i/12$)이 각 개인의 연간소비에 미치는 영향을 분석하는 다음 모형, $C_i = \beta_1 + \beta_2 M_i + \varepsilon_i$에서 기울기 β_2의 추정치를 구하라.

(3) (2)에서 β_2의 t-통계치 값을 구하라.

2. 다음의 회귀분석에서 Y는 수능점수, CSIZE는 학급당 학생수, FEMALE은 여학생이면 1, 남학생이면 0의 값을 갖는 가변수이며, GNS는 일반학교 출신이면 1, 특목고 출신이면 0의 값을 갖는 가변수를 나타내고 있다.

$$\hat{Y} = \underset{(6.29)}{240.10} + \underset{(3.83)}{19.30}CSIZE - \underset{(0.53)}{2.19}CSIZE^2 + \underset{(0.43)}{4.51}FEMALE$$
$$- \underset{(1.27)}{16.98}GNS + \underset{(1.82)}{6.23}FEMALE \times GNS$$
$$n = 4.137, \quad R^2 = 0.0858$$

( )안은 표준오차를 나타낸다.

(1) 학급당 학생수(CSIZE)를 통제할 경우, 특목고 출신 남학생은 특목고 출신 여학생에 비해 수능점수가 몇 점 높은가? 이는 통계적으로 유의한가?

(2) 특목고 출신 남학생은 일반고 출신 남학생에 비해 수능점수가 얼마나 높은가? 차이가 없다는 가설을 대립가설에 대해 5% 유의수준에서 검정하라.

(3) 위 결과에서 일반학교를 나타내는 가변수 GNS 대신에 특목고를 나타내는 가변수 SPEC(특목고이면 1, 일반학교이면 0)를 독립변수로 포함할 경우(SPEC=1-GNS) 결정계수 값을 구하라. 결과는 왜 그러한가?

(4) 위 모형에서 CSIZE의 제곱변수($CSIZE^2$)를 포함한 이유는 무엇인가?

3. 휘발유 가격이 휘발유 소비량에 미치는 영향을 알아보기 위하여 분기별 자료를 통하여 휘발유소비량(Q)을 휘발유가격(P), 가처분소득(Y), 계절가변수(D_1, D_2, D_3)에 대하여 회귀분석하여 다음의 결과를 구하였다. 여기서 D_1, D_2, D_3는 각각 해당 계절계절에 대하여는 1, 나머지 계절에 대하여는 0을 값을 갖는 가변수를 나타낸다.

$$\hat{Q} = 70 - 0.01P + 0.2Y - 1.5D_1 + 3.6D_2 + 4.7D_3 \qquad \text{(A)}$$

다음은 동일 자료로부터 휘발유소비량(Q)을 휘발유가격(P), 가처분소득(Y), 계절가변수, D_2, D_3, D_4에 대하여 회귀분석한 결과

$$\hat{Q} = a_1 + a_2P + a_3Y + a_4D_2 + a_5D_3 + a_6D_4 \qquad \text{(B)}$$

로 나타낸다면, a_1, a_2, a_3, a_4, a_5, a_6의 값을 구하고 그 근거를 명확히 제시하라.

4. 다음은 2001년부터 2019년까지의 분기별 자료(총 관찰치 수=76)를 통해 얻은 결과이다.

$$\hat{Y}_t = \underset{(3.4)}{2.20} + \underset{(0.005)}{0.104X_t} - \underset{(2.2)}{3.48Z_t} + \underset{(0.15)}{0.34W_t}$$

( )안은 표준오차를 나타낸다.

회귀분석 결과 어떤 회귀분석에서 설명된 변동,

$\sum_{t=1}^{76}(\widehat{Y}_t - \overline{Y})^2 = 213.6$이었으며 설명되지 않은 잔차의 제곱합은

$\sum_{t=1}^{76} e_t^2 = 32.75$이었다.

(1) 결정계수 값과 조정된 결정계수의 값을 구하라.

(2) 위 분석 결과에 해당분기에만 1의 값을 갖는 계절을 나타내는 가변수 D_{1t}, D_{2t}, D_{3t}를 포함한 후 위의 회귀식을 재추정한 결과 설명된 변동, $\sum_{t=1}^{76}(\widehat{Y}_t - \overline{Y})^2 = 232.6$이었다. 계절변동이 있는가를 5%의 유의수준에서 검정하라.

(3) (2)에서 계절 가변수를 D_{2t}, D_{3t}, D_{4t}로 하였을 경우 잔차 제곱합을 구하라.

5. 제5장의 연습문제 3번에서는 93명의 회사원 표본에 대해 봉급수준(Y)을 상수항과 교육수준(ED; 교육년수), 경력월수(EXP)와 현직장근무월수(TEN)에 대해 회귀분석한 문제를 다루었다. 이에 추가로 남·여 간의 성별 구분에 따라 봉급수준에 차이를 검정하기 위해 다음의 모형을 고려하였다. 여기서 DUM변수는 남성이면 DUM=1, 여성이면 DUM=0의 값을 나타낸다.

$$\begin{aligned} Y_i = {} & \beta_1 + \beta_2 DUM_i + \beta_3 ED_i + \beta_4 EXP + \beta_5 TEN_i \\ & + \beta_6 DUM_i \times TEN_i + \epsilon_i \end{aligned}$$

위 모형을 93명의 회사원 표본에 대해 구한 결과는 다음과 같다.

$$\begin{aligned} \widehat{Y}_i = {} & 3551.39 + 660.0\,DUM_i + 89.53\,ED_i + 1.29EXP_i + 22.21\,TEN_i \\ s.e. = {} & (337.30)\ (215.66)\qquad (24.86)\qquad (0.59)\qquad (0.31) \\ & + 3.92DUM_i \times TEN_i \\ & \quad (1.32) \end{aligned}$$

$$R^2 = 0.512$$

(1) 위 모형의 조정된 결정계수 값을 구하라.
(2) 위 모형의 적합도에 대해 5% 유의수준에서 검정하라.
(3) 남·여 간에 절편의 차이가 없다는 가설을 5% 유의수준에서 검정하라.
(4) 남·여 간에 현직장근무월수에 따라 봉급수준에 미치는 영향에 차이가 없다는 가설을 5% 유의수준에서 검정하라.
(5) 제5장 연습문제 3번의 결과와 비교하여 남·여 간에 봉급수준에 대한 모형의 차이가 없다는 가설을 5% 유의수준에서 검정하라.
(6) 위 결과로부터 남자의 봉급수준 추정식과 여자의 봉급수준 추정식을 각각 구하라.
(7) 교육수준이 12이고, 경력월수가 52개월이며, 현직장근무월수가 3개월인 계량이(여자)의 봉급수준을 예측하라.

실증분석 문제

1. PITCHER 파일에서 연봉을 상수항과 승리한 게임 수에 대해 다음의 로그-선형모형을 적용한 결과를 구하고 아래의 물음에 답하라.

$$\log(MONEY_i) = \beta_1 + \beta_2 WIN_i + \varepsilon_i$$

(1) 회귀계수의 값은 얼마이며, 이 값의 해석은 어떠한가?

(2) 승리한 게임 수가 연봉에 주는 영향도에 대한 계수 β_2에 대해, $\beta_2 \leq 0$의 귀무가설을 5% 유의수준에서 검정하라.

(3) 모든 투수의 경우 1년에 30게임에 출장하게 되어 있다고 하자. 이로부터 모든 투수에 대해 승률(WINRATIO, 단위: %)을 $WINRATIO_i = (WIN_i/30) \times 100$으로 구하였다. Log(MONEY)를 상수항과 WINRATIO에 대해 회귀분석하는 경우 추가적인 컴퓨터 작업 없이 다음 물음에 답하라.

(a) 표본회귀선의 기울기는 얼마인가?

(b) 잔차 제곱합은 얼마인가?

(4) 결정계수 R^2의 값은 얼마인가?

2. 엥겔의 법칙에 의하면 일반적으로 소득수준이 낮을수록 식료품 소비지출의 비율이 높으며, 소득의 증가에 따라 이 비율은 점차 감소한다고 한다. 이러한 엥겔의 법칙을 사교육비 지출에 대해 분석하기 위해 ENGEL 파일에서는 우리나라 가구 2,516개의 표본을 추출하여 사교육비 지출을 포함한 가계지출과 가구의 특성에 대해 수록하였다. 사교육비 지출비중(PRRATIO=PREXP/EXP) 변수를 구하여 다음 질문에 답하라.

(1) 사교육비 지출비중(PRRATIO)을 상수항과 가계총소득(HINCOME), 소득의 제곱 변수에 대한 이차함수 모형에 대해 회귀분석하라. 회귀계수의 부호로 보아 엥겔의 법칙이 성립한다고 판단되는가?

(2) 가구주의 교육수준(EDUC) 변수로부터 최종학력별(중졸이하, 고졸, 전문대졸, 대졸이상(대학원졸 포함)) 가변수를 구하고, 사교육비 지출비중에 대한 통계치를 가구주의 학력에 따라 구하라. 가구주의 학력에 따라 사교육비 지출비중은 다르다고 판단되는가?

(3) 가구의 거주지역(REGION) 변수로부터 거주지역별(서울, 광역시, 기타) 가변수를 구하고, 사교육비 지출비중에 대한 통계치를 거주지역별로 구하라. 거주지역에 따라 사교육비 지출비중은 다르다고 판단되는가?

(4) (1)의 모형에 (2)와 (3)에서 구한 최종학력별 가변수와 거주지역별 가변수, 가구주의 연령 변수를 추가하여 분석하라.

(5) (4)의 모형에서 사교육비 지출 비중은 고등학생 이하 자녀의 수와 대학생 이상의 자녀수에 따라 어떻게 달라지는가. 자녀의 수를 나타내는 변수를 추가하여 분석하라.

3. 제5장의 실증분석 문제 2번에서 다루었던 첨부된 파일 USEDCAR에서 제5장에서 분석한 설명변수에 추가로 다음의 가변수를 고려하자. 파일에서 AUTO와 CVT는 변속기의 종류를 나타내는 변수로 자동변속기이면 AUTO=1, 무단변속기이면 CVT=1의 값을 갖는다.

(1) 제5장의 실증분석 문제 2번에서 고려한 설명변수에 추가하여 변속기의 종류를 나타내는 가변수를 추가하여 모형을 회귀분석하라.

(2) 변속기의 종류는 중고차의 가격에 영향을 미치지 못한다는 결합가설을 5% 유의수준에서 검정하라.

(3) 차량의 변속기에는 위에서 고려한 자동변속기, 무단변속기 외에 수동변속기가 있으며 모든 차량은 이 세 변속기 중의 하나를 장착하고 있다. 만일 수동변속기이면 1의 값을 갖는 MANUAL 가변수를 위 가변수에 추가하여 포함한다면 회귀모형의 추정에 어떠한 문제가 있을까? 설명하라.

(4) 위 설명변수에 추가하여 디젤연료를 사용하는 차량이면 DIESEL

=1, LPG가스를 사용하면 LPG=1을 갖는 연료의 종류를 나타내는 가변수와 ABS 시스템을 장착하였으면 ABSEQ=1을 나타내는 ABSEQ의 가변수를 고려하자. 또한 삼성, 현대, 대우, 쌍용, 기아 등의 제조사를 나타내는 가변수로 삼성차를 기본으로 그 외 해당회사의 경우 각각 1의 값을 갖는 HYUN, DWOO, SSANG, KIA의 가변수를 고려하자. (1)의 설명변수에 연료의 종류를 나타내는 가변수와 ABSEQ의 가변수, 제조사를 나타내는 가변수를 추가하여 중고차의 판매가격을 추정하라.

(5) 위 모형에서 연료의 종류는 중고차의 판매가격(절편)에 직접적으로 영향을 미치지만 배기량의 크기(기울기)에 따라 중고차의 판매가격에 영향을 미친다. 이러한 바를 고려한 모형을 추정하라.

(6) (5)에서 연료의 종류를 나타내는 가변수는 배기량 크기의 기울기에 영향을 미친다는 가설을 5% 유의수준에서 검정하라.

4. PICTURE 파일은 1998년 12월-2001년 12월의 기간 동안 서울옥션에서 낙찰된 미술품 중 서양화의 가격에 대한 자료이다.
이 자료에서 PRICE는 그림 가격(만원 단위)을, SIZE변수는 그림의 크기를 나타내는 호수를 나타내고 있으며, DIE는 작가의 생존여부를 나타내는 가변수로 DIE=0이면 생존, 1이면 사망의 경우를 나타내며, AGE는 작가의 나이를 나타낸다. 또한 MEDIUM은 그림의 소재를 나타내는 변수로 아크릴화의 경우에는 1, 유화의 경우에는 2, 수채화의 경우에는 3, 기타의 경우에는 0을 나타내며 SUPPORT는 그림의 바탕 화면을 나타내는 변수로 캔버스이면 1, 종이의 경우 2, 기타이면 3을 값을 나타낸다.

(1) 그림가격, 작가의 나이, 그림의 크기에 대한 통계치를 구하고 설명하라.

(2) 공분산, 상관계수 혹은 점상관도 등 필요한 통계치와 그래프를 통해 그림 가격과 작가의 나이, 그림 가격과 그림의 크기간의 관계에 대하여 유추하여 보아라.

(3) 작가의 생존에 따라 그림 가격에 차이가 있는지를 통계치를 구하여 설명하라.
(4) 소재에 따라 그림 가격에 차이가 있는지를 통계치를 구하여 설명하라.
(5) 그림의 바탕화면의 재료에 따라 그림 가격에 차이가 있는지를 통계치를 구하여 설명하라.
(6) log(그림 가격)을 상수항과 작가의 나이(AGE), 작가의 나이의 제곱, 그림의 크기(SIZE), 생존여부(DIE)에 대해 회귀분석한 결과로부터 각 변수의 유의성에 대하여 판정하고 회귀계수의 의미에 대하여 설명하라.
(7) 그림의 소재에 따라 그림 가격의 차이가 있다는 전제하에 MEDIUM 변수로부터 아크릴화의 경우 1의 값을 갖는 ACRYLIC, 유화의 경우 1의 값을 갖는 OIL, 수채화의 경우 1의 값을 갖는 WATERCOLOR 변수를 만들어라.
    또한 SUPPORT 변수로부터 캔버스의 경우 1의 값을 갖는 CANVAS, 종이의 경우 1의 값을 갖는 PAPER 변수를 만들어라. 이로 부터 (6)의 독립변수에 추가하여 바탕화면을 나타내는 가변수와 소재를 나타내는 가변수를 삽입하여 회귀분석하고 개별 바탕화면의 가변수와 소재의 가변수에 대해 5% 유의수준에서 가설검정하라.
(8) (7)의 분석에서 바탕화면을 나타내는 가변수 전체의 유의성에 대하여 5% 유의수준에서 검정하라.
(9) (7)의 분석에서 소재를 나타내는 가변수 전체의 유의성에 대하여 5% 유의수준에서 검정하라.

5. 제5장 실증분석 문제에서 STUDENTRENT 파일을 이용하여 학생들의 자취방 임대료 결정에서의 학교와의 거리와 교통편의 요인에 대해 살펴보았다. 이에 추가로 방의 수, 상태 및 가까운 학교 출입문으로의 접근 가능성 또한 임대료 결정에 중요한 요인으로 작용한다

고 한다. 이를 반영하여

(1) NUMROOM 변수를 이용하여 원룸, 1.5룸, 투룸, 오피스텔의 방의 개수 구분에 따른 가변수를 만들어라. 임대료(RENT)를 전용면적(AREA)과 옵션수(OPTIONS)에 대해 회귀분석하는 모형에서 방의 수 구분에 따른 가변수를 포함하여 분석하라. 방의 수 가변수는 임대료 결정에 영향을 미치지 못한다는 결합가설을 5% 유의수준에서 검정하라.

(2) (1)에서 임대료를 전용면적, 옵션수, 방의 수 가변수에 대해 분석하는 모형에서 투룸은 원룸에 비해 렌트비가 2배라는 가설을 5% 유의수준에서 검정하라.

(3) 자취방의 상태(QUALITY) 변수로부터 중품질, 고품질, 저품질을 구분하는 가변수를 만들고, 이로부터 임대료(RENT)를 전용면적(AREA)과 옵션수(OPTIONS)에 대해 회귀분석하는 모형에서 자취방의 상태를 나타내는 가변수를 포함하여 분석하라. 자취방의 상태 구분은 임대료 결정에 영향을 미치지 못한다는 결합가설을 5% 유의수준에서 검정하라.

(4) 자취방의 형태(TYPE) 변수로부터 자취방을 일반방, 옥탑방, 반지하로 구분하는 가변수를 만들고, 이로부터 임대료(RENT)를 전용면적(AREA)과 옵션수(OPTIONS)에 대해 회귀분석하는 모형에서 자취방의 형태를 나타내는 가변수를 포함하여 분석하라. 자취방의 형태는 임대료 결정에 영향을 미치지 못한다는 결합가설을 5% 유의수준에서 검정하라.

(5) 서강대학교에는 출입 가능한 교문이 정문, 남문, 후문의 세 개가 있으며 GATE 변수에는 이용 편의 학교 출입문에 대한 정보가 담겨 있다. 이로부터 정문, 남문, 후문에 대한 가변수를 만들고, 임대료(RENT)를 전용면적(AREA)과 옵션수(OPTIONS)에 대해 회귀분석하는 모형에서 이용 편의 학교 출입문 가변수를 포함하여 분석하라. 이용 편의 학교 출입문은 임대료 결정에 영향을 미치지 못한다는 결합가설을 5% 유의수준에서 검정하라.

6. MOVIE 파일은 2012년에 개봉된 한국영화 관객 수에 관한 정보를 담고 있다. 영화의 장르는 관객 동원에 관한 중요한 변수이다. GENRE 변수는 영화의 메인 장르에 관한 정보를 담고 있다. 이로부터 각 장르별 가변수를 생성하라. 또한 RATE 변수는 영화상영 등급에 관한 정보를 나타내고 있다. 이 변수로부터 등급을 나타내는 가변수를 생성하고 다음 질문에 답하라.
   (1) 관객 수(AUDIENCE)와 스크린 수(SCREEN) 간의 점상관도(scatter diagram)를 그려보라. 두 변수간의 관계는 어떠한가?
   (2) 관객 수(AUDEINCE)를 상수항과 스크린 수(SCREEN)와 스크린 수 제곱 변수에 대해 회귀분석하라. 스크린 수의 관객 수에 대한 한계효과는 스크린 수의 증가에 대해 어떻게 변화하는가?
   (3) 스크린 수(SCREEN)와 스크린 수 제곱 변수에 추가로 장르에 대한 가변수를 포함하여 회귀분석하라.
   (4) (3)의 회귀분석에 있어서 스크린 수(SCREEN)와 스크린 수 제곱 변수의 관객 수에 대한 영향은 영화의 유형, 즉 상업영화와 다양성 영화에 대해 다르다고 한다. 이러한 모형을 추정하라.
   관객 수에 대한 스크린 수의 영향도는 영화의 유형에 따라 다르게 나타나는가?
   (5) 관객 수는 학생들의 방학 여부에 따라 다르다고 한다. MONTH 변수로부터 겨울방학(1, 2월), 여름방학(7, 8월) 및 기타 시기를 나타내는 변수를 생성하고 (2)의 모형에 겨울방학, 여름방학, 기타 시기를 구분하는 가변수를 포함하여 회귀분석하고 해석하라.
   (6) (5)의 회귀분석 결과에서 관객 수는 상영 시기가 겨울방학, 여름방학, 기타시기 구분과 무관하다는 가설을 5% 유의수준에서 검정하라.

7. 제4장에서 다루었던 EPL_PLAYER 파일로부터 축구선수들의 포지션(POSITION)과 득점수(GOALS) 또한 연봉 결정에 중요한 요인으로 작용한다. 다음 물음에 답하라.

(1) 선수들의 포지션 별로 임금의 통계치를 구하라. 포지션 별로 임금 수준은 어떠한가?
(2) POSITION 변수로부터 각 포지션 별 가변수를 구하라. 선수들의 로그로 취환한 연봉(WAGE)을 상수항과 경기출장수(APPEARANCE), 득점 골수(GOALS), 종합 평가점수(STAT85), 구단별 가치(TEAMVALUE) 변수와 포지션별 가변수에 대해 회귀분석하라.
(3) (2)의 회귀분석에서 개별 변수의 유의성에 대해 5% 유의수준에서 검정하라.
(4) (2)의 회귀분석에서 모형의 적합도에 대하여 5% 유의수준에서 검정하라.
(5) (2)의 회귀분석에서 득점 골수(GOALS) 회귀계수의 추정치는 얼마이며 이에 대한 해석은 어떠한가?
(6) (2)의 회귀분석에서 종합 평가점수와 구단별 가치는 선수들의 기록에 직접적으로 영향을 미치지 못하는 요인으로 작용한다. 이 두 변수의 영향도가 0이라는 결합가설을 5% 유의수준에서 잔차제곱합을 통하여 검정하라.
(7) (6)의 가설을 결정계수 값을 통하여 검정하라.

PART III

앞의 제II부는 회귀모형이 고전적 회귀분석의 조건을 충족한다는 가정 하에 모형에 대한 추정과 가설검정 등의 통계적 추론에 대해 설명하였다. 이에 비해 제III부에서는 모형설정의 오류와 이러한 고전적 가정이 충족되지 못하는 경우에 대하여 설명한다. 제7장에서는 모형설정과정에서 발생할 수 있는 오류에 대하여 설명하며, 제8장에서는 다중회귀분석모형에서 독립변수 간의 상관성이 유발하는 문제점에 대하여 살펴본다. 제9~10장에서는 이분산 및 자기상관 등의 고전적 구형(球形, spherical) 분포의 조건이 충족되지 않을 때의 최소자승법의 특성과 이에 대한 해결방안을 살펴본다.

회귀분석의 제문제

7 모형의 설정 및 검정

8 다중공선성

9 이분산

10 자기상관

CHAPTER 07

모형의 설정 및 검정

제3-6장에서는 경제현상을 분석하기 위한 통계적 분석방법론의 설명에 있어서 선택된 모형을 중심으로 선형회귀분석 방법에 대해 살펴보았다. 이 장에서는 자료를 이용하여 선형회귀분석 방법을 적용함에 있어서 실제로 선택된 모형이 적합한 모형이 아닐 경우의 문제점에 대해 살펴본다. 이러한 모형설정의 오류로 특히 설명변수의 선택에 있어서 문제가 되는 중요 변수를 누락하였을 때와 부적합한 변수를 포함하였을 때의 문제점을 중심으로 설명한다.

1 적정모형의 기준

경제모형이란 일반적으로 경제행위와 관련된 인간의 행동을 분석하기 위한 모형이다. 예를 들어 거시경제모형에서 소비는 가처분소득이 결정한다고 설명한다. 이는 현실에서 가처분소득이 소비를 결정하는 요인들 중에서 가장 중요한 요인임을 의미하는 것이다. 그러나 현실에서는 민간소비를 결정하는 변수로 가처분소득 이외에도 이자율, 물가 등을 고려할 수 있으며, 또한 소비의 기회비용이라 할 수 있는 부동산시장의 변수도 설명변수로서 좋은 후보가 될 것이다. 이외에도 소비의 설명에 있어서는 인구구조, 예컨대 노년층의 비율도 영향을 줄 수 있다. 따라서 소비함수의 추정에 있어서 모형의 설정 작업은 어떤 변수들을 고려할 것인가를 선택하는 문제로 볼 수 있다.

적정모형이란 무엇일까? 위와 같이 모형에서 선택될 수 있는 변수들이 많이 존재할 때 적정모형을 선택하는 문제는 그리 간단하지 않다. 소비함수를 다시 예로 들어 보자. 만일 연구자의 주요 관심사가 소득의 변화에 대한 소비의 반응도를 추정하는 일이라면, 소비결정에 중요한 여타 경제변수, 즉 이자율, 부동산 가격 및 노년층 비율 등의 다른 변수들을 분석모형에 포함할 필요가 있을까? 또 다른 예로 가령 최근 우리나라 경제의 큰 부담으로 작용하는 노년층 비율의 증가에 따른 소비의 변화가 연구자의 주요 관심이라면 가처분 소득과 이자율, 부동산 가격 등 다른 변수들을 분석모형에 포함할 필요가 있을까? 이에 대한 해답으로 다음의 5가지 기준[1]을 고려할 수 있다.

1.1 (Parsimony) 모형은 단순해야 한다

경제학이란 인간의 경제행위를 분석하는 학문이다. 인간의 행동은 여러 변수에 의해서 영향을 받을 수 있다. 흔히 경제학은 인간의 행동에 대한 지도를 만드는 작업이라고 표현한다. 이러한 경우 물론 필요한 정보를 다 포함하는 것이 중요하나 너무 많은 세부사항을 고려해야 하는 수고를 덜 필요도 있다. 소비함수 예에서 한계소비성향, 즉 가처분소득의 증감에 따른 소비의 반응도를 분석하는 경우, 때에 따라서는 분석의 편의와 단순성을 추구하기 위해 결과에 큰 영향을 주지 않는 한 노년층의 인구비율, 부동산 가격 등을 과감히 제거할 수도 있다.

1 Gujarati(1998)의 13장을 참고하였음.

1.2 (Identifiability) 모형은 식별 가능해야 한다

때로는 고려대상인 변수가 이론으로 보아 분석에 필요한 변수라고 하더라도 모형설정에 있어서는 포함된 다른 변수와의 차이가 존재해야 할 것이다. 가령 투수의 연봉을 분석하는 모형을 설정함에 있어서 출장경기 수와 승리게임 수가 거의 완벽한 선형 상관관계를 이루고 있다고 가정하자. 이는 제8장 다중공선성에서 살펴보듯이 연봉의 결정요인으로 출장경기 수와 승리게임 수가 모두 의미 있는 변수라고 생각되더라도 두 변수를 모두 포함할 경우, 두 변수 간의 선형 상관관계로 인해서 두 변수의 영향도의 차이를 분석할 수 없는 경우가 발생한다. 물론 두 변수의 상관계수가 완전히 1 혹은 -1이 아니라면 각 변수의 순영향은 추정 가능하나 영향도의 분산은 매우 크게 추정된다. 이러한 경우 회귀계수에 대해 특정 가설을 검정함에 있어서 매우 광범위한 범위의 값에 대해 기각하지 못하는 상황이 초래될 수 있다.

1.3 (Goodness of fit) 모형은 설명력이 있어야 한다

모형은 현실을 단순하게 설명하는 지도와 같은 역할을 한다. 지도가 가치를 발휘하는 것은 지도를 보고 길을 찾을 수 있을 때이다. 모형도 가치를 갖기 위해서는 설명력이 있어야 한다. 모형을 참고하여 설명하고자 하는 현상을 어느 정도는 설명 가능하여야 한다. 따라서 선형모형의 설명력을 나타내는 R^2값에 있어서 설명력이 통계적으로 의미가 있어야 한다. 즉 $R^2=0$이라는 귀무가설을 기각할 수 있는 설명력이 존재해야 한다.

1.4 (Theoretical consistency) 모형을 이론적으로 설명할 수 있어야 한다

설정모형을 분석한 결과 매우 높은 설명력을 갖는다고 하더라도, 변수의 계수 등 그 통계적인 결과를 이론적으로 합리화할 수 없다면 적합한 모형이라고 판단하기 힘들 것이다.

예를 들어 이자율을 설명변수로 포함하여 소비함수를 분석한다고 하자. 분석 결과 이자율이 상승함에 따라 소비가 증가하는, 즉 이자율 계수의 추정치가 통계적으로 유의미한 양의 값으로 나타났다면 그 모형이 적합하다고 할 수 있는가? 경제이론으로부터 볼 때 이자율의 상승은 소비를 증가시킨다고 보기 어렵다. 따라서 이러한 통계 결과에는 많은 가능성이 있을 수 있는데, 첫째로 의심할 수 있는 것은 소득과 이자율이 같은 방향으로 움직였을 가능성이다. 즉 소득이 증가함에 따라 이자율도 동시에 상승하여 소득 상승의 효과가 이자율 상승의 효과인 것처럼 추정되었을 수 있다. 둘째로는 관찰자료의 대상, 즉 표본이 금융자산을 많이 보유한 사람들일 수 있다. 이러한 경우 이자율 상승은 가계가 보유한 자산으로부터의 소득 상승으로 이어져 소비가 증가할 수 있다. 이 두 가지 경우 모두 이론적으로 이자율과 소득의 관계를 일반화하여 설명하기에는 적합하지 않은 모형 혹은 자료라 할 수 있다. 이러한 통계 결과를 이자율과 소비의 일반적인 관계로 확대 해석하기 어렵다.

1.5 (Predictive power) 모형의 결과를 이용하여 예측 가능해야 한다

모형의 분석 결과를 활용하여 주어진 설명변수에 따른 종속변수의 변화를 예측할 수 있어야 한다. 적정모형으로 설명력과 이론적 적합성을 구비하였다면 예측 가능성 또한 존재하여야 한다. 이론적 적합성이 존재한다는 것은 분석 결과를 경제이론으로 설명 가능하다는 의미이다. 이론과 부합하는 결과가 설명력이 있다면, 그 결과를 활용하여 설명변수의 값이 주어질 때, 종속변수의 값을 어느 정도 합리적인 범위에서 예상할 수 있는 예측 가능성이 구비되어야 한다.

이와 같이 적정한 계량경제학 모형을 평가하는 5가지 기준들을 제시해 보았다. 적정한 통계분석모형을 선택하는 방법은 단순한 작업은 아니나 위의 기준들은 적정한 모형을 선택하는 데 도움이 될 것이다. 위 기준 중에서 3번째 모형의 설명력에 관한 기술은 모형을 검증하는 기준이 되기도 하며, 통계적으로 R^2를 높이는가를 기준으로 적정모형 여부를 판단할 수 있다.

2 모형설정의 오류

앞 절에서 적정한 모형선택의 제일의 기준으로 모형의 단순화를 꼽고 있다. 그러나 때로는 모형을 너무 단순화함에 따라 설명력이 감소하는 등의 문제점에 대하여 앞 절에서 강조하였다. 이러한 **모형설정의 오류**(model specification error)로는 대체로 설명변수 선정의 문제, 함수 형태의 문제, 변수 측정 오차의 문제 및 마지막으로 오차항의 분포를 정규분포로 가정하는 문제 등을 들 수 있다.

모형설정의 오류 중에서 함수의 형태에 관한 문제는 예를 들어 설명변수와 종속변수 간의 관계를 나타내는 적정모형이 비선형임에도 선형모형으로 근사화하여 추정함에 따라 발생하는 문제를 의미한다. 함수의 형태에 대해서는 부분적으로 제6장 2절에서 선형모형의 범위에서 추정 가능한 비선형모형을 예로 들어 설명하고 있다. 선형모형의 범위에서 추정이 가능하지 못한 비선형모형의 경우에는 비선형최소자승법에서 다루어지나 이는 본 저서의 범위를 벗어나는 내용이다.

변수의 측정에 있어서 발생하는 측정오차의 문제에 대해서는 지금까지 모형 내에 변수로 포함되는, 예를 들어 소득, 소비 및 자산의 크기 등의 자료가 오차가 없이 정확하게 관찰되는 것을 암묵적으로 가정하고 있다. 그러나 때로는 실증분석에 사용되는 자료의 관찰에 있어서, 거시경제변수의 경우에는 집계상의 반올림이나 오류로 인해, 서베이 자료의 경우에는 응답의 부정확성으로 인해 측정오차의 문제가 발생할 수 있다. 때로는 관찰 불가능한 변수를 관찰 가능한 변수로 대용(proxy)화함에 따른 오류도 발생한다. 이러한 오류에 있어서 만일 종속변수의 관찰에 있어서 측정오차가 발생한다면 이는 오차항의 분산을 크게 만드나 불편성 등 최소자승 추정량의 통계적인 특성에는 영향을 미치지 못한다. 다만 설명변수의 측정에 있어서 측정 오차나 오류가 발생하면 앞에서 설명한 최소자승 추정량의 통계적 특성이 지켜지지 못한다. 이에 대해 도구변수(instrumental variable) 추정방법을 그 해결책으로 들 수 있으나 본 저서의 범위를 벗어나므로 생략하기로 한다.

제4장 및 제5장에서 설명하는 최소자승 추정량의 통계적 추론은 오차항의 정규분포 가정에 근거하고 있다. 그러나 만일 정규분포 가정이 실제 자료에 부합하지 않을 경우 최소자승 추정량은 BLUE의 특성은 유지하나 t-분포 및 F-분포에 의한 통계적 추론은 유효하지 못하다. 그러나 이러한 경우에도 표본수가 충분히 크다면 중심극한 정리에 의해 최소자승 추정량의 분포가 정규분포에 근사화하므로 앞에서 설명한 통계적 추론은 유효하다.

이상의 모형설정의 오류 중에서 본 장에서는 첫 번째 문제점으로 설명된 설명변수의 선택의 문제에 대해 집중적으로 설명하기로 한다.

3 설명변수 선정의 문제

모형에서 설정된 설명변수로 어떤 변수가 고려되어야 하며, 또한 특정 설명변수가 모형에 포함되어야 하는지의 여부에 대해서는 (가령 경제이론이나 명백한 모형설정의 이유가 없다면) 사전적으로 알 수 없다. 단지 설명변수의 유의성에 대해서는 앞에서 설명된 제4-5장에서 설명된 t-분포 및 F-분포에 의한 검정을 통해 그 유의성을 확인할 수 있을 뿐이다.

설명변수 선정으로 인해 모형설정의 오류가 발생 가능한 이유는 다음과 같다. 첫째, 특정 설명변수가 중요한 변수이나 이를 누락하는 경우이다. 둘째, 부적합한 변수이나 이를 포함하는 경우이다. 이 절에서는 설명변수 선정으로 인한 모형설정의 오류에 대하여 살펴보기로 한다.

설명변수의 선정과 관련하여 일반적으로 한 개 이상의 특정 설명변수를 제외할 것인가 혹은 포함할 것인가의 문제를 다룬다. 그러나 이 절에서는 설명의 단순화를 위해 한 개의 특정 설명변수를 대상으로 포함 여부에 대해 설명하고 있다. 이 논의의 함의는 두 개 이상의 설명변수로 확장하여도 동일하다. 따라서 여기서는 설명변수가 두 개인 단순회귀분석과 설명변수가 세 개인 다중회귀분석의 경우를 비교하여 설명한다.

3.1 누락변수의 문제

적정모형을 이용하지 않을 경우 추정치에 문제가 발생할 수 있다. 적정한 분석모형의 첫 번째 기준으로 모형이 단순할 것을 제시하였다. 단순한 모형이란 선형모형에서 가능한 적은 수의 설명변수를 포함하는 모형을 의미한다. 그러나 지나치게 단순한 모형, 즉 적은 설명변수를 포함하는 모형을 설정할 경우 문제가 발생할 수 있다. 모형설정에 필요한 중요 변수를 누락하여 설명변수로 모형에 포함시키지 않아 발생하는 문제를 **누락변수**(omitted variable)**의 문제**라고 한다.

예를 들어 다음 **식 7.1**과 같이 소비(민간소비, CP)가 총소득(GNI)과 이자율의 함수(R)라고 하자.

$$CP_i = \beta_1 + \beta_2 R_i + \beta_3 GNI_i + \varepsilon_i \qquad \text{▸ 7.1}$$

식 7.1에서 총소득은 소비결정에 중요한 변수($\beta_3 \neq 0$)로 **식 7.1**은 소비결정의 적정모형을 나타내고 있다. 그런데 가령 연구자의 관심은 소득과 소비의 관계보다는 이자율과 소비와의 관계(β_2)에 더 관심이 있다고 하자. 따라서 연구자가 소득 변수를 제외하고 이자율 변수만 포함하여 아래 **식 7.2**와 같이 계량모형을 설정하였다.

$$CP_i = \alpha_1 + \alpha_2 R_i + \nu_i \qquad \text{▸ 7.2}$$

식 7.2 모형의 추정 결과는 소비의 이자율에 대한 반응도, 즉 β_2를 적정히 추정할 수 있을까? 그렇지 않은 경우가 발생할 수 있다. 다음 설명에서 보듯이, α_2의 추정량인 $\hat{\alpha}_2$는 $E(\hat{\alpha}_2) \neq \beta_2$가 성립하여 β_2에 대한 불편추정량이 되지 못하기 때문이다.

식 7.1의 예를 일반화하여 다음 **식 7.3**을 종속변수의 설명에 적합한 '참모형'이라고 가정하자.

$$Y_i = \beta_1 + \beta_2 X_i + \beta_3 Z_i + \varepsilon_i \qquad \text{▸ 7.3}$$

식 7.3에서 설명변수 Z는 종속변수 Y의 설명에 적합한 중요 변수($\beta_3 \neq 0$)이다. 따라서 모집단 회귀함수 **식 7.3**에 대한 적정한 표본추정식은 다음 **식 7.4**와 같다.

$$Y_i = b_1 + b_2 X_i + b_3 Z_i + e_i \qquad \text{▸ 7.4}$$

식 7.4의 최소자승 추정량은 가우스-마르코프 정리에 의해 BLUE이다.

그런데 실제 추정에 있어서 다음 **식 7.5**와 같이 설명변수 Z를 누락한 추정결과를 구하였다고 하자.

$$\hat{Y}_i = a_1 + a_2 X_i \qquad \text{▸ 7.5}$$

그렇다면 **식 7.5**의 표본회귀식은 모형설정에 **적합한 변수를 누락**(omission of relevant variables)한 경우이다. 이러한 경우 최소자승 추정량 a_2는 참모형인 **식 7.3**의 β_2에 대해 제대로 된 추정량인가? 즉 $E(a_2) = \beta_2$가 성립하는가?

제3장 **식 3.14**에서 **식 7.5**의 기울기에 대한 최소자승 추정량을 다음 **식 7.6**과 같이 구하였다.

$$a_2 = \frac{\sum_{i=1}^{n}(X_i - \overline{X})(Y_i - \overline{Y})}{\sum_{i=1}^{n}(X_i - \overline{X})^2} \qquad \text{▸ 7.6}$$

식 7.6에 대해 '참모형' **식 7.3**을 적용한 결과 다음 **식 7.7**의 관계를 구할 수 있다.

$$\begin{aligned} E(a_2) &= \frac{\sum_{i=1}^{n}(X_i - \overline{X})E(Y_i)}{\sum_{i=1}^{n}(X_i - \overline{X})^2} \\ &= \frac{\sum_{i=1}^{n}(X_i - \overline{X})(\beta_1 + \beta_2 X_i + \beta_3 Z_i)}{\sum_{i=1}^{n}(X_i - \overline{X})^2} \\ &= \beta_2 + \beta_3 \frac{s_{XZ}}{s_X^2} \end{aligned} \qquad \text{▸ 7.7}$$

식 7.7에서 만일 두 설명변수 X와 Z 간의 표본 공분산이 0이 아니라면, 즉 $s_{XZ} \neq 0$이라면 $E(a_2) \neq \beta_2$의 관계가 성립한다. 따라서 설명변수 Z가 종속변수 Y의 설명에 중요한 변수($\beta_3 \neq 0$)이며, 두 설명변수 X와 Z 간의 표본 공분산이 0이 아니라면 ($s_{XZ} \neq 0$)이라면 모형설정에서 중요한 설명변수 Z를 누락하게 됨에 따라 다른 중요한 설명변수 X의 최소자승 추정량에는 편의가 발생한다. 이를 **누락변수로 인한 편의**(omitted variable bias)라고 한다.

식 7.7에서 β_2가 양수이며, β_2와 s_{XZ}의 부호가 다르다면 추정량 a_2의 값은 진정한 참값 β_2보다 적은 값이 되거나 부호가 다를 수 있다. 또한 β_2가 양수이며, β_2와 s_{XZ}의 부호가 동일하다면, 추정량 $|a_2|$의 값이 진정한 참값 $|\beta_2|$보다 크게 나타나 X변수의 영향도를 과대평가하는 결과가 초래된다. 다만, 누락된 변수와 포함된 변수 간의 상관관계가 없다면($s_{XZ}=0$), 누락변수가 있는 모형에서도 편의는 발생하지 않는다.

예 7.1

식 7.1의 예에서 만일 총소득(GNI)와 이자율(R) 간에 상관관계가 존재한다면 소득이 누락되어 있는 모형으로 식 7.2를 추정한 소비에 대한 이자율의 영향도는 진정한 소비에 대한 이자율의 영향도를 잘못 추정한 결과가 된다.

NATIONAL_QUARTER 파일의 자료를 이용하여 다음과 같이 소비(CP)를 이자율(R)에 대해 추정한 결과 다음 식 7.8의 결과를 구한다.

$$\widehat{CP}_t = \underset{(63.20)}{197425.5} - \underset{(-16.66)}{10503.69}\, R_t \qquad R^2 = 0.7894 \tag{7.8}$$

식 7.8의 결과에서 이자율과 소비 간의 음의 관계가 추정되어서 이론적으로 문제가 없다고 판단할 수 있다. 그러나 소비 결정에 중요한 변수로 판단되는 총소득(GNI)을 포함하지 않은 결과로서 누락변수가 존재할 것으로 의심할 수 있다. 식 7.8의 모형에 소득을 포함하여 추정한 결과는 다음 식 7.9와 같다.

$$\widehat{CP}_t = 59185.35 + 0.3295 GNI_t - 1640.06 R_t \quad \text{▸ 7.9}$$
$$(5.70) \qquad (13.49) \qquad (-2.22)$$
$$R^2 = 0.9397$$

식 7.9의 모형에서 총소득 변수의 t-통계치는 13.49로 유의성 검정결과 적합한 변수로 판단된다. 따라서 소비에 대한 이자율의 효과는 식 7.9에서 추정된 -1640.06으로 추정되며, 총소득 변수를 누락한 식 7.8의 회귀분석 이자율 변수의 회귀계수 추정치인 -10503.69는 편의가 있는 추정치로 판단된다. ■

3.2 부적합한 변수가 포함된 모형의 문제

다음으로 고려할 모형설정의 오류로서 특정 설명변수가 부적합한 변수임에도 이를 회귀모형에 포함한 경우를 들 수 있다. 제5장에서 살펴본 바와 같이 일반적으로 설명변수의 수가 증가함에 따라 모형의 설명력을 나타내는 R^2값이 증가하게 된다. 따라서 단순히 추정할 모형의 설명력을 높이기 위해 부적합한 변수임에도 설명변수를 선정하는 경우를 들 수 있다.

다음 **식 7.10**의 모형을 종속변수 Y의 설명에 대한 적정한 '참모형'이라고 가정하자.

$$Y_i = \beta_1 + \beta_2 X_i + \varepsilon_i \quad \text{▸ 7.10}$$

식 7.10의 '참모형'에 대한 적절한 표본회귀모형은 다음 **식 7.11**과 같다.

$$Y_i = b_1 + b_2 X_i + e_i \quad \text{▸ 7.11}$$

그러나 연구자는 실제 '참모형'을 모르기 때문에 다음 **식 7.12**와 같은 표본회귀모형을 추정했다고 하자.

$$\hat{Y}_i = c_1 + c_2X_i + c_3Z_i \qquad \text{▸ 7.12}$$

식 7.12에 있어서 실제로 설명변수 Z는 종속변수 Y의 설명에 중요한 변수가 아니나 이를 포함하여 추정한 것이다. 이는 **부적합한 변수를 포함한 경우**(inclusion of irrelevant variables)에 해당된다. 그렇다면 최소자승법에 의한 추정량 c_2는 설명변수 X의 참 영향도를 나타내는 β_2의 적절한 추정량인가? 즉 $E(c_2) = \beta_2$가 성립하는가?

식 7.11에 대한 최소자승 추정량의 식은 제5장 2절의 **식 5.5–5.7**로 주어져 있다. 특히 X변수의 기울기인 c_2는 다음의 **식 7.13**과 같다.

$$c_2 = \frac{(S_{2Y}S_{33} - S_{3Y}S_{23})}{(S_{22}S_{33} - S_{23}^2)} \qquad \text{▸ 7.13}$$

식 7.13에 '참모형'의 **식 7.10**을 대입하여 기대치를 구하면 $E(c_2) = \beta_2$를 쉽게 구할 수 있다. 따라서 부적합한 변수를 설명변수로 추가한다고 하더라도 중요변수는 불편추정량이 된다.

반면 **식 7.12**의 c_2의 분산과 **식 7.11**의 b_2의 분산 간에는 다음의 **식 7.14**의 관계가 성립한다.

$$V(c_2) = \frac{V(b_2)}{1 - \gamma_{XZ}^2} \qquad \text{▸ 7.14}$$

식 7.14에서 γ_{XZ}는 두 변수 X와 Z 간의 표본 상관계수를 나타낸다. **식 7.14**에서 $-1 \leq \gamma_{XZ} \leq 1$이 성립하므로 $V(c_2) \geq V(b_2)$가 성립한다. 따라서 부적합한 변수를 추가하게 되면 중요 변수의 추정량에 대한 분산이 커짐을 알 수 있다.

이상의 분석에서 부적합한 변수를 추가하더라도 중요변수의 회귀계수에 대한 추정량은 불편 추정량이나 분산이 커짐을 알 수 있다.

예 7.2 PITCHER 파일의 자료로부터 투수의 연봉 결정요인을 분석하다고 하자. 투수 연봉에 영향을 주는 요인들이 무엇인지 이론적으로 사전에 파악하기 어렵지만 대체로 다음과 같이 승수(WIN)와 세이브수($SAVE$)는 투수의 연봉에 결정적으로 중요한 변수인 것은 알 수 있다. 따라서 다음과 같은 추정결과를 구하였다.

$$\widehat{MONEY}_i = \underset{(3.99)}{4419.56} + \underset{(6.66)}{1329.50}\, WIN_i + \underset{(2.74)}{412.52}\, SAVE_i \qquad R^2 = 0.3118 \tag{7.15}$$

이에 추가로 스트라이크 아웃수(K) 변수를 추가하면 어떨까? 그 결과는 다음과 같다.

$$\widehat{MONEY}_i = \underset{(3.23)}{4090.13} + \underset{(2.81)}{1139.58}\, WIN_i + \underset{(2.62)}{399.01}\, SAVE_i + \underset{(0.54)}{25.72}\, K_i \qquad R^2 = 0.3135 \tag{7.16}$$

식 7.16의 결과에서 스트라이크 아웃수(K)의 t-통계치 값은 0.54로 유의적이지 않은 변수이다. 따라서 식 7.16의 추정모형은 식 7.15의 추정모형에 비해 적합하지 않은 변수를 추가한 결과라고 할 수 있다. 스트라이크 아웃수 변수를 추가함에 따라 승수(WIN)의 회귀계수도에 대한 추정치는 1329.50에서 1139.58로 크게 변화가 없었으나 그 표준오차는 119.4981에서 405.3517로 크게 증가(실전예제 결과 참조)하여 결과적으로 승수의 t-통계치 값이 6.664에서 2.81로 하락한 것을 알 수 있다. 또한 두 추정결과의 결정계수 값 또한 스트라이크 아웃수의 추가에 따라 0.3118에서 0.3135로 큰 변화가 없음을 알 수 있다. ■

4 설명변수 선정의 검정방법

3절에서는 모형설정에 적합한 변수를 누락하거나 부적합한 변수를 추가할 경우의 문제점에 대해 살펴보았다. 모형설정의 오류를 피하기 위해서는 고려 대상인 특정변수가 모형설정에 적합한 변수인지 부적합한 변수인지를 판단하여 적정한 모형을 구축해야 한다. 그러나 경제이론에서 혹은 경험적으로 이에 대한 설명이 없다면 고려대상인 특정변수가 적합한 변수인지 부적합한 변수인지를 사전적으로 알 수 없다. 이 절에서는 이에 대한 검정방법에 대해 살펴본다.

4.1 t-검정 혹은 F-검정을 이용하는 방법

고려대상인 변수가 적합한 변수인지 혹은 부적합한 변수인지를 판정하는 방법으로는 고려대상의 변수를 모형에 포함하여 그 변수의 회귀계수의 유의성에 대해 검정하는 방법이다. 이는 제5장에 설명된 바와 같이 특정변수의 유의성에 대해 t-검정을 통하여 판단할 수 있으며 고려대상인 변수가 두 개 이상인 경우 회귀계수의 일부분에 대한 가설검정을 F-검정을 통해 판단할 수 있다.

예 7.3 PITCHER 파일을 이용한 예 7.2에서는 투수의 연봉 결정에 스트라이크 아웃수(K) 변수를 포함할 것인가 제외할 것인가에 대해 설명하고 있다. 스트라이크 아웃수 변수가 적합한 변수이면 식 7.15의 추정결과는 적합한 변수를 제외한 모형설정의 오류가 있는 모형이 되며, 또한 스트라이크 아웃수 변수가 적합하지 않은 변수이면 식 7.16의 추정결과는 부적합한 변수를 포함한 모형설정의 오류를 가지는 모형이 된다. 따라서 스트라이크 아웃수 변수가 적합한 변수인가를 판단하기 위하여 이 변수를 모형에 고려한 식 7.16의 추정결과를 살펴보자, 식 7.16에서 t-검정 결과 스트라이크 아웃수 변수는 유의적이지 않은 변수로 판정된다. 따라서 스트라이크 아웃수 변수는 투수의 연봉 결정에 적합하지 않은 변수이다. ■

4.2 조정된 결정계수에 의한 판정방법

제5장 3절에서 설명변수를 추가함에 따라 추가되는 설명변수의 유의성 여부와 상관없이 결정계수 R^2값은 항상 증가하나 조정된 결정계수 $\overline{R}^2$의 경우 추가되는 설명변수의 유의성에 따라 증가하기도 하나 감소하기도 한다는 것을 배웠다. 즉 만일 추가되는 변수가 적합한 변수이면 조정된 결정계수 값은 증가하나 반대로 부적합한 변수이면 조정된 결정계수 값이 감소하게 된다. 따라서 고려대상인 특정변수를 포함한 결과와 포함하지 않은 추정결과에서 조정된 결정계수 값이 큰 모형을 선택함에 따라 고려대상 변수의 적합성에 대해 판정하는 방법이다.

예 7.4 예 7.2에서 고려한 투수의 연봉 결정에 있어서 스트라이크 아웃수 변수의 적합성 여부를 예로 보기로 하자. 실전예제에 수록된 결과로부터 스트라이크 아웃수 변수를 포함한 경우의 조정된 결정계수 값은 0.295026이나 이를 제외한 경우의 조정된 결정계수 값은 0.299494로 나타났다. 이로부터 스트라이크 아웃수 변수를 제외한 경우의 조정된 결정계수값이 크게 나타나 스트라이크 아웃수 변수는 적합하지 않은 변수로 판정하였다. ■

4.3 정보기준에 의한 판정방법

위에서 살펴본 조정된 결정계수에 의한 판단과 유사한 방법으로 **정보기준**(information criteria)을 이용하는 방법을 들 수 있다. 정보기준이란 추가되는 변수가 잔차 제곱합을 감소하여 모형의 설명력을 상승(제7장 1절 적정모형의 기준 1.3)시키는 반면 동시에 모형의 크기를 확대(제7장 1절

적정모형의 기준 1.1에 위배)함에 따라 이 두 가지 측면을 고려한 기준을 제시하고 있다.

정보기준으로는 다음 **식 7.17-7.18**과 같이 *AIC*(Akaike information criterion)과 *SC*(Schwarz criterion)의 두 기준을 들 수 있는데 정보기준에 의한 판정방법은 이 정보기준 값이 작은 모형을 선호하는 판정이다. 두 기준 모두 잔차 제곱합(RSS)이 작은 모형을 선호하며 또한 동시에 설명변수의 수(k)가 작은 모형을 선호하는 기준을 제시하고 있다.

$$AIC = \exp\left(\frac{2k}{n}\right)\frac{RSS}{n} \tag{7.17}$$
$$\ln AIC = \left(\frac{2k}{n}\right) + \ln\left(\frac{RSS}{n}\right)$$

$$SC = n^{\frac{k}{n}}\left(\frac{RSS}{n}\right) \tag{7.18}$$
$$\ln SC = \frac{k}{n} ln(n) + \ln\left(\frac{RSS}{n}\right)$$

위에서 제시한 *AIC*와 *SC*의 계산식 외에도 학자들마다 다른 계산법을 제시하기도 한다. 기본적으로 **식 7.17, 7.18**에 제시한 계산법에 상수항을 첨부하기도 하며, 표본의 수를 곱하기도 한다.[2] 이러한 계산상 방법의 차이에도 불구하고 RSS와 k의 변화에 따른 *AIC*, *SC*의 변화는 같은 방향이다.

정보기준에 의한 판정에 있어서 두 기준에 의한 판정결과가 상호 일치하지 않는 경우가 간혹 발생할 수 있다. 이러한 경우 일관된 판정기준에 따라 모형을 선정할 것을 권유하며 대체로 *SC*가 *AIC*를 보완한 판정방법으로 평가받고 있다.

---

2 EViews에서는 *AIC*와 *SC*를 수식 (7.15), (7.16)에 있는 로그를 취한 정보기준에 상수항을 더한 식, 즉 $\ln AIC + 1 + \log(2\pi)$, $\ln SC + 1 + \log(2\pi)$를 각각 사용하며, gretl에서는 EViews에서 사용한 *AIC*, *SC*에서 표본의 숫자를 곱한 값을 사용한다.

예 7.5 예 7.2-7.4에서 고려한 투수 연봉 결정에 스트라이크 아웃수 변수를 포함할 것인가를 정보기준에 따라 판정하기로 하자. 식 7.15과 같이 스트라이크 아웃수 변수를 제외하고 투수의 연봉을 승리수와 세이브에 대한 추정결과와 식 7.16와 같이 스트라이크 아웃수 변수를 추가한 경우의 각각 정보기준의 값이 실전예제 추정결과에 보고되어 있다. 두 추정결과 중에서 AIC값과 SC값 공히 스트라이크 아웃수 변수를 제외한 모형에서 그 값이 작게 나타나 식 7.15의 추정결과를 선호하고 있다. ■

실전예제 7.1 gretl 명령문 및 추정결과

소비함수의 분석에서는 NATIONAL_QUARETER 파일을 연다. gretl 프로그램 창의 Model > Ordinary Least Squares...를 차례로 선택하여 Dependent variable에 [CP]를 Regressors에 [R]을 선택한다. 그 후 OK를 선택한다.

1. 예 7.1의 추정결과

그림 7-A

Model 1: OLS, using observations 1999:1-2017:4 (T=76)
Dependent variable: CP

	Coefficient	*Std. Error*	*t-ratio*	*p-value*	
const	197426	3123.93	63.1978	<0.0001	***
R	−10503.7	630.587	−16.6570	<0.0001	***

Mean dependent var	149658.7	S.D. dependent var	23384.27
Sum squared resid	8.64e+09	S.E. of regression	10802.37
R-squared	0.789447	Adjusted R-squared	0.786602
F(1, 74)	277.4559	P-value(F)	9.55e-27
Log-likelihood	−812.6775	Akaike criterion	1629.355
Schwarz criterion	1634.017	Hannan-Quinn	1631.218
rho	0.804833	Durbin-Watson	0.396348

이 창에서 Tests > Add Variables를 차례로 선택하여, 나타난 창에서 [GNI]를 선택한 후 OK를 선택하면, 기존 회귀분석 창의 밑에 다음과 같은 검정치와 결과를 보여준다.

❙ 그림 7-B ❙

```
Test for addition of variables -
Null hypothesis: parameters are zero for the variables
GNI
Test statistic: F(1, 73)=182.101
with p-value=P(F(1, 73)>182.101)=1.60684e-021
```

이뿐만 아니라 새로운 창에 GNI를 추가해서 분석한 결과를 보여 준다.

❙ 그림 7-C ❙

```
Test on Model 1:
Null hypothesis: the regression parameter is zero for GNI
Test statistic: F(1, 73)=182.101, p-value 1.60684e-021
Adding variables improved 3 of 3 information criteria.

Model 2: OLS, using observations 1999:1-2017:4 (T=76)
Dependent variable: CP
```

	Coefficient	*Std. Error*	*t-ratio*	*p-value*	
const	59185.3	10381.4	5.7011	<0.0001	***
R	−1640.06	739.444	−2.2180	0.0297	**
GNI	0.329467	0.0244149	13.4945	<0.0001	***

Mean dependent var	149658.7	S.D. dependent var	23384.27
Sum squared resid	2.47e+09	S.E. of regression	5818.066
R-squared	0.939748	Adjusted R-squared	0.938097
F(2, 73)	569.2895	P-value(F)	2.94e-45
Log-likelihood	−765.1319	Akaike criterion	1536.264
Schwarz criterion	1543.256	Hannan-Quinn	1539.058
rho	0.311761	Durbin-Watson	1.362638

2. 예 7.2의 추정결과

식 7.16의 투수 연봉결정모형을 회귀분석한 결과

PITCHER 파일을 열어서 Model > Ordinary least squares를 선택하고 Dependent variable에 [MONEY]를 Regressors에 [WIN, SAVE, K]를 선택하고 OK를 선택한다. 분석결과는 생략한다.

여기서 부적합한 변수에 대한 검정을 하기 위해서는 분석모형 창에서 Tests > Omit variables를 선택하고 K를 선택해 주고 OK를 선택하면 다음 결과를 얻는다.

그림 7-D

Test on Model 1:
Null hypothesis: the regression parameter is zero for K
Test statistic: F(1, 111) = 0.290285, p-value 0.591117
Omitting variables improved 3 of 3 information criteria.

Model 2: OLS, using observations 1-115
Dependent variable: MONEY

	Coefficient	*Std. Error*	*t-ratio*	*p-value*	
const	4419.56	1107.24	3.992	0.0001	***
WIN	1329.50	199.498	6.664	1.04e-09	***
SAVE	412.522	150.019	2.750	0.0070	***

Mean dependent var	9992.174	S.D. dependent var	10029.55
Sum squared resid	7.89e+09	S.E. of regression	8394.362
R-squared	0.311783	Adjusted R-squared	0.299494
F(2, 112)	25.36971	P-value(F)	8.18e-10
Log-likelihood	−1200.719	Akaike criterion	2407.439
Schwarz criterion	2415.673	Hannan-Quinn	2410.781

여기서 우리는 F-검정치를 볼 수 있으며, K를 제외한 회귀분석모형이 3가지($\overline{R}^2, AIC, SC$) 모든 정보기준들을 향상시킴을 나타낸다.

실전예제 7.2 EViews 명령문 및 추정결과

소비함수를 분석하기 위해서 NATIONAL_QUARETER 파일로부터 CP를 상수항과 R에 대해 회귀분석한 결과는 gretl과 같다.

1. 예 7.1의 추정결과

EViews의 회귀분석 결과가 나온 이 창에서 View > Coefficient Diagnostics > Omitted Variables test..Likelihood...를 차례로 선택하여 나타난 창에서 [GNI]를 입력하면 본문에서 말하는 누락변수에 대한 검정결과가 나온다. gretl의 결과와 비슷한 양식으로 표현되어 결과는 생략한다.

2. 예 7.2의 추정결과

식 7.16의 투수 연봉 결정모형을 회귀분석 결과창에 부적합한 변수에 대한 검정을 하려면 View > Coefficient Diagnostics > Redundant Variables test..Likelihood...를 선택하여 나타난 창에서 스트라이크 아웃수인 [K]를 입력하면 상관없는 변수 K에 대한 검정결과와 제한이 있는 모형의 회귀분석 결과를 도출한다.

연습문제

1. 다음의 용어에 대하여 설명하여라.
   (1) 적합한 변수를 누락 (2) 누락변수로 인한 편의
   (3) 부적합한 변수 (4) 정보기준

2. 아래의 각 문장이 맞는지 틀리는지를 결정하고, 그 이유를 간략히 설명하라.
   (1) 회귀분석에서 부적합한 변수가 추가되면 R^2는 증가하지 않는다.
   (2) 부적합한 변수가 있는 경우에도 OLS 계수의 추정치는 불편(일치)추정치이다.
   (3) 간단한 모형을 만들기 위해서 모형에서 설명변수를 하나 제거하였을 때, RSS가 커지게 된다.
   (4) 회귀분석 모형은 가능한 한 모든 설명변수를 포함하여야 한다.

심화문제

1. 아래의 각 문장이 맞는지 틀리는지를 판단하고, 그 이유를 간략히 설명하라.
   (1) $Y_i = \beta_1 + \beta_2 X_i + \beta_3 Z_i + \varepsilon_i$의 회귀식에서 만일 X_i와 Z_i가 음의 상관관계에 있고 $\beta_3 > 0$인 경우, 만일 Z_i를 제외하여 단순회귀분석 $Y_i = \alpha_1 + \alpha_2 X_i + \varepsilon_i$를 추정한다면 α_2의 추정치에는 하향편의(downward bias)가 발생한다. 즉, $E(\widehat{\alpha_2}) < \beta_2$.
   (2) $Y_i = \beta_1 + \beta_2 X_i + \beta_3 Z_i + \varepsilon_i$의 회귀분석 모형에서 만일 X와 Z가 독립이면 β_2에 대한 불편추정치는 이 회귀분석 모형에서 Z 변수를 누락하여 Y를 상수항과 X에 대해 단순 회귀 분석함에 따라 구할 수 있다.

2. 다음의 회귀 모형 $Y_i = \beta_1 + \beta_2 X_i + \beta_3 X_i^2 + \varepsilon_i$에서 $\beta_3 \neq 0$이다. 그런데 X_i^2 변수를 누락하여 Y를 상수항과 X에 대해서만 회귀분석한 $Y_i = b_1 + b_2 X_i + e_i$ 회귀분석 결과에서 최소자승 추정치 b_2는 β_2에 대한 불편추정량인가? 판단하고 설명하라.

3. $Y_i = \beta_1 + \beta_2 X_i + \beta_3 Z_i + \varepsilon_i$의 회귀모형을 추정한 회귀식은 $Y_i = b_1 + b_2 X_i + b_3 Z_i + e_i$이며 X와 Z간의 상관계수 값은 0이다. 위 모형에서 각각 Z와 X 변수를 누락하여 추정한 다음 회귀식에 대한 질문에 답하라.

$$Y_i = a_1 + a_2 X_i + e_i$$
$$Y_i = d_1 + d_3 Z_i + e_i$$

   (1) $a_1 = b_1$이며 $a_2 = b_2$인가?
   (2) $d_1 = b_1$이며 $d_3 = b_3$인가?

(3) $V(a_2) = V(b_2)$이며 $V(d_3) = V(b_3)$인가?

4. 다음은 INCOME 파일을 이용한 두 회귀분석 결과이다. 이를 보고 질문에 답하여라.

OLS estimates

Dependent variable: INCOME

	(1)	(2)
const	15.47** (5.685)	17.56** (5.606)
AGE	0.6798** (0.1381)	0.4936** (0.1551)
MALE		6.776** (2.809)
n	92	92
Adj. R2	0.2033	0.2438
lnL	-336.8	-333.9

Standard errors in parentheses
* indicates significance at the 10 percent level
** indicates significance at the 5 percent level

(1) 모형 (1)과 모형 (2) 중 어느 모형이 더 좋은 모형인지 논하여라.

(2) 모형 (1)에서 AGE의 계수는 불편추정량인지 논하여라.

(3) 모형 (1)의 RSS가 8149.776이며 모형 (2)의 RSS가 7649.524이다. 모형 (1)에서 MALE 변수가 누락변수인지 검정하는 F-검정치를 구하여라.

실증분석 문제

1. 제6장의 연습문제에서 다루었던 ENGEL 파일에는 가계 지출에 대한 정보를 담고 있다. 사교육비 지출은 가계의 특성(가구주의 교육수준, 가구주 연령, 자가주택 소유 여부, 가구주의 실업상태, 고등학교 이하 자녀수 및 대학교 이상 자녀수) 이외에도 가용자원에 의존한다. 가구주의 교육수준으로부터 각 학력별 가변수를 설정하고 다음 물음에 답하시오.
   (1) 사교육비 지출에 대한 가용자원으로 가계 총소득(HINCOME)을 들 수 있다. 따라서 사교육비 지출금액(PREXP)을 위 가계의 특성 변수와 가구주의 교육수준 가변수 및 가계 총소득(HINCOME)에 대해 회귀분석하라.
   (2) 사교육비 지출에 대한 가용자원으로 가계는 벌어 들이는 소득으로부터 가계에 필요한 지출을 차감한 실제 지출가능한 금액이 중요한 요인으로 작용한다고 할 수 있다. 이를 감안하여 사교육비 지출에 대한 가용자원으로 가계 총소득(HINCOME) 대신에 가계 총 지출금액(EXP) 변수를 사용하고자 한다. 따라서 사교육비 지출금액(PREXP)을 위 가계의 특성 변수와 가구주의 교육수준 가변수 및 가계 총 지출금액(EXP)에 대해 회귀분석하라.
   (3) (1)과 (2)의 모형을 비교하라. 조정된 결정계수 및 정보기준 값으로부터 어느 모형을 더 적합한 모형이라고 판단하는가? 설명하라.

CHAPTER 08

다중공선성

제8장에서는 다중회귀분석 모형에 있어서 설명변수들 간의 관계에서 문제가 발생하는 다중공선성에 대해 분석한다. 이해를 돕기 위해 극단적인 형태라 할 수 있는 완전공선성의 경우에 대해 먼저 살펴본 후, 이로부터 보다 일반적인 형태인 설명변수들 간에 높은 상관관계가 발생하는 다중공선성[1]에 대해 설명한다.

1 다중공선성의 성격

1.1 완전공선성

완전공선성(perfect collinearity)이란 다중회귀분석에서 설명변수들 간에 정확한 선형관계가 존재하는 경우를 의미하는 것으로 이는 제5장의

1 저서에 따라 다중공선성과 관련된 용어가 조금씩 다르다. 어떤 책에서는 본 교재의 완전공선성과 같이 설명변수 간에 정확한 선형관계가 있는 경우를 완전 다중공선성이라 하며 설명변수들 간에 높은 선형관계가 있는 다중공선성의 경우를 불완전다중공선성이라고 표현하기도 한다.

고전적 가정 3에 위배된다.

상수항을 포함한 k개의 설명변수에 대하여 완전공선성은 다음과 같이 정의된다.

$X_{1i}=1$인 상수항을 나타낼 때 모든 관찰치 i에 대하여 설명변수 $X_1, \cdots, X_k$의 선형결합

$$\lambda_1 X_{1i} + \lambda_2 X_{2i} + \cdots + \lambda_k X_{ki} = 0 \qquad \text{▸ 8.1}$$

이 성립되게 만드는 $\lambda_1, \lambda_2, \cdots, \lambda_k$의 해가 동시에 모두 0이 아닌 경우 이를 완전공선성이라 한다.

가령 $\lambda_k \neq 0$이라면 다음 **식 8.2**와 같이 X_k 변수는 다른 변수$(X_1, \cdots, X_{k-1})$의 정확한 선형 함수로 표현된다.

$$X_{ki} = \frac{1}{\lambda_k}(\lambda_1 X_{1i} + \cdots \lambda_{k-1} X_{k-1\,i}) = a_1 X_{1i} + \cdots + a_{k-1} X_{k-1\,i} \qquad \text{▸ 8.2}$$

따라서 완전공선성이란 모든 관찰치에 있어서 한 변수를 다른 변수들의 정확한 선형관계로 표현할 수 있는 경우를 말한다.

두 변수(X, W)의 경우를 예로 들면 모든 관찰치에 대하여 $X_i = \alpha + \lambda W_i$와 같은 관계가 성립한다면 두 변수$(X, W)$ 간에는 완전공선성이 존재한다.

예 8.1 | 개인의 소비를 연봉(A)과 월급(M)에 대하여 회귀분석하는 모형에서 만일 모든 관찰치에 대하여 연봉과 월급 간에 $A_i = 12M_i$의 관계가 성립한다면 이는 한 변수를 다른 변수에 대해 정확한 선형관계로 표현할 수 있는 경우이다. 또한 $A_i - 12M_i = 0$이 성립하여 식 8.1의 완전공선성 정의에 해당된다. ■

예 8.2 6장에서 성별구분을 나타내는 가변수로 식 6.30에 정의된 D와 식 6.32에 정의된 W의 두 가변수를 모두 모형에 포함한다면 모든 관찰치에 대하여 $D_i + W_i = 1$이 성립한다. 이는 D_i, W_i 및 상수항을 나타내는 $X_{1i} = 1$ 세 변수 간에 정확한 선형관계가 성립하는 완전공선성에 해당한다. ■

예 8.3 환율을 수출(X), 수입(M) 및 무역수지(B)에 대하여 회귀분석하는 모형에서 무역수지의 정의상 모든 연도 t에 있어서 $B_t = X_t - M_t$ 혹은 $B_t - X_t + M_t = 0$의 관계가 성립한다. 이는 위 식 8.1에서 $\lambda_1 B_t + \lambda_2 X_t + \lambda_3 M_t = 0$이 성립하게 하는 $(\lambda_1 = 1, \lambda_2 = -1, \lambda_3 = 1)$의 0이 아닌 해가 존재하므로 세 변수 간에 완전공선성이 발생한다. ■

1.2 다중공선성

완전공선성에 비해 보다 보편적인 경우로 **다중공선성**(high multicollinearity)이란 완전공선성처럼 설명변수들 간에 정확한 선형관계는 아니지만 정확한 선형관계에 가까운, 즉 높은 상관관계를 갖는 경우를 뜻한다. 예컨대 정확한 선형관계를 나타내는 **식 8.2**에 확률항 v_i를 추가한 다음 식을 고려하자.

$$X_{ki} = a_1 X_{1i} + \cdots + a_{k-1} X_{k-1i} + v_i \qquad ▸ 8.3$$

식 8.3에서는 v_i로 인해 $(X_1, X_2, \cdots, X_k)$ 변수 간에는 정확한 선형관계가 성립하지는 않으나 선형관계에 가까운 높은 상관관계를 가지고 있다. 이를 높은 다중공선성이라 한다.

예를 들어 다음의 가상적인 자료를 고려하자.

표 8-1 가상적인 연봉 자료

M_i	$12M_i$	A_i^*
10	120	128
12	144	149
27	324	310
18	216	225
15	180	184

표 8.1의 자료에서 예를 들어 연봉이 월급의 12배로 책정되는 것이 아니라 새 연봉(A^*)은 월급(M)의 12배에 추가로 더하여 개인별로 값이 다른 업적급(v_i)이 포함된다고 하자. 그러면 두 변수 A^*와 M 간에는 $A_i^* = 12M_i + v_i$로 정확한 선형관계는 아니나 높은 상관관계를 가지고 있다. 실제로 A^*와 M, 두 변수 간의 상관계수는 0.99로 높은 다중공선성 관계에 놓여 있다.

예 8.4 **예 8.3**의 환율결정추정식에서 수출(X), 수입(M) 및 무역수지(B) 간에 발생하는 완전공선성 문제를 회피하기 위해 무역수지(B) 변수 대신에 경상수지(CA) 변수를 채택하였다고 하자. 모든 연도에 있어서 $CA_t = X_t - M_t + v_t$의 관계가 성립하여 세 변수 간에 높은 다중공선성이 발생한다. 실제로 경상수지(CA)는 무역수지($B = X - M$)와 무역외 수지(v)의 합으로 구해진다. ■

예 8.5 소비함수 추정에 있어서 소득(I) 이외에 소비자의 자산(W) 또한 소비(C)에 중요한 영향을 미친다고 생각하여 $C_i = \beta_1 + \beta_2 I_i + \beta_3 W_i + \varepsilon_i$로 모형을 구성하였다고 하자. 가계소득과 자산 간에는 정확한 선형관계가 성립하지는 않으나 일반적으로 높은 상관관계를 가지며, 높은 다중공선성은 회귀함수의 추정에 있어서 후술하는 바와 같은 문제를 발생시킨다. ■

예 8.6 한 나라의 경제규모를 측정하는 GDP와 GNP 간에는 한 국가 영토 안에서의 경제활동규모(GDP)와 국민소유에 의한 경제활동규모(GNP)의 측정이라는 구분은 있으나, 두 변수 간에는 사소한 차이만이 존재한다. 따라서 GDP와 GNP를 설명변수로 모두 사용하는 회귀분석모형에서는 높은 다중공선성이 발생한다. ■

2 다중공선성의 문제점

완전공선성이란 다중공선성의 보다 극단적인 형태로 다중공선성의 문제점은 완전공선성이 존재하는 경우의 문제점으로부터 보다 쉽게 설명될 수 있다. 따라서 완전공선성의 문제점을 설명하고 이로부터 다중공선의 문제점을 유추하여 설명한다.

2.1 완전공선성의 경우

(1) 완전공선성이 존재하면 회귀계수를 구할 수 없다.

예 8.1의 경우를 예로 들어 다음 **식 8.4**와 같은 모형을 추정한다고 하자.

$$Y_i = \beta_1 + \beta_2 A_i + \beta_3 M_i + \varepsilon_i \qquad \text{▸ 8.4}$$

두 변수 A와 M 간에 $A_i = 12M_i$와 같이 정확한 선형관계가 존재하여 이를 고려한 실제 추정모형은 다음 **식 8.5**와 같게 된다.

$$\begin{aligned} Y_i &= \beta_1 + \beta_2 12M_i + \beta_3 M_i + \varepsilon_i \\ &= \beta_1 + (12\beta_2 + \beta_3)M_i + \varepsilon_i \end{aligned} \quad \text{▸ 8.5}$$

따라서 **식 8.4**의 모형을 추정하는 것은 실제로 **식 8.5**의 모형을 추정하는 것이다. **식 8.5**에 대한 최소자승 추정 결과 $\hat{Y}_i = b_1 + b_2 M_i$로부터 다음의 관계가 성립한다.

$$12\hat{\beta}_2 + \hat{\beta}_3 = b_2 \quad \text{▸ 8.6}$$

식 8.6에서는 한 개의 식으로부터 두 개의 미지수($\hat{\beta}_2, \hat{\beta}_3$)를 다 구할 수 없는 문제가 발생한다. 즉 **식 8.6**의 관계가 성립하는 ($\hat{\beta}_2, \hat{\beta}_3$)의 유일한 해가 존재하지 않게 된다.

보다 일반적인 경우를 예로 들어 상수항을 포함한 설명변수가 세 개인 경우 최소자승 추정량은 제5장 2절의 **식 5.5–5.7**로 구해지며 이를 다시 표기하면 다음 **식 8.7**과 같다.

$$\begin{aligned} b_2 &= \frac{(S_{2Y}S_{33} - S_{3Y}S_{23})}{(S_{22}S_{33} - S_{23}^2)} \\ b_3 &= \frac{(S_{3Y}S_{22} - S_{2Y}S_{23})}{(S_{22}S_{33} - S_{23}^2)} \end{aligned} \quad \text{▸ 8.7}$$

만일 $X_{2i} = \lambda X_{3i}\,(\lambda \neq 0)$와 같이 두 변수 간에 완전한 선형관계가 존재할 경우 분자와 분모 모두 공히 0이 되어 최소자승 추정량(b_2, b_3)를 구할 수 없는 문제가 발생한다.

(2) 완전공선성이 존재하면 회귀계수의 분산 추정치가 무한대가 된다.

예를 들어 상수항을 포함한 설명변수가 세 개인 경우 최소자승 추정량의 분산은 다음 **식 8.8**과 같다.

$$V(b_2) = \frac{\sigma^2}{S_{22}(1-r_{23}^2)}, \quad V(b_3) = \frac{\sigma^2}{S_{33}(1-r_{23}^2)} \qquad \text{▸ 8.8}$$

만일 $X_{2i} = \lambda X_{3i}\,(\lambda \neq 0)$과 같이 두 변수 간에 완전한 선형관계가 존재한다면 두 변수 간의 상관계수 $r_{23} = \pm 1$이 되어 **식 8.8**에서 분산의 크기가 무한대가 된다.

2.2 다중공선성이 존재하는 경우

2.2.1 회귀계수의 불편성에 대한 영향

설명변수 간에 높은 다중공선성이 존재하는 경우 최소자승 추정량의 기본 요건인 고전적 가정에는 위배되지 않기 때문에 최소자승 추정량의 BLUE의 특성을 나타내는 가우스-마르코프 정리는 성립한다. 따라서 다중공선성이 발생하여도 최소자승 추정량은 불편추정량의 특성을 그대로 보유할 뿐 아니라 제5장에서 살펴본 최소자승 추정량의 기본 분포도 그대로 지켜진다.

2.2.2 회귀계수의 분산 및 표준오차에 대한 영향

가령 두 변수 X_{2i}와 X_{3i} 간의 높은 상관관계는 두 변수 간의 상관계수의 절대값을 증가시켜 $r_{23}^2 \to 1$이 되게 한다. 이는 **식 8.8**에서 보듯이 최소자승 추정량의 분산을 크게 증가시킨다. 따라서 설명변수 간의 다중공선성의 정도가 클수록 회귀계수의 분산과 표준오차 값은 증가한다. 이러한 의미에서 **식 8.8**에서 다중공선성의 정도가 분산의 크기에 미치는 영향도를 나타내는 $\frac{1}{1-r_{23}^2}$을 **분산확대요인**(variance inflating factor)이라 한다.

2.2.3 t-통계치에 대한 영향

높은 다중공선성은 2.2.2에서 보듯이 회귀계수의 분산 혹은 표준오차를 크게 만들어 이에 따라 회귀계수의 t-통계치 값을 작게 만드는 경향이 있다. 따라서 실제로 특정변수가 중요한 변수 임에도 다른 변수와의 높은 다중공선성으로 인해 t-통계치 값이 낮게 나타나 유의적이지 않게 판단될 수 있다. 이와 같이 설명변수들 간의 높은 다중공선성은 개별 변수의 유의성을 낮게 만든다.

2.2.4 높은 결정계수, 높은 F-통계치

설명변수들 간의 높은 다중공선성은 개별 변수의 유의성은 낮게 만드나 전체 혹은 일부 설명변수 그룹으로 보면 그 설명력이 강화된다. 따라서 높은 다중공선성으로 인해 개별 변수의 t-통계치 값은 낮게 나타나지만 설명변수 전체의 설명력을 나타내는 결정계수 혹은 F-통계치 값은 크게 나타난다. 이러한 이유로 인해 회귀분석의 목적이 개별 변수의 영향력을 파악하기 보다는 예측에 있다면 높은 다중공선성은 큰 문제가 되지 않는다.

3 다중공선성 여부의 파악

극단적인 형태의 완전공선성이 존재하게 되면 회귀계수를 구할 수 없는 등 통계치에 대한 영향이 확연히 드러나기 때문에 완전공선성의 존재 여부를 파악하는 것은 쉽다. 그러나 보다 일반적인 형태라 할 수 있는 다중공선성의 경우 그 정도를 파악하는 것은 결코 쉽지 않다. 몇 가지 방법을 통하여 추측할 수는 있는데, 다중공선성에서의 문제는 다중공선성이 있느냐, 없느냐의 유무가 아니라 다중공선성의 정도라 할 수 있다. 이는 일반적으로 대부분의 경제 · 경영 연구에서는 변수들이 서로 어느 정도의 일정 상관관계를 갖고 있기 때문이다.

3.1 두 변수 간의 상관계수

두 변수 간의 상관계수를 확인함에 따라 다중공선성 여부를 파악할 수 있다. 이러한 경우에도 다중공선성 여부를 판정하는 상관계수 값의 임계치는 뚜렷이 정해진 것이 없으며 연구에 따라 다른 판단이 가능하다. 대략적으로 상관계수 값이 0.8~0.9 보다 크게 나타나면 다중공선성의 문제가 있다고 볼 수 있다.

3.2 높은 결정계수, F-통계치 그러나 낮은 t-통계치

앞에서 설명한 높은 다중공선성이 갖는 문제점으로부터 알 수 있는 것은 개별 변수의 영향력에 대한 유의성은 낮게 나타남(낮은 t-통계치)에 반해 전체 혹은 일부 설명변수 그룹의 영향력이 크게 나타난다는 것이다. 따라서 이런 현상으로부터 높은 다중공선성에 대해 의심할 필요가 있다.

3.3 계수추정치의 불안정성

다중공선성이 높으면 회귀계수 추정치의 분산 혹은 표준오차가 크게 나타난다. 따라서 새로운 변수를 제외 혹은 추가하거나, 새로운 관측치를 추가하는 경우 계수추정치의 값이 크게 달라지는 경우 다중공선성의 여부에 대해 의심할 필요가 있다.

3.4 보조회귀분석의 결과

전체 혹은 일부 설명변수에 대해 다중공선성이 의심된다면 이 중에서 대표적인 한 변수(예를 들어 X_k)를 여타 설명변수에 대해 다음과 같이 회귀분석하는 **보조회귀**(auxiliary regression) 분석을 시행해 볼 수 있다.

$$X_{k\,i} = a_1 + a_2 X_{2\,i} + \cdots + a_{k-1} X_{k-1\,i} + v_i \qquad \text{▸ 8.9}$$

이 보조회귀분석 결과로부터 결정계수 값이 크게 나타난다면 이는 X_k 변수가 여타 다른 변수와의 높은 상관관계에 놓여 있음을 의미하는 것이므로 다중공선성의 여부에 대해 의심할 필요가 있다.

4 다중공선성의 해결방안

다중공선성이란 모집단 회귀함수나 회귀식 설정의 문제가 아닌 자료의 문제이므로 특별히 다른 자료를 이용하는 것 이외에는 뚜렷한 해결방법이 없으며 다음에 제시하는 방법도 완전한 해결책이 될 수는 없다. 여러 다른 방법들을 고려할 수 있으나 다른 문제점을 유발하거나 부분적인 해결책일 뿐이며 실증분석에서 간편하게 이용할 수 있는 해결방법은 제한적이다.

4.1 설명변수의 일부를 제외

다른 설명변수와의 상관관계로 인해 다중공선성을 발생시키는 설명변수 그룹에서 하나 혹은 몇 개의 설명변수를 제외시키는 방법이다. 그러나 이 방법은 제7장의 설명에서와 같이 모형설정에 필요한 설명변수를 제외시키는 모형설정의 오류를 범할 위험을 내포하고 있다. 특정 변수가 타당한 논리적 근거에 의해 설명변수로 선택되었다면 비록 다중공선성이 존재하더라도 모형설정에 포함시켜야 할 것이다.

4.2 변수의 변환

설명변수들 간에 상관관계가 높다는 것은 선형인 상관관계를 의미하는 것이므로 변수들의 일부를 변환하여 선형관계를 비선형관계로 만드는 방법이다. 예를 들어 수준변수를 비율변수로 전환하거나 혹은 로그, 지수함수 등을 이용하여 선형관계를 비선형관계로 전환시키는 방법이다.

4.3 모형의 재설정

다중공선성을 해결하는 가장 효과적인 방법이라 할 수 있다. 모형의 이론적 함의는 그대로 유지하면서 설명변수들 간의 공선성을 낮추는 새로운 변수들로 모형을 재구성하는 방법이다. 가령 시계열자료에 있어서 다중공선성이 존재한다면 차분을 통하여 변수를 변환하면 다중공선성의 정도가 완화된다.

예 8.7 소비함수의 추정에 있어서 설명변수로 소득과 소득세를 이용할 경우 두 변수들 간에는 높은 다중공선성이 존재하기 쉽다. 이 경우 소득에서 소득세를 차감한 가처분소득을 설명변수로 채택하면 다중공선성의 문제가 완화될 수 있다. ■

예 8.8 설명변수 중에서 명목 혹은 경상가격으로 표시된 변수와 물가 혹은 가격지수 간에는 높은 다중공선성이 존재할 수 있다. 이때 명목가격 표시 변수를 실질가격 변수로 전환한다면 다중공선성이 완화될 수 있다. ■

4.4 표본자료의 추가

다중공선성을 약화시키기 위하여 표본의 크기를 증가시키는 방안을 고려할 수 있다. 이는 표본의 크기를 증가시킴에 따라 설명변수들의 독립적인 변동이 커져서 다중공선성이 낮아지기를 기대할 수 있다. 그러나 시계열자료의 경우 표본기간 확장에 한계가 있어 이 방법으로 해결책이 되기는 어렵다. 횡단면자료의 경우 새로운 표본의 추가로 다중공선성이 완화될 수 있으나 표본수의 증가에 한계가 있을 수 있다.

실전예제 8.1 gretl 및 EViews 명령문 및 추정결과

1. 완전공선성이 발생하는 경우 gretl 및 EViews에서 추정결과

예 8.1과 같이 예를 들어 개인의 소비(CE)를 연봉(A)과 월급(M)에 대하여 회귀분석하는 gretl의 regressor에 A와 M을 모두 선택해서 넣으면 이중 두 번째 변수인 M이 탈락된 결과가 구해진다. 분석 창 위에는 "Omitted due to exact collinearity: M"이라는 메시지가 기록된다. 완전공선성으로 인해 회귀모형의 모든 변수의 계수들의 추정치는 구할 수 없다는 의미이다.

완전공선성이 존재할 경우, EViews에서도 "near singular matrix" 라는 메시지가 나타나며 추정결과를 구할 수 없게 된다.

연습문제

1. 다음의 용어에 대하여 설명하라.
   (1) 완전공선성
   (2) 설명변수의 선형결합
   (3) 다중공선성
   (4) 분산확대 요인
   (5) 보조회귀식

2. 아래의 각 문장이 맞는지 틀리는지를 결정하고, 그 이유를 간략히 설명하라.
   (1) 설명변수 간에 다중공선성이 존재하면 최소자승 추정의 기본가정이 위배되므로 가우스-마르코프 정리가 성립하지 않는다.
   (2) 설명변수 간의 높은 다중공선성은 최소자승법에 의한 추정량에 편의를 발생시킨다.
   (3) 다중공선성은 최소자승법에 의한 추정량의 분산을 크게 만들기 때문에 최소자승 추정량은 효율(efficient) 추정량이 되지 못한다.
   (4) 설명변수 간의 높은 다중공선성은 최소자승 추정량의 분산을 크게 만들므로 통상적인 t-검정이나 F-검정은 유효하지 못하다.
   (5) 다중공선성이란 단순회귀분석과 달리 다중회귀분석에서만 나타나는 현상이다.

심화문제

1. Y를 상수항과 X, X^2에 대해 회귀분석하는 모형에서 log-log모형을 추정하기 위해 $\ln(Y)$를 상수항과 $\ln(X), \ln(X^2)$에 대해 회귀분석한다면 어떠한 문제가 있는지 설명하라.

2. 통화량의 변화가 GDP에 미치는 효과 및 인과관계를 분석하기 위하여 t기의 GDP(Y_t)는 t기의 통화량(M_t)뿐만 아니라 전기의 통화량에도 영향을 받는다고 설정하였다. 또한 통화량의 증가분 또한 중요한 요인으로 판단하여 $\Delta M_t = M_t - M_{t-1}$를 설명변수로 포함하여 $Y_t = \beta_1 + \beta_2 M_t + \beta_3 M_{t-1} + \beta_4 \Delta M_t + \varepsilon_t$의 모형을 설정하였다. 이 모형에서 발생할 수 있는 통계적인 문제점에 대해 설명하라.

3. $\log(H_t) = \beta_1 + \beta_2 \log(Y_t) + \beta_3 \log(P_t) + \epsilon_t$의 모형에서 H_t는 이혼건수, Y_t는 이 도시의 지역GDP, P_t는 이 도시의 인구를 나타낸다. 이 모형을추정한 다음의 회귀분석 결과를 고려하자.

$$\log(H_t) = -80 - 0.21\log(Y_t) + 5.24\log(P_t) + \epsilon_t \qquad t = 1970, \cdots, 2019$$
$$(-6.1)\ (-4.05) \qquad\qquad (6.77) \qquad\qquad R^2 = 0.86$$

( )안은 t-ratio를 나타냄

(1) 위 결과에서 $H_0 : \beta_2 = \beta_3 = 0$의 가설을 5% 유의수준에서 검정하라.

(2) 위 모형에 대해 A는 "이혼의 여부에는 도시 지역 GDP보다는 1인당 소득이 변수로 포함되어야 한다. 따라서 Y_t 대신에 (Y_t/P_t)변수가 포함되어야 한다"고 주장한다. 이 주장의 진위를 가리기 위해 A의 주장대로 $\log H_t$를 상수항과 $\log(Y_t/P_t)$에 대해 회귀 분석하였다. 이 경우의 결정계수 값은 위에서 구한 값 0.86과 같은가, 작은가, 큰가를 판단하고 그 이유를 설명

하라.

(3) B는 "A가 주장하는 모형이 log-log모형이고 $\log Y_t$와 $\log P_t$가 변수로 포함되어 있기 때문에 마찬가지이다"라고 주장한다. C는 A와 B의 주장을 절충하여 첫 모형에 $\log Y_t$와 $\log P_t$에 추가로 $\log(Y_t/P_t)$를 삽입하고자 한다. C의 방법에 대해 평가하라.

4. 최고경영자의 연봉(SALARY)를 매출액(SALES)과 주가수익율(ROE)에 대해 회귀분석하기 위해 전 산업을 (금융기관, 소비재생산업, 전력수도업, 기타)로 구분하였다. 이로부터 다음과 같이 회귀분석 모형을 설정하였다. 여기서 FINANCE, CONSUM, UTILITY 변수는 각각 해당 산업(금융기관, 소비재 생산업, 전력수도업)을 나타내는 가변수이다.

$$\begin{aligned}\log(SALARY_i) = \beta_1 + \beta_2\log(SALES_i) + \beta_3 ROE_i + \beta_4 FINANCE_i \\ + \beta_5 CONSUM_i + \beta_6 UTILITY_i + \epsilon_i\end{aligned}$$

다음은 위 모형을 209명의 최고경영자에 대해 회귀분석한 결과이다.

$$\begin{aligned}&\log(SALARY_i) = 4.59 + 0.257\log(SALES_i) + 0.011 ROE_i + 0.158 FINANCE_i \\ &s.e. = \quad (0.30)\ (0.3) \quad (0.04) \quad (0.089) \\ &\quad + 0.181 CONSUM_i + 0.283 UTILITY_i + e_i \\ &\quad (0.085) \quad (0.099)\end{aligned}$$

$n = 209,\ R^2 = 0.357,\ RSS = 42.91$

(1) 주가수익율이 최고경영자의 연봉에 효과가 없다는 가설을 5% 유의수준에서 검정하라.

(2) 위 결과로부터 최고경영자 연봉의 매출액에 대한 탄력성이 1이라는 가설을 5% 유의수준에서 검정하라.

(3) 다음은 위 결과에서 가변수를 제외하고 추정한 결과이다.

$$\begin{aligned}&\log(SALARY_i) = 4.36 + 0.275\log(SALES_i) + 0.018 ROE_i + e_i \\ &s.e. = \quad (0.29)\ (0.033) \quad (0.004) \\ &n = 209,\ R^2 = 0.282,\ RSS = 47.91\end{aligned}$$

여기서 최고경영자의 연봉은 기업이 속하는 산업과 무관하다는 가설을 5% 유의수준에서 검정하라.

(4) 위의 (1)의 결과에서 FINANCE, CONSUM, UTILITY의 가변수 외에 기타 산업을 나타내는 가변수 ETC를 포함한다면 무슨 문제가 발생할까? 정확하게 서술하시오.

(5) (4)에서 발생하는 문제점에도 불구하고 FINANCE, CONSUM, UTILITY 및 ETC를 꼭 포함시키고 싶다면 어떤 회귀식을 구성하여야 하는가? 즉, 회귀식에서 종속변수는 무엇이며, 독립변수는 무엇인가?

실증분석 문제

1. 제5장의 실증분석 문제 2번에서 다루었던 USEDCAR 파일에서는 중고차의 가격결정에 대해 분석하고 있다. 차량 출고 후 경과기간(PERIOD)과 주행거리(MILEAGE)는 중고차 가격(PRICE)결정에 중요한 변수이므로 이를 분석하기 위하여 다음의 모형을 추정하고 질문에 답하라.

① $PRICE_i = \alpha_1 + \alpha_2 PERIOD_i + \varepsilon_{1i}$

② $PRICE_i = \gamma_1 + \gamma_2 MILEAGE_i + \varepsilon_{2i}$

③ $PRICE_i = \beta_1 + \beta_2 PERIOD_i + \beta_3 MILEAGE_i + \varepsilon_i$

(1) ①의 모형에서 회귀계수 α_2의 추정치는 예상하는 부호와 일치하는가, 유의성은 어떠한가? 설명하라.

(2) ②의 모형에서 회귀계수 γ_2의 추정치는 예상하는 부호와 일치하는가, 유의성은 어떠한가? 설명하라.

(3) ③의 모형에서 회귀계수 β_2의 추정치는 예상하는 부호와 일치하는가, 유의성은 어떠한가? ①에서의 α_2와 비교하여 설명하라. 또한 ③의 모형에서 회귀계수 β_3의 추정치는 예상하는 부호와 일치하는가, 유의성은 어떠한가? ②에서의 γ_2와 비교하여 설명하라.

(4) (3)의 결과가 발생하는 원인에 대해 설명하라.

2. 제6장의 실증분석 문제 2번에서 다루었던 ENGEL 파일에는 가계의 지출에 대한 정보를 담고 있다. 식료품 지출에 대한 엥겔커브를 구하기 위해 식료품 지출금액(FOOD)을 가계 총소득(HINCOME)과 가계 총지출금액(EXP)에 대해 회귀분석하는 다음 모형을 고려하고 있다.

$$FOOD_i = \beta_1 + \beta_2 HINCOME_i + \beta_3 \mathrm{EXP}_i + \varepsilon_i$$

(1) 개별 변수의 유의성은 어떠한가? 설명하라.

(2) (1)의 회귀분석으로부터 가계 총지출금액(EXP) 변수를 제외하고 식료품 지출금액(FOOD)을 가계 총소득(HINCOME)에 대해 회귀분석하라. (1)의 결과와 비교하여 가계 총 소득(HINCOME) 변수의 유의성은 어떠한가?

(3) (1)의 회귀분석으로부터 식료품 지출금액(FOOD)을 가계 총지출금액(EXP)에 대해 회귀분석하라. (1)의 결과와 비교하여 가계 총지출(EXP) 변수의 유의성은 어떠한가?

(4) 가계 총지출 금액(EXP)을 가계 총소득(HINCOME)에 대해 회귀분석하라.

(5) (2)와 (3)으로부터 유추할 수 있는 통계적인 문제점은 무엇이라고 생각하는가?

CHAPTER 09

이분산(Heteroscedasticity)

제9장과 제10장에서는 제4장과 제5장의 최소자승 추정량의 고전적 가정 중에서 오차항의 분산 및 공분산에 관한 조건이 지켜지지 않는 경우에 대해 분석한다. 오차항이 고전적 가정인 **구형**(spherical) **분포**의 조건을 만족하지 않는 경우 중에서 제9장에서는 분산의 크기에 대해 먼저 살펴보고, 제10장에서는 공분산의 구조에 대해 설명한다.

1 이분산의 정의와 성격

1.1 이분산의 형태

지금까지는 제5장에 설명된 최소자승 추정량의 기본 가정 중에서 가정 5 즉, 다음 **식 9.1**과 같이 오차항의 분산의 크기가 모든 관찰치에 대하여 동일하다는 **동분산**(homoscedasticity)을 가정하였다.

$$V(\varepsilon_i) = \sigma^2, \quad i = 1, 2, \cdots, n \qquad \text{▸ 9.1}$$

이러한 기본적인 조건 하에서 가우스-마르코프 정리에 의해 최소자승 추정량은 선형 불편추정량 중에서 최소의 분산을 갖는 MVLUE 혹은 BLUE 임이 증명되었다.

이와 달리 오차항의 분산이 다음 **식 9.2**와 같이 관찰치에 따라 다른 값을 갖는 경우를 **이분산**(heteroscedasticity)이라 한다.

$$V(\varepsilon_i) = \sigma_i^2 \qquad \text{▸ 9.2}$$

식 9.2에서는 서로 다른 $(i \neq j)$ 관찰치 i, j에 대하여 $V(\varepsilon_i) = \sigma_i^2 \neq \sigma_j^2 = V(\varepsilon_j)$로 분산의 크기가 동일하지 않음을 의미한다.

오차항의 분산 구조가 이분산을 갖는 경우 일반적으로 분산의 크기는 설명변수의 크기에 비례하는 형태를 가진다. 다음 **그림 9-1**의 (a)에서는 관찰치들이 회귀선을 중심으로 비슷한 거리의 지점에 위치한 동분산의 경우를 보여주고 있다. 그러나 (b)와 같은 이분산의 경우 설명변수의 값이 커짐에 따라 관찰치들이 더욱 넓게 퍼져 있음을 알 수 있다.

❙그림 9-1❙ 동분산과 이분산의 형태

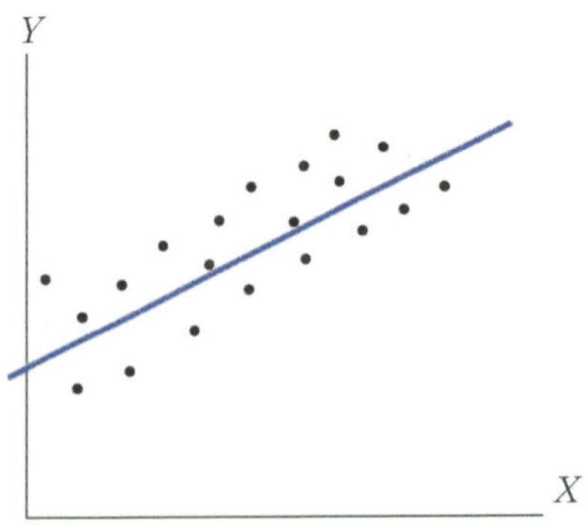

(a) 동분산의 경우

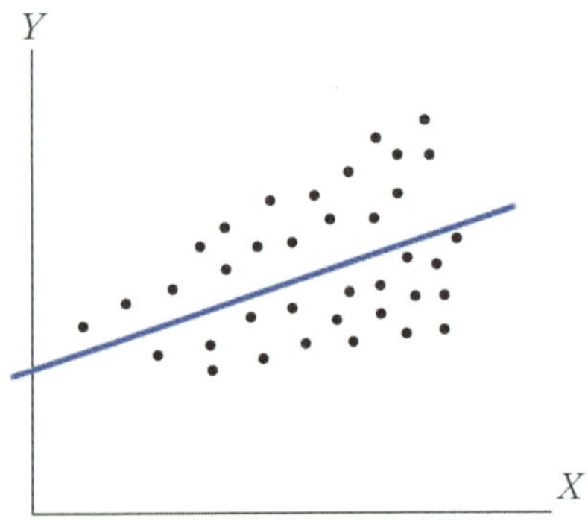

(b) 이분산의 경우

1.2 이분산의 발생원인

1.2.1 학습효과 모형

시간이 지남에 따라 행위의 오차가 줄어드는 경우에 이분산이 생길 수 있다. 예를 들어 타이핑의 경우 초기에는 속도가 느려 입력 글자 수가 적으며 실력 또한 일정하지 않아 시간당 입력 글자 수의 변동이 크다. 그러나 시간이 지남에 따라 속도가 빨라져 시간당 입력 글자 수가 증가할 뿐 아니라 타이핑 실력 또한 안정적이 되어 입력 글자 수의 변화가 크지 않게 된다. 입력한 글자 수를 시간에 대해 회귀분석할 경우, 타이핑 실력의 향상으로 입력 글자 수가 증가하여 회귀함수가 우상향하는 양의 기울기를 가지며 또한 실력이 안정적이 되어 입력 글자 수 자료가 회귀선 가까이 위치하게 된다. 이러한 경우 **그림 9-1**의 (b)와는 반대의 형태가 된다.

1.2.2 재량의 증가

설명변수의 값이 증가함에 따라 종속변수의 값도 증가하나 재량도 증가하는 경우이다. 예를 들어 은행예금을 가계소득에 대해 회귀분석할 경우, 소득이 낮은 가계의 경우 자산증식 수단이 대부분 은행예금에 의존하게 되어 관찰치들이 회귀선 근방에 위치한다. 그러나 소득이 높은 가계의 경우 은행예금도 많을 뿐 아니라 저축수단 또한 주식, 부동산 및 귀금속 등으로 다양해져 은행예금액의 차이가 크다. 따라서 소득이 증가함에 따라 관찰치가 회귀선으로부터 널리 퍼져 있는 **그림 9-1**의 (b)와 같은 형태가 된다.

1.2.3 단위의 문제

예를 들어 비교적 장기간의 가계소비를 가계소득에 대해 회귀분석하는 경우를 고려하자. 1960년대에는 가계소득과 소비의 단위가 만원대에 불과하여 소득이 설명하지 못하는 소비(오차항)의 단위 또한 만원 단위이나, 2000년대에는 소득과 소비의 단위가 커져 소득이 설명하지 못하는 소비(오차항)의 단위가 예를 들어 억 원 단위가 되는 경우, 오차항의 분산은 설명변수의 값이 증가함에 따라 증가하는 구조를 갖는다. 비슷한 예로 장기간 기업의 광고비를 매출액에 대해 회귀분석하는 경우, 마찬가지 이유로 시간의 경과로 인플레이션으로 인한 변수의 단위가 커짐에 따라 오차항의 절대적인 크기도 증가하는 경우가 이에 해당한다.

1.2.4 그룹자료의 사용

예를 들어 자료가 기업별 자료보다는 산업자료, 학생 개인별 자료보다는 학교자료와 같이 그룹자료로 관찰되는 경우이다. 자료의 근원인 기업별, 개인별 자료에서는 동분산이 적용된다고 해도 실제로 회귀분석에 이용되는 산업 혹은 학교 등의 그룹자료에서는 각 그룹에 속한 관찰치의 수가 다르기 때문에 이분산이 발생하게 된다.

1.2.5 횡단면자료의 사용

일정 시점에 여러 대상에 대하여 관찰하는 횡단면자료의 경우 이분산이 발생할 가능성이 높은데 이는 각 관찰치가 이질적인 구조를 가지기 때문이다. 예를 들어 기업 이윤을 매출액에 대해 회귀분석할 경우 중소기업은 이윤의 절대금액이 작기 때문에 회귀선을 중심으로 가까운 지점에 위치하나 대기업의 경우 이윤의 절대금액이 크고 변동폭 또한 크기 때문에 회귀선에서 멀리 위치한 기업 자료수가 많아진다. 따라서 횡단면자료의 경우 관찰치 간에 존재하는 이질성으로 인해 이분산이 발생할 가능성이 높다.

예 기업의 회계자료를 대상으로 한 회귀분석에 있어서 대기업군의 자료는 중소기업보다 넓게 퍼져 있는 경향이 있다.

예 도시 간 범죄에 대한 회귀분석의 경우, 대도시의 경우 범죄 건수가 더 많을 뿐 아니라 중소도시의 경우보다 특이한 범죄의 유형도 많아진다.

1.2.6 누락변수의 영향

특정 설명변수에 따라 종속변수의 변동이 설명되는 구조에서 해당 특정 설명변수의 누락으로 인해 이분산이 발생한다. 가령 국가 간 자료에서 실업자 수를 이자율에 대해 회귀분석하는 경우 인구규모 또한 실업자 수의 크기에 중요한 변수이다. 즉 인구 수가 많은 나라에서는 인구 수가 작은 국가그룹에 비해 실업자 수의 절대적인 규모가 크다. 그러나 회귀분석모형에서 인구 수를 설명변수로 누락하게 되면 인구 수의 변화로 인한 실업자 수의 변화는 이분산을 발생시킨다.

2 이분산이 존재하는 경우 최소자승 추정량의 문제점

2.1 불편추정량에 대한 영향

이분산 여부는 제4장에서 보듯이 최소자승 추정량의 불편성에는 아무런 영향이 없다. 최소자승 추정량은 가정 1~4가 성립하면 불편추정량이다. 따라서 가정 5인 동분산이 유지되지 않아, 이분산이 존재하여도 최소자승 추정량의 불편성은 유지된다.

2.2 최소자승 추정량의 효율성에 대한 영향

이분산이 존재하더라도 최소자승 추정량은 선형이며 불편성의 특성은 유지된다. 그러나 이분산의 존재는 제4장 및 제5장의 고전적인 가정 5에 위배되어 가우스-마르코프 정리의 기본 가정[1]을 만족하지 못

1 가우스-마르코프정리가 성립되기 위해서는 가정 1-6까지 성립되어야 한다.

하게 되어 최소자승 추정량은 최소분산을 갖는 추정량이 되지 못한다. 이러한 특징은 최소자승 추정량보다 분산이 작은 추정량이 존재함을 의미하며, 구체적으로 후술하는 **일반최소자승**(Generalized Least Squares; GLS)[2] **추정량**의 경우 **통상최소자승**(Ordinary Least Squares; OLS) **추정량**과 마찬가지로 선형이며 불편추정량이나 OLS 추정량보다 분산이 작은 효율적인 추정량이다.

2.3 분산 및 표준오차에 대한 영향

2.2에서의 OLS 추정량의 분산의 크기 혹은 효율성에 대한 문제 이외에도 이분산이 발생하면 OLS 추정에 있어서 회귀계수의 분산 혹은 표준오차의 추정에 있어서 편의가 발생한다. 이러한 특징은 특히 OLS 추정량에 의한 신뢰구간 설정 및 가설검정 등의 통계적 추론에 타당성을 잃게 하는 심각한 문제를 야기한다. 이에 따라 OLS 추정량에 의한 t-검정 및 F-검정 등은 잘못된 판정을 유도할 수 있다.

이상을 설명하기 위해 논의의 편의를 위해 다음과 같은 단순회귀분석모형을 고려하자.

$$Y_i = \beta_1 + \beta_2 X_i + \varepsilon_i \quad ▸ 9.3$$

식 9.1과 같이 오차항이 동분산을 가질 경우 회귀계수 β_2에 대한 OLS 추정량 b_2의 분산은 제4장의 **식 4.6**에서와 같이 다음 **식 9.4**로 구해진다.

---

2 제9장 및 제10장에서 통상최소자승(Ordinary Least Squares; OLS) 추정량은 제9장 이전의 최소자승(Least Squares) 추정량을 지칭한다. 제9장 이전에서는 최소자승 추정량은 통상최소자승(Ordinary Least Squares) 추정량을 의미하였으나, 제9장과 제10장에서는 최소자승법의 목적함수의 형태에 따라 최소자승 추정량을 OLS 추정량과 GLS 추정량 등으로 세분하여 구분한다. 후술하는 식 9.14 참조.

$$V(b_2) = \sigma_{b_2}^2 = \frac{\sigma^2}{\sum_{i=1}^{n}\left(X_i - \overline{X}\right)^2} \qquad \blacktriangleright 9.4$$

또한 이의 추정량은 **식 4.16**의 오차항의 분산의 추정량 $\hat{\sigma}^2 = s^2 = \frac{1}{n-2}\sum_{i=1}^{n} e_i^2$을 이용하여 **식 4.18**에서와 같이 다음 **식 9.5**로 구해진다.

$$\hat{V}(b_2) = s_{b_2}^2 = \frac{s^2}{\sum_{i=1}^{n}\left(X_i - \overline{X}\right)^2} \qquad \blacktriangleright 9.5$$

이로부터 OLS 추정량 b_2의 분산추정량에 대해 $E\left(\hat{V}(b_2)\right) = V(b_2)$의 불편성관계가 성립한다. 즉 동분산이 존재할 경우, **식 9.5**의 OLS 추정방법에 의한 분산추정에는 문제가 없으므로 이를 이용한 통계적 추론도 가능하다.

그러나 만일 오차항이 이분산을 가진다면 OLS 추정량 b_2의 분산은

$$V(b_2) = \frac{\sum_{i=1}^{n}\left(X_i - \overline{X}\right)^2 \sigma_i^2}{\left(\sum_{i=1}^{n}\left(X_i - \overline{X}\right)^2\right)^2} \qquad \blacktriangleright 9.6$$

이 된다. 따라서 동분산을 전제로 **식 9.5**에 근거한 OLS 방법에 의한 분산추정량은 이분산을 갖는 **식 9.6**에 대해 $E\left(\hat{V}(b_2)\right) \neq V(b_2)$로서 $V(b_2)$의 불편추정량이 되지 못한다. 따라서 동분산 가정 하에서 **식 9.5**로 구한 최소자승 추정량의 분산 및 표준오차는 이분산이 존재할 경우 회귀계수의 분산추정에 대해 올바른 추정치가 되지 않는다. 이에 근거한 통계적 추론도 타당성을 잃게 된다.

3 이분산 여부의 검정

이분산이 존재하는 경우 이를 고려하지 않은 OLS 추정량은 최소분산을 가지지 못하거나 또는 통계적 추론에서 문제가 발생하기 때문에 회귀모형을 추정하기 전에 다음과 같이 이분산 존재 여부를 검정할 필요가 있다.

3.1 잔차의 그래프 분석

통상적인 이분산은 **그림 9-1**의 (b)와 같이 분산의 크기가 설명변수의 크기에 비례하는 형태를 갖는다. 따라서 이분산 여부를 확인하는 가장 간단한 방법으로는 다음 **그림 9-2**와 같이 분산의 크기를 반영하는 잔차의 제곱 e_i^2(Y-축에 표시)을 설명변수(X-축에 표시) 혹은 종속변수의 fitted value에 대해 그래프로 그려보는 것이다.

| 그림 9-2 | 동분산과 이분산의 형태

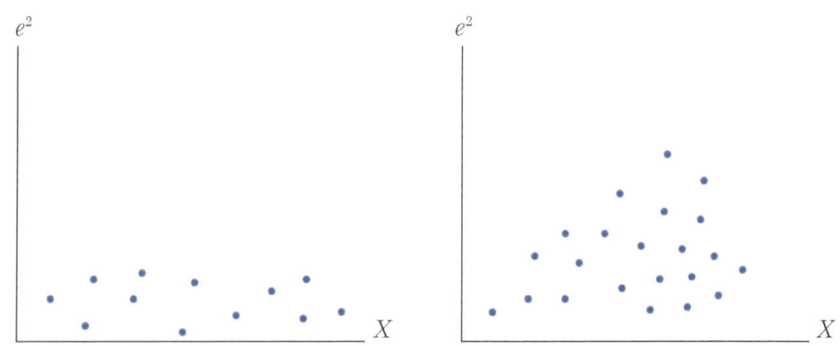

(a) 동분산의 경우 (b) 이분산의 경우

그림 9-2에서 동분산이 존재한다면 (a)에서와 같이 설명변수의 값이 커지더라도 잔차 제곱의 값이 일정한 크기를 가진다. 그러나 이분산이 존재한다면 (b)에서와 같이 잔차 제곱의 크기가 설명변수의 값에 따라 비례적으로 증가(혹은 감소)하는 형태를 갖는다.

3.2 White의 이분산 검정방법

그래프에 의한 이분산 분석은 이분산에 대해 시각적으로 이해하는 데는 도움이 되지만, 명확한 답을 제공하기 어려워 이분산의 검정방법으로 실제 사용하기에는 부적합하다. 이분산 검정에는 많은 방법이 있으나 이 절에서는 가장 일반적이라 할 수 있는 White의 이분산 검정방법을 소개한다.

설명의 편의를 위해 대표적인 예로 다음과 같이 상수항을 포함한 설명변수가 세 개인 모형을 고려하자.

$$Y_i = \beta_1 + \beta_2 X_i + \beta_3 Z_i + \varepsilon_i \qquad \text{▸ 9.7}$$

통상적인 그래프에 의한 이분산 검정에 있어서 분산(σ_i^2)의 크기는 설명변수인 X_i 또는 Z_i에 선형으로 비례적이라고 가정하나 White의 경우에는 다음과 같이 보다 일반적으로 분산의 크기는 설명변수인 X_i 또는 Z_i에 선형 및 비선형으로 관계를 갖는다고 가정한다.

$$\sigma_i^2 = \alpha_1 + \alpha_2 X_i + \alpha_3 Z_i + \alpha_4 X_i^2 + \alpha_5 Z_i^2 + \alpha_6 X_i Z_i + u_i \qquad \text{▸ 9.8}$$

식 9.8에서 만일 $H_0:\ \alpha_2 = \alpha_3 = \cdots = \alpha_6 = 0$이 기각되지 않으면 이는 동분산 가정이 성립함을 의미한다. 반면에 $\alpha_2, \alpha_3, \cdots, \alpha_6$ 중에서 적어도 하나의 α_j가 0이 아니라면 이분산을 의미한다.

따라서 White에 의한 이분산의 검정절차는 다음과 같다.

$H_0 : \alpha_2 = \alpha_3 = \cdots = \alpha_6 = 0$, H_1 : 적어도 하나의 α_j가 0이 아니다.

① OLS 추정법에 따라 **식 9.7**을 추정하여 잔차 e_i를 구한다.

② **식 9.8**을 추정하기 위하여 다음과 같이 e_i^2을 상수항과 X_i, Z_i, X_i^2, Z_i^2, X_iZ_i에 대해 회귀분석을 시행하여 이 회귀식의 결정계수 R^2 값을 구한다.

$$e_i^2 = \hat{\alpha}_1 + \hat{\alpha}_2 X_i + \hat{\alpha}_3 Z_i + \hat{\alpha}_4 X_i^2 + \hat{\alpha}_5 Z_i^2 + \hat{\alpha}_6 X_i Z_i + \hat{u}_i \qquad ▸ 9.9$$

③ **식 9.9**에서 구한 결정계수 R^2에 표본수 n을 곱한 nR^2값은 이분산이 없다는 귀무가설 하에서 자유도가 5인 χ^2-분포를 갖는다. 즉, $nR^2 \sim \chi^2(5)$.

④ ③에서 구한 nR^2의 통계치가 0.01 혹은 0.05 등의 주어진 유의수준 α에서의 임계치 $\chi^2(5;\alpha)$보다 크다면 귀무가설을 기각한다. 즉 동분산이 존재한다는 귀무가설을 기각하게 되므로 OLS 추정량 외에 다음 장에서와 같이 적절한 추정방법을 찾아야 한다.

$nR^2 \sim \chi^2(5)$ 분포의 도출은 표본수가 큰 대표본 이론에서 다루어야 하는 내용으로 본 교재의 범위를 벗어나 자세한 설명을 생략한다. 여기서 χ^2 분포의 자유도의 값이 5인 것은 **식 9.9**에서 상수항을 제외한 설명변수가 5개이기 때문이다. 달리 표현하면 $H_0 : \alpha_2 = \alpha_3 = \cdots = \alpha_6 = 0$에서 제약조건의 개수가 5이기 때문이다.

White 검정법에서는 이분산이 존재할 경우 분산의 크기는 설명변수의 선형, 비선형 및 교차항의 크기의 함수라고 전제하고 있다. 회귀분석모형에서의 설명변수의 수가 **식 9.7**의 경우보다 많다면 **식 9.8**의 설정에서는 각 설명변수의 선형, 제곱 및 가능한 형태의 교차항을 포함하여야 한다. 이 경우 χ^2-분포의 자유도도 이에 따라 달라진다.

예 9.1

제4장과 제6장 실증분석 문제 3번에서 사용한 USEDCAR 자료 파일에서는 중고차 가격과 이의 결정 요인에 대한 정보를 담고 있다. 실전예제에서는 이 자료를 이용하여 로그-판매가격(PRICE)을 상수항, 배기량(CC), 출고 후 경과기간(PERIOD) 및 에어백 수(AIRBAG)에 대한 회귀분석 결과를 보여주고 있으며 이를 수식으로 표현하면 다음 식 9.10과 같다.

$$\log(\widehat{PRICE_i}) = 6.09 + 0.0005CC_i - 0.01PERIOD_i + 0.18AIRBAG_i \quad \text{▸ 9.10}$$
$$(79.85)\ (15.33) \qquad (-14.92) \qquad (6.02)$$
$$R^2 = 0.810, \quad \overline{R}^2 = 0.806$$

이 회귀분석 결과로부터 White의 이분산 검정을 위한 보조회귀식 9.9를 추정한 실전예제에서의 결과 다음 식 9.11과 같이 $R^2 = 0.424$, 검정통계량 $nR^2 = 61.43$을 구하였다.

$$\widehat{e_i^2} = -0.074 + 1.27\times10^{-4}CC_i + 9.56\times10^{-4}PERIOD_i - 0.078AIRBAG_i$$
$$(-0.944)\ (+1.138) \qquad (0.580) \qquad (-1.001)$$
$$-2.26\times10^{-8}CC_i^2 + 4.36\times10^{-5}PERIOD_i^2 + 0.011AIRBG_i^2$$
$$(-1.663) \qquad (4.844) \qquad (0.630)$$
$$-1.68\times10^{-6}CC_i\times PERIOD_i + 1.46\times10^{-5}CC_i\times AIRBAG_i$$
$$(-2.534) \qquad (0.511)$$
$$+3.39\times10^{-4}PERIOD_i\times AIRBAG_i$$
$$(0.529)$$

▸ 9.11

이 값은 자유도 9인 χ^2-분포의 유의수준 0.05에서의 임계치 16.92보다 크게 나타나 이분산이 없다는 귀무가설은 기각된다. 이러한 결과는 식 9.11의 추정에서 설명변수 중 $(CC_i^2, PERIOD_i^2, CC_i\times PERIOD_i)$ 변수의 유의성으로부터 볼 때 분산의 크기는 이들 변수에 비례하는 것으로 설명된다. 이상의 결과는 또한 검정통계량에 대한 유의확률=0.000으로부터도 마찬가지 판정을 도출할 수 있다. ■

4 이분산의 해결방안

전술한 바와 같이 이분산이 발생할 경우의 문제점으로, 첫째로 OLS 추정량의 분산추정에 편의가 발생한다는 점과 둘째는 OLS 추정량이 선형이며 불편인 추정량 중에서 최소 분산을 가지지 못한다는 점이었다. 이 장에서는 각각의 문제에 대한 다음과 같은 해결방안을 제시한다.

4.1 White의 이분산-일치 표준오차(분산)의 사용

동분산을 전제로 한 OLS 추정량에 있어서 실제로 이분산이 발생할 경우 회귀계수의 선형 및 불편성에는 아무런 문제가 없다. 그러나 회귀계수의 분산추정에 있어서 **식 9.5**와 같이 동분산에 근거한 OLS 추정방법에 의한 분산의 추정량 $\hat{V}(b_2)$은 이분산이 발생할 경우 OLS 추정량의 분산인 **식 9.6**에 대하여 $E\left(\hat{V}(b_2)\right) \neq V(b_2)$와 같이 편의가 발생하여 OLS 추정에 근거한 가설검정 등의 통계적 추론의 타당성을 잃게 한다. 이러한 점에 착안하여 **White의 이분산-일치**(heteroscedasticity-consistent; HC) **추정방법**에서는 회귀계수의 추정량은 OLS 추정량을 사용하나, 문제가 되는 회귀계수의 분산추정에는 **식 9.5** 대신에 이분산이 존재할 경우의 분산에 대한 일치(불편)추정량을 사용하는 방법이다.

설명의 편의를 위해 단순회귀분석의 경우를 고려하자. 이분산이 존재할 경우 OLS 추정에 의한 회귀계수의 분산은 **식 9.6**과 같다. 따라서 **식 9.6**에 대한 일치추정량은 OLS 추정량의 잔차 e_i로부터 다음 **식 9.12**와 같이 구해진다.

$$\tilde{V}(b_2) = \frac{\sum_{i=1}^{n}\left(X_i - \overline{X}\right)^2 e_i^2}{\left(\sum_{i=1}^{n}\left(X_i - \overline{X}\right)^2\right)^2}, \quad \tilde{\sigma}_{b_2} = \sqrt{\tilde{V}(b_2)} \qquad \text{▸ 9.12}$$

따라서 **White의 HC 표준오차**(혹은 분산)의 사용에서는 $\left(b_2,\ \tilde{\sigma}_{b_2}\right)$와 같이 회귀계수에 대해서는 OLS 추정량을 사용하며 이에 대한 표준오차는 **식 (9.12)**에 의한 추정량을 사용한다. 이와 같이 구한 White의 HC 추정[3]은 **강건성**(robustness)의 특성을 보유하고 있다. White의 HC 표준오차추정은 대부분의 통계 소프트웨어에서 그 값을 구하여 제공해 준다.

예 9.2 | 예 9.1의 USEDCAR 자료를 이용한 중고차 가격 결정요인 모형에서 이분산 여부를 검정한 결과 이분산이 있는 것으로 판정되었다. 이에 따라 (상수항, CC, PERIOD, AIRBAG) 변수에 대한 White의 HC 표준오차를 구한 결과 실전예제 9.2에서와 같이 (0.0813, 0.00003, 0.0015, 0.0265)로 나타났다. 그 결과 OLS 추정방법에 의한 표준오차와 소폭 차이가 발생하였으나, 여기서 유념할 사실은 회귀계수의 추정치는 (6.02, 0.0005, -0.01, 0.21)로 OLS 추정치를 사용한다는 사실이다. ■

4.2 GLS 추정량: 분산(σ_i^2) 값을 아는 경우

이분산이 발생할 경우의 두 번째 문제점은 OLS 추정량이 선형이며 불편인 추정량 중에서 최소분산을 가지지 못한다는 점이다. 이에 대해 본 절에서는 이분산이 있는 경우 최소분산을 갖는 추정량인 GLS 추정방법에 대해 설명한다.

설명의 편의상 다음 **식 9.13**과 같이 이분산이 존재하는 단순회귀분석의 경우를 예로 설명하자.

$$Y_i = \beta_1 + \beta_2 X_i + \varepsilon_i, \quad V(\varepsilon_i) = \sigma_i^2 \qquad \text{▸ 9.13}$$

3 White의 HC 추정방법은 이분산이 발생하는 경우 OLS 추정에 의한 분산추정의 잘못을 수정하였다는 측면에서 heteroscedasticity-corrected 추정이라 불린다.

식 9.13의 양변을 σ_i로 나누면 다음 **식 9.14**와 같다.

$$\frac{Y_i}{\sigma_i} = \beta_1 \frac{1}{\sigma_i} + \beta_2 \frac{X_i}{\sigma_i} + \frac{\varepsilon_i}{\sigma_i} \quad \text{▸ 9.14}$$

식 9.14는 다음 **식 9.15**와 같이 표현된다.

$$Y_i^* = \beta_1 Z_i^* + \beta_2 X_i^* + \varepsilon_i^* \quad \text{▸ 9.15}$$

식 9.15에서 $V(\varepsilon_i^*) = \frac{1}{\sigma_i^2} V(\varepsilon_i) = 1$로 동분산이 성립한다. 따라서 원래 모형 **식 9.13**에서 σ_i(혹은 σ_i^2) 값을 아는 경우 **식 9.14**를 통해 **식 9.15**와 같은 새로운 종속변수와 새로운 설명변수인 $Y_i^*\left(=\frac{Y_i}{\sigma_i}\right)$, $Z_i^*\left(=\frac{1}{\sigma_i}\right)$, $X_i^*\left(=\frac{X_i}{\sigma_i}\right)$를 생성할 수 있다. 또한 변형된 회귀모형인 **식 9.15**는 동분산을 갖는 고전적인 가정을 만족하는 모형이므로 **식 9.15**에 대해 OLS 추정방법을 적용하면 가우스-마르코프 정리에 의해 BLUE 특성을 만족하는 추정량이 된다.

위 **식 9.15**와 같은 변형된 모형에 대해 OLS 추정방법을 적용함은 다음 **식 9.16**과 같이 본래 모형인 **식 9.11**에 **일반최소자승 추정**(Generalized Least Squares; GLS)**방법**을 적용하는 것을 의미한다. 이러한 추정량을 GLS 추정량이라 한다.

$$\begin{aligned} &\min_{\beta} \sum_{i=1}^{n} (Y_i^* - \beta_1 Z_i^* - \beta_2 X_i^*)^2 \\ &= \min_{\beta} \sum_{i=1}^{n} \frac{1}{\sigma_i^2} (Y_i - \beta_1 - \beta_2 X_i)^2 \end{aligned} \quad \text{▸ 9.16}$$

식 9.16의 목적함수는 다음 **식 9.17**처럼 표현되는데, **식 9.15**에서 구한 GLS 추정량은 다음 **식 9.17**에서 보는 바와 같이 최소자승 추정방법에 오차항의 표준편차의 역수를 가중치로 적용한다는 의미에서 **가중최소**

자승(Weighted Least Squares; WLS) **추정방법**이라 한다.

$$\begin{aligned}&\sum_{i=1}^{n}(Y_i^*-\beta_1 Z_i^*-\beta_2 X_i^*)^2\\&=\sum_{i=1}^{n}\left(\frac{Y_i}{\sigma_i}-\beta_1\frac{1}{\sigma_i}-\beta_2\frac{X_i}{\sigma_i}\right)^2\\&=\sum_{i=1}^{n}\left\{\frac{1}{\sigma_i}(Y_i-\beta_1-\beta_2 X_i)\right\}^2\end{aligned} \quad ▸ 9.17$$

4.3 FGLS 추정량: 분산(σ_i^2) 값을 모르는 경우

4.2에서의 GLS 추정량은 오차항의 분산 σ_i^2 값을 아는 경우 가능한 방법이다. 그러나 실제로 σ_i^2 값은 알려져 있지 않으며 다음과 같은 방법으로 추정해야 한다.

4.3.1 분산이 설명변수의 크기에 비례적인 경우($\sigma_i^2=\sigma^2 X_i$)

이분산의 경우 오차항의 분산은 $\sigma_i^2=\sigma^2 X_i$와 같이 대체로 중요한 설명변수의 크기에 비례적인 경우가 일반적이다.

이 경우 4.2에서 논의한 σ_i^2 값을 아는 경우에 착안하여 회귀식의 양변을 $\sqrt{X_i}$로 나누어 주면 다음과 같이 동분산을 갖는 회귀모형으로 변환시킬 수 있다.

$$\begin{aligned}&\frac{Y_i}{\sqrt{X_i}}=\beta_1\frac{1}{\sqrt{X_i}}+\beta_2\sqrt{X_i}+\frac{\varepsilon_i}{\sqrt{X_i}}\\&\Rightarrow Y_i^*=\beta_1 Z_i^*+\beta_2 X_i^*+\varepsilon_i^*\end{aligned} \quad ▸ 9.18$$

여기서 $V(\varepsilon_i^*)=\sigma^2$으로 **식 9.18**의 모형은 동분산 가정이 성립하는

고전적 모형이 된다. 따라서 $Y_i^*\left(=\dfrac{Y_i}{\sqrt{X_i}}\right)$의 종속변수를 $Z_i^*\left(=\dfrac{1}{\sqrt{X_i}}\right)$와 $X_i^*\left(=\sqrt{X_i}\right)$의 설명변수에 대해 최소자승법을 적용하면 최소분산을 갖는 추정량을 구할 수 있다. 여기서 주의할 점은 원래 모형에서 포함된 상수항이 변형된 모형에서서는 더 이상 존재하지 않는다는 것이다.

4.3.2 분산이 설명변수의 제곱에 비례적인 경우($\sigma_i^2=\sigma^2X_i^2$)

만일 오차항의 분산이 $\sigma_i^2=\sigma^2X_i^2$과 같이 설명변수의 제곱에 비례적으로 증가한다면 위 **식 9.18**에서 회귀식의 양변을 $\sqrt{X_i}$ 대신에 X_i로 나누어 주면 마찬가지로 동분산이 성립하는 회귀식을 만들 수 있다.

이와 같이 실제로 오차항의 분산 σ_i^2 값이 알려져 있지 않은 경우 4.2에서의 σ_i^2 값이 알려져 있는 경우의 아이디어를 활용하여 GLS 추정량을 가능하게 구상하였다. 이러한 추정량을 **실행가능 일반최소자승**(Feasible Generalized Least Squares; FGLS) **추정량**이라 한다.

4.4 White의 FGLS 추정방법

위에서 고려한 4.3의 방법에서 일반적으로 오차항의 분산의 크기는 설명변수에 어떠한 형태로 비례적인지 알려져 있지 않으며, 또한 다중회귀분석모형과 같이 설명변수가 다수일 경우 오차항의 분산이 어느 설명변수와 연관이 있는지 파악하기 쉽지 않다. 이에 다음과 같이 4.3에서의 FGLS 추정량의 아이디어를 3.2의 White의 이분산 검정방법을 통해 FGLS 추정량에 적용하는 방법이 가능하다.

설명의 편의를 위해 다음의 모형을 고려하자.

$$Y_i=\beta_1+\beta_2X_i+\beta_3Z_i+\varepsilon_i \qquad \text{▸ 9.19}$$

식 9.19의 모형에 3.2의 일반적인 White의 이분산 검정방법에서의 이분산의 형태를 가정하면 다음 식과 같이 나타낼 수 있다.

$$\sigma_i^2 = \alpha_1 + \alpha_2 X_i + \alpha_3 Z_i + \alpha_4 X_i^2 + \alpha_5 Z_i^2 + \alpha_6 X_i Z_i + u_i \qquad \text{▸ 9.20}$$

식 9.20을 추정하기 위한 White에 의한 이분산의 검정 절차는 다음 ①, ②와 같으며, 여기에 추가로 다음 ③, ④의 FGLS 추정방법의 아이디어를 실행한다.

① 최소자승 추정법에 따라 **식 9.19**를 추정하여 잔차 e_i를 구한다.

② **식 9.20**에서 이분산의 구조를 추정하기 위하여 e_i^2을 상수항과 X_i, Z_i, X_i^2, Z_i^2, X_iZ_i에 대해 회귀분석을 시행하여 다음과 같이 fitted value, $\widehat{e_i^2}$를 구한다.

$$\widehat{e_i^2} = \hat{\alpha}_1 + \hat{\alpha}_2 X_i + \hat{\alpha}_3 Z_i + \hat{\alpha}_4 X_i^2 + \hat{\alpha}_5 Z_i^2 + \hat{\alpha}_6 X_i Z_i \qquad \text{▸ 9.21}$$

여기서 $\widehat{e_i^2}$은 오차항의 분산(σ_i^2)에 대한 추정량($\hat{\sigma}_i^2 = \widehat{e_i^2}$)이 된다.

③ FGLS 추정방법에서와 같이 원래의 회귀식인 **식 9.19**의 양변을 다음과 같이 ②에서 구한 $\hat{\sigma}_i = \sqrt{\widehat{e_i^2}}$로 나누어 준다.

$$\frac{Y_i}{\hat{\sigma}_i} = \beta_1 \frac{1}{\hat{\sigma}_i} + \beta_2 \frac{X_i}{\hat{\sigma}_i} + \beta_3 \frac{Z_i}{\hat{\sigma}_i} + \frac{\varepsilon_i}{\hat{\sigma}_i} \qquad \text{▸ 9.22}$$

④ **식 9.22**에 최소자승 추정방법을 적용한다.

이상과 같이 **White의 FGLS 추정방법**은 이분산의 구조에 대해 보다 유연한 함수형태를 고려하였다는 점에서 4.3의 FGLS 추정방법보다 더 일반적인 추정방법이라 할 수 있다. 또한 이 추정방법은 3.2에서 설명된 이분산 검정방법을 추정으로 연장하였다는 점에서 보다 효용성이 높다고 할 수 있다.

예 9.3 USEDCAR 자료를 이용하여 중고차 가격 결정요인에 대해 분석하는 모형에서 예 9.1에서의 이분산 검정 결과 이분산이 있는 것으로 판정되었다. 이에 따라 이분산의 발생에 대한 해결 방안으로 White의 일반적인 FGLS 추정방법을 적용하면 다음과 같다.

실전예제 9.1에서 시도한 White의 이분산 검정방법에 따라 식 9.21의 방식에 따라 $\hat{\sigma}_i^2 = \widehat{e_i^2}$을 구하였다. 이를 가중치로 이용하여 식 9.22에 따라 FGLS 추정방법을 적용하였다. 그 결과는 실전예제 9.3과 같으며 이를 요약하면 다음 식 9.23과 같다.

$$\log(\widehat{PRICE_i}) = \underset{(94.93)}{6.02} + \underset{(18.00)}{0.0005}CC_i - \underset{(-9.22)}{0.01}PERIOD_i + \underset{(8.16)}{0.21}AIRBAG_i$$

$$R^2 = 0.790, \quad \overline{R^2} = 0.785 \qquad \text{▸ 9.23}$$

■

식 9.23의 White의 FGLS 추정방법에 의한 회귀계수의 추정치는 식 9.10의 OLS 추정치와 크게 다르지 않으나 표준오차에서 차이가 발생하여 t-통계량의 값이 소폭 변화하였다.

식 9.21의 추정에 있어서 간혹 오차항의 분산의 추정치인 $\widehat{e_i^2}$ 값이 음수가 되는 경우가 나와 $\hat{\sigma}_i = \sqrt{\widehat{e_i^2}}$ 로부터 $\hat{\sigma}_i$ 값을 구하지 못하는 경우가 발생할 수 있다. 이러한 경우 보다 일반적인 방법으로 식 9.20의 이분산 구조에 대해 다음과 같이 설정할 수 있다.

$$\sigma_i^2 = \exp(\alpha_1 + \alpha_2 X_i + \alpha_3 Z_i + \alpha_4 X_i^2 + \alpha_5 Z_i^2 + \alpha_6 X_i Z_i + u_i) \qquad \text{▸ 9.24}$$

혹은

$$\ln(\sigma_i^2) = \alpha_1 + \alpha_2 X_i + \alpha_3 Z_i + \alpha_4 X_i^2 + \alpha_5 Z_i^2 + \alpha_6 X_i Z_i + u_i \qquad \text{▸ 9.25}$$

따라서 이러한 경우 283쪽의 White의 FGLS 추정방법 단계 ②를 다음의 단계 ②´로 대치 가능하다.

②´ $\ln(e_i^2)$을 상수항과 $X_i, Z_i, X_i^2, Z_i^2, X_i Z_i$에 대해 회귀분석을 시행하여 다음과 같이 $\ln\widehat{(e_i^2)}$를 구한다.

$$\ln\widehat{(e_i^2)} = \hat{\alpha}_1 + \hat{\alpha}_2 X_i + \hat{\alpha}_3 Z_i + \hat{\alpha}_4 X_i^2 + \hat{\alpha}_5 Z_i^2 + \hat{\alpha}_6 X_i Z_i \qquad \text{▸ 9.26}$$

식 9.26으로부터 오차항의 분산의 추정량은 $\hat{\sigma}_i^2 = \exp\left(\ln\widehat{(e_i^2)}\right)$을 구하며 나머지 단계는 283쪽의 ③과 ④의 단계를 거쳐 FGLS 추정량을 구할 수 있다.

실전예제 9.1 gretl 명령문 및 추정결과

1. OLS 추정결과: 식 9.10의 추정

USEDCAR 파일을 열어서 PRICE를 선택하고 Add > Logs of selected variables를 선택하면 log(PRICE) 변수를 l_PRICE로 생성한다. 이 변수를 종속변수로 하여 회귀분석을 한 결과가 **식 9.10**의 결과이다.

| 그림 9-A |

```
gretl: model 1
File  Edit  Tests  Save  Graphs  Analysis  LaTeX

Model 1: OLS, using observations 1-145
Dependent variable: l_PRICE

              coefficient    std. error     t-ratio    p-value
  ---------------------------------------------------------------
  const        6.09645       0.0763532       79.85     2.91e-119 ***
  CC           0.000518743   3.38428e-05     15.33     7.95e-032 ***
  PERIOD      -0.0125003     0.000838089    -14.92     8.68e-031 ***
  AIRBAG       0.186334      0.0309484        6.021    1.43e-08  ***

Mean dependent var   6.856559   S.D. dependent var   0.576598
Sum squared resid    9.108667   S.E. of regression   0.254166
R-squared            0.809741   Adjusted R-squared   0.805693
F(3, 141)            200.0312   P-value(F)           1.34e-50
Log-likelihood      -5.101803   Akaike criterion     18.20361
Schwarz criterion    30.11054   Hannan-Quinn         23.04180

Log-likelihood for PRICE = -999.303
```

2. White의 이분산 검정방법: 예 9.1의 결과 구하기

회귀분석 창에서 Tests > Heteroskedasticity > White's tests를 선택하면 다음과 같은 결과가 도출된다.

```
White's test for heteroskedasticity
OLS, using observations 1-145
Dependent variable: uhat^2
```

	Coefficient	Std. Error	t-ratio	p-value	
const	−0.0736790	0.0780381	−0.9441	0.3468	
CC	0.000126545	7.60720e-05	1.663	0.0985	*
PERIOD	0.000955978	0.00164686	0.5805	0.5626	
AIRBAG	−0.0781653	0.0780761	−1.001	0.3185	
sq_CC	−2.25646e-08	1.98339e-08	−1.138	0.2573	
X2_X3	−1.68336e-06	6.64106e-07	−2.535	0.0124	**
X2_X4	1.45754e-05	2.84971e-05	0.5115	0.6099	
sq_PERIOD	4.36323e-05	9.00784e-06	4.844	3.44e-06	***
X3_X4	0.000339351	0.000641647	0.5289	0.5978	
sq_AIRBAG	0.0110297	0.0175151	0.6297	0.5299	

Unadjusted R-squared = 0.423644
Test statistic: TR^2 = 61.428373,
with p-value = P(Chi-square(9) > 61.428373) = 0.000000

gretl 결과 아래에서 두 번째 줄에 나와 있는 Test statistic 61.43으로부터 **예 9.1**의 본문에서 검정통계량 값 61.43을 구하였다.

3. White의 HC 표준오차 추정결과: 예 9.2의 결과 구하기

Model > Ordinary Least Squares...를 선택하고 OLS 추정창에서 왼쪽 하단의 Robust standard errors 옆의 박스를 선택한 후 OK를 선택하면 White의 HC 표준오차 추정결과가 나타난다.

| 그림 9-B |

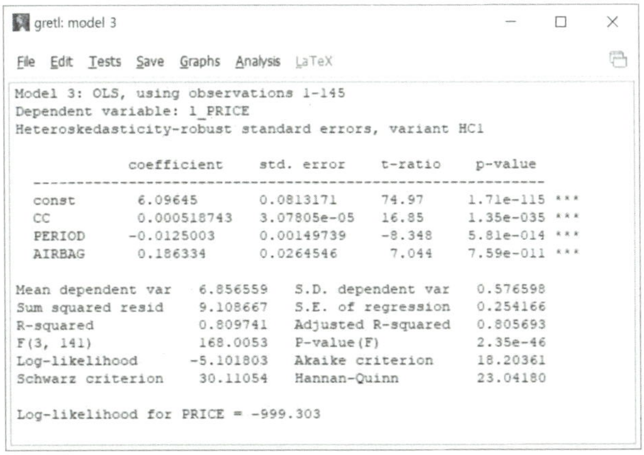


```
Model 3: OLS, using observations 1-145
Dependent variable: l_PRICE
Heteroskedasticity-robust standard errors, variant HC1

             coefficient    std. error    t-ratio    p-value
  ------------------------------------------------------------
  const       6.09645       0.0813171     74.97     1.71e-115 ***
  CC          0.000518743   3.07805e-05   16.85     1.35e-035 ***
  PERIOD     -0.0125003     0.00149739    -8.348    5.81e-014 ***
  AIRBAG      0.186334      0.0264546      7.044    7.59e-011 ***

Mean dependent var   6.856559   S.D. dependent var   0.576598
Sum squared resid    9.108667   S.E. of regression   0.254166
R-squared            0.809741   Adjusted R-squared   0.805693
F(3, 141)            168.0053   P-value(F)           2.35e-46
Log-likelihood      -5.101803   Akaike criterion     18.20361
Schwarz criterion    30.11054   Hannan-Quinn         23.04180

Log-likelihood for PRICE = -999.303
```

4. White의 FGLS 추정결과: 예 9.3의 식 9.21 추정결과 구하기

처음 OLS의 결과에서 잔차의 제곱을 저장한다. 결과창에서 Save > Squared residuals를 선택하면 usq1과 같이 잔차의 제곱변수가 생성된다.

두 번째로 White의 이분산 검정에서 사용되었던 변수들을 생성한다. 제곱한 변수들은 Add 탭에 이미 설정된 Squares of selected variables를 이용하면 되고, 두변수를 곱한 것은 Define new variable을 이용하면 된다. 이 변수들을 설명변수로 usq1을 종속변수로 회귀분석을 한 후, Save > Fitted values를 선택한다. yhat2라는 이름으로 저장하였을 경우, 이 yhat2는 잔차의 제곱의 추정치가 되는 것이다. 가중치로 변수를 이 잔차의 역수로 설정한다. 즉 Add > Define new variable에서 [weight=1/yhat2]와 같이 입력한다.

이제 마지막으로 Model > Other linear model > Weighted least squares 선택하여, Dependent variable에 [l_PRICE]를 Regressors에 [CC, PERIOD, AIRBAG]을 그리고 Weight variable에 weight 변수를 선택한다. OK를 선택하면 FGLS 결과가 아래와 같이 나타난다.

그림 9-C

Model 3: WLS, using observations 1-145
Dependent variable: l_PRICE
Variable used as weight: weight

	Coefficient	Std. Error	t-ratio	p-value	
const	6.01642	0.063377	94.9307	<0.0001	***
CC	0.000508055	2.82205e-05	18.0031	<0.0001	***
PERIOD	−0.0102927	0.001116	−9.2229	<0.0001	***
AIRBAG	0.210118	0.0257631	8.1558	<0.0001	***

Statistics based on the weighted data:

Sum squared resid	177.3833	S.E. of regression	1.121623
R-squared	0.789884	Adjusted R-squared	0.785413
F(3, 141)	176.6860	P-value(F)	1.45e-47
Log-likelihood	−220.3606	Akaike criterion	448.7212
Schwarz criterion	460.6281	Hannan-Quinn	453.5593

Statistics based on the original data:

Mean dependent var	6.856559	S.D. dependent var	0.576598
Sum squared resid	9.571608	S.E. of regression	0.260545

실전예제 9.2 EViews 명령문 및 추정결과

1. White의 이분산 검정방법: 예 9.1의 결과 구하기

EViews 프로그램에서 White의 이분산 검정방법을 적용하기 위해서는 Regression output 결과를 구한 창에서 View 〉 Residual Diagnostics 〉 Heteroskedasticity Tests 아이콘을 차례로 선택한 후 대화창에서 Test type항에 White를 선택한다.

USEDCAR 파일을 이용하여 다음과 같이 White의 이분산 검정방법을 적용한 **예 9.1**의 결과를 구하였다.

Heteroskedasticity Test: White

F-statistic	11.02558	Prob. F(9,135)	0.0000
Obs*R-squared	61.42837	Prob. Chi-Square(9)	0.0000
Scaled explained SS	92.80729	Prob. Chi-Square(9)	0.0000

Test Equation:
Dependent Variable: RESID^2
Method: Least Squares
Sample: 1 145
Included observations: 145

Variable	Coefficient	Std. Error	t-Statistic	Prob.
C	-0.073679	0.078038	-0.944142	0.3468
CC^2	-2.26E-08	1.98E-08	-1.137678	0.2573

CC*PERIOD	-1.68E-06	6.64E-07	-2.534775	0.0124
CC*AIRBAG	1.46E-05	2.85E-05	0.511469	0.6099
CC	0.000127	7.61E-05	1.663493	0.0985
PERIOD^2	4.36E-05	9.01E-06	4.843813	0.0000
PERIOD*AIRBAG	0.000339	0.000642	0.528874	0.5978
PERIOD	0.000956	0.001647	0.580487	0.5626
AIRBAG^2	0.011030	0.017515	0.629723	0.5299
AIRBAG	-0.078165	0.078076	-1.001143	0.3185

R-squared	0.423644	Mean dependent var	0.062818
Adjusted R-squared	0.385220	S.D. dependent var	0.112683
S.E. of regression	0.088353	Akaike info criterion	-1.948488
Sum squared resid	1.053837	Schwarz criterion	-1.743196
Log likelihood	151.2654	Hannan-Quinn criter.	-1.865071
F-statistic	11.02558	Durbin-Watson stat	1.966177
Prob(F-statistic)	0.000000		

2. White의 HC 표준오차 추정결과: 예 9.2의 결과 구하기

Regression output OLS 추정결과를 구하는 Quick > Estimate Equation 아이콘을 선택한 후 대화창에서 [log(PRICE) C CC PERIOD AIRBAG]의 추정모형에 대한 변수명을 입력한 후 우측의 Options 아이콘을 선택한다. Coefficient covariance 질문항의 Covariance method 질문항에 Huber-White를 선택한다.

USEDCAR 파일을 이용하여 다음과 같이 **예 9.2**에서의 White의 HC 표준오차를 구하였다.

Dependent Variable: LOG(PRICE)
Method: Least Squares
Sample: 1 145
Included observations: 145
White-Hinkley (HC1) heteroskedasticity consistent standard errors and covariance

Variable	Coefficient	Std. Error	t-Statistic	Prob.
C	6.096449	0.081317	74.97130	0.0000

CC	0.000519	3.08E-05	16.85299	0.0000
PERIOD	-0.012500	0.001497	-8.348028	0.0000
AIRBAG	0.186334	0.026455	7.043533	0.0000

R-squared	0.809741	Mean dependent var	6.856559
Adjusted R-squared	0.805693	S.D. dependent var	0.576598
S.E. of regression	0.254166	Akaike info criterion	0.125542
Sum squared resid	9.108667	Schwarz criterion	0.207659
Log likelihood	-5.101803	Hannan-Quinn criter.	0.158909
F-statistic	200.0312	Durbin-Watson stat	1.288152
Prob(F-statistic)	0.000000	Wald F-statistic	168.0053
Prob(Wald F-statistic)	0.000000		

3. White의 FGLS 추정결과: 예 9.3의 식 9.23 추정결과 구하기

4.4절의 White의 일반적인 FGLS 추정방법을 적용하기 위해서는 Regression output 추정결과를 구한다. 교과서 본문 ②의 추정과정을 위해 다음과 같이 명령문을 입력하여 e_i^2의 변수를 Resid2의 이름으로 확보한다.

Quick 〉 Generate Series 〉 Enter Equation 대화창에서 [Resid2= resid^2]

식 9.21의 결과를 구하기 위해 Quick 〉 Estimate Equation 아이콘을 선택한 후 대화창에서 **식 9.21**의 결과를 추정하기 위한 명령문을 다음과 같이 입력한다(혹은 상기 1에서 White의 Heteroskedasticity Test를 위한 추정 명령문을 입력한다).

[Resid2 C CC PERIOD AIRBAG CC^2 PERIOD^2 AIRBAG^2 CC*PERIOD CC*AIRBAG PERIOD*AIRBAG]

식 9.21의 결과창에서 Proc 〉 Forecast 아이콘을 선택한 후 대화창에서 Forecast name 창에 [resid2f]를 선택한다. ③에서의 **식 9.22**의 결과를 구하기 위해 Quick 〉 Estimate Equation항에서 모형의 식 [log(PRICE)

C CC PERIOD AIRBAG]을 입력한 후 Option을 선택하여 대화창의 오른쪽 Weights type항에서 Inverse std. dev.를 선택하고 Weight series 항에 [1/sqr(resid2f)]를 입력한다. gretl과 가중치로 사용하는 변수가 차이를 보이는 이유는 EViews에서는 가중치를 적용하는 방법을 표준편차의 역수로 설정하였으나, gretl에서는 가중치를 적용하는 방법이 분산의 역수이기 때문이다.

Dependent Variable: LOG(PRICE)
Method: Least Squares
Sample: 1 145
Included observations: 145
Weighting series: 1/SQR(RESID2F)
Weight type: Inverse standard deviation (EViews default scaling)

Variable	Coefficient	Std. Error	t-Statistic	Prob.
C	6.016423	0.063377	94.93070	0.0000
CC	0.000508	2.82E-05	18.00308	0.0000
PERIOD	-0.010293	0.001116	-9.222895	0.0000
AIRBAG	0.210118	0.025763	8.155767	0.0000

Weighted Statistics

R-squared	0.789884	Mean dependent var	6.919258
Adjusted R-squared	0.785413	S.D. dependent var	2.306448
S.E. of regression	0.225548	Akaike info criterion	-0.113373
Sum squared resid	7.172907	Schwarz criterion	-0.031256
Log likelihood	12.21956	Hannan-Quinn criter.	-0.080006
F-statistic	176.6860	Durbin-Watson stat	1.241512
Prob(F-statistic)	0.000000	Weighted mean dep.	6.940758

Unweighted Statistics

R-squared	0.800071	Mean dependent var	6.856559
Adjusted R-squared	0.795817	S.D. dependent var	0.576598
S.E. of regression	0.260545	Sum squared resid	9.571608
Durbin-Watson stat	1.312780		

연습문제

1. 다음의 용어에 대하여 설명하라.
   (1) 동분산과 이분산
   (2) OLS(통상최소자승) 추정량
   (3) GLS(일반최소자승) 추정량
   (4) White의 이분산 검정방법
   (5) White의 HC(이분산-일치) 추정량
   (6) White의 HC 표준오차
   (7) WLS(가중최소자승) 추정량
   (8) FGLS(실행가능 일반최소자승) 추정량
   (9) White의 FGLS 추정방법

2. 아래의 각 문장이 맞는지 틀리는지를 결정하고, 그 이유를 간략히 설명하라.
   (1) 이분산은 모집단 오차항의 분산에 관한 문제이므로 이분산이 발생하여도 OLS 추정방법에 의한 회귀계수의 추정에는 아무런 문제가 없다.
   (2) 이분산은 고전적 가정에 위배되므로 이분산이 발생하면 OLS 추정량은 불편추정량이 되지 못한다.
   (3) 이분산이 발생하면 OLS 추정량의 BLUE 특성이 지켜지지 못한다.
   (4) 이분산의 발생은 OLS 추정방법에 의한 회귀계수의 추정치에 문제가 있으므로 이의 해결책으로는 GLS 추정방법이 유일하다.
   (5) 이분산이 발생하면 OLS 추정방법에 대한 통상적인 t-검정과 F-검정은 유효하지 못하다.
   (6) 이분산과 다중공선성 모두 회귀분석 모형의 고전적 가정을 위배한다는 측면에서 유사하다.

(7) 이분산의 발생은 최소자승 추정량의 표준오차에 문제를 발생하며 회귀계수의 편의에는 아무런 영향이 없다.

3. 이분산이 발생한다고 가정하여 **식 9.6**에서 구한 OLS 추정량의 분산에 있어서 만일 실제로 동분산이 발생한다면, 즉 모든 i에 대하여 $\sigma_i^2 = \sigma^2$이라면, **식 9.6**은 **식 9.4**가 됨을 증명하라.

심화문제

1. $V(\epsilon_i) = \sigma_i^2$의 일반적인 형태의 이분산이 발생하는 경우, 최소자승(OLS) 추정량의 분산, 즉 **식 9.6**을 도출하라.

2. $V(\epsilon_i) = \sigma_i^2$의 일반적인 형태의 이분산이 발생하는 경우, 최소자승(OLS) 추정법에 의한 분산의 추정량, 즉 **식 9.5**의 추정량에 편의가 발생함을 보여라. 즉, $E\left(\hat{V}(b_2)\right) \neq V(b_2)$을 보여라.

3. 다음과 같은 저축함수에 대한 회귀분석 모형을 고려하자.

$$S_i = \beta_1 + \beta_2 IC_i + u_i,\ u_i = \sqrt{IC_i}\,\varepsilon_i$$

여기서 S_i는 가계저축을 나타내며, IC_i는 소득을 나타낸다.

ε_i는 확률변수로 $E(\varepsilon_i) = 0$이며 $V(\varepsilon_i) = \sigma^2$의 특성을 갖는다.

(1) 위 회귀분석 모형에서 오차항 u_i의 평균 $E(u_i)$와 분산 $V(u_i)$을 구하라.

(2) 위 모형은 회귀분석 모형에 대한 고전적 가정을 만족하는가? 설명하라.

(3) 위 모형을 통상최소자승법으로 추정하기 위한 모형으로 변환하라. 그때의 종속변수와 독립변수는 무엇인가?

4. 계량이는 참여중인 프로젝트를 위해 다음의 모형을 고려하고 있다.

$$Y_i = \beta_1 + \beta_2 X_i + \beta_3 Z_i + \varepsilon_i$$

그런데 계량이는 $V(\varepsilon_i) = \sigma^2(X_i^2 + Z_i^2)$이라고 가정하였다.

(1) 이 모형은 고전적 가정 중 어느 가정을 만족하지 못하는가?

(2) 위 모형을 최소자승 추정법을 적용하기 위한 동분산 모형으로

변환하라. 변환된 모형의 종속변수와 독립변수는 각각 무엇인가?

(3) (2)에서 구한 변환된 모형에서 R^2의 해석에는 아무런 문제가 없는가? 토론하라.

(4) 그런데 실제로 이 모형에는 이분산이 작용하지 않으며 $V(\varepsilon_i) = \sigma^2$이 성립한다. 이러할 경우 그러면 계량이가 (2)에서 구한 최소자승 추정법에는 문제가 없는가? 판단하고 설명하라.

5. 두 변수 X와 Y 간에는 $Y_i = \beta_1 + \beta_{2i} X_i$와 같이 정확한 선형관계가 성립한다. 그런데 실제로 β_{2i}는 확률변수이며 $\beta_{2i} = \beta_2 + v_i$로 표현된다. 여기서 β_2는 상수이며 v_i는 확률변수로 평균이 0이며 σ_v^2의 일정한 분산을 갖는다.

(1) 위 식을 $Y_i = \beta_1 + \beta_2 X_i + \varepsilon_i$의 모형으로 표현하라.

(2) (1)의 모형에서 $E(\varepsilon_i)$를 구하라.

(3) (1)의 모형에서 $V(\varepsilon_i)$를 구하라.

(4) 식 (1)의 모형을 최소자승법으로 추정하는 경우 어떠한 문제가 발생하는가? 토론하라.

(5) 식 (1)의 모형으로 가중최소자승 추정량을 구하는 과정을 설명하라.

6. 고용자 수(EMPL)의 평균임금(AVGW)에 대한 영향도를 알아보기 위하여 다음의 모형을 고려하자.

$$AVGW_i = \beta_1 + \beta_2 EMPL_i + \epsilon_i$$

다음은 30개 기업을 대상으로 추정한 회귀분석 결과를 나타내고 있다.

$$\underset{}{AVGW_i} = \underset{(2.3)}{7.5} + \underset{(16.10)}{0.009}\, EMPL_i + e_i \qquad R^2 = 0.90 \qquad (A)$$

$$\frac{AVGW_i}{EMPL_i} = 0.008 + 7.8\,(1/EMPL_i) + e_i$$
$$(14.43) \quad (76.58) \qquad R^2 = 0.99 \qquad (B)$$

( )안은 t-통계치 값을 나타낸다.

(1) 회귀분석 결과 (A)로부터 회귀분석 (B) 결과를 추정한 이유는 무엇인가? 두 회귀분석 결과를 어떻게 비교, 해석할 수 있는가?
(2) 위 결과 (B)에서 추정한 고용자 수의 평균임금에 대한 영향도 β_2의 추정치는 얼마라고 생각되는가?
(3) 위 결과 (B)에서 β_1의 추정치는 얼마라고 생각되는가?
(4) "결정계수 R^2의 관점에서 보았을 때 추정결과 (B)의 결정계수가 추정결과 (A)의 경우 보다 높기 때문에 회귀분석 결과 (B)가 더 나은 결과이다." 이 주장에 대해 평가하라.

실증분석 문제

1. UNIDO 파일은 28개 OECD 국가의 1997년 제조업의 크기(MANU), GDP 및 인구(POP)에 관한 자료를 수록하고 있다. 이 자료를 이용하여 제조업의 크기(MANU)와 GDP 간의 관계를 분석하기 위하여 다음의 회귀분석 모형을 설정하였다.

$$MANU_i = \beta_1 + \beta_2 GDP_i + \varepsilon_i$$

(1) 위 모형을 추정하라.
(2) MANU와 GDP 간의 점상관도(scatter diagram)를 통하여 이분산이 있는지를 검토하라.
(3) White 검정방법을 통해 이분산 여부를 판정하라.
(4) White의 HC추정량을 구하고 GDP의 유의성에 대해 검토하라.
(5) 국가 간 통계에서 실제로 인구수(POP)가 작은 국가에 비해 인구수가 큰 국가 간에는 제조업의 크기가 다양하다. 이러한 바를 고려하여 $\sigma_i^2 = \sigma^2 POP_i^2$과 같이 오차항의 분산은 인구수의 제곱에 비례한다고 설정하였다. 이를 고려하여 FGLS 추정방법에 의한 추정치를 구하라.
(6) (5)의 추정에서 변환된 종속변수와 설명변수에 대해 점상관도(scatter diagram)를 통해 이분산이 있는지 확인하라.

2. 제6장 실증분석 문제 6번에서 사용한 MOVIE 파일로부터 영화관객 동원에 있어서 가장 중요한 요인은 영화 상영 스크린 수 이다. 이를 반영하여 관객 수(AUDIENCE; Y)를 스크린 수(SCREEN; X)와 감독인지도(DIRECTOR; Z)에 대해 회귀분석하는 다음 모형을 설정하였다.

$$Y_i = \beta_1 + \beta_2 X_i + \beta_3 Z_i + \epsilon_i$$

(1) 위 모형을 OLS 추정방법에 의해 추정하라.

(2) 관객 수(AUDIENCE)를 스크린 수(SCREEN)에 대하여 점상관도(scatter diagram)를 그려보고 이분산 여부에 대해 검토하라. 또한 관객 수(AUDIENCE)를 감독인지도(DISTRIBUTOR)에 대하여 점상관도(scatter diagram)를 그려보고 이분산 여부에 대해 검토하라.

(3) White의 이분산 검정방법을 이용하여 이분산 존재 여부를 판단하라.

(4) White의 FGLS 추정량을 구하라. (1)의 결과와 비교하라.

(5) White의 HC 추정량을 구하라. 회귀계수의 추정치는 (1)의 경우와 동일한지 확인하라. 표준오차, t-ratio 및 유의확률(p-value)은 어떠한가?

3. 제6장 실증분석 문제 2번에서 사용한 ENGEL 파일에는 가계의 총지출, 식료품 지출 및 기타 지출 등에 관한 자료이다.

(1) 식품 지출금액(FOOD)를 가계 총지출금액(EXP)에 대해 회귀분석하고 잔차를 구하라.

(2) (1)에서 구한 잔차를 총지출금액(EXP)에 대해 그래프를 그려보라. 총지출금액이 증가함에 따라 잔차의 값은 어떻게 변화하는가? 이로부터 무엇을 판단할 수 있는가?

(3) White의 이분산 검정방법을 이용하여 이분산 존재 여부를 판단하라.

(4) White의 FGLS 추정량을 구하라. (1)의 결과와 비교하라.

(5) White의 HC 추정량을 구하라. 회귀계수의 추정치는 OLS 추정의 경우와 동일한지 확인하라. 표준오차, t-ratio 및 유의확률(p-value)값을 OLS 추정의 경우와 비교하라.

CHAPTER 10

자기상관(Autocorrelation)

회귀모형의 고전적 가정이 성립하지 않는 경우로 제9장에서는 오차항의 분산이 서로 다른 크기를 갖는 이분산의 발생에 대해 살펴보았다. 제10장에서는 오차항의 공분산 구조에서 고전적 가정이 지켜지지 않는 자기상관의 문제를 다룬다.

1 자기상관의 정의와 발생

제4장과 제5장에 설명된 최소자승 추정량의 기본 가정 중 가정 6에서는 서로 다른 관찰치 $i \neq j$의 오차항 간에 상관관계가 없다. 즉 $Cov(\varepsilon_i, \varepsilon_j)=0$를 가정하고 있다. 이는 쉽게 표현하면 서로 다른 관찰치의 종속변수 간에 상관이 없다, 즉 $Cov(Y_i, Y_j)=0$을 의미한다고 할 수 있다. 강한 의미로 이는 서로 다른 두 관찰치 간의 종속변수 값이 독립임을 의미한다. 대부분의 횡단면자료에서는 이 가정은 합당한 것으로 받아들여진다. 그러나 시계열자료의 경우 두 시점(관찰치)에서의 종속변수의 값이 무관하다고 보기 힘들기 때문에 자기상관은 주로 시계열자료

의 경우에 발생한다. 따라서 제10장에서는 자료의 관찰치를 나타냄에 있어서 시간을 나타내는 t로 표현한다.

위 가정이 성립하지 않는 경우, 즉 서로 다른 시점 $t \neq s$에 있어서 $Cov(\varepsilon_t, \varepsilon_s) \neq 0$ 혹은 $Cov(Y_t, Y_s) \neq 0$의 경우를 **자기상관**(autocorrelation) 혹은 **계열상관**(serial correlation)이 있다고 한다. 예컨대 올해 GDP는 작년 GDP와 아주 밀접한 관계에 있으며, 수출 또한 경제환경이 변화한다고 하여 갑자기 그 구조가 완전히 바뀌기 힘들기 때문에 올해 수출은 작년 수출에 대해 상당히 강한 의존성을 갖고 있다.

자기상관이 발생하는 주된 원인을 설명하면 다음과 같다.

1.1 시계열자료는 완만하게 변화한다

대부분의 시계열자료는 경기변동곡선을 따라 완만하게 변화한다. 경기침체 시기 이후 GDP, 수출, 실업률 및 물가지수 등의 경제변수들은 완만하게 회복세를 나타내며 또한 경기 정점을 지난 후에도 시계열 자료들은 완만하게 침체하는 패턴을 갖는다. 따라서 경기회복기의 경제변수들은 전기에 비해 계속적으로 증가하는 패턴을 가지며, 경기침체기의 경제변수들은 계속적으로 감소하는 형태로 전기의 값에 강한 의존성을 보인다.

예컨대 1990년대 말에 발생한 외환위기의 경우, 외부적인 충격으로 인한 경기침체는 당기에 그 충격이 끝나는 것이 아니라 그 충격이 완화되긴 하였으나 상당한 기간 동안 계속적으로 우리 경제를 위기에 빠뜨렸다. 2000년대 후반에 발생한 미국 금융위기의 여파 또한 그 충격은 완화되긴 하였으나 몇 년 동안 계속적으로 우리 경제에 충격을 주었다. 이렇듯 경제변수는 빠른 변화를 보이기 보다는 경기변동곡선을 중심으로 완만하게 변화하여 전기 값에 의존하는 패턴을 갖는다.

1.2 모형설정의 오류

특정 경제변수의 변화가 비선형 구조를 가진다고 하자. 그러나 이를 선형모형으로 가정하여 분석함에 따라 자료에 내재된 비선형성은 선형모형에서 체계적인 오차항의 변화로 나타난다. 아래 **그림 10.1**에서 종속변수는 설명변수에 대해 강한 비선형성을 갖고 있다. 그러나 이를 선형관계로 분석함에 따라 오차항은 계속적으로 양의 값을 갖거나 혹은 계속적으로 음의 값을 갖는 패턴을 갖게 되며, 따라서 당기의 오차항은 전기의 오차항의 부호에 밀접한 의존관계를 갖고 있다.

이러한 모형설정의 오류는 변수설정에 있어서도 발생한다. 특정 설명변수를 누락함에 따라 발생하는 오차항의 체계적인 변화로 인해 당기의 오차항의 값은 전기의 오차항에 의존하는 형태를 갖는다.

| 그림 10-1 | 모형의 비선형성과 자기상관

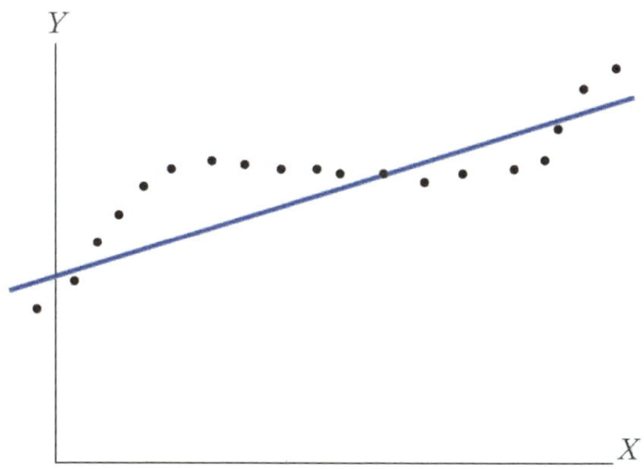

1.3 변수의 변환

다음과 같은 모형을 고려하자.

$$Y_t = \beta_1 + \beta_2 X_t + \varepsilon_t \qquad \text{▸ 10.1}$$

위와 같은 수준(level) 변수에 대해 다음 식 10.2와 같이 차분(difference) 변수를 통해 모형을 구축하였다고 하자.[1]

$$\Delta Y_t = \alpha_1 + \alpha_2 \Delta X_t + \Delta \varepsilon_t \qquad \text{▸ 10.2}$$

식 10.2에서 $\Delta Y_t = Y_t - Y_{t-1}$, $\Delta X_t = X_t - X_{t-1}$을 나타낸다. 식 10.2에서 t기의 오차항 $\Delta\varepsilon_t = \varepsilon_t - \varepsilon_{t-1}$은 $t-1$기의 오차항 $\Delta\varepsilon_{t-1} = \varepsilon_{t-1} - \varepsilon_{t-2}$와 상관관계를 갖는 자기상관의 문제가 발생한다.

1.4 불안정 시계열자료

특정 시계열자료가 평균, 분산 및 공분산 등의 분포에 있어서 시간과 무관한 구조를 갖는 경우 이를 안정적(stationary) 시계열자료라고 하며, 이러한 분포가 시간에 따라 변화하는 경우 이를 불안정(nonstationary) 시계열자료라고 한다.[2] 흔히 불안정 시계열자료에 대해 회귀모형을 구축하는 경우 오차항 또한 불안정자료가 되어 자기상관이 발생할 수 있다.

2 자기상관의 OLS 추정량에 대한 통계적 영향

2.1 불편추정량에 대한 영향

자기상관이 존재하더라도 제4장의 실전예제 4.1의 증명에서 보듯이

1 수준 변수를 차분 변수로 변환하여 분석하는 것을 다중공선성의 해법으로 제시한 바 있다.
2 안정적 시계열과 불안정 시계열자료에 대해서는 제11장, 제12장에서 다룬다.

가정 1~4는 성립하기 때문에 OLS 추정량의 불편성에는 아무런 영향이 없다. 따라서 자기상관이 존재하더라도 OLS 추정량의 불편성은 유지된다.

2.2 OLS 추정량의 효율성에 대한 영향

자기상관이 존재하더라도 OLS 추정량은 선형이며 또한 불편성의 특성은 유지된다. 그러나 자기상관의 존재는 제4장에서의 고전적인 가정 6에 위배되어 이분산의 경우와 마찬가지로 가우스-마르코프 정리의 기본 전제를 만족하지 못하므로 최소분산을 갖는 추정량이 되지 못한다. 이에 비해 (이분산의 경우와 마찬가지로) GLS 추정량은 선형이며 불편인 추정량 중에서 OLS 추정량보다 분산의 크기가 작을 뿐만 아니라 최소분산을 갖는 효율적인 추정량이다.

2.3 분산 및 표준오차에 대한 영향

2.2에서의 분산의 규모에 대한 문제 이외에도 자기상관이 발생하면 최소자승 추정량의 분산 및 표준오차에 대한 추정에 있어서 편의가 발생한다. 이러한 특징은 이분산의 경우와 마찬가지로 OLS 추정량에 의한 신뢰구간 설정 및 가설검정 등의 통계적 추론에 타당성을 잃게 하는 심각한 문제를 야기한다.

이상을 설명하기 위해 논의의 편의상 다음과 같은 단순회귀분석모형을 고려하자.

$$Y_t = \beta_1 + \beta_2 X_t + \varepsilon_t \quad \text{▸ 10.3}$$

$t = 1, 2, \cdots, T$의 표본자료를 통하여 회귀계수 β_2의 OLS 추정량 b_2의

분산은 $\hat{\sigma}^2 = s^2 = \frac{1}{T-2}\sum_{t=1}^{T} e_t^2$로부터 다음 **식 10.4**와 같이 추정된다.

$$\hat{V}(b_2) = \frac{s^2}{\sum_{t=1}^{T}(X_t - \overline{X})^2} \qquad ▸ 10.4$$

그러나 만일 오차항이 자기상관을 갖는다면 OLS 추정량 b_2의 분산은 다음 **식 10.5**와 같다. 여기서 제4장 **식 4.7**에서와 같이 $w_t \equiv \frac{(X_t - \overline{X})}{\sum_{t=1}^{T}(X_t - \overline{X})^2}$를 나타낸다.

$$\begin{aligned} V(b_2) &= \sum_{t=1}^{T} w_t^2 V(Y_t) + \sum_{s<t}\sum_{t=1}^{T} 2w_t w_s Cov(Y_t, Y_s) \\ &= \frac{\sigma^2}{\sum_{t=1}^{T}(X_t - \overline{X})^2} + \sum_{s<t}\sum_{t=1}^{T} 2w_t w_s Cov(Y_t, Y_s) \end{aligned} \qquad ▸ 10.5$$

따라서 OLS 추정방법에 의한 **식 10.4**의 분산추정량은 **식 10.5**에 대해 $E(\hat{V}(b_2)) \neq V(b_2)$가 성립하여 불편추정량이 되지 못한다. 따라서 **식 10.4**의 OLS 추정에 의한 회귀계수의 분산 및 표준오차는 올바른 추정치가 되지 못하여 이에 근거한 통계적 추론은 타당성을 잃게 된다.

3 자기상관의 전형적인 형태: AR(1)

자기상관이 발생하는 가장 간단하면서 전형적인 오차항의 구조로 다음 **식 10.6**을 고려하자.

$$\varepsilon_t = \rho\varepsilon_{t-1} + u_t \qquad ▸ 10.6$$

여기서 $-1 < \rho < 1$이며 $E(u_t) = 0$, $V(u_t) = \sigma_u^2$이며 $Cov(u_t, u_s) = 0$ $(t \neq s)$로 u_t는 동분산을 가지며 자기상관이 없는 오차항[3]이다. 따라서 **식 10.6**에서 ε_t가 자기상관을 갖는 이유는 바로 $\rho \neq 0$이기 때문이다.

식 10.6에서 t기의 오차항 ε_t는 $t-1$기의 오차항 ε_{t-1}에 ρ만큼 의존한다. 이와 같은 구조를 **1계 자기회귀모형**(first-order autoregressive model; AR(1))이라 한다. **식 10.6**의 **AR(1)** 구조를 보다 일반화하면 t기의 오차항 ε_t가 과거 p기 동안의 오차항, $\varepsilon_{t-1}, \varepsilon_{t-2}, \cdots, \varepsilon_{t-p}$에 의존하는 다음 **식 10.7**과 같은 구조를 **p계 자기회귀모형**(pth order autoregressive model; AR(p))이라 한다.

$$\varepsilon_t = \rho_1 \varepsilon_{t-1} + \rho_2 \varepsilon_{t-2} + \cdots + \rho_p \varepsilon_{t-p} + u_t \qquad \text{▸ 10.7}$$

식 10.6의 AR(1) 오차항 구조에 있어서 자기상관의 발생을 보다 명확하게 보기 위하여 오차항 ε_t에 대한 평균과 분산 및 공분산 등을 구하기로 하자. 이를 위해 과거의 오차항 식을 반복하여 대입하면 다음 **식 10.8**과 같다.

$$\begin{aligned} \varepsilon_t &= \rho \varepsilon_{t-1} + u_t \\ &= \rho(\rho \varepsilon_{t-2} + u_{t-1}) + u_t \\ &\cdots \\ &= \rho^t \varepsilon_0 + \rho^{t-1} u_1 + \cdots + \rho u_{t-1} + u_t \end{aligned} \qquad \text{▸ 10.8}$$

식 10.8을 무한 과거로 확장하여 평균과 분산을 구하면 다음 **식 10.9**와 같이 도출된다.

$$E(\varepsilon_t) = 0 \qquad \text{▸ 10.9}$$

3 시계열분석에서 이러한 특성을 갖는 오차항 u_t를 백색잡음(white noise)이라 부른다.

$$V(\varepsilon_t) = \sigma_u^2(1+\rho^2+\rho^4+\cdots) = \frac{\sigma_u^2}{1-\rho^2} \equiv \sigma_\varepsilon^2 \quad ▸ 10.10$$

식 10.9에서 자기상관이 존재한다고 하더라도 오차항의 평균은 고전적 가정과 마찬가지로 0이 되며 특히 **식 10.10**에서 오차항의 분산은 구하는 시점, t에 관계없는 동분산 구조를 갖는다. 그러나 AR(1)구조에 따른 두 시점 간의 오차항의 공분산은 다음 **식 10.11**로 구해진다.

$$\begin{aligned} Cov(\varepsilon_t, \varepsilon_{t-1}) &= Cov(\rho\varepsilon_{t-1} + u_t, \varepsilon_{t-1}) \\ &= \rho Cov(\varepsilon_{t-1}, \varepsilon_{t-1}) + Cov(u_t, \varepsilon_{t-1}) \\ &= \rho V(\varepsilon_{t-1}) = \rho\sigma_\varepsilon^2 \end{aligned} \quad ▸ 10.11$$

식 10.11을 마찬가지 방법으로 확장하면 다음 **식 10.12**를 도출할 수 있다.

$$Cov(\varepsilon_t, \varepsilon_s) = \rho^{|t-s|}\sigma_\varepsilon^2 \quad ▸ 10.12$$

식 10.11과 **식 10.12**에서 보듯이 AR(1) 구조에서 서로 다른 시점간의 오차항은 상호 무관하지 않음을 알 수 있다. 이러한 자기상관은 제4장 및 제5장에서의 고전적 **가정 6**에 위배됨을 알 수 있다.

식 10.11과 **식 10.12**에서의 공분산은 서로 다른 두 변수 간의 공분산과 구분하여 **자기공분산**(autocovariance)이라 한다. 특히 **식 10.12**에서 보듯이 두 시점 간의 거리가 멀어질수록 즉, $|t-s| \to \infty$이면 자기공분산의 크기는 기하급수적으로 작아져 0으로 수렴함을 알 수 있다.

| 그림 10-2 | 잔차항 그래프를 이용한 자기상관의 점검

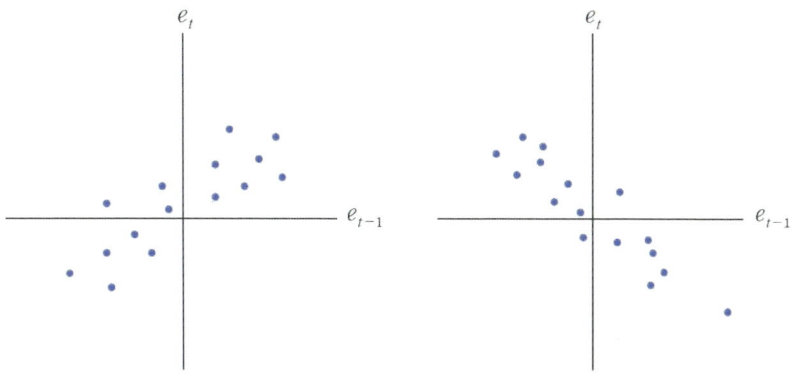

(a) 양의 자기상관의 경우 (b) 음의 자기상관의 경우

4 자기상관 여부의 확인

4.1 그래프에 의한 방법

자기상관이란 두 시점 간의 오차항의 공분산이 양 혹은 음의 공분산을 갖는 것을 의미하므로 이를 그래프로 확인하는 방법으로는 OLS 추정으로부터 잔차를 구하여 두 시점 간의 잔차의 관계를 확인하는 방법이라 할 수 있다. 다음 **그림 10-2**에서 (a)의 경우에는 양의 자기상관이 있음을 나타내며 (b)의 경우에는 음의 자기상관이 있음을 나타내고 있다.

4.2 Durbin-Watson 검정방법

자기상관이 AR(1) 구조를 따른다고 전제될 때 Durbin-Watson 검정

방법에 의한 자기상관 검정은 다음 **식 10.13**과 **식 10.14**의 회귀모형에서 $\rho=0$(자기상관 없음) 혹은 $\rho\neq 0$(자기상관 있음)의 여부로 압축된다.

$$Y_t=\beta_1+\beta_2 X_t+\varepsilon_t \tag{10.13}$$

$$\varepsilon_t=\rho\varepsilon_{t-1}+u_t \tag{10.14}$$

이에 따라 귀무가설과 대립가설은 다음 **식 10.15**와 같다.

$$H_0:\rho=0,\qquad H_1:\rho\neq 0 \tag{10.15}$$

Durbin-Watson 검정방법의 절차는 다음과 같다.

① **식 10.13**의 회귀식을 OLS 방법으로 추정하여 잔차 e_t를 구한다.

② 잔차 e_t로부터 다음 **식 10.16**과 같은 Durbin-Watson 통계치를 구한다.

$$d=\frac{\sum_{t=2}^{T}(e_t-e_{t-1})^2}{\sum_{t=1}^{T-1}e_t^2} \tag{10.16}$$

혹은 다음 **식 10.17**과 같이 ①에서 구한 잔차 e_t를 e_{t-1}에 대해 (상수항을 제외) OLS 추정방법을 적용하여 **식 10.18**과 같이 $\hat{\rho}$를 구한다.

$$e_t=\hat{\rho}e_{t-1}+error \tag{10.17}$$

$$\hat{\rho}=\frac{\sum_{t=2}^{T}e_{t-1}e_t}{\sum_{t=2}^{T}e_{t-1}^2} \tag{10.18}$$

이로부터 $d\approx 2(1-\hat{\rho})$를 구한다.

③ 주어진 관찰치 수(n 혹은 T)와 상수항을 제외한 설명변수의 수

($k'=k-1$)에 따라 부록 **표 B–5**의 통계표로부터 임계치(d_L, d_U)를 구한다.

④ 다음의 경우에 대해 판정한다.

만일 $0<d<d_L$이면 $H_0:\rho=0$의 귀무가설을 기각하며, 양의 자기상관이 있다고 판정한다.

만일 $d_L<d<d_U$이면 판단할 수 없다.[4]

만일 $d_U<d<4-d_U$이면 $H_0:\rho=0$의 귀무가설을 기각할 수 없으며 자기상관이 없다고 판정한다.

만일 $4-d_U<d<4-d_L$이면 판단할 수 없다.

만일 $4-d_L<d<4$이면 $H_0:\rho=0$의 귀무가설을 기각하며 음의 자기상관이 있다고 판정한다.

예 10.1 우리나라 거시 통계자료 파일인 NATIONAL_YR 파일로부터 민간소비(CP)를 상수항과 국민총소득(GNI) 및 금리(통화안정증권 1년물 수익률; R)에 대해 회귀분석한 결과는 다음 식 10.19와 같다.

$$\widehat{CP}_t = 138612.7 + 0.402\,GNI_t - 4838.8\,R_t$$
$$(3.68) \qquad (15.74) \qquad (-2.79)$$
$$R^2 = 0.988,\ D-W = 0.520 \qquad \blacktriangleright\ 10.19$$

이 결과에서 Durbin-Watson 통계치는 0.520이며 5% 유의수준에서 $n=31, k'=2$의 통계표로부터 $d_L=1.297$, $d_U=1.570$의 임계치를 구하였다. 검정결과 $d<d_L$의 결과에 해당하므로 자기상관이 없다는 가설을 기각하며 이는 소비함수의 추정에 있어서 양의 자기상관이 있음을 의미한다. ■

Durbin-Watson 검정방법은 가장 널리 사용되는 자기상관 검정방법

4 Durbin-Watson 검정에서 판단 불가능 영역이 발생하는 이유는 Durbin-Watson 통계량에 대한 정확한 임계치가 설명변수의 배열에 의존하기 때문이다. 실제 실증분석에서는 판정불가의 경우 자기상관이 있는 것으로 해석하는 것이 보다 일반적일 수 있다.

이다. 그러나 Durbin-Watson 검정방법은 몇 가지 한계점을 가지고 있는데, 첫째로 회귀모형에 상수항이 반드시 포함되어야 하며, 둘째로 AR(1) 형태의 자기상관 여부에 대해서만 검정가능하다. 마지막으로 Durbin-Watson 검정이 유효하기 위해서는 모형에 설명변수로 종속변수의 시차변수가 포함되지 말아야 한다는 점이다.

4.3 Breusch-Godfrey의 LM 검정방법

4.2에서의 Durbin-Watson 검정방법은 가장 많이 사용되는 방법이나 종속변수의 시차변수가 설명변수로 포함되거나 혹은 1계 자기상관 이외의 다른 형태의 자기상관을 갖는 모형에서는 사용할 수 없는 단점이 있다. 이러한 경우에 대해 제9장 이분산에서의 White의 LM 검정방법의 아이디어를 자기상관으로 확장한 다음의 Breusch-Godfrey(BG) 검정방법을 적용할 수 있다.

설명의 편의를 위해 **식 10.13**과 같이 설명변수가 2개이며 또한 **식 10.14**와 같이 1계 자기상관[5]인 경우에 대해 고려하자. 이에 따른 귀무가설 또한 **식 10.15**와 같다. BG 검정방법은 다음의 단계를 거쳐 시행된다.

① **식 10.13**을 OLS 방법으로 추정하여 잔차 e_t를 구한다.

② 잔차 e_t를 다음 **식 10.20**과 같이 설명변수 X_t와 잔차 e_{t-1}에 대한 보조회귀분석을 시행하여 결정계수 R^2를 구한다.

$$e_t = \alpha_1 + \alpha_2 X_t + \alpha_3 e_{t-1} + error \qquad \text{▸ 10.20}$$

③ **식 10.20**에서 구한 결정계수 R^2에 관찰치수 T를 곱한 $T \cdot R^2$값은 자기상관이 없다는 귀무가설 하에서 자유도가 1인 χ^2-분포를 갖는다. 즉, $T \cdot R^2 \sim \chi^2(1)$.

5 여기서는 1계 자기상관을 고려하고 있으나 BG 검정방법은 다른 형태의 자기상관에 대해서도 적용될 수 있다.

④ ③에서 구한 $T \cdot R^2$의 통계치가 주어진 유의수준 α에서의 임계치 $\chi^2(1;\alpha)$보다 크게 나타나면 귀무가설을 기각한다. 즉 자기상관이 없다는 귀무가설을 기각한다.

예 10.2 예 10.1에서 추정한 소비함수에 대해 Breusch-Godfrey의 LM 검정방법에 의한 자기상관을 검정하기로 하자. 예 10.1에서 구한 잔차(e_t)를 상수항과 GNI, R 및 e_{t-1}에 대해 식 10.19와 같이 회귀분석한 결과 다음 식 10.21과 같다 (실전예제 참고).

$$\hat{e_t} = -19292.81 + 0.010GNI_t + 1080.065R_t + 0.758e_{t-1} \qquad R^2 = 0.466$$
$$(-0.68) \quad (0.538) \quad (0.823) \quad (4.856)$$

▸ 10.21

이로부터 $T \cdot R^2 = 14.451$을 구하였다. 이는 5% 유의수준에서 자유도 1인 χ^2-분포의 임계치 3.841보다 크게 나타나 자기상관이 없다는 귀무가설을 기각하였다. 또한 이 BG통계량에 대한 $\chi^2(1)$의 분포에서의 유의확률 값은 0.0001로 통상적인 유의수준 0.05 혹은 0.01 보다 작게 나타나 마찬가지로 자기상관이 없다는 귀무가설을 기각하였다. 또한 식 10.21에서 지난 기의 잔차항에 대한 t-통계치 값(4.856)을 통한 유의성을 보더라도 자기상관이 존재함을 알 수 있다. ■

5 자기상관의 해결방안

5.1 ρ값이 알려져 있는 경우

논의의 편의를 위해 AR(1)의 오차항 구조를 가진 다음과 같은 전형적인 단순회귀분석모형을 고려하자.

$$Y_t = \beta_1 + \beta_2 X_t + \varepsilon_t \qquad ▸ 10.22$$

$$\varepsilon_t = \rho\varepsilon_{t-1} + u_t \qquad ▸ 10.23$$

식 10.22의 회귀식을 $t-1$기에 대해 표현하면 다음 **식 10.24**와 같다.

$$Y_{t-1} = \beta_1 + \beta_2 X_{t-1} + \varepsilon_{t-1} \qquad ▸ 10.24$$

식 10.24에 자기회귀계수 ρ를 곱하여 **식 10.22**로부터 차감하면 다음 **식 10.25**를 구할 수 있다.

$$Y_t - \rho Y_{t-1} = \beta_1(1-\rho) + \beta_2(X_t - \rho X_{t-1}) + \varepsilon_t - \rho\varepsilon_{t-1} \qquad ▸ 10.25$$

식 10.25는 다음 **식 10.26**으로 표현될 수 있다.

$$Y_t^* = \beta_1^* + \beta_2 X_t^* + u_t, \quad t = 2, 3, \cdots, T \qquad ▸ 10.26$$

식 10.26에서 $Y_t^* = Y_t - \rho Y_{t-1}$, $X_t^* = X_t - \rho X_{t-1}$, $\beta_1^* = \beta_1(1-\rho)$를 나타낸다. **식 10.26**에서의 오차항 $u_t = \varepsilon_t - \rho\varepsilon_{t-1}$는 **식 10.23**에서 보듯이 고전적 가정을 만족하는 오차항이다. 따라서 ρ의 값을 알고 있는 경우 **식 10.26**에서 Y_t^*를 상수항과 X_t^*에 대해 OLS 추정방법을 적용하면 회귀계수 (β_1, β_2)에 대한 최량선형불편추정량(Minimum Variance Linear Unbiased Estimator : MVLUE)을 구한다.

식 10.25의 회귀식은 **식 10.22**의 회귀식을 일반적인 차분형태로 구한 식이다. 이러한 형태로 변수를 변환하는 것을 **일반화된 차분**(generalized difference)이라 한다. 만일 **식 10.26**의 추정에 있어서 $t=1$기의 자료가 손실되어 관찰치 수가 줄어드는 문제를 해결하고 싶다면 다음 **식 10.27**의 방법을 통하여 관찰치의 손실을 보전할 수 있다.

$$Y_1^* = \sqrt{1-\rho^2}\,Y_1,\ \ X_1^* = \sqrt{1-\rho^2}\,X_1^* \qquad \blacktriangleright 10.27$$

이러한 방법을 Prais-Winsten 변환이라고 한다.

식 10.22의 모형을 변형하여 형성된 **식 10.26**의 모형에서의 새 오차항은 고전적 가정을 만족한다. 따라서 **식 10.26**에 대해 OLS 추정방법을 적용한다는 것은 원래 모형 **식 10.22**에 대해 GLS 추정방법을 적용하는 것을 의미한다. 이러한 의미에서 **식 10.26**을 통해 구해지는 추정량($\hat{\beta}_1$, $\hat{\beta}_2$)은 자기상관이 발생하는 경우의 GLS 추정량이다.

5.2 ρ값이 알려져 있지 않은 경우

5.1의 과정에서 실제로 ρ값은 알려져 있지 않다. 이러한 경우 ρ값은 자기상관을 나타내는 **식 10.23**에 대한 표본회귀식의 추정을 통해 구해질 수 있다. ρ값이 알려져 있지 않은 일반적인 경우 회귀계수(β_1, β_2)는 다음의 단계를 통해 추정될 수 있다.

① **식 10.22**에 대한 OLS 추정방법을 통해 잔차 e_t를 구한다.

② **식 10.23**에 대한 다음 **식 10.28**의 표본회귀식 추정을 통해 $\hat{\rho}$을 구한다.

$$e_t = \hat{\rho} e_{t-1} + error \qquad \blacktriangleright 10.28$$

추정된 $\hat{\rho}$로부터 $Y_t^* = Y_t - \hat{\rho}\,Y_{t-1}^*$, $X_t^* = X_t - \hat{\rho} X_{t-1}$를 구한다.

③ ②에서 구한 Y_t^*를 상수항과 X_t^*에 대해 OLS 추정방법을 통해 회귀분석한다.

이와 같이 AR(1) 구조에서 알려져 있지 않은 ρ의 값을 **식 10.28**의 추정으로부터 구하여 GLS 추정방법을 가능하게 구상하였다고 하여 이러한 추정량을 FGLS 추정량이라 한다.

예 10.3 예 10.1에서 추정한 소비함수에서의 잔차로부터 식 10.27을 추정한 결과 $\hat{\rho}=0.721$로 나타났다. 이로부터 $CP_t^* = CP_t - 0.721CP_{t-1}$, $GNI_t^* = GNL_t - 0.721GNI_{t-1}$ 및 $R_t^* = R_t - 0.721R_{t-1}$을 구하였으며 CP_t^*를 상수항과 GNI_t^*, R_t^*에 대해 OLS 추정방법을 적용하여 구한 FGLS 추정결과는 다음과 같다.

$$\widehat{CP}^*_t = 28563.99 + 0.415\,GNI^*_t - 1450.1R^*_t$$
$$(2.473) \quad (13.866) \quad (-0.925)$$
$$R^2 = 0.988,\ D-W = 0.520 \qquad ▸ 10.29$$

식 10.28의 FGLS 추정치는 식 10.19의 OLS 추정치와 비교하여 이자율의 효과가 감소한 것으로 나타났다. ■

5.3 Cochrane-Orcutt 반복추정방법

5.2에서의 FGLS 추정방법에 의한 ρ의 추정은 **식 10.26**을 추정함으로 구해진다. 이에 비해 반복기법으로 보다 정교하게 ρ를 추정하는 방법을 고려할 수 있다. 여기서는 AR(1) 형태의 자기상관이 있는 모형에서 가장 많이 사용되는 Cochrane-Orcutt 반복추정방법을 소개한다.

식 10.25는 다음 **식 10.30a** 및 **식 10.30b**와 같이 고쳐 쓸 수 있다.

$$Y_t - \rho Y_{t-1} = \beta_1(1-\rho) + \beta_2(X_t - \rho X_{t-1}) + u_t \qquad ▸ 10.30a$$

$$Y_t - (\beta_1 + \beta_2 X_t) = \rho[Y_{t-1} - (\beta_1 + \beta_2 X_{t-1})] + u_t \qquad ▸ 10.30b$$

식 10.30a와 **식 10.30b**에서 오차항 u_t는 고전적 가정을 만족한다. 따라서 **식 10.30a**에서 만일 ρ값을 안다면 $Y_t - \rho Y_{t-1}$을 $1-\rho$와 $X_t - \rho X_{t-1}$에 대해 OLS 추정방법을 적용하여 (β_1, β_2)의 추정량을 구할 수 있다. 또한 **식 10.30b**에서 만일 (β_1, β_2)값을 안다면 $Y_t - (\beta_1 + \beta_2 X_t)$을 $Y_{t-1} - (\beta_1 + \beta_2 X_{t-1})$에 대해 OLS 추정방법을 적용하여 ρ의 추정량을 구할 수 있다. 그러나 **식 10.30a**에서는 ρ값이 알려져 있지 않으며, **식 10.30b**에서는 (β_1, β_2)값이 알려져 있지 않다. 이러한 문제를 해결하기 위해 Cochrane-Orcutt 추정방법에서는 다음과 같이 반복기법을 이용하여 두 식을 추정한다.

① **식 10.22**에 대해 OLS 추정방법을 통해 (β_1, β_2)를 추정한다. 또한 **식 10.28의** 추정에서 ρ의 추정치를 구한다. 이 추정치를 첫 단계에서의 추정치라고 하여 $(\hat{\beta}_1, \hat{\beta}_2)_{(1)}$과 $\hat{\rho}_{(1)}$로 표기한다.

② ①에서 구한 $\hat{\rho}_{(1)}$로부터 **식 10.30a**에 OLS 추정방법을 적용하여 2단계 추정치 $(\hat{\beta}_1, \hat{\beta}_2)_{(2)}$를 구하며, 이로부터 **식 10.30b**에 OLS 추정방법을 적용하여 2단계 추정치 $\hat{\rho}_{(2)}$를 구한다.

③ ②의 과정을 반복적으로 수행하여 j번째 단계에서 구한 추정치를 $(\hat{\beta}_1, \hat{\beta}_2, \hat{\rho})_{(j)}$로 표기할 경우 $j-1$번째 추정치 $\hat{\rho}_{(j-1)}$와 j번째 추정치 $\hat{\rho}_{(j)}$의 차이가 거의 없을 때까지 이러한 과정을 반복적으로 실행하여 최종적으로 $(\hat{\beta}_1, \hat{\beta}_2, \hat{\rho})_{(j)}$을 구한다.

예 10.4 **예 10.1**에서 추정하는 소비함수의 경우 Cochrane-Orcutt 반복추정기법을 사용하여 추정한 결과는 다음과 같다(명령문은 실전예제 참고).

$$\widehat{CP}_t = \underset{(1.55)}{113021.9} + \underset{(7.99)}{0.403}\, GNI_t - \underset{(-0.09)}{143.28}\, R_t \qquad \text{▸ 10.31}$$

$$e_t = \underset{(10.06)}{0.878}\, e_{t-1} + error$$

$$R^2 = 0.996,\ D-W = 1.511$$

식 10.31의 결과에서 자기상관 계수는 0.878로 추정되었다(이에 대한 추가적인 설명은 제12장을 참조할 것). Cochrane-Orcutt 반복추정기법을 사용한 결과, 식 10.31의 추정결과에서는 더 이상 자기상관이 존재하지 않는 것으로 나타났다. ■

6 자기상관이 있는 경우의 예측

설명변수의 값을 알고 있을 때 미래 종속변수의 값을 예측하는 문제는 경제경영 분야 연구에서 상당히 중요한 연구 프로젝트이다. 논의의 편의를 위해 $t=f$ 시기의 설명변수 X_f의 값을 알고 있을 때 종속변수 y_f의 값을 예측한다고 하자. 본래 회귀모형의 식은 다음과 같다.

$$Y_t = \beta_1 + \beta_2 X_t + \varepsilon_t, \quad t = 1, 2, \cdots \tag{10.32}$$

이러한 구조가 미래 시점인 $t=f$ 시기에도 지속된다면 $t=f$ 시점에서의 종속변수는 다음 **식 10.33**의 구조를 통해 형성된다.

$$Y_f = \beta_1 + \beta_2 X_f + \varepsilon_f \tag{10.33}$$

오차항이 고전적 가정을 따르는 경우, 오차항 ε_f에 대한 예측은 $E(\varepsilon_f)=0$의 특성에 의해 0으로 예측한다. 따라서 미래의 설명변수 X_f의 값과 모집단 회귀계수(β_1, β_2)의 값을 알고 있다면 미래의 종속변수 Y_f값에 대한 예측치 $\hat{Y}_f$은 다음 **식 10.34**와 같이 구해진다.

$$\hat{Y}_f = \beta_1 + \beta_2 X_f \tag{10.34}$$

식 10.34에서 미지의 회귀계수(β_1, β_2)에 대해서는 최소자승 추정치

(b_1, b_2)를 사용하여 최종 예측은 다음 **식 10.35**와 같다.

$$\hat{Y}_f = b_1 + b_2 X_f \quad \text{▸ 10.35}$$

그러나 만일 오차항이 AR(1) 구조를 따른다면, 미래의 오차항 ε_f는 다음 **식 10.36**의 구조를 통해 형성된다.

$$\varepsilon_f = \rho\varepsilon_{f-1} + u_f \quad \text{▸ 10.36}$$

따라서 **식 10.36**에서는 AR(1) 오차항 구조의 특성을 이용하여 $f-1$기의 가용한 정보 ε_{f-1}를 이용하면 ε_f에 대한 보다 정교한 예측이 가능해진다. 즉, **식 10.36**에서 고전적 가정을 따르는 u_f에 대해서는 $E(u_f)=0$의 특성을 이용하여 0으로 예측하며, ε_{f-1}의 값을 안다면 ε_f에 대한 예측치 $\hat{\varepsilon}_f$는 다음 **식 10.37**과 같이 이루어진다.

$$\hat{\varepsilon}_f = \rho\varepsilon_{f-1} \quad \text{▸ 10.37}$$

AR(1) 구조의 모수 ρ에 대해서는 앞 절에서 구한 추정치 $\hat{\rho}$을 이용한다.

이상의 과정을 보다 현실적인 예측으로 전환하면 표본자료 $t=1, 2, \cdots, T$의 자료를 이용하여 FGLS 추정치$(\hat{\beta}_1, \hat{\beta}_2)$와 $\hat{\rho}$를 구할 수 있으며 T기의 잔차는 $e_T = Y_T - (\hat{\beta}_1 + \hat{\beta}_2 X_T)$로 구해진다. 이로부터 미래의 오차항에 대한 예측은 **식 10.37**의 AR(1) 구조를 따라 다음 **식 10.38**과 같이 구해진다.

$$\hat{\varepsilon}_{T+1} = \hat{\rho}\, e_T \quad \text{▸ 10.38}$$

따라서 미래 시점 $T+1$기에 있어서 Y_{T+1}에 대한 예측치 $\hat{Y}_{T+1}$는

식 10.38에서의 AR(1) 특성을 이용하여 다음 **식 10.39**와 같이 구해진다.

$$\hat{Y}_{T+1} = \hat{\beta}_1 + \hat{\beta}_2 X_{T+1} + \hat{\rho} e_T \tag{10.39}$$

따라서 오차항이 AR(1) 구조를 따를 경우 미래에 대한 예측은 고전적 가정의 경우와 달리 오차항 간의 상관관계, 즉 자기상관 관계를 이용하면 보다 정교한 예측이 가능하다.

이상을 해당 시기의 설명변수의 값을 알고 있을 때, s기 이후의 예측으로 확장하면 다음 **식 10.40**과 같다.

$$\hat{Y}_{T+s} = \hat{\beta}_1 + \hat{\beta}_2 X_{T+s} + \hat{\rho}^s e_T \tag{10.40}$$

식 10.40에서 $s \rightarrow \infty$이 된다면 $-1 < \rho < 1$의 조건에 따라 $\hat{\rho}^s \rightarrow 0$이 된다. 이는 먼 미래 시점에 대한 예측일수록 현재의 가용한 잔차항의 자기상관 정보가 별로 도움이 되지 못함을 의미한다.

실전예제 10.1 gretl 명령문 및 추정결과

1. 식 10.19의 추정결과는 NATIONAL_YR 파일을 열어 Model > Ordinary least squares 로 선택하여 추정한다.

| 그림 10-A |

```
gretl: model 1
File  Edit  Tests  Save  Graphs  Analysis  LaTeX

Model 1: OLS, using observations 1987-2017 (T = 31)
Dependent variable: CP

             coefficient    std. error    t-ratio    p-value
  ------------------------------------------------------------
  const       138613         37623.4        3.684     0.0010    ***
  GNI              0.401908      0.0255263 15.74      1.93e-015 ***
  R            -4838.78       1737.24       -2.785    0.0095    ***

Mean dependent var   486230.8   S.D. dependent var   168275.8
Sum squared resid    1.01e+10   S.E. of regression   18990.41
R-squared            0.988113   Adjusted R-squared   0.987264
F(2, 28)             1163.784   P-value(F)           1.12e-27
Log-likelihood      -347.8118   Akaike criterion     701.6237
Schwarz criterion    705.9256   Hannan-Quinn         703.0260
rho                  0.721412   Durbin-Watson        0.519605
```

2. Breusch-Godfrey의 LM 검정 통계량 추정방법

위 결과창에서 Tests > Autocorrelation를 선택하고 Lag order for test를 1로 선택한 후 OK를 선택하면 검정결과가 다음과 같이 도출된다.

```
Breusch-Godfrey test for first-order autocorrelation
OLS, using observations 1987-2017 (T = 31)
Dependent variable: uhat
```

	Coefficient	Std. Error	t-ratio	p-value	
const	−19292.8	28274.3	−0.6823	0.5008	
GNI	0.0102833	0.0191106	0.5381	0.5949	
R	1080.07	1311.60	0.8235	0.4175	
uhat_1	0.758339	0.156178	4.856	4.49e-05	***

Unadjusted R-squared = 0.466158
Test statistic: LMF = 23.576763,
with p-value = P(F(1,27) > 23.5768) = 4.49e-005
Alternative statistic: TR^2 = 14.450898,
with p-value = P(Chi-square(1) > 14.4509) = 0.000144
Ljung-Box Q' = 12.8853,
with p-value = P(Chi-square(1) > 12.8853) = 0.000331

위 결과에서 TR^2의 값이 이 장에서 설명한 결정계수와 관찰치 수를 곱한 숫자이다.

3. 식 10.28의 FGLS 추정량 구하기

식 10.19의 추정 창에서 Save 〉 Residuals를 차례로 선택하여 잔차를 변수로 만든다(여기서는 uhat1이라고 생성되었으나 임의로 다른 이름으로 지정 가능하다). **식 10.28**과 같이 자기상관계수를 추정하기 위하여 Model 〉 Ordinary least squares를 선택한 후 Dependent variable에 [uhat1]을 선택한다. Regressor로서 잔차의 시차가 1인 변수에 대해 회귀분석하기 위하여 왼쪽 하단의 lags.. 박스의 lag order 창에서 시차의 크기를 지정한다. 이러한 경우 **식 10.28**을 추정하기 위해서는 Model 창의 Regressor 항목에서 상수항(const)과 다른 변수(GNI, R)를 배제해야 한다.

FGLS 추정치를 구하기 위해서는 변수들의 변환이 필요하다. Add 〉 Define new variable를 차례로 선택한 후 대화창에 아래와 같이 입력한다.

| 그림 10-B |

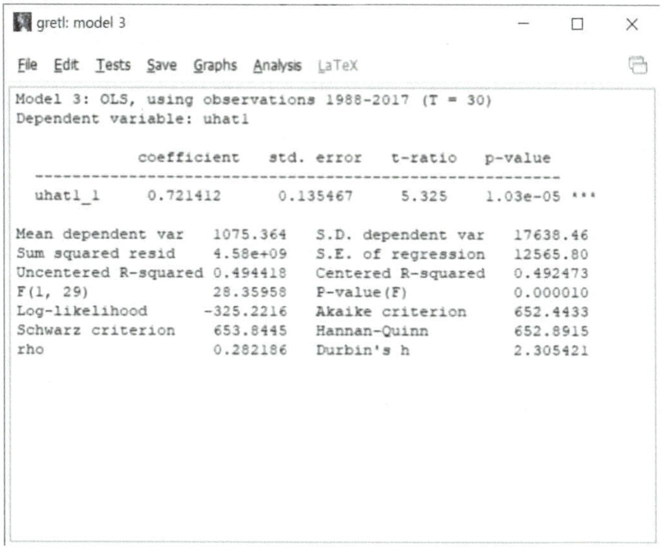

```
gretl: model 3
File Edit Tests Save Graphs Analysis LaTeX

Model 3: OLS, using observations 1988-2017 (T = 30)
Dependent variable: uhat1

             coefficient   std. error   t-ratio   p-value
  ---------------------------------------------------------
  uhat1_1     0.721412      0.135467     5.325    1.03e-05 ***

Mean dependent var   1075.364   S.D. dependent var   17638.46
Sum squared resid    4.58e+09   S.E. of regression   12565.80
Uncentered R-squared 0.494418   Centered R-squared   0.492473
F(1, 29)             28.35958   P-value(F)           0.000010
Log-likelihood      -325.2216   Akaike criterion     652.4433
Schwarz criterion    653.8445   Hannan-Quinn         652.8915
rho                  0.282186   Durbin's h           2.305421
```

[CP_D=CP−0.721×CP(−1)]

[GNI_D=GNI−0.721×GNI(−1)]

[R_D=R−0.721×R(−1)]

위와 같이 변수들을 생성한 다음, Model 〉 Ordinary least squares를 선택한 후 나타나는 창에서 Dependent variable에 [CP_D]를, Regressors로서 GNI_D와 R_D를 선택한다. 이 결과가 FGLS를 실행한 결과이다.

4. Cochrane-Orcutt 반복추정방법에 의한 결과 구하기

gretl에서 Cochrane-Orcutt 반복추정방식으로 결과를 구하기 위해서는 앞에서 했던 FGLS처럼 잔차항을 따로 구할 필요가 없다. Model 〉Univariate time series 〉 AR errors (GLS)〉 AR(1) 차례로 선택해 주면 OLS분석할 때와 비슷한 모양의 창이 나타난다. 여기서 Dependent variable로 [CP]를 Regressors로 GNI와 R을 선택한다. 왼쪽 하단에 보

| 그림 10-C |

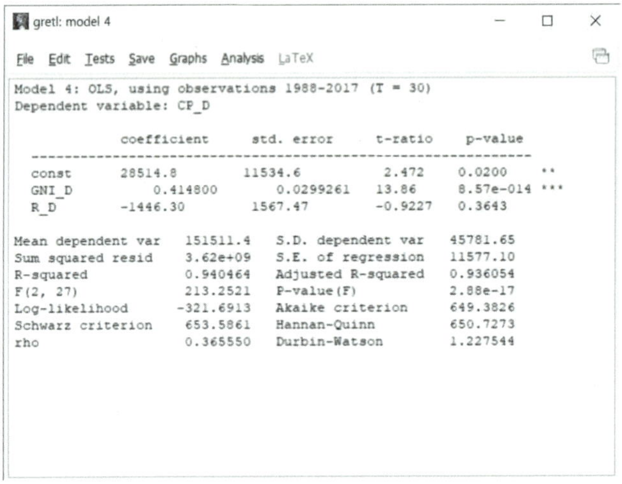

```
gretl: model 4
File Edit Tests Save Graphs Analysis LaTeX

Model 4: OLS, using observations 1988-2017 (T = 30)
Dependent variable: CP_D

             coefficient     std. error     t-ratio    p-value
  ---------------------------------------------------------------
  const      28514.8        11534.6          2.472     0.0200     **
  GNI_D          0.414800       0.0299261   13.86      8.57e-014 ***
  R_D        -1446.30        1567.47         -0.9227   0.3643

Mean dependent var   151511.4   S.D. dependent var   45781.65
Sum squared resid    3.62e+09   S.E. of regression   11577.10
R-squared            0.940464   Adjusted R-squared   0.936054
F(2, 27)             213.2521   P-value(F)           2.88e-17
Log-likelihood      -321.6913   Akaike criterion     649.3826
Schwarz criterion    653.5861   Hannan-Quinn         650.7273
rho                  0.365550   Durbin-Watson        1.227544
```

면 수렴하는 방법들이 제시되어 있는데 기본옵션으로 이 장에서 소개한 Cochrane-Orcutt이 선택되어 있다. OK를 선택하면 다음과 같은 결과물이 도출된다.

| 그림 10-D |

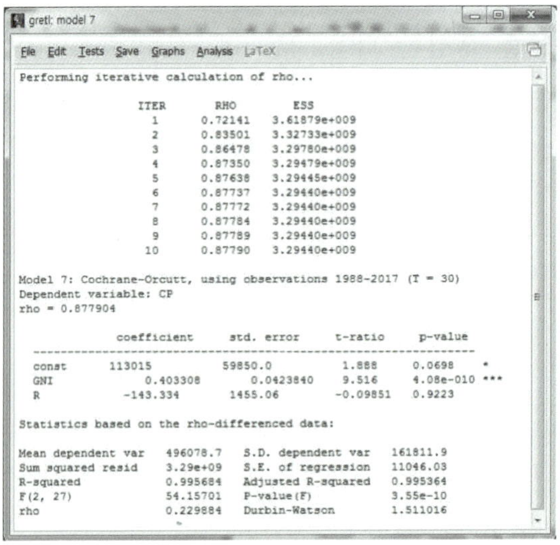

```
gretl: model 7
File Edit Tests Save Graphs Analysis LaTeX

Performing iterative calculation of rho...

                 ITER       RHO        ESS
                   1      0.72141   3.61879e+009
                   2      0.83501   3.32733e+009
                   3      0.86478   3.29780e+009
                   4      0.87350   3.29479e+009
                   5      0.87638   3.29445e+009
                   6      0.87737   3.29440e+009
                   7      0.87772   3.29440e+009
                   8      0.87784   3.29440e+009
                   9      0.87789   3.29440e+009
                  10      0.87790   3.29440e+009

Model 7: Cochrane-Orcutt, using observations 1988-2017 (T = 30)
Dependent variable: CP
rho = 0.877904

             coefficient     std. error    t-ratio    p-value
  --------------------------------------------------------------
  const      113015         59850.0         1.888     0.0698    *
  GNI             0.403308      0.0423840   9.516     4.08e-010 ***
  R            -143.334      1455.06       -0.09851   0.9223

Statistics based on the rho-differenced data:

Mean dependent var   496078.7   S.D. dependent var   161811.9
Sum squared resid    3.29e+09   S.E. of regression   11046.03
R-squared            0.995684   Adjusted R-squared   0.995364
F(2, 27)             54.15701   P-value(F)           3.55e-10
rho                  0.229884   Durbin-Watson        1.511016
```

반복한 숫자가 나오는데, 여기서 첫 번째 줄에 RHO의 추정치가 0.72141이다. 이는 (3)의 FGLS의 방법에서 추정된 잔차의 자기상관계수의 추정치와 같다. 여기서 우리는 gretl 프로그램에서 (3)의 방법에 따라 반복해서 잔차의 자기상관계수를 추정했음을 확인할 수 있다.

실전예제 10.2 EViews 명령문 및 추정결과

1. 예 10.1의 식 10.19 추정결과는 gretl과 같으므로 생략한다.

2. Breusch-Godfrey의 LM 검정 통계량 추정방법

EViews 프로그램에서 Breusch-Godfrey의 LM-검정법을 적용하여 자기상관을 분석하기 위한 명령문은 다음과 같다: 소비함수를 추정하는 **식 10.19**의 결과 창에서 View > Residual Diagnostics > Serial Correlation LM Test를 차례로 선택한다. Lag Specification 대화창에서는 **식 10.20**의 우측에 AR(1)의 자기상관을 검정하기 위해 잔차 e_t의 시차변수 e_{t-1}이 포함되어 있으므로 Lags to include를 1개로 설정하면 검정결과는 다음과 같이 구해진다.

Breusch-Godfrey Serial Correlation LM Test:

F-statistic	23.57676	Prob. F(1,27)	0.0000
Obs*R-squared	14.45090	Prob. Chi-Square(1)	0.0001

Test Equation:
Dependent Variable: RESID
Method: Least Squares
Sample: 1987 2017
Included observations: 31

Presample missing value lagged residuals set to zero.

Variable	Coefficient	Std. Error	t-Statistic	Prob.
C	-19292.81	28274.32	-0.682344	0.5008
GNI	0.010283	0.019111	0.538093	0.5949
R	1080.065	1311.599	0.823472	0.4175
RESID(-1)	0.758339	0.156178	4.855591	0.0000

R-squared	0.466158	Mean dependent var	7.28E-11
Adjusted R-squared	0.406842	S.D. dependent var	18346.48
S.E. of regression	14129.86	Akaike info criterion	22.06988
Sum squared resid	5.39E+09	Schwarz criterion	22.25491
Log likelihood	-338.0832	Hannan-Quinn criter.	22.13020
F-statistic	7.858921	Durbin-Watson stat	1.325372
Prob(F-statistic)	0.000631		

3. 식 10.29의 FGLS 추정량 구하기

우선 **식 10.19**의 추정결과에서 잔차 e_t를 EViews에서 ET라는 이름의 변수로 확보하기 위하여 Quick 〉 Generate Series의 대화창에서 [et=resid]의 명령문을 입력한다. **식 10.28**로부터 $\hat{\rho}$을 구하기 위해 Quick 〉 Estimate Equation의 대화창에서 [et et(-1)]의 명령문을 입력하면 다음의 결과를 구한다.

Dependent Variable: ET
Method: Least Squares
Sample (adjusted): 1988 2017
Included observations: 30 after adjustments

Variable	Coefficient	Std. Error	t-Statistic	Prob.
ET(-1)	0.721412	0.135467	5.325372	0.0000

R-squared	0.492473	Mean dependent var	1075.364
Adjusted R-squared	0.492473	S.D. dependent var	17638.46
S.E. of regression	12565.80	Akaike info criterion	21.74811
Sum squared resid	4.58E+09	Schwarz criterion	21.79482
Log likelihood	-325.2216	Hannan-Quinn criter.	21.76305
Durbin-Watson stat	1.422302		

이 결과로부터 Quick > Estimate Equation의 대화창에서 [CP-0.721*CP(-1) C GNI-0.721*GNI(-1) R-0.721*R(-1)]의 명령문을 통해 다음과 같은 **식 10.29**의 FGLS 추정결과를 구한다. 결과는 gretl과 동일하다.

4. Cochrane-Orcutt 반복추정방법에 의한 결과 구하기

EViews 프로그램에서 Cochrane-Oructt 반복추정방법에 의한 결과를 구하기 위해서는 Quick > Estimate Equation > Specification 대화창에서 [CP C GNI R AR(1)]의 명령문을 입력한다. 이후 오른쪽 Options 대화창에서 ARMA Method 항에서 CLS 항을 선택하면 다음의 결과를 구한다. gretl의 결과와 일부 차이가 나는 것은 잔차항의 자기상관계수의 추정치가 수렴하는 기준이 조금 차이가 나기 때문이다. 수렴의 기준이라는 것은 잔차항의 추정치가 반복추정으로 변화가 거의 없는 상황을 수치적인 기준으로 판별하는 것을 말하는데 gretl에서 10번의 반복에서 수렴했다고 판단했다. EViews에서는 14번까지 반복하고 수렴했다고 판단했다. 이러한 차이로 인해서 추정결과가 일부 차이가 발생한다.

Dependent Variable: CP
Method: ARMA Conditional Least Squares (Gauss-Newton / Marquardt steps)
Date: 07/04/18 Time: 10:23
Sample (adjusted): 1988 2017
Included observations: 30 after adjustments
Convergence achieved after 14 iterations
Coefficient covariance computed using outer product of gradients

Variable	Coefficient	Std. Error	t-Statistic	Prob.
C	113021.9	73105.85	1.546004	0.1342
GNI	0.403303	0.050457	7.993054	0.0000
R	-143.2782	1530.101	-0.093640	0.9261
AR(1)	0.877919	0.087249	10.06220	0.0000

R-squared	0.995661	Mean dependent var	496078.7

Adjusted R-squared	0.995161	S.D. dependent var	161811.9
S.E. of regression	11256.45	Akaike info criterion	21.61884
Sum squared resid	3.29E+09	Schwarz criterion	21.80566
Log likelihood	-320.2825	Hannan-Quinn criter.	21.67860
F-statistic	1988.870	Durbin-Watson stat	1.511050
Prob(F-statistic)	0.000000		
Inverted AR Roots	.88		

연습문제

1. 다음의 용어에 대하여 설명하라.
   (1) 자기상관
   (2) 안정적 시계열자료와 불안정 시계열자료
   (3) 자기회귀모형
   (4) 자기공분산
   (5) Durbin-Watson 검정방법
   (6) Breusch-Godfrey LM 검정방법
   (7) Prais-Winsten 변환
   (8) Cochrane-Orcutt 반복추정방법

2. 아래의 각 문장이 맞는지 틀리는지를 결정하고, 그 이유를 간략히 설명하라.
   (1) 자기상관의 발생은 모집단 오차항 간의 문제이므로 자기상관이 발생하여도 OLS 추정방법에 의한 회귀계수의 추정에는 아무런 문제가 없다.
   (2) 자기상관은 고전적 가정에 위배되므로 자기상관이 발생하면 OLS 추정량은 불편추정량이 되지 못한다.
   (3) 자기상관이 발생하면 OLS 추정량의 BLUE 특성이 지켜지지 못한다.
   (4) 자기상관의 발생은 OLS 추정방법에 의한 회귀계수의 추정에 문제가 있으므로 GLS 추정방법이 필요하다.
   (5) 자기상관이 발생하면 OLS 추정방법에 대한 통상적인 t-검정과 F-검정은 유효하지 못하다.

(6) 자기상관의 유무를 검정한다는 것은 잔차 e_t, e_s 간의 공분산, 즉 $Cov(e_t, e_s)=0$의 여부를 검정하는 것이다.

3. 다음은 24개 기간의 시계열자료를 이용하여 회귀분석한 결과이다.

$$\hat{Y}_t = 0.3 + 1.21X_t,$$
$$(2.99)\ (5.1)$$

$R^2 = 0.982$, $DW = 1.01$

( )안은 t-통계치 값을 나타냄.

위 추정결과에 대해 자기상관이 없다는 귀무가설을 자기상관이 있다는 대립가설에 대해 5% 유의수준에서 검정하라.

4. 표본수가 177개인 자료로부터 $Y_t = \beta_1 + \beta_2 X_t + \beta_3 Z_t + \epsilon_t$의 모형을 추정한 결과 $R^2 = 0.353$, Durbin-Watson 통계량은 0.75로 나타났다. 여기에 X_t^2, Z_t^2 변수를 추가한 결과 $R^2 = 0.375$, Durbin-Watson 통계량은 1.85로 나타났다.

(1) 모형설정으로 보아 비선형 항목인 X_t^2, Z_t^2 변수가 포함되어야 한다고 생각하는가? 판단하라.

(2) 위 가설 검정의 판단 결과 확정된 모형에서 Durbin-Watson 검정결과 자기상관이 있다고 판단되는가?

심화문제

1. 다음은 100개의 표본기간에 대해 매출액(Y)을 광고비(X)에 대해 회귀분석한 결과이다.

$$\widehat{Y}_t = 1.70 + 1.25X_t, \quad (2.30)\ (2.5) \qquad R^2 = 0.73, \quad D-W = 0.80$$

( )안은 t-통계치 값을 나타냄.

(1) 이 결과에서 광고비는 5% 유의수준에서 매출액에 유의적인 변수라고 판단하였다. 이 주장에 동의하는가? 설명하라.

(2) 다음은 위 모형에서 발생할 수 있는 자기상관을 제거하기 위해 설명변수의 과거시차변수와 차분변수를 설명변수로 포함하였다.

$$Y_t = \beta_1 + \beta_2 X_t + \beta_3 X_{t-1} + \beta_4 (X_t - X_{t-1}) + \varepsilon_t$$

이 모형에서 발생할 수 있는 문제점은 무엇인가? 설명하라.

2. $Y_t = \beta_1 + \beta_2 X_t + \beta_3 Y_{t-1} + \varepsilon_t$

여기서 ε_t는 백색잡음의 특성을 갖는 오차항이다.
그런데 계량이는 위 모형의 추정에서 Y_{t-1}변수를 누락하여 다음의 모형을 추정하였다.

$$Y_t = \beta_1 + \beta_2 X_t + v_t \qquad \text{(A)}$$

식 (A)의 모형은 고전적 가정을 만족하는가? 설명하라.

3. 다음의 모형을 고려하자.

$$Y_t = \beta_1 + \beta_2 X_t + \varepsilon_t \qquad \text{(A)}$$

$$\varepsilon_t = \rho \varepsilon_{t-1} + u_t$$

여기서 u_t 는 백색잡음을 나타낸다.

위 모형으로부터 자기상관을 제거하기 위하여 위 모형을 변형하여 다음 식과 같이 $\Delta Y_t = Y_t - Y_{t-1}$의 종속변수를 상수항과 $\Delta X_t = X_t - X_{t-1}$에 대해 다음과 같이 회귀분석하고자 한다.

$$\Delta Y_t = \alpha + \beta \Delta X_t + v_t \qquad \text{(B)}$$

(1) $E(v_t)$를 구하라.

(2) $V(v_t)$를 구하라.

(3) $Cov(v_t, v_{t-1})$을 구하여 자기상관 여부를 판단하라.

(4) (B)에서 구한 OLS 추정량 $\hat{\beta}$은 (A)에서의 β에 대해 편의를 가지는가?

4. 다음의 회귀분석 결과를 고려하자.

$$\log H_t = -93 - 0.26\log Y_t + 6\log P_t + e_t, \quad t = 1970, \cdots, 2022$$
$$e_t = 0.25e_{t-1} + u_t$$

2022년의 log(H)=9.8, log(Y)=10.8, log(P)=17.6이고

2023년의 log(Y)=10.9, log(P)=17.6

2024년의 log(Y)=11, log(P)=18일 때

2023년과 2024년의 log(H)값을 예측하고 과정을 설명하라.

실증분석 문제

1. 화폐수요는 소득에 양의 관계를, 이자율에 대해서는 음의 관계를 보인다. 다음은 1980-2017년의 우리나라 연도별 국가통계 NATIONAL_YR 파일을 이용하여 화폐수요 함수를 추정하기 위해 로그-로그모형을 설정하였다. 화폐수요의 변수로 총통화(M2), 소득의 변수로 GDP, 이자율의 변수로 국고채 5년물 수익률(R) 자료를 사용하였으며, 명목변수를 사용함에 따라 소비자물가지수(CPI) 변수를 삽입하였다.

$$M2_t = \beta_1 + \beta_2 GDP_t + \beta_3 R_t + \beta_4 CPI_t + \varepsilon_t$$

(1) 위 회귀분석 모형에서 β_2, β_3, β_4의 각각의 값의 의미에 대해 해석하라.

(2) OLS 추정방식에 의해 위 화폐수요함수를 추정하라.

(3) (2)의 결과에서 Durbin-Watson 검정방법을 통해 자기상관 유무를 판단하라.

(4) 자기상관 유무를 Breusch-Godfrey의 LM 검정방법을 통해 검정하라.

(5) 이상의 결과에 대해 Cochrane-Orcutt 반복추정방법을 통한 추정치를 구하라.

PART IV

제IV부에서는 제II부에서 소개한 회귀분석 기법을 활용하여 실증분석에 필요한 여러 가지 접근방법을 다룬다. 먼저 제11장 및 제12장에서는 시계열자료를 중심으로 안정적인 시계열자료와 불안정 시계열자료의 특성에 대해 살펴본다. 특히 제11장에서는 제10장에서 분석한 자기상관이 발생할 수 있는 정형화된 시계열자료의 형태에 대해 분석하며, 제12장에서는 이러한 시계열자료의 특성이 시간의 흐름에 따라 변화하는 불안정 시계열자료에 대해 설명한다. 제13장에서는 선형회귀모형의 연장으로 종속변수가 이산변수로 관찰되는 가변수모형에 대해 다룬다. 제14장은 선형회귀모형에서 패널자료를 분석하는 방법을 다루었다. 패널자료를 분석해야 하는 이유와 가장 기초적인 분석방법을 직관적으로 서술했다. 제IV부의 내용은 한 학기 학부수준의 강의에서 다루기에는 시간이 충분하지 않을 수 있으며 그 내용 또한 학부 수준을 상회한다고 할 수 있다.

계량모형의 활용

11 안정적 시계열

12 불안정 시계열모형

13 종속변수가 가변수인 모형

14 패널자료의 분석

CHAPTER 11

안정적 시계열

우리가 많이 접하는 자료 중에서 언론을 통해서 보도되는 거시경제 관련 자료는 대부분 시계열자료이다. 예를 들어 GDP, 실업률, 인플레이션 등 거시경제의 주된 관심이 되는 변수들은 통계청(물가, 실업률)과 한국은행(GDP)을 통해서 집계되고 공표된다. 다른 시계열자료의 예로 경제신문의 많은 부분을 차지하는 주가를 들 수 있는데 금융관련 자료들은 대부분 시계열자료이다.

시계열자료 중에서 제10장에서는 오차항 간의 자기상관의 문제를 AR(1) 모형을 중심으로 살펴보았다. 이 장에서는 보다 일반적인 시계열자료를 중심으로 시계열자료의 특성에 대해 살펴본다. 또한 다양한 형태의 자기상관의 특성과 회귀분석에서의 의미에 대해 설명한다.

1 시계열자료의 특성

시계열자료에서 자기 상관 문제를 체계적으로 정리하기 위해서 모집단 평균, 분산 및 자기공분산에 대해 정리하면 다음 **식 11.1-11.3**과 같다.

$$평균: E(Y_t) = plim_{I \to \infty} \frac{1}{I} \sum_{i=1}^{I} Y_t^{(i)} \equiv \mu_t \qquad ▸ 11.1$$

$$분산: V(Y_t) = plim_{I \to \infty} \frac{1}{I} \sum_{i=1}^{I} \left(Y_t^{(i)} - \mu_t\right)^2 \equiv \sigma_t^2 \qquad ▸ 11.2$$

$$자기공분산: \gamma_{jt} = plim_{I \to \infty} \frac{1}{I} \sum_{i=1}^{I} \left(Y_t^{(i)} - \mu_t\right)\left(Y_{t-j}^{(i)} - \mu_{t-j}\right) \qquad ▸ 11.3$$

식 11.1–11.2의 모집단 평균과 분산의 정의는 제2장에서 정의한 것과 다름이 없으며 모집단 자기공분산은 t시점과 $t-j$시점 관찰치 간의 공분산을 의미한다. 위 첨자(i)로서 나타내고 있는 것은 다음과 같이 설명할 수 있다. 변수의 t시점에서의 모집단 평균은 가상적으로 그러한 시계열을 발현하는 사건을 여러 번 실행했을 때 얻어지는 t시점의 자료들의 평균이다. 여기서는 여러 번의 실행을 위첨자 i로 나타내고 있다.(표본평균이 아닌 모집단 평균임을 기억하자) 물론 시계열자료에서는 t시점의 자료는 하나뿐일 것이다. t시점에서의 모집단 평균을 추정할 때는 이가 발현되는 여러 번의 사건들이 있어야 한다. 일반적으로 이는 불가능하므로 모집단 평균을 추정할 때 주어진 시계열의 표본평균으로 모집단 평균을 추정할 수 있는지를 알아 봐야 한다.

구체적으로 $u_t \sim iidN(0,\sigma^2)$[1]인 경우 만약 $Y_t = \mu + u_t$라면 이로부터 다음 **식** 11.4-11.6과 같이 모집단 평균과 분산을 이론적으로 구할 수 있다.

$$\mu_t = E(\mu + u_t) = \mu + E(u_t) = \mu \quad \forall t \qquad ▸ 11.4$$

$$\sigma_t^2 = E\left((Y_t - \mu)^2\right) = E\left(u_t^2\right) = \sigma^2 \quad \forall t \qquad ▸ 11.5$$

$$\gamma_{jt} = E\left((Y_t - \mu)(Y_{t-j} - \mu)\right) = E\left(u_t u_{t-j}\right) = 0 \quad \forall t, \ \forall j > 0 \qquad ▸ 11.6$$

---

1 $E(u_t) = 0$, $V(u_t) = \sigma^2$, $Cov(u_t, u_s) = 0\,(t \neq s)$인 백색잡음 u_t의 특성을 표현함에 있어서 상호 독립(independent)이며 동일한(identical) 분포(distributed)의 영문자를 줄여 iid로 나타낸다. 여기에 정규분포임을 가정한다면 $u_t \sim iidN(0,\sigma^2)$로 표현한다.

여기서 Y_t에는 자기상관의 문제가 발생하지 않는데 이는 모집단 자기공분산이 0이기 때문이다.

또 다른 예로 시간에 따른 선형의 추세를 갖는 $Y_t = \mu t + u_t$라면 다음 **식 11.7-11.9**와 같이 이 시계열 변수에 대한 모집단 평균, 분산 및 자기공분산을 구할 수 있다.

$$\mu_t = E(\mu t + u_t) = \mu t + E(u_t) = \mu t \quad \forall t \tag{11.7}$$

$$\sigma_t^2 = E\left((Y_t - \mu t)^2\right) = E\left(u_t^2\right) = \sigma^2 \quad \forall t \tag{11.8}$$

$$\gamma_{jt} = E\left((Y_t - \mu t)(Y_{t-j} - \mu(t-j))\right) = E\left(u_t u_{t-j}\right) = 0 \quad \forall t, \forall j > 0 \tag{11.9}$$

시계열자료 분석의 가장 기본이 되는 빌딩블록과 같은 시리즈로서 백색잡음을 들 수 있는데, **백색잡음**(white noise)이란 (혹은 제10장 각주 1에서 설명된 바와 같이) 다음 **식 11.10**과 같이 모집단 평균과 자기공분산이 0이며 분산은 시점(t)과 상관없이 일정한 시계열 변수를 의미한다.

$$E(u_t) = 0, \quad V(u_t) = \sigma^2, \quad \gamma_{jt} = 0 \quad \forall t, j > 0 \tag{11.10}$$

| 그림 11-1 | 가우시안 백색잡음의 예

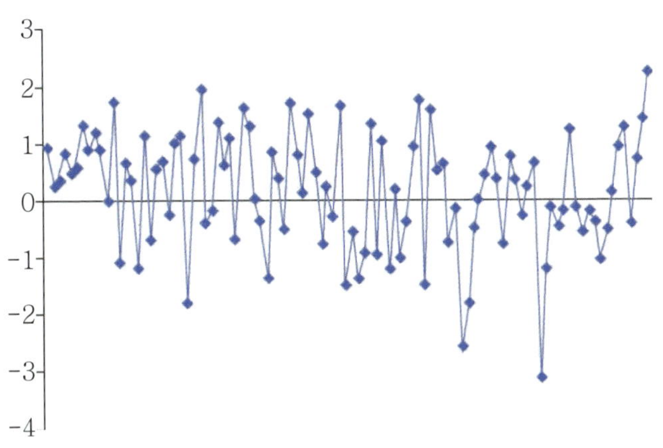

만일 어떤 시계열자료가 백색잡음의 조건을 만족하면서 분포함수가 정규분포를 따른다면, 이를 가우시안 백색잡음(Gaussian white noise)이라고 하며 각주 1에서 $u_t \sim iidN(0, \sigma^2)$로 표현하고 있다. **그림 11-1**은 가우시안 백색잡음 시계열자료를 나타낸 것이다.

2 시계열자료의 안정성

제11장 1절에서 설명된 통계치로부터 안정적 시계열(stationary time series) 변수를 정의할 수 있다. 안정적(stationary)이란 시점에 따라서 변화하지 않는 것을 말한다. 따라서 다음 **식 11.11**과 같이 앞에서 정의한 모집단 평균, 분산 및 자기공분산이 모두 시점에 따라서 변하지 않는 시계열 변수를 안정적 특히 covariance stationary 시계열 변수라 한다.

$$\mu_t = \mu, \quad \sigma_t^2 = \sigma^2, \qquad \gamma_{jt} = \gamma_j \quad \forall\, j, t \tag{11.11}$$

따라서 백색잡음은 안정적인 시계열이며, 위에서 예로 든 $y_t = \mu + u_t$ 시계열 변수 또한 안정적인 시계열이다.

3 에르고딕 시계열

안정적인 시계열 중 에르고딕(ergodic[2]) 시계열은 $\lim_{j \to \infty} \gamma_j = 0$인 시계열

2 "(수학 · 통계) 에르고드적(的)인 (상당한 기간이 지난 후, 하나의 체계가 최초의 상태와 거의 비슷한 상태로 돌아가는 조건 하에 있는)" 출처: 네이버 영어사전.

을 말한다. 즉 시차가 멀어질수록 자기공분산이 없어지는 시계열이다. 두 시계열의 시차가 커지면 서로 선형으로 영향을 주지 않는 것을 의미하는데, 이는 두 사건이 발생하는 시점의 시차가 커지면 두 사건은 독립사건이 된다는 것을 의미한다. 시계열자료는 시점을 기준으로 상호간의 상관관계가 존재하는 것이 문제인데, 에르고딕 시계열은 이러한 문제가 시차가 벌어지면 사라진다는 것을 의미한다.

이러한 특성으로 인해 에르고딕 시계열은 모집단 평균을 추정함에 있어서 여러 시계열[3]을 가질 필요 없이 하나의 표본을 가지고 대수의 법칙과 중심극한정리를 이용하여 모집단 평균을 추정할 수 있는 시계열이다. 시계열자료는 태생적으로 각각의 시점에서 같은 확률분포에서 추출되었다고 가정하기에는 무리가 있다. 따라서 서로 다르지만 연관관계가 있는 확률분포로부터 추출된 한 시리즈의 시계열자료를 시간을 기준으로 한 표본평균에 대수의 법칙과 중심극한정리를 적용할 수 있는 기준이 필요하다. 에르고딕 시계열이 이러한 기준을 제시한다.

자료의 평균이 모평균의 추정치로 좋은 추정치가 되기 위해서는 자료의 정보가 충분해야 한다. 자기상관이 있는 시계열자료에서 발생하는 문제점은 매 관찰치가 새로운 정보를 가져 오지 않고 이전의 관찰치와 연관되어 있다는 것이다. 에르고딕 시계열은 이러한 시계열자료의 특성에도 불구하고 서로 시차가 많이 나면 두 사건이 독립에 가까워서 모집단에 대한 새로운 정보를 제공한다는 것을 의미하는 시계열이다. 따라서 시계열이 에르고딕하다는 것은 비록 이전 자료와의 연관성으로 인해서 새로운 정보가 제한적으로 전달되더라도 새로운 정보의 양이 충분할 조건을 제시하는 것이다.

어떤 시계열이 안정적이고 에르고딕하다면, 시계열의 표본평균에 대수의 법칙을 적용할 수 있다. 시계열의 에르고딕 여부에 대해 자료를 가지고 검정할 수 있는 방법은 아직까지 존재하지 않는다. 다만, 이 가정이 적절하지 않을 경우는 검정을 통해서 알 수 있을 뿐이다.

---

3 개념적으로 모집단 평균은 I가 커지는 것, 즉 지금 가진 자료 이외의 더 많은 자료를 가질 것을 요구하는데, 이러한 개념적인 시계열을 얻는 것은 현실에서는 가능하지 않다.

4 안정적 시계열의 예: 이동평균 및 자기회귀 시계열

4.1 이동평균 시계열

이동평균(moving average; MA) **시계열**이란 u_t가 모집단 평균이 0이고 분산이 σ^2인 백색잡음일 때 과거의 백색잡음의 가중 합으로 나타나는 시계열을 의미한다. 이를 단순화하여 다음 **식 11.12**와 같이 1계 시차를 갖는 시계열을 이동평균 시계열(MA(1))이라 한다.

$$Y_t = \mu + u_t + \theta u_{t-1} \qquad \text{▸ 11.12}$$

식 11.12의 이동평균 시계열의 정의를 확장하면 다음 **식 11.13**과 같이 임의의 정수 $q < \infty$에 대해서 MA(q)를 정의할 수 있다.

$$Y_t = \mu + u_t + \sum_{i=1}^{q} \theta_i u_{t-i} \qquad \text{▸ 11.13}$$

MA(q)는 $\{\theta_i\}_{i=1}^{q}$가 어떤 수이던 상관없이 안정적이고 에르고딕하다. 왜냐하면 q번째 이후의 자기공분산은 u_t가 백색잡음이므로 항상 0이며, 이 이전의 시차가 나는 자기공분산도 시점 t와는 상관없이 구해질 수 있기 때문이다.

4.2 자기회귀 시계열

이동평균 시계열에 비해 제10장에서 설명된 시차가 1인 **1계 자기회귀**(first-order autogressive; AR(1)) **시계열**은 다음 **식 11.14**와 같은 시계열을 의미한다.

$$Y_t = c + \phi Y_{t-1} + u_t \tag{11.14}$$

AR(1) 시계열은 $|\phi|$가 1보다 작은 경우를 산정한다. 왜냐하면, 1보다 큰 경우는 u_t의 변화가 계속해서 현재의 시계열 중에 남아 있거나 증폭되기 때문에 이러한 경우는 제외한다.

AR(1) 시계열의 y_{t-1}을 순차적으로 대입하면 다음 **식 11.15**와 같이 표현된다.

$$\begin{aligned} Y_t &= c + \phi c + \phi^2 c + \cdots + u_t + \phi u_{t-1} + \phi^2 u_{t-2} + \cdots \\ &= \frac{c}{1-\phi} + u_t + \phi u_{t-1} + \phi^2 u_{t-2} + \cdots \end{aligned} \tag{11.15}$$

따라서 AR(1)은 MA(∞)로 표현할 수 있다.

자기회귀 시계열(AR(1))의 안정성을 점검하기 위해서 MA(∞)의 안정성을 조사해 보자. MA(∞)는 다음 **식 11.16**과 같이 나타낼 수 있다.

$$Y_t = \mu + \psi_0 u_t + \psi_1 u_{t-1} + \psi_2 u_{t-2} + \cdots \tag{11.16}$$

여기서 $\sum_{i=1}^{\infty} \psi_i^2 < \infty$라면, 위의 MA($\infty$)는 안정적이고 에르고딕하다.

이상의 조건을 AR(1)에 적용하면, $\sum_{i=1}^{\infty} \phi^{2(i-1)} = \frac{1}{1-\phi^2} < \infty$이 된다. 이 조건은 위에서와 같이 $|\phi| < 1$을 의미한다.

4.3 MA(1)과 AR(1) 시계열의 형태

컴퓨터의 난수생성기능을 이용하여 가우시안 백색잡음을 만들어 MA(1) 시계열을 만들어 보면 다음 **그림 11-2**와 같다. **그림 11-2**에서는 θ가 커질수록 1기 전의 관찰치와 현재의 관찰치 간의 관계가 커진다. 하지만 MA(1)에서는 시차가 2개 이상 차이가 나는 관찰치는 서로 독립이다. 따라서 그래프에서 θ가 커지면서 좀 더 큰 변동을 보여준다. 다만 전체적인 그래프의 모양은 큰 차이를 보이지 않고 있다. 그리고 두 자료 모두 가우시안 백색잡음과 비슷하게 평균인 0 주변에서 움직이는 것을 알 수 있다.

다음 **그림 11-3**은 위에서와 마찬가지로 백색잡음으로부터 자기회귀 시계열을 만든 것이다. AR(1) 시계열은 MA(∞)로 전환할 수 있다. 그러므로 위의 MA(1)과 비교해 보면 자기상관관계가 높아진 것을 알 수 있다. 같은 백색잡음 시리즈로 만든 시계열이지만 MA(1)과 비교하면 과거의 자료치가 지속적으로 현재의 자료에 영향을 많이 미치고 있다는 것을 알 수 있다. 예를 들어 앞의 관찰치가 0보다 큰 관찰치가 10개 정도 계속되는데 이때 자기상관이 낮은 MA(1)보다 AR(1)에서 관찰치가

그림 11-2 MA(1) 시계열의 형태

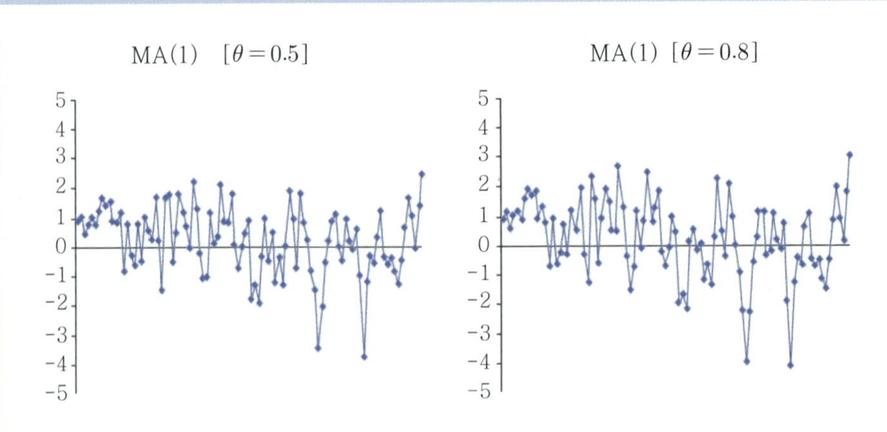

그림 11-3 AR(1) 시계열의 형태

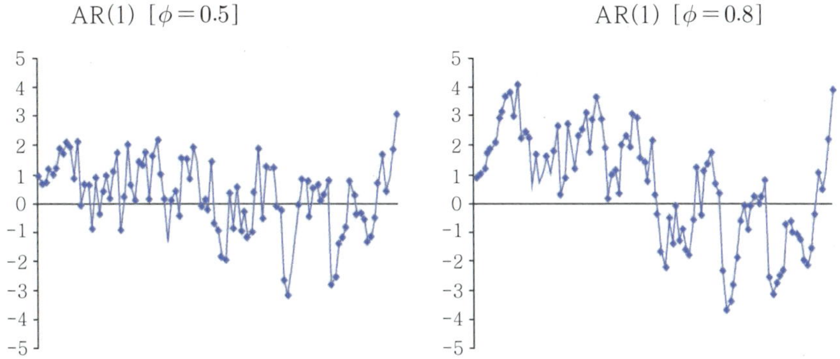

더 많이 증가하는 것을 알 수 있다. 특히 AR(1) 중 ϕ가 0.8로서 높은 경우에 이러한 현상이 더 두드러진다. 평균이 0인 백색잡음으로 만든 시계열이기 때문에 모평균이 0임을 알고 있다. 그런데 ϕ가 0.8인 경우에는 어림잡아 보더라도 상당기간 동안 자료가 0보다 큰 상황이 지속되는 것을 알 수 있다. 자료의 앞부분에 0보다 큰 관찰치가 많이 몰려 있었는데 그 영향이 상당기간 지속되는 것을 의미한다. 앞의 MA(1)자료에서는 자기상관관계가 1개의 시차 이후 사라지기 때문에 그 영향이 지속되는 기간이 짧은 반면, AR(1)은 MA(∞)이므로 자기상관관계가 지속되는 기간이 길다.

4.4 MA(1)과 AR(1) 시계열의 자기상관계수

MA(1) 시계열의 모집단 분산, 자기공분산 및 자기상관계수를 구하면 다음 **식 11.17-11.20**과 같다. $Y_t = \mu + u_t + \theta u_{t-1}$일 때,

$$\begin{aligned} V(y_t) &= E(u_t + \theta u_{t-1})^2 \\ &= E(u_t^2 + 2\theta u_t u_{t-1} + \theta^2 u_{t-1}^2) \\ &= (1+\theta^2)\sigma^2 \quad \forall t \end{aligned} \tag{11.17}$$

$$\begin{aligned} \gamma_{1t} &= Cov(Y_t, Y_{t-1}) = E(Y_t - \mu)(Y_{t-1} - \mu) \\ &= E(u_t - \theta u_{t-1})(u_{t-1} - \theta u_{t-2}) \\ &= E(u_t u_{t-1} - \theta u_t u_{t-2} + \theta u_{t-1}^2 + \theta^2 u_{t-1} u_{t-2}) \\ &= \theta\sigma^2 \quad \forall t \end{aligned} \tag{11.18}$$

$$\gamma_{jt} = 0 \quad \forall j > 1 \tag{11.19}$$

따라서 MA(1)의 자기상관계수는 다음 **식 11.20**과 같이 구해진다.

$$\rho_1 = \frac{\theta}{1+\theta^2}, \qquad \rho_j = 0 \quad \forall j > 1 \tag{11.20}$$

제10장 3절, **식 10.9-10.12**에서는 AR(1) 시계열의 모집단 분산, 자기공분산 및 자기상관계수를 구하였으며 이를 다시 표기하면 다음 **식 11.21-11.24**와 같다. $Y_t = c + \phi Y_{t-1} + u_t$일 때,

$$\begin{aligned} Y_t &= c + \phi c + \phi^2 c + \cdots + u_t + \phi u_{t-1} + \phi^2 u_{t-2} + \cdots \\ &= \frac{c}{1-\phi} + u_t + \phi u_{t-1} + \phi^2 u_{t-2} + \cdots \end{aligned} \tag{11.21}$$

따라서

$$\begin{aligned} V(Y_t) &= \sigma^2(1 + \phi^2 + \phi^4 + \cdots) \\ &= \sigma^2\left(\frac{1}{1-\phi^2}\right) \quad \forall t \end{aligned} \tag{11.22}$$

$$\gamma_{jt} = Cov(Y_t, Y_{t-j}) = E\left(Y_t - \frac{c}{1-\phi}\right)\left(Y_{t-j} - \frac{c}{1-\phi}\right)$$ ▸ 11.23

$$= E\left(u_t + \phi u_{t-1} + \phi^2 u_{t-2} + \cdots + \phi^j u_{t-j} + \phi^{j+1} u_{t-j-1} + \cdots\right)$$
$$\left(u_{t-j} + \phi u_{t-j-1} + \phi^2 u_{t-j-2}\right)$$
$$= \sigma^2\left(\phi^j + \phi^{j+2} + \phi^{j+4} + \cdots\right)$$
$$= \sigma^2 \frac{\phi^j}{1-\phi^2} \quad \forall\, t, j$$

그러므로,

$$\rho_j = \phi^j \quad \forall\, j$$ ▸ 11.24

❙그림 11-4❙ 각 시계열의 자기상관계수

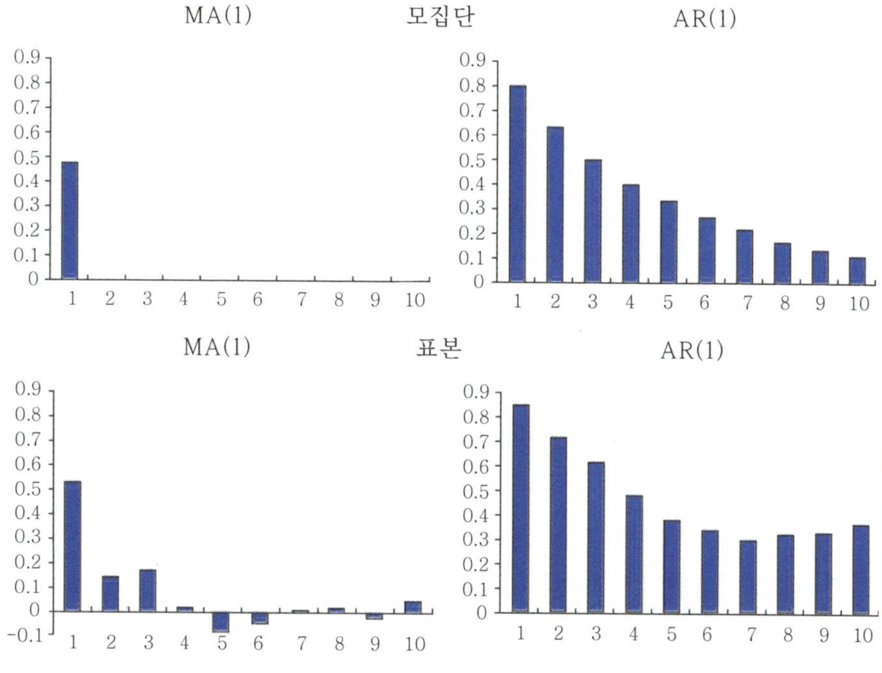

그림 11-4는 위의 MA(1)과 AR(1)의 자기상관계수를 나타내고 있는데 특히 θ와 ϕ가 각각 0.8인 시계열의 자기상관계수를 보여주고 있다. 윗줄 두 그래프는 모집단 자기상관계수를 구한 것이며 아랫줄 두 그래프는 표본자료로부터 구한 자기상관계수이다.

모집단 상관계수와 표본 상관계수를 비교해 보면 표본 추정치가 모집단 상관계수를 일반적으로 잘 추정하고 있는 것으로 보인다.

MA(q) 시계열에서는 과거의 충격은 q기 이후에 사라지게 된다. AR(p) 시계열의 경우 과거의 충격은 점차적으로 그 영향이 줄어들기는 하지만 이론적으로 영원히 지속된다. 다만, 그 영향이 사라지는 속도가 앞서 정의한 바와 같이 에르고딕 시계열이라고 말할 수 있을 정도로 빨리 사라지는 경우 대수의 법칙과 중심극한정리를 적용할 수 있다.

5 안정적 시계열의 회귀분석

안정적인 에르고딕 시계열이 자료로 주어진 경우 선형회귀분석에 영향을 주게 된다. 우선 u_t가 다음 **식 11.25**와 같이 가우시안 백색잡음일 때, 매우 간단한 모형으로 안정적이며 에르고딕한 시계열이 어떤 영향을 주는지 살펴보자.

$$Y_t = \beta X_t + u_t \quad \text{▸ 11.25}$$

전체 표본의 숫자를 T로 나타낼 경우, **식 11.25**의 모형으로부터 β의 추정치를 구하면 다음 **식 11.26**과 같다.

$$\sqrt{T}(\hat{\beta}-\beta)=\left(\frac{1}{T}\sum_{t=1}^{T}X_t^2\right)^{-1}\left(\frac{1}{\sqrt{T}}\sum_{t=1}^{T}X_t u_t\right) \quad \text{▸ 11.26}$$

u_t가 백색잡음이라는 가정 하에 OLS 추정량 $\hat{\beta}$은 가우스-마르코프 정리에 의해 BLUE(Best Linear Unbiased Estimator)이다. 그러나 X_t, Y_t가 안정적 에르고딕 시계열자료라고 가정하면 u_t도 더 이상 백색잡음이 아닐 것이다. 만일 u_t가 백색잡음이 아니며 자기상관이 있는 경우에는 제10장에서와 같이 가정 5가 지켜지지 않아 OLS 추정량 $\hat{\beta}$은 더 이상 BLUE가 되지 못한다.

다만 u_t가 안정적 에르고딕 시계열이며, X_t와 u_t가 서로 독립이라면, 위의 $\hat{\beta}$는 β에 대해 일치(consistent) 추정치이다. 왜냐하면 X_t^2와 $X_t u_t$가 둘 다 안정적이고 에르고딕한 시계열자료이기 때문이다. 그러나 백색잡음이 아닌 경우에는 자기상관이 존재하기 때문에 분산이 가장 작은 추정치가 아니다. 또한, 자기상관을 감안하지 않고 추정된 추정치의 표준편차는 모집단 표준편차에 일반적으로 수렴하지 않게 된다. 따라서 제10장에서 설명된 바와 같이 t-검정, F-검정을 하는 과정에서 분산의 추정치를 사용할 경우 잘못된 통계검정을 하게 된다.

이 문제를 해결하기 위해서 두 가지 방법을 취할 수 있다. 제10장에서 설명된 바와 같이 첫 번째는 오차항의 자기상관의 구조를 가정하여 추정치의 표준편차를 구하는 방법이다. 예를 들어 오차항의 자기상관의 구조를 AR(1)으로 가정하여 분석하는 방법이다. AR(1)의 자기상관구조를 갖는 오차항에서는 순차적인 방법을 이용하는데, 우선 OLS 회귀분석방법을 통해서 잔차를 구하며 이로부터 잔차항 간에 AR(1)의 ϕ를 추정하여 이를 통해 다시 회귀분석을 하는 FGLS 추정방법이다.

두 번째 방법은 자기상관의 구조에 대한 가정을 하지 않고 분산을 추정하는 것이다. 어떤 시계열이 주어졌을 때 회귀계수는 OLS 추정량을 사용하나 분산추정에 있어서 Newey-West(1987)의 HAC(heteroskedasticity and autocovariace consistent) variance-covariance 추정치를 사용하는 것을 의미한다. 이는 제9장에서의 White의 HC 분산추정을 자기상관의 경우로 확장한 것이다.

첫 번째 방법에서 자기상관의 구조를 가정하여 분산을 추정하였다면 두 번째 방법에서 Newey-West는 이러한 가정을 전제로 하지 않고 일반적인 자기상관의 상황에서 분산을 추정하고 있다. 더욱이 이름에서 알 수 있듯이 이분산이 존재하는 경우에도 본 방법으로 추정한 분산의 추정치는 일치(consistent) 추정치가 된다. Newey-West가 활용한 방법은 비모수추정법을 이용한 방법으로 본 책의 범위를 벗어나므로 활용만을 다루기로 한다.

예 11.1 KTB 파일의 자료를 이용하여 안정적이며 에르고딕한 시계열 분석의 예로서 우리나라 3년만기 국채이자율과 콜금리의 관계를 분석해 보자. 이자율의 상관관계를 무시하고 백색잡음이라고 가정하고 분석하면 다음 식 11.27과 같은 결과를 얻는다.

$$\widehat{KTB3}_t = -0.0126 + 0.3176\,Call_t \qquad \blacktriangleright 11.27$$
$$(-0.7273)\ (2.8382) \qquad R^2 = 0.0343$$

만일 오차항의 자기상관이 AR(1) 구조를 따를 경우 표준편차를 조정하여 분석하면 다음 식 11.28의 결과를 얻게 된다.

$$\widehat{KTB3}_t = -0.0165 + 0.3117\,Call_t \qquad \blacktriangleright 11.28$$
$$(-0.7226)\ (2.3740) \qquad R^2 = 0.1256$$

또한 Newey-West의 방법을 통해 표준편차를 보정하면 다음 식 11.29의 결과를 구하게 된다.

$$\widehat{KTB3}_t = -0.0126 + 0.3176\,Call_t \qquad \blacktriangleright 11.29$$
$$(-0.6683)\ (2.4626) \qquad R^2 = 0.0343$$

■

이상의 예에서 AR(1) 가정 하에서의 추정 결과와 Newey-West방식으로 표준편차 추정치만 보정한 결과에 있어서 계수의 추정치가 다르다. 그 이유는 AR(1)으로 보정하는 방법은 계수 추정치를 잔차항의 보정을 통해서 다시 추정치를 만드는 반면 Newey-West의 방법은 회귀계수의 보정과정 없이 표준편차만을 재추정하는 방법이기 때문에 양자 간에 회귀계수 추정치에 있어서 차이가 발생한다.

두 방법 모두에서 원래 잔차항이 백색잡음이라고 가정한 분석에서 발견되는 t-값보다 (절대값 기준으로) 적은 t-값이 구해졌다. 그 이유는 자기상관이 있음에도 무시하고 자기상관이 없다고 가정하고 추정한 각 계수의 분산의 추정치는 자기상관을 감안하지 않았기 때문에 일반적으로 더 적게 추정되기 때문이다. 물론 표본에 따라서 그 값이 차이는 날 수는 있지만, 양의 자기상관이 존재하는 경우 일반적으로 적게 추정되므로 t-값은 이러한 경우 더 크게 나타난다. 이런 현상이 이 표본에도 잘 나타나고 있다. 즉 양의 자기상관을 어떤 방법으로든 수정한 결과에서 t-값이 떨어지는 현상이 나타난다.

실전예제 11.1 gretl 명령문 및 추정결과

1. 식 11.27 결과 구하기

KTB 파일을 연 후 Model > Ordinary Least Squares를 선택하여 Dependent variable에 [KTB3]를 Regressors에 [CALL]를 선택하여 넣는다.

여기서 Robust standard errors를 박스를 체크하지 않으면 **식 11.27**의 결과를 얻는다.

2. 식 11.28의 결과 구하기

식 11.28의 결과를 얻으려면, Model > Univariate Time Series > AR errors (GLS) > AR(1)을 차례로 선택한다.

여기서 왼쪽 아래 박스들은 수렴하는 방법들을 나열하고 있다. OK를 누르면 **식 11.28**의 결과를 얻을 수 있다.

3. 식 11.29의 결과 구하기

식 11.29의 결과는 다시 Model > Ordinary Least Squares를 선택하고 Robust standard errors를 선택하면 된다.

실전예제 11.2 EViews 명령문 및 추정결과

1. 식 11.27의 회귀분석 결과 구하기

KTB 파일에서 estimate equation항을 통해 [ktb3 c call]을 입력하여 **식 11.27**의 결과를 구한다.

2. 식 11.28의 회귀분석 결과 구하기

AR(1) 형태의 자기상관을 가정하는 경우, 제10장에서 설명된 바와 같이 여기서 다시 Estimation을 선택하면 equation 창이 나타난다. 다음과 같이 [ar(1)]을 입력한다.

[KTB3 C CALL AR(1)]

그러고 난 후 Options 창을 클릭하여서 ARMA method를 CLS로 바꿔 놓으면 다음과 같이 **식 11.28**의 결과를 얻는다.

3. 식 11.29의 결과 구하기

HAC 타입 보정을 하는 경우 다시 estimation에서 [KTB3 C CALL]을 입력한 후 options으로 들어가 Covarian method를 HAC(Newey-West)로 바꿔 놓으면 된다.

연습문제

1. 다음의 용어에 대하여 설명하여라.
   (1) 백색잡음 (2) 안정적인 시계열
   (3) 에르고딕 시계열 (4) AR(1)

2. 아래의 각 문장이 맞는지 틀리는지를 결정하고, 그 이유를 간략히 설명하라.
   (1) 자기상관이 존재하는 시계열을 OLS로 분석하는 것은 불일치된 추정치를 도출한다.
   (2) 에르고딕 시계열의 경우 대수의 법칙 및 중심극한정리를 적용할 수 있기 때문에 OLS 분석의 결과에 따라서 t검정을 통해 계수의 유의성을 검정하는 것이 가능하다.
   (3) 시차가 유한한($q < \infty$) 이동평균인 시계열, MA(q)는 에르고딕 시계열이다.
   (4) AR(1)시계열은 언제나 에르고딕하다.

3. KOSPI자료를 가지고 다음 문제에 답하여라.
   (1) KOSPI와 KOSDAQ의 일일수익률을 가지고 KOSDAQ을 설명변수로 KOSPI를 종속변수로 하여 회귀분석을 하여 KOSDAQ의 계수의 추정치, t-값과 D-W통계치, R^2를 구하여라.
   (2) 이 모형에서 잔차항의 자기상관 여부를 검정하여라.
   (3) 잔차항의 자기상관 여부를 판별한 결과를 바탕으로 (1) 회귀분석 결과에서 t-검정과 F-검정을 행할 수 있는지 논하여라.

4. KTB자료를 가지고 다음 문제에 답하여라.

(1) KTB3와 CALL의 일일수익률의 변화량을 가지고 CALL을 설명변수로 KTB3를 종속변수로 하여 회귀분석을 하여 CALL의 계수의 추정치, t-값, D-W통계치, R^2를 구하여라.

(2) 이 모형에서 잔차항의 자기상관 여부를 검정하여라.

(3) 잔차항의 자기상관 여부를 판별한 결과를 바탕으로 자기상관을 교정하는 방법을 활용한 분석을 하고 CALL의 계수의 추정치, t-값과 D-W통계치, R^2를 구하여라.

(4) KTB3와 CALL 변수가 안정적인 시계열이라면 (3)의 결과가 적절한 t-검정과 F-검정을 할 수 있는 결과인지 판별하여라.

CHAPTER 12

불안정 시계열모형

제11장에서 살펴본 안정적 시계열과 달리 현실적으로 많은 경제/경영 시계열자료는 평균 또는 분산이 시간의 흐름에 따라 달라지는 형태를 나타낸다. 제12장에서는 시계열 분석의 연장으로 이러한 불안정 시계열모형에 대해 살펴본다.

1 불안정 시계열모형

안정적 시계열과 달리 모집단 평균, 분산 및 자기상관이 시점 t에 따라서 변하는 시계열을 **불안정**(nonstationary) **시계열**이라 한다. 이는 시계열 중에 추세(trend)를 가지고 있는 시계열들에서 찾아볼 수 있는 것으로 안정적 시계열에서는 추세를 생각할 수 없다. 왜냐하면 추세가 존재하는 시계열은 일반적으로 $E(Y_{t-j}) \neq E(Y_t)$의 구조를 갖게 되어 모집단 평균이 구하는 시점에 따라서 달라지기 때문이다.

1.1 결정적 추세가 있는 시계열

결정적 추세(deterministic trend)가 있는 시계열을 다음 **식 12.1**과 같이 정의할 수 있으며 이를 그래프로 표현하면 **그림 12-1**의 형태를 가진다.

$$Y_t = \delta t + u_t, \quad u_t \sim \text{백색잡음} \qquad \text{▸ 12.1}$$

결정적 추세가 있는 시계열은 **식 12.1** 및 **그림 12-1**에서 알 수 있듯이 일정한 성장이 존재하며 그 성장선 주변으로 불확실한 확률적인 변동이 발생하는 시계열이다. 이러한 시계열은 시점에 따라서 평균은 달라지지만 모집단 분산과 자기상관의 경우에는 시점과 시차에 상관없이 주어지게 된다. 최소자승법의 추정치의 분포를 구할 때 중심극한 정리를 적용시키기 위해서는 안정적이며 에르고딕한 시계열의 경우 추정치를 계수를 뺀 값에 표본의 개수의 제곱근으로 곱한 값($\sqrt{T}(\hat{\beta}-\beta)$)을 사용한다. 추세가 있는 경우에는 $\sqrt{T}$가 중심극한 정리를 위한 수렴의 속도가

그림 12-1 결정적 추세가 있는 시계열의 형태

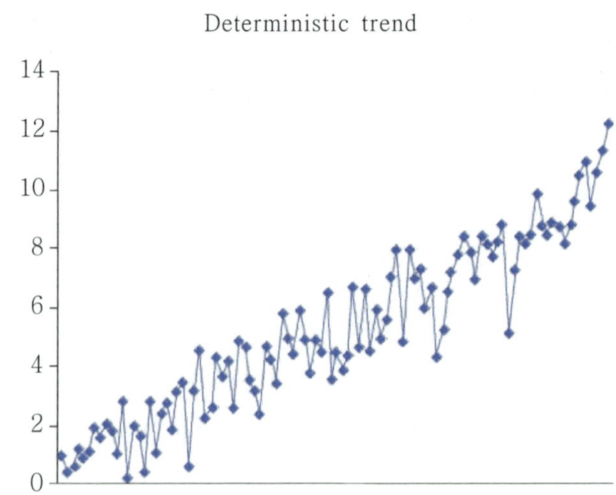

아닌 경우가 발생하게 된다. 즉 추정치가 우리가 모르는 계수로 수렴하는 속도가 이전과 차이가 나게 된다. 수렴속도에 대한 논의는 본 책의 범위를 벗어나므로 Hamilton(1994)을 참조하기 바란다.

1.2 확률적 추세

확률적 추세(stochastic trend)가 있는 시계열은 다음 **식 12.2**와 같이 정의되며 이를 그래프로 표현하면 **그림 12-2**의 형태를 가진다.

$$\begin{aligned} Y_t &= Y_{t-1} + u_t, \quad u_t \sim \text{백색잡음} \\ &= Y_0 + \sum_{j=1}^{t} u_j \end{aligned} \tag{12.2}$$

확률적인 추세가 있는 시계열은 금융시계열에서 흔히 찾아볼 수 있는데, 금융시장에서는 효율시장 가설이 **난보**(또는 **임의보행**, random walk)

| 그림 12-2 | 확률적 추세가 있는 시계열의 형태

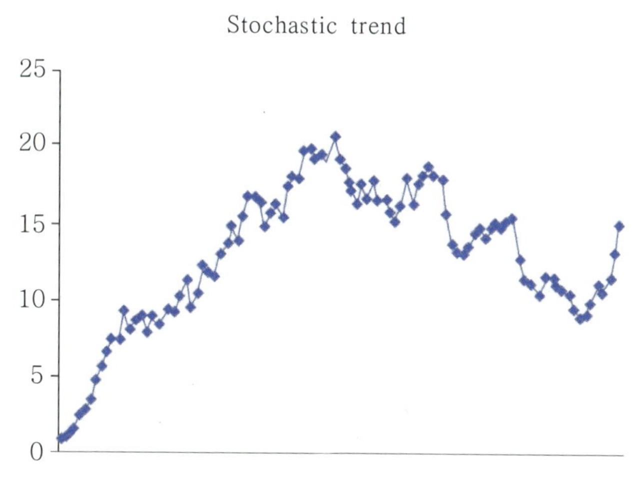

시계열을 말하고 있다. 즉 약형 효율시장 가설에 의하면, 과거의 정보는 현재의 관찰치의 방향을 예측하는 데 아무런 정보를 제공하지 못한다. 이를 조건부 평균으로 나타내면 $E(Y_t|Y_{t-1})-Y_{t-1}=0$이다. 즉 이는 y_{t-1}은 y_t의 방향을 예상하는 데 의미 있는 정보를 주지 못한다는 뜻이다. 이런 난보 시계열 가정은 $Y_t=Y_{t-1}+u_t$라는 확률론적인 추세가 있는 시계열을 의미한다.

확률적인 추세가 있는 시계열의 특징은 과거에 발생한 사건이 현재에도 그대로 영향을 미치고 있다는 점이다. 예를 들어 두 번째 기에 큰 충격이 있었다고 가정하자. 안정적이며 에르고딕한 시계열인 경우에는 제11장에서 알 수 있듯이 이 충격이 시간이 지나감에 따라서 현재에 미치는 영향이 줄어든다. 그러나 확률론적인 추세가 있는 시계열의 경우에는 그 충격이 현재에 미치는 영향이 전혀 줄어들지 않는다. 즉 $u_2=-100$이었다면 t가 2보다 큰 경우 모든 y_t에 -100의 영향이 미치게 된다.

확률적인 추세가 있는 시계열의 장기기억(long memory) 성향은 이러한 시계열에 대수의 법칙과 중심극한정리를 그대로 적용할 수 없게 만든다. 안정적이고 에르고딕한 시계열에서는 충분히 오래전에 일어난 과거에 발생한 일들은 현재와 독립적인 사건으로 볼 수 있다. 그러므로 하나의 시계열을 가지고 모평균을 추정하는 것이 가능하다. 그러나 확률론적인 추세가 있는 시계열의 경우 과거에 일어난 일들이 현재에 그대로 영향을 미치고 있다. 그러므로 시계열의 평균을 추정할 때 하나의 시계열만으로는 불가능하다.

확률적인 추세가 있는 시계열의 모집단 분산은 t가 증가함에 따라서 증가한다. 안정적인 시계열의 모집단 분산은 시간 t와 관계없이 하나의 값으로 정해진다. 그런데 확률론적인 추세가 있는 시계열은 다음 **식 12.3**과 같이 시간이 증가할수록 그 분산도 증가하게 된다.

$$V(Y_t)=E(Y_t^2)=t\sigma^2 \tag{12.3}$$

위와 같은 사실들은 안정적이며 에르고딕한 시계열에 적용할 수 있었던 대수의 법칙과 중심극한정리를 확률적 추세가 있는 시계열에는 적용할 수 없게 한다.

2 불안정한 시계열 검정법

안정적이며 에르고딕한 시계열은 대수의 법칙 및 중심극한정리를 적용할 수 있으나, 불안정적인 시계열인 경우에는 일반적인 대수의 법칙 및 중심극한정리를 적용할 수 없다. 또한 결정적인 추세가 있는 경우에는 앞에서 설명한 바와 같이 수렴의 속도만 조정하면 되지만, 확률론적인 추세가 있는 경우에는 수렴속도의 조정뿐 아니라 수렴하는 분포도 따로 구해야 한다. 그러므로 특정 시계열 자료에 대해 안정적 시계열인지 불안정 시계열인지 구별하는 것이 필요하다.

식 12.2의 확률적인 추세가 있는 시계열의 경우에는 오차항을 백색잡음 u_t로 가정하였으나, 일반적으로는 다음 **식 12.3-1**과 같이 오차항이 안정적이며 에르고딕한 시계열인 것으로만 가정하여 일반화할 수 있다.

$$Y_t = Y_{t-1} + \varepsilon_t \qquad \text{▸ 12.3-1}$$

여기서 ε_t는 안정적이며 에르고딕한 시계열을 나타낸다. **식 12.3-1**이 불안정성 여부를 검정하고자 하는 시계열이 생성된 수식이라고 하자. ε_t의 자기상관을 Y_t가 시차가 p인 자기상관을 갖는 시계열로 모형화하는 방법이다. 이를 **디키-풀러**(Dickey-Fuller) **검정**이라 한다. **식 12.3-1**에서 ε_t가 만일 백색잡음이라면 위의 두 조정은 필요하지 않다. 다만, 분석에 사용되는 시계열이 불안정할 경우 대수의 법칙과 중심극한정리를 사용할 수 없게 된다. 불안정한 시계열을 사용하는 경우, 자료의 수가 증가할 때 기존의 대수의 법칙과 중심극한정리와는 다른 분포의 극한 값을 구할 이론이 필요하다(이 이론은 책의 범위를 벗어나므로 관심 있는 독자는 Hamilton (1994)을 참고하기를 바란다).

디키-풀러 검정법(Dickey-Fuller test)

만일 $u_t \sim iid(0, \sigma^2)$에 대하여 Y_t가 AR(p)를 따른다면

$$Y_t = Y_{t-1} + u_t + \sum_{j=2}^{p} \phi_j Y_{t-j} \qquad (12.4)$$

와 같이 쓸 수 있다. 따라서 디키-풀러 검정법은 $Y_t - Y_{t-1} = \gamma Y_{t-1} + \sum_{j=2}^{p-1} \psi_j (Y_{t-j} - Y_{t-j-1}) + u_t$와 같이 회귀분석 식을 구성하여 $\gamma = 0$라는 귀무가설을 t-검정하는 방법이다. 만일 귀무가설을 기각하지 못한다면 시계열은 불안정하다고 결론을 내릴 수 있다. 컴퓨터를 이용한 디키-풀러 검정은 실전예제에 소개한다.

3 공적분관계

불안정적인 시계열 간의 관계를 점검하는 방법으로 공적분관계를 들 수 있다. 두 불안정적인 시계열 간의 관계를 분석하는 데 유용한 방법이 공적분관계를 살펴보는 것이다. 앞에서 설명한 바와 같이 불안정적인 시계열에 대해서 기존에 알려진 대수의 법칙과 중심극한정리를 적용할 수 없다. 그럼에도 불구하고 만일 불안정적인 시계열을 가지고도 적절한 다른 통계의 법칙들(앞서 언급한 대로 이 책의 범위를 벗어나므로 자세한 설명은 Hamilton(1994)의 Time Series Analysis를 참고하기 바란다)을 적용할 때 회귀분석이 가능하며 불안정한 시계열 간의 장기관계를 **공적분**(cointegration)

관계로 분석할 수 있다.

불안정한 시계열 간의 관계를 파악하는 데 발생하는 문제점은 **가성 회귀분석**(spurious regression)**의 문제**이다. 가장 단순하게 두 개의 불안정한 시계열을 회귀분석하면 두 개의 불안정한 시계열이 서로 관계가 없더라도, 계수의 추정치가 0일 확률은 0이다. 그리고 계수의 표준편차의 추정치가 무한대로 발산하지도 않게 되며 표본수가 증가함에 따라 t-값이 0 주변에 머물 확률이 점점 낮아진다. 따라서 두 개의 불안정한 시계열을 분석할 때, 두 시계열이 무관하다고 하더라도 관계가 존재한다는 가설을 기각하지 못한다. 이를 가성회귀분석이라 한다. 따라서 불안정한 시계열 간의 회귀분석에서는 실제로는 무관한 불안정한 시계열 사이에 회귀분석 결과 서로 의미가 있는 변수로 오인할 수 있다. 이러한 무관한 불안정한 시계열을 분석해서 얻어지는 회귀분석의 특징으로 1에 가까운 R^2를 들 수 있다. 따라서 만일 시계열자료를 통한 회귀분석 결과 R^2값이 1에 가까운 값을 나타내고 있다면 가성회귀분석이 아닌지 의심해 봐야 한다.

공적분관계란 두 개 이상의 불안정한 시계열이 가질 수 있는 연관관계로서 시계열 간 선형결합이 안정적 시계열이 되는 상태를 말한다. 가성회귀분석의 문제 때문에 우리가 알고 있는 방법으로 두 개의 불안정적인 시계열의 관계를 분석할 수가 없다. 가장 간단하게 두 개의 불안정한 시계열이 있을 때, 서로 관계를 가질 때를 다음과 같이 설정할 수 있다.

$$Y_t = \beta_1 + \beta_2 X_t + \varepsilon_t \qquad \text{▸ 12.5}$$

여기서 X_t, Y_t가 불안정적인 시계열이고, ε_t는 안정적인 시계열이다. 이를 다시 표현하면 $Y_t - \beta_2 X_t = \beta_1 + \varepsilon_t$이다. 이는 불안정적인 시계열의 선형결합인 $Y_t - \beta_2 X_t$가 안정적인 시계열 $\beta_1 + \varepsilon_t$이 되는 것을 의미하고 있다. 따라서 공적분이 존재하는 경우, 두 불안정적인 시계열 **공통의 확률적 추세**(common stochastic trend)가 존재한다고 말한다. 불안정적인 시계열은 확률적 추세를 가지고 있는데 공적분관계를 갖는다면, 두 개의 불안정적인 시계열이 서로 같은 확률적 추세를 가지고 있어서 두 시계열에 적절한 계수를 곱해서 빼거나 더하면 그 확률적 추세가 사라지게 만들 수 있기 때문에 공통의 확률적 추세를 갖고 있다고 말한다.

공적분관계가 존재할 때는 최소자승법(OLS)으로 **수식 12.5**의 β_2를 추정할 수 있다. 공적분관계가 존재하는 경우, 즉 두 개의 불안정한 시계열의 선형관계가 존재하여 그 차이가 안정적인 시계열이 되는 경우에는 두 시계열의 선형관계를 정의하는 계수, β_2를 추정하는 데 최소자승법을 이용할 수 있다. 이 경우 최소자승법으로 추정된 $\widehat{\beta_2}$는 β_2의 일치(consistent) 추정량이다. 즉 자료의 숫자가 많아질수록 $\widehat{\beta_2}$는 β_2로 수렴하게 된다. 다만 우리가 알고 있던 안정적인 시계열들의 회귀분석의 표준편차는 모집단 표준편차로 수렴하지 않는다. 이는 마치 자기상관이 존재하는 시계열들을 이용한 회귀분석의 표준편차를 다시 보정해야 하는 것처럼 불안정적인 시계열의 분석에서 표준편차 추정치도 보정이 필요하다. 이렇게 보정된 회귀분석을 FMOLS(Fully Modified OLS)라 한다.

공적분관계가 존재하는지 여부를 추정하는 방법은 다음과 같다.

① 분석대상 변수들이 불안정한 시계열인지 여부를 디키-풀러 검정을 통해서 검정한다. 변수들이 불안정한 시계열임을 기각하면 안정적인 시계열로서 분석을 하면 된다. 기각하지 못할 경우, 다음 단계로 넘어간다.

② 분석 대상 변수들의 관계를 선형회귀분석을 한 후, 잔차항이 불안정한 시계열인지 여부를 분석한다. 앞서 말한 바와 같이 최소자승법으로 공적분관계가 존재할 때 선형관계를 추정할 수 있다. 따라서 분석대상 변수들 사이의 관계를 최소자승법을 분석한 후에 잔차항이 불안정한 시계열인지 여부를 디키-풀러 검정을 통해서 알아본다. 잔차항이 불안정한 시계열이라는 가설을 기각하면 변수들 사이에 공적분관계가 있다고 볼 수 있다. 잔차항이 불안정한 시계열임을 기각하지 못하면 변수들 사이에 공적분관계는 없다고 볼 수 있다.

③ 잔차항이 불안정한 시계열임을 기각한 경우, 공적분관계식의 추정치는 최소자승법으로 구해진 계수이나 검정을 위해서는 FMOLS로 보정된 표준편차를 구해야 한다.

다음 **예 12.1**에서 공적분이 존재하는 경우와 존재하지 않는 경우, 두 경우의 예를 가지고 구체적인 검정과 추정을 설명하고 있다.

예 12.1

공적분 관계의 존재 여부도 선형회귀분석으로 가능하다. OLS 분석 후 잔차항이 불안정적인 시계열인지 여부를 확인하는 것으로 공적분관계의 유무를 알 수 있다. 예를 들어 통화량 변수인 $M1$과 $M2$가 공적분관계에 있는지 알아본다고 하자. HAC 방법으로 표준편차 추정을 수정한 최소자승법으로 분석한 결과는 다음 식 12.6과 같다.

$$\widehat{M2} = \underset{(2.47)}{202213} + \underset{(16.29)}{3.03}\ M1 \qquad R^2 = 0.91 \tag{12.6}$$

$M1$과 $M2$의 불안정성 여부를 디키-풀러 검정을 통해서 알아보면 모두 불안정적인 시계열이라는 귀무가설을 기각하지 못한다. 따라서 최소자승법으로 분석한 결과는 가성회귀분석 문제에 노출되어 있어, 두 변수의 선형관계가 없음에도 불구하고 관계가 있다고 나타낼 수 있다. 여기서 또한 R^2가 0.91로 상당히 1에 가까운 것은 가성회귀분석의 가능성을 시사하고 있다.

식 12.6의 회귀분석에서 발생하는 잔차항에 대해서 디키-풀러 검정을 통해서 불안정한 시계열인지 검정을 하면, 검정 통계치는 −1.67로서 유의확률 값이 0.69이다. 이는 잔차항이 불안정한 시계열이라는 가정을 기각하지 못한다. 따라서 우리는 두 변수 $M1$과 $M2$는 불안정적인 시계열이며, 두 변수 사이의 공적분관계는 존재하지 않다고 결론 내릴 수 있다.

공적분관계가 존재하는 경우에는 선형분석을 한 이후에 잔차항을 디키-풀러 검정을 통해서 불안정적인 시계열이 아니라고 판정이 난다. 예를 들어 EXCHANGE 파일의 EUROKRW, EURO 및 USDKRW와의 관계를 살펴보자. EUROKRW는 원-유로 환율을 나타내며, EURO는 유로-달러 환율, USDKRW를 원-달러 환율을 나타낸다. 이 변수들의 로그함수를 취하여서 디키-풀러 검정을 하면 불안정한 시계열임을 기각하지 못한다. 선형회귀분석을 통해서 잔차항의 디키-풀러 검정을 하면, 검정통계치가 -15.88으로서 잔차항이 불안정적이라는 기무가설을 5% 유의수준에서 기각하게 된다. 이때 이 세 변수 간의 장기적인 관계를 알아 볼 수 있는 적절한 방법은 FMOLS를 사용하는 것이며 이는 다음과 같이 추정된다.

$$\log(\widehat{EUROKRW_t}) = \underset{(3.64)}{0.008} + \underset{(4805)}{1.00}\log(EURO_t) + \underset{(3041)}{1.00}\log(USDKRW_t)$$

▸ 12.7

결국 장기관계가 $EUROKRW_t = EURO_t \times USDKRW_t$라는 뜻이다. 이 장기관계는 외환시장에서 재정거래 기회가 없다는 것을 말한다. 즉 유로와 원화를 교환할 때와 중간에 달러를 매개체로 해서 유로-달러-원화로 교환할 때 환율의 차이가 존재하지 않게 된다. 물론 우리나라 외환시장에서 유로-원화를 직접 교환하는 시장이 조성되어 있지 않은 것도 이러한 결과를 가져왔다고 볼 수 있으며, 공적분관계를 통해서 유로-원화 교환에 있어서 재정거래 유인이 없다는 것을 확인할 수 있다. ■

실전예제 12.1 gretl 명령문 및 추정결과

NATIONAL_QUARTER 파일의 CPI를 검정할 때, CPI를 선택한 후에 [Variable] > [Unit root tests] > [Augmented Dickey-Fuller test]를 차례로 선택하면 대화창이 나타난다. 여기서 최대의 시차를 선택하고 시차를 선택할 기준을 선택한다. 위와 같이 BIC(7장의 Schwarz Criterion를 말함.) 선택했다.

| 그림 12-A |

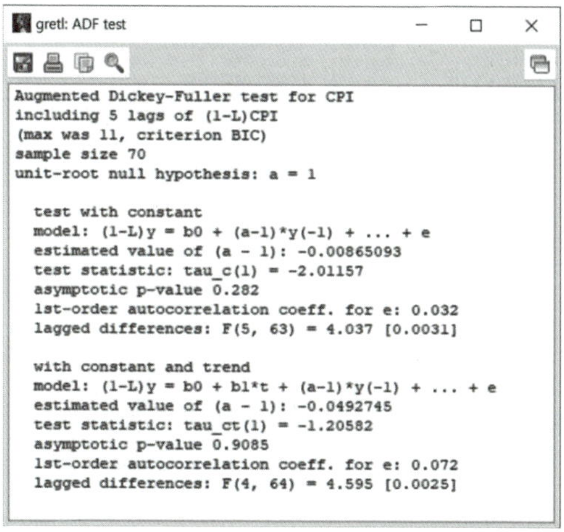

위에서 선택한 데로 두 가지 회귀분석에서 디키-풀러 검정치가 나타나게 된다. gretl에서는 두 가지 이상 모형의 분석을 한꺼번에 할 수 있다. "test statistic"란에 있는 추정치가 각 모형에서 Augmented Dickey-Fuller test statistic이다. 밑의 줄의 P-값으로 간단하게 귀무가설인 '시계열이 불안정적이다'를 검정할 수 있다. ADF 검정의 주어진 유의수준에서의 임계치는 보고되지 않는다.

NATIONAL_QUARTER 파일에서 M1과 M2의 관계분석을 할 때는 파일을 열고 Model 〉 Ordinary Least Squares를 차례로 선택한다. 이 창에서 Dependent variable로는 M2를 선정하고, Regressors로서 M1을 선정한다. 또 Robust standard errors의 박스를 선택하고 OK를 누르면 다음과 같은 결과가 나온다.

| 그림 12-B |

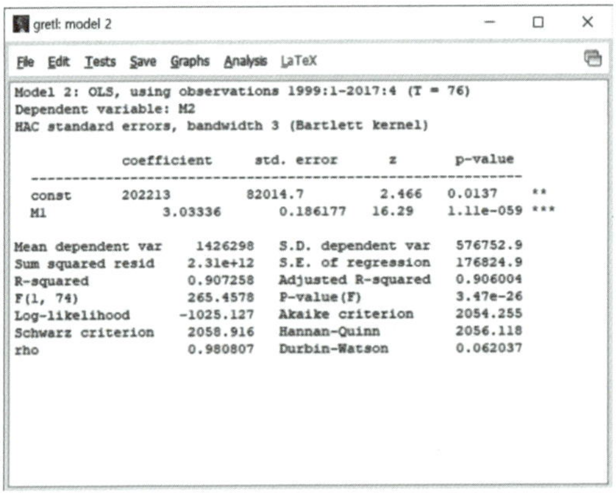

이 두 변수의 공적분 여부를 검정하려면, Model 〉 Mutivariate Time Series 〉 Cointegration Test (Engle-Granger)를 차례로 선택한다. 이 창에서, Variables to test에 [M1, M2]를 선택하고 lag order를 늘린 뒤, Test down from maximum lag order 옆의 박스를 체크해 준다. 그러면 각 변수의 디키-풀러 검정치와 더불어 밑에 잔차항의 디키-풀러 검정치가 나온다.

그림 12-C

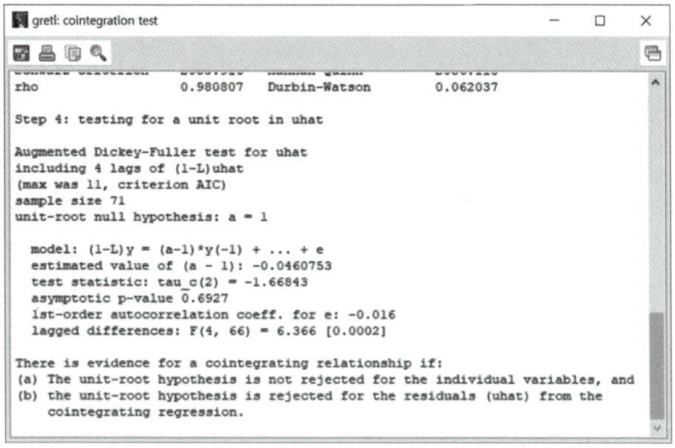

여기서 Augmented Dickey-Fuller test for uhat에서 test statistic이 tau_c(2)=-1.66843이고 P-값이 0.6927임을 알 수 있다.

EXCHANGE 파일을 열어서 [EURO, EUROKRW, USDKRW]를 선택하여 Add 탭을 선택하면 변수의 여러 가지 변환을 할 수 있다. 여기서 첫 번째의 Logs of selected variables를 선택하면 지금 선택된 변수들의 log값이 새로운 변수로 생성되게 된다. 이 변수들을 가지고 공적분 검정을 할 수 있다. 이렇게 변수들이 생성되었으면, Model 〉 Mutivariate Time Series 〉 Cointegration Test (Engle-Granger)를 순차적으로 선택한다. 여기서 생성되는 대화창에서 다음과 같이 공적분검정을 할 변수들 세 개[l_EURO, l_EUROKRW, l_USDKRW]를 선택한다.

여기서 Test down from maximum lag order 옆의 박스에 클릭해 주고 OK를 선택한다.

gretl의 결과에는 포함된 세 변수의 디키-풀러 검정치가 앞에 나타난다. 이를 원치 않는 경우에는 이전의 공적분검정 대화창에서 Skip initial DF tests 박스를 선택해 주면 된다. 아래 결과가 이를 선택한 후 결과이다. 위에 창에서도 스크롤을 해보면 밑에 똑같은 결과가 출력된 것을 볼 수 있다.

| 그림 12-D |

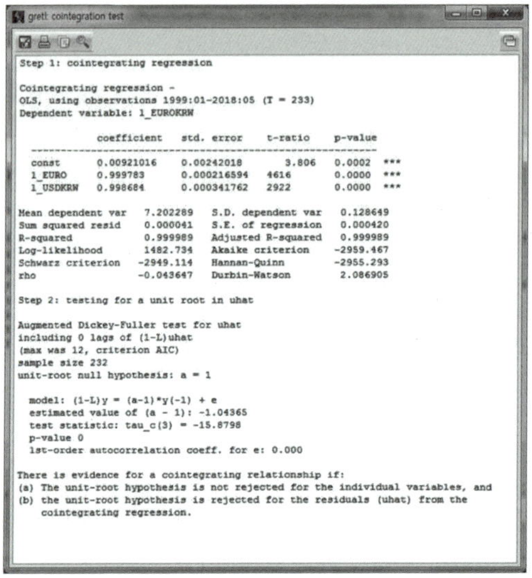

여기서 Step 2를 보면 잔차항에 대한 디키-풀러 검정치가 -15.8798임을 확인할 수 있다.

gretl에서는 본 책에서 소개한 FMOLS 방법으로 공적분관계를 추정하는 것을 제공하지 않는다. 이 책의 수준을 벗어나 소개하지는 않았으나 실증분석에 더 많이 활용되는 VECM(Vector Error Correction Model)의 방법을 제공하고 있다.

실전예제 12.2 EViews 명령문 및 추정결과

EViews를 이용하여 불안정성 여부에 대한 검정인, Unit root test를 하려면, 일단 test를 하고자 하는 변수를 더블클릭하여 연 다음,

View 〉 Unit root test를 선택한다.

Augmented Dickey Fuller test를 하고자 할 때는 (위의 설명이 ADF test임) Test type에 선택을 하고 Lag length 및 testing equation의 Deterministic trend를 고려할 것인지를 선택하여 실행하면 된다.

(예) NATIONAL_QUARTER 파일의 CPI에 대한 디키-풀러 검정결과:

┃그림 12-E┃

Null Hypothesis: CPI has a unit root
Exogenous: Constant
Lag Length: 5 (Automatic - based on SIC, maxlag=11)

		t-Statistic	Prob.*
Augmented Dickey-Fuller test statistic		-2.011567	0.2814
Test critical values:	1% level	-3.527045	
	5% level	-2.903566	
	10% level	-2.589227	

*MacKinnon (1996) one-sided p-values.

위의 결과를 보면 $\gamma=0$, 즉 CPI가 단위근을 가진다는 가정을 5% 혹은 10%의 유의수준에서 기각하지 못하고 있다. 우리는 여기서 검정통계량의 임계치가 1%, 5%, 10% 유의수준에서 나열되어 있는 것을 볼 수 있다. 만약에 우리가 일반적은 대수의 법칙과 중심극한정리를 사용할 수 있었다면 위의 임계치는 각각 -2.575, -1.96, -1.655 등과 같이 주어질 것이다. 그러나 불안정한 시계열일 경우 일반적인 대수의 법칙, 중심극한정리를 적용할 수 없어서 임계치들이 달라진다. 위의 결과에서도 하단의 회귀분석 결과표에 보면 CPI(-1)의 결과에 t-검정치와 디키-풀러 검정치와 같은 t-검정치이다. 그러나 P값에서는 차이가 난다. 비교하는 분포가 하단에서 t-분포의 극한인 정규분포이며, 디키-풀러 검정에서는 불안정성을 감안한 새로운 개념의 분포와 비교하기 때문이다.

디키-풀러 검정치와 비교해야 하는 임계치는 이 책의 통계표에 수록되어 있다.

(예) NATIONAL_QUARTER 파일에서 M1과 M2와의 공적분관계 분석:

EViews 창에서 estimate equation에서 [M2 C M1]을 입력한다. 여기서 options을 선택하여서 Covariance method를 HAC (Newey-West)로 선택하고, 확인을 누르면 **수식 12.6**의 결과를 얻을 수 있다.

본문에 보고된 t-값과 일부 차이가 발생하는 것은 HAC 타입의 표준편차 추정에서 커널함수 및 Bandwidth 선택이 차이가 나기 때문이다. 본문은 gretl에서 제공하는 HAC 타입 표준편차의 추정치를 사용했다.

두 변수의 공적분 여부를 검정하기 위해서는 M1, M2를 동시에 선택한 후 Open 〉 as Group을 선택한다.

여기서 View 〉 Cointegration Test〉Single Equation Cointegration Test를 차례로 선택한다. 이렇게 나타난 창에서 Lag specification을 Akaike Info Criterion으로 바꾸고 OK를 누르면 아래와 같은 결과가 도출된다.

| 그림 12-F |

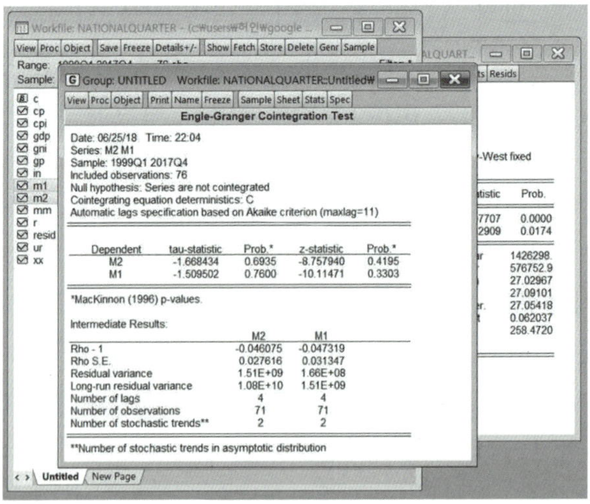

여기서 Dependent 변수가 M2인 tau-statistic이 본문에 보고된 디키-풀러 검정치이다.

(예) EXCHANGE 파일에서 EURO, EUROKRW, USDKRW 간의 공적분 관계 분석:

EXCHANGE 파일을 열어서 EURO, EUROKRW, USDKRW에 log를 취한 값을 [genr l_euro=log (EURO)]와 같이 명령어 창에 입력하거나 generate series 창을 열어서 입력하서 log를 취한 시계열을 생성한다. 이렇게 생성된 세 변수를 선택하여 오른쪽 클릭을 이용하여 open 〉 as Group을 선택한다. Group으로 열린 창에서 View 〉 Cointegration Test 〉 Single Equation Cointegraton Test를 차례로 선택하여 생성된 창에서 Lag specification에서 Akaike Info Criterion으로 전환하여 OK를 선택하면 아래와 같은 결과가 도출된다.

| 그림 12-G |

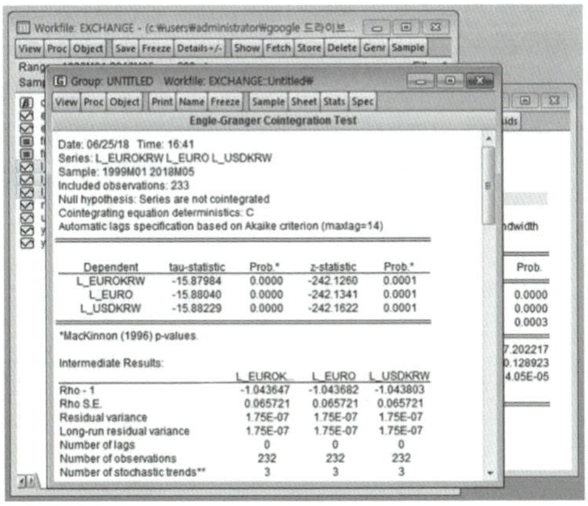

여기서 Dependent 변수가 l_EUROKRW인 경우가 본문에서 설정한 모형이다. 이 모형에서 tau-검정치가 잔차항의 디키-풀러 검정치 이다. 여기서 P-값을 살펴보면 0.0000로서 유의수준을 5%라고 하면 불안정적인 시계열임을 기각한다.

이 변수들의 공적분관계를 FMOLS로 추정하려면 위의 창에서 Proc > Make equations을 차례로 선택한다. 이렇게 만들어진 창에 Method을 COINTREG로 선택해 주면 새로운 창이 나타난다.

여기서 확인을 선택하면

| 그림 12-H |

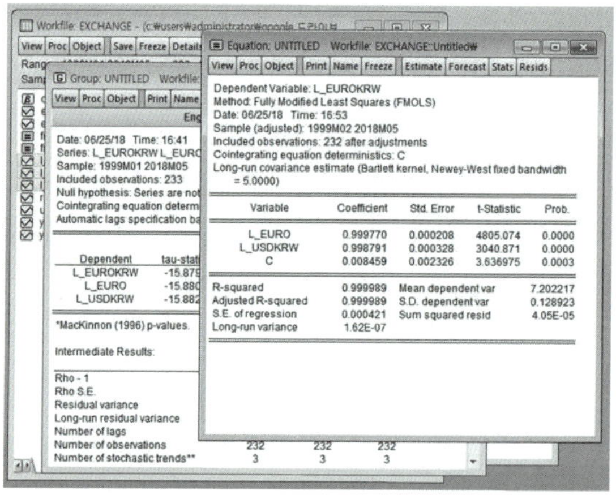

위와 같이 FMOLS를 이용한 회귀분석 결과가 도출된다.

연습문제

1. 다음의 용어에 대하여 설명하여라.
   (1) 가성회귀(Spurious regression)
   (2) 불안정 시계열
   (3) 난보(random walk) 시계열
   (4) 공적분관계

2. 아래의 각 문장이 맞는지 틀리는지를 결정하고, 그 이유를 간략히 설명하라.
   (1) 두 개의 불안정 시계열은 최소자승법으로 관계를 추정할 수 없다.
   (2) 난보 시계열의 분산이 시간이 지나면서 커진다.
   (3) 두 개의 불안정 시계열의 차이는 언제나 불안정적인 시계열이다.

3. NATIONAL_QUARTER 파일의 자료를 가지고 다음 질문에 답하여라.
   (1) 민간소비(CP)와 국민소득(GNI) 변수가 불안정 시계열인지 판별하여라.
   (2) 민간소비와 국민소득 간의 관계를 최소자승법으로 분석하여 결과를 구하여라.
   (3) (2)에서 구한 결과를 통해서 두 변수 간의 관계가 존재한다고 판별할 수 있는가?
   (4) 두 개 모두 불안정 시계열이라면 두 변수 간의 관계가 존재하는 지 여부를 공적분검정을 통해서 판별하여라.

4. EXCHANGE 파일의 자료를 가지고 다음 질문에 답하여라.

(1) 일본 엔화의 대달러 환율(YEN)과 대 원화 환율(YENKRW) 및 원달러 환율(USDKRW)이 불안정한 시계열인지 여부를 판별하여라.

(2) 세 변수 간의 장기관계가 있는지 판별하는 방법은 무엇인지 논하여라.

(3) 외환시장의 재정거래 유인이 없다는 가설을 검정하고자 한다. 즉 $YENKRW_t = \dfrac{USDKRW_t}{YEN_t}$인지 검정하고자 할 때, 검정방법을 설명하고 그 검정결과를 보고하여라.

CHAPTER 13

종속변수가 가변수인 모형

제6장의 가변수모형에서는 설명변수 X가 정성적인 자료로 가변수를 갖는 모형을 살펴보았다. 이 장에서는 종속변수 Y가 정성적인 자료인 경우로 0 혹은 1의 값을 갖는 경우를 고려하여 보자.

예를 들어 어떤 근로자가 노동조합에 가입하거나 가입하지 않거나 하는 선택을 고려하여 보자. 그 근로자의 소득, 나이, 학력, 성별, 근무시간 등의 설명변수가 그 근로자가 노동조합에 가입하는지 여부의 선택에 어떠한 영향을 미치는가를 고려한다면 근로자의 특성(소득, 나이, 학력, 성별, 근무시간 등)이 설명변수(X)가 되고 노동조합 가입 여부(만일 그 근로자가 노동조합에 가입한다면 $Y=1$, 만일 그 근로자가 노동조합에 가입하지 않는다면 $Y=0$)의 가변수가 종속변수가 된다.

다른 예로 어떤 기업의 재무구조 및 경영자의 특성 등이 그 기업이 이윤을 배당하는지 혹은 배당을 하지 않고 사내 유보를 하는지의 선택에 어떠한 영향을 미치는지를 고려한다면 그 기업의 재무구조 및 최고경영자의 특성 등이 설명변수인 X가 되고 배당 여부(만일 배당을 하면 $Y=1$, 만일 배당을 하지 않으면 $Y=0$)를 나타내는 가변수가 종속변수가 된다.

또한 다른 예로 개인의 특성(소득, 나이, 자녀수, 맞벌이 여부 등)이 그 개인의 주택선택이나 임차형태에 어떻게 영향을 미치는지를 고려한다면 개인의 특성변수가 설명변수(X)가 되고 주택선택행위(주택소유의 경우 $Y=1$,

주택임차의 경우 $Y=0$) 혹은 임차형태(전세의 경우 $Y=1$, 월세의 경우 $Y=0$)의 가변수가 종속변수가 된다. 이외에도 교통수단의 선택(자가운전 혹은 대중교통수단 이용) 모형, 정치 성향(여당지지 혹은 야당지지) 분석, 신용평가 모형(대출 신청의 채택 여부, 신용카드 신청 채택 여부), 대학원진학 여부 등의 예가 있다. 이상과 같이 종속변수가 여러 대안 중 하나의 선택을 택하는 값을 가지는 모형을 **이산선택모형**(discrete choice model)이라 하며 이러한 모형에서 관심 있는 모수를 추정하는 데에는 다음의 세 가지 방법이 있다.

1 선형확률모형

다음과 같은 모형을 고려하자.

$$Y_i = \beta_1 + \beta_2 X_i + \varepsilon_i \qquad \text{▸ 13.1}$$

여기서 Y_i는 개인 i가 휴대폰을 보유하고 있으면 1의 값을 나타내고, 휴대폰을 보유하고 있지 않으면 0의 값을 나타내는 가변수이며, X_i는 휴대폰 보유여부에 영향을 미치는 개인의 소득, 나이, 직업 등의 특성변수이다. 이 경우 Y_i는 0 혹은 1의 값을 갖는 **베르누이**(Bernoulli)**분포**를 갖는다.

$$E(Y_i)=1 \cdot P(Y_i=1)+0 \cdot P(Y_i=0)=P(Y_i=1)=P_i \qquad \text{▸ 13.2}$$

따라서 $E(Y_i)$는 개인 i가 휴대폰을 보유할 확률을 나타낸다.

단순 및 다중회귀분석에서와 마찬가지로 오차항의 평균은 0, 즉 $E(\varepsilon_i)=0$이므로 **선형확률모형**(linear probability model)을 가정한 **식 13.1**에서

$$E(Y_i) \equiv P_i = \beta_1 + \beta_2 X_i \qquad \text{▸ 13.3}$$

가 된다. 이와 같이 **식 13.3**에서는 개인 i가 휴대폰을 보유할 확률이 설명변수 X에 대하여 선형인 식으로 표현되기 때문에 **식 13.1**의 모형을 선형확률모형이라 한다. 이 모형에서 0 혹은 1의 값으로 관찰되는 종속변수 Y를 설명변수 X에 대해 **식 3.14**와 **식 3.15**의 최소자승법을 적용하여 회귀계수 β_1, β_2의 추정치 b_1, b_2를 구할 수 있다. 다른 분석도 제3장, 제4장, 제5장에서의 분석과 동일하게 시행할 수 있다. 또한 회귀계수에 대한 해석은 **식 13.3**에서 보듯이 회귀계수 β는 설명변수 X가 한 단위 증가할 때 $Y=1$인 확률 P의 증가분을 의미한다.

$$\beta_2 = \frac{dP}{dX} \tag{13.4}$$

그런데 이러한 선형확률모형은 다음과 같은 여러 가지 문제점을 가지고 있다.

1.1 오차항 ε_i의 분포 및 이분산

제3장, 제4장, 제5장의 회귀분석에서는 β_1, β_2에 대한 가설검정 등의 추론을 하기 위해 오차항 ε_i가 암묵적으로 정규분포를 가진다는 가정을 이용하고 있는데 선형확률모형에서는 ε_i가 정규분포를 가진다는 가정이 지켜지지 않는다. ε_i는 종속변수 Y_i의 값에 따라 다음과 같이 두 가지 경우의 값을 갖는 베르누이분포를 가진다.

$$\begin{aligned} Y_i = 1\text{일 때에는 } & \varepsilon_i = 1 - \beta_1 - \beta_2 X_i \\ Y_i = 0\text{일 때에는 } & \varepsilon_i = -\beta_1 - \beta_2 X_i \end{aligned} \tag{13.5}$$

뿐만 아니라 베르누이분포에서

$$\begin{aligned} V(\varepsilon_i) &= P_i(1-P_i) \\ &= (1-\beta_1-\beta_2 X_i)(\beta_1+\beta_2 X_i) \end{aligned} \tag{13.6}$$

로 오차항의 분산이 설명변수 X의 함수가 되어 이분산을 가지게 된다. 이 경우 제9장에서 살펴본 바와 같이 최소자승 추정량은 비록 불편추정량이긴 하지만 최소의 분산을 가지지 못하게 되며 가우스-마르코프 정리가 성립되지 않게 된다. 따라서 이러한 경우 최소자승 추정방법을 변형한 **가중최소자승 추정방법**(weighted least squares method)을 사용해야 한다.

1.2 확률 P_i의 추정치

식 13.2에서 살펴본 바와 같이 $E(Y_i)=P_i$로 종속변수 Y_i가 1의 값을 갖는 확률을 나타내어 확률의 특성 $0 \le P_i = E(Y_i) \le 1$의 성질을 만족해야 한다. 그런데 선형확률모형에서 최소자승법을 적용하여 구한 추정치 b_1, b_2로 부터 구한 확률의 추정치는 $\hat{E}(Y_i)=\hat{P}_i=b_1+b_2X_i$이며, 이 확률은 0과 1 사이의 값을 가져야 하나 많은 경우 b_1, b_2의 값과 설명변수 X의 값에 따라 확률의 추정치 $\hat{P}_i$의 값이 0과 1 사이에 위치하지 않을 수 있다.

예 13.1 HOUSING 파일은 서울지역의 125개 가구에 대한 가구 특성자료와 주택소유 여부(ROH; 자가이면 $ROH=1$, 전·월세이면 $ROH=0$)에 대한 자료이다. 주택소유 여부의 가변수를 가구주의 연령(AGE; 세), 가구의 자산(ASS; 만 원), 직업가변수1(JOB1; 전문·기술·사무직이면 $JOB1=1$, 기타 직업이면 $JOB1=0$), 직업가변수2(JOB2; 판매 및 서비스직이면 $JOB2=1$, 기타 직업이면 $JOB2=0$), 가족구성원수(NOF; 명)에 대해 선형확률모형을 적용하여 추정한 결과는 다음과 같다.

$$\begin{aligned}\widehat{ROH}_i = & -0.317 + 0.008AGE_i + 0.00002ASS_i + 0.239JOB1_i \\ & (-1.500)\quad (1.766) \qquad (3.071) \qquad (2.399) \\ & + 0.112JOB2_i + 0.097NOF_i \\ & \quad (1.115) \qquad (2.694) \qquad\qquad R^2=0.24 \end{aligned} \tag{13.7}$$

우선 절편 -0.317에 대한 해석으로는 모든 설명변수의 값이 0일 때 자가주택을 소유할 확률이 -0.317임을 의미한다. 하지만 확률이 음의 값을 가질 수 없기 때문에 0으로 해석한다. 연령 변수의 기울기 0.008은 연령이 1세 증가함에 따라 자가주택을 소유할 확률이 0.008 증가함을 의미한다. 다른 변수의 기울기에 대해서도 마찬가지로 해석할 수 있으며 직업가변수 1의 기울기 0.239는 타 직업보다 가장의 직업이 전문 · 기술 · 사무직이면 자가주택을 소유할 확률이 0.239 더 높음을 의미한다. 그러나 여기에 수록하지는 않았지만 추정치로부터 $\hat{P}_i$값을 구하면 많은 관찰치에 있어서(예를 들어 14, 15번째 관찰치) $0 \leq \hat{P}_i \leq 1$이 지켜지지 않음을 알 수 있다. ■

2 로짓모형과 프로빗모형

위에서 열거한 문제점 이외에도 선형확률모형은 **식 13.4**에서 보듯이 설명변수 X가 한 단위 증가함에 따라 종속변수 Y가 1의 값을 가질 확률이 설명변수 X의 수준에 상관없이 일정하다는 것이다. 그런데 많은 실증분석에 있어서는 **식 13.4**의 경우가 적당하지 않은 경우가 있다. 예를 들어 설명변수 X를 나이라고 하고 종속변수 Y를 휴대폰 보유 여부라고 할 경우, 나이가 10세에서 1세 더 많아짐에 따라 휴대폰을 보유할 가능성의 증가분과 나이가 50세에서 1세 더 많아짐에 따라 휴대폰을 보유할 가능성의 증가분은 같지 않을 것이다. 다른 예로 설명변수 X를 소득이라고 하고 종속변수 Y를 승용차 소유 여부라고 할 경우, 저소득층과 고소득층에서 각각 일정한 소득의 증가가 승용차를 소유할 가능성에 미치는 효과는 소득의 정도에 따라 달라진다. 이러한 것을 감안한 모형으로 다음의 로짓모형과 프로빗모형이 있다.

2.1 로짓모형

로짓(logit)**모형**은 종속변수 Y_i가 1의 값을 갖는 확률 P_i를

$$P_i = E(Y_i) = \frac{1}{1+e^{-(\beta_1+\beta_2 X_i)}} \qquad \text{▸ 13.8}$$

로 가정하는 모형이다. 표현의 편의를 위해 $Z_i = \beta_1 + \beta_2 X_i$로 두면

$$\begin{aligned} P(Y_i = 1) &= P_i = \frac{1}{1+e^{-Z_i}} = \frac{e^{Z_i}}{1+e^{Z_i}} \\ P(Y_i = 0) &= 1 - P_i = \frac{e^{-Z_i}}{1+e^{-Z_i}} = \frac{1}{1+e^{Z_i}} \end{aligned} \qquad \text{▸ 13.9}$$

이 된다. 로짓모형에서는 선형확률모형과는 달리 **그림 13.1**에서 보듯이 Z_i가 $-\infty$에서 $+\infty$의 값을 가짐에 따라 P_i는 0과 1 사이의 값을 가지게 되어 추정된 확률 $\hat{P}_i$가 선형확률모형 경우에서 처럼 0과 1의 구간 외의 값을 가지는 경우가 발생하지 않게 된다. 또한 P_i와 Z_i 간에는 비선형관계가 나타나 **식 13.4**가 성립하지 않게 되어 Z의 변화에 대한 확률의 변화가 일정하지 않다.

식 13.9로부터

$$\frac{P_i}{1-P_i} = e^{Z_i} \qquad \text{▸ 13.10}$$

의 관계가 성립하는데 이때 좌변의 $P_i/(1-P_i)$는 종속변수 Y가 0의 값을 갖는 확률에 대하여 종속변수 Y가 1의 값을 갖는 확률의 비율, 즉 **odds 비율**(odds ratio)이라 한다. **식 13.10**으로부터

$$\ln\left(\frac{P_i}{1-P_i}\right) = Z_i = \beta_1 + \beta_2 X_i \qquad \text{▸ 13.11}$$

의 식을 도출할 수 있는데 **식 13.11**에서 보듯이 odds 비율에 로그를 취한 Z_i는 모수 β_1, β_2에 대해 선형일 뿐만 아니라 설명변수 X에 대해서도 선

형 관계가 성립한다. 따라서 로짓모형으로부터 모수 β_1, β_2에 대한 추정치 b_1, b_2를 추정하였을 경우 이에 대한 해석은 표본자료에서 설명변수 X가 한 단위 증가함에 따라 Y가 0의 값을 갖는 확률에 대하여 Y가 1의 값을 갖는 확률의 비율인 odds 비율의 로그값이 얼마나 증가하는가를 나타낸다. 그러나 로짓모형에서 로그 odds 비율 Z_i는 모수 β_1, β_2에 대해 선형인 관계를 이루고 있지만 확률 P_i는 모수 β_1, β_2에 대해 **식 13.8**에서 보듯이 비선형 관계를 가지고 있다.

로짓모형은 **식 13.8**과 **식 13.9**에서 보듯이 기본적으로 비선형모형에 해당하는 것으로 최소자승법과 같이 모수 β_1, β_2에 대해 명확한 형태(closed

| 그림 13-1 | 로짓모형과 프로빗모형의 비교

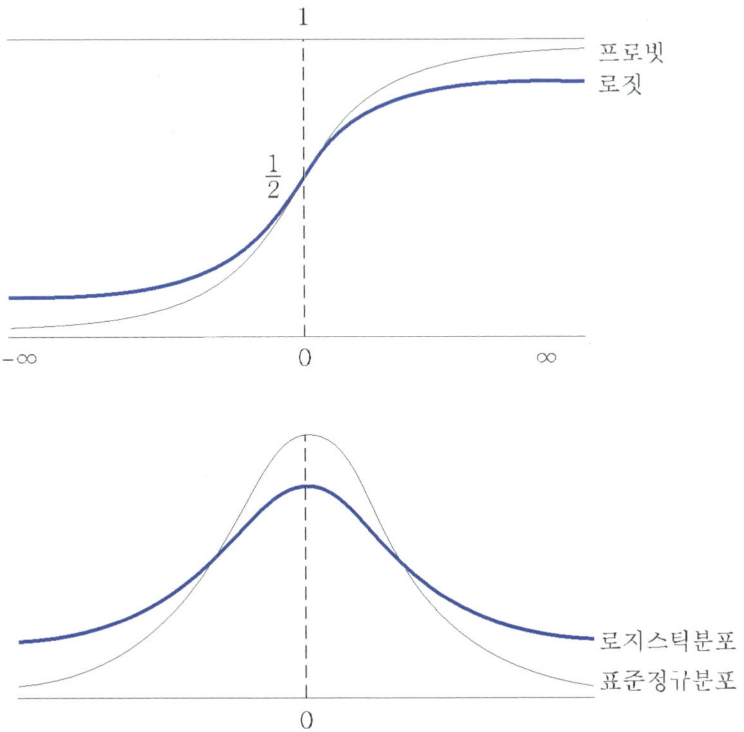

form)를 도출할 수 없다. 따라서 추정치 b_1, b_2는 오차항의 분포가 로지스틱분포를 갖는 경우의 **최우추정**(maximum likelihood estimation) **방법**을 통하여 구하게 되는데, b_1, b_2의 초기값으로부터 다음 단계의 값을 구하는 과정을 반복하게 된다. 이러한 과정은 추정치의 변화가 아주 작을 때까지 계속하는 반복기법(iteration)을 사용하여 추정치의 수렴(convergence) 여부를 판단한다. 그런데 대개의 통계 소프트웨어에서는 이러한 반복기법을 사용한 로짓모형의 알고리즘을 갖추고 있어 연구자는 0과 1의 값을 갖는 종속변수와 설명변수만 정해주면 로짓모형에 의한 추정치를 쉽게 구할 수 있다.

예 13.2 다음은 위에서 살펴본 HOUSING 파일에서 주택소유 여부의 가변수를 가구주의 연령, 가구의 자산, 직업가변수 1, 직업가변수 2, 가족구성원수에 대해 로짓모형을 적용하여 추정한 결과이다.

종속변수: Roh 변 수	추 정 치	표준오차	z-통계치
상수항	−5.434	1.561	−3.481
AGE	0.016	0.028	0.593
ASS	0.0006	0.0001	4.834
JOB1	0.770	0.688	1.119
JOB2	0.045	0.647	0.069
NOF	0.656	0.278	2.358
우도비율 값	67.638		
Roh=0인 관찰치 수	47		
Roh=1인 관찰치 수	78		
총 관찰치 수	125		

$$\ln\left(\widehat{\frac{P_i}{1-P_i}}\right) = \underset{(-3.481)}{-5.434} + \underset{(0.593)}{0.016}AGE_i + \underset{(4.834)}{0.0006}ASS_i + \underset{(1.119)}{0.770}JOB1_i + \underset{(0.069)}{0.045}JOB2_i + \underset{(2.358)}{0.656}NOF_i \quad (13.12)$$

여기서 연령변수에 대한 추정계수 0.016에 대한 해석은 연령이 1세 증가함에 따라 주택을 임대하는 확률에 비해 자가주택을 보유할 확률의 로그 odds

비율값이 0.016 증가함을 의미한다. 혹은 0.016의 지수(exponential)값이 1.0161이므로 연령이 1세 증가함에 따라 개인이 주택을 임대하는 확률에 대해 자가주택을 보유할 확률의 odds 비율값이 1.0161 증가 혹은 1.61% 증가함을 의미한다. ■

로짓모형으로부터 추정치의 값이 일단 구해지면 **식 13.8**에 의해 개별 관찰치의 설명변수 X의 값이 주어졌을 때 $Y=1$의 값을 가질 확률의 추정치를 다음과 같이 구할 수 있다.

$$\hat{P}_i = \frac{1}{1+e^{-(b_1+b_2X_i)}} \qquad \text{▸ 13.13}$$

2.2 프로빗모형

프로빗(probit)모형은 종속변수 Y_i가 1의 값을 갖는 확률이

$$P_i = \int_{-\infty}^{Z_i} \frac{1}{\sqrt{2\pi}} e^{-0.5\varepsilon^2} d\varepsilon \equiv \Phi(Z_i) \qquad \text{▸ 13.14}$$

로 표현되는데 여기서 $\Phi(\cdot)$는 표준정규분포의 누적분포함수를 나타낸다. 이 경우에도 로짓모형에서와 같이 $Z_i = \beta_1 + \beta_2 X_i$가 $-\infty$에서 $+\infty$의 값을 가짐에 따라 P_i는 0과 1 사이의 값을 가지게 되어 선형확률모형의 문제점인 확률 P_i가 0과 1의 구간 외의 값을 가지는 경우가 발생하지 않게 되며 또한 P_i와 Z_i 간에는 비선형관계가 성립되어 **식 13.4**가 성립하지 않게 된다.

프로빗모형에서 개별 설명변수가 $Y=1$인 확률에 미치는 영향은 **식 13.14**로부터

$$\frac{dP}{dX} = \frac{d\Phi(Z)}{dZ} \cdot \frac{dZ}{dX} = \phi(\beta_1+\beta_2X)\beta_2 \qquad \text{▸ 13.15}$$

로 표현된다. 여기서 $\phi(Z)$는 표준정규분포 확률밀도함수를 나타내는 것으로 $\phi(Z)$는 항상 양수의 값을 가지며 $Z=0$일 때 최대의 값을 가지며 $|Z|$가 커짐에 따라 $\phi(Z)$는 작아진다. 따라서 **식 13.15**의 부호는 β_2의 부호와 일치한다.

또한 프로빗모형은 로짓모형과 같이 비선형모형에 해당하는 것으로 모수 β_1, β_2에 대해 명확한 형태를 도출할 수 없다. 따라서 추정치 b_1, b_2는 반복기법을 이용한 최우추정방법을 통하여 구한다. 그런데 대부분의 통계 소프트웨어에서는 로짓모형과 프로빗모형의 최우추정방법의 알고리즘을 제공하고 있어 프로그램에 대한 기본 지식이 없이도 쉽게 이 추정치들을 구할 수 있다.

예 13.3 다음은 위에서 살펴본 HOUSING 파일에서 주택소유 여부의 가변수를 가구주의 연령, 가구의 자산, 직업가변수 1, 직업가변수 2, 가족구성원수에 대해 프로빗모형을 적용하여 추정한 결과이다.

종속변수: ROH 변 수	추 정 치	표준오차	z-통계치
상수항	−2.472	0.761	−3.247
AGE	0.013	0.015	0.863
ASS	0.0001	0.00003	4.466
JOB1	0.478	0.353	1.354
JOB2	0.189	0.339	0.557
NOF	0.321	0.136	2.350
우도비율 값	48.379		
ROH=0인 관찰치 수	47		
ROH=1인 관찰치 수	78		
총 관찰치 수	125		

모든 변수는 양의 추정치값을 가져 자가주택을 선호할 확률을 증가시키는 것으로 나타났으나, 연령과 직업가변수 2는 이 확률에 거의 영향을 미치지 않는 것으로 나타났다. 직업가변수 1의 경우 유의성은 높지 않지만 주택소유 여부에 어느 정도 영향을 미치는 것으로 나타났으며, 자산 및 가족구성원의 수는 통계적으로 유의한 값을 가져 이들 변수의 값이 증가할수록 자가주택을 선호할 확률은 증가하는 것으로 분석되었다. ■

2.3 로짓모형과 프로빗모형의 활용

로짓모형과 프로빗모형으로부터의 추정치는 어떤 관찰치의 설명변수 X의 값을 알 때 그 관찰치의 종속변수 Y의 값이 0 혹은 1의 값을 가지는지를 예측하는 데 유용하다. 예를 들어 대출심사를 함에 있어서 기존 대출자의 특성변수(X)와 그 대출자가 대출금액을 상환하였는지의 여부(Y)에 관한 자료로부터 개인의 나이, 직업, 소득금액 등의 특성이 대출금액의 상환 여부에 어떠한 영향을 미치는가를 나타내는 추정치 b_1, b_2를 구할 수 있다. 이 값으로부터 새로운 고객이 대출을 신청할 때 그 고객이 대출금액을 상환할 능력이 있는가, 없는가를 심사함에 있어서 새로운 고객의 특성변수 X_f 혹은 $\hat{Z}_f = b_1 + b_2X_f$로부터 이 개인이 대출금액을 상환할 확률을 **식 13.13**의 로짓모형 혹은 **식 13.14**의 프로빗모형에 의해 $\hat{P}_f = \hat{P}(Y_f = 1)$값을 구할 수 있다. 이로부터 다음의 기준에 따라 대출금액을 상환할 것인지 여부에 대해 예측할 수 있다.

① 만일 $\hat{P}_f > 0.5$이면 $\hat{Y}_f = 1$로 처리

② 만일 $\hat{P}_f \leq 0.5$이면 $\hat{Y}_f = 0$으로 처리 ▸ 13.16

로짓모형과 프로빗모형은 **그림 13-1**에서 보듯이 누적분포함수가 양 끝 부분을 제외하고는 유사한 모양을 가지므로 양 모형의 추정치 사이에는 커다란 차이가 존재하지 않는다. 또한 로짓과 프로빗 모형은 기본적으로 비선형모형이므로 제4장에서 설명된 R^2를 통해 모형의 적합도를 판정하는 것이 더 이상 유효하지 않다. 이는 **식 4.12**가 말하는 $TSS = ESS + RSS$ 관계가 성립하지 않기 때문이다.

실전예제 13.1 gretl 명령문 및 추정결과

1. 선형확률모형

기존의 OLS 추정방법을 사용한다. HOUSING 파일을 연 후, Model > Ordinary least squares를 선택하고 Dependent variable에 ROH를 Regressors에 AGE, ASS, JOB1, JOB2, NOF를 선택하고 OK를 선택한다.

2. 로짓모형

HOUSING 파일을 연 후, Model > Limited dependent variable > Logit > Binary를 차례로 선택해 준다. 여기서 Dependent variable에 ROH를 Regressors에 AGE, ASS, JOB1, JOB2, NOF를 선택하고 OK를 선택한다. 그러면 다음과 같은 결과를 도출한다.

그림 13-A

Model 3: Logit, using observations 1-125
Dependent variable: ROH
Standard errors based on Hessian

	coefficient	std. error	z	p-value	
const	−5.43443	1.56139	−3.481	0.0005	***
AGE	0.0163488	0.0275641	0.5931	0.5531	
ASS	0.000561911	0.000116239	4.834	1.34e-06	***
JOB1	0.770483	0.688411	1.119	0.2630	
JOB2	0.0445391	0.647329	0.06880	0.9451	
NOF	0.655839	0.278101	2.358	0.0184	**

Mean dependent var	0.624000	S.D. dependent var	0.486329
McFadden R-squared	0.408647	Adjusted R-squared	0.336147

Log-likelihood	−48.93977	Akaike criterion	109.8795
Schwarz criterion	126.8494	Hannan-Quinn	116.7735

Number of cases 'correctly predicted' = 114 (91.2%)
f(beta'x) at mean of independent vars = 0.134
Likelihood ratio test: Chi-square(5) = 67.6385 [0.0000]

	Predicted		
		0	1
Actual	0	41	6
	1	5	73

Excluding the constant, p-value was highest for variable 4 (JOB2)

gretl의 결과물에서는 설명변수들의 평균치에서의 기울기를 구할 수도 있다. 평균치에서 기울기는 해당설명변수가 1단위 커질 때, 종속변수가 1일 확률이 얼마나 증가하는가를 나타낸다.

3. 프로빗모형

HOUSING 파일을 연 후, Model 〉 Limited dependent variable 〉 Probit 〉 Binary를 차례로 선택해 준다. 여기서 Dependent variable에 ROH를 Regressors에 AGE, ASS, JOB1, JOB2, NOF를 선택하고 OK를 선택한다. 그러면 다음과 같은 결과를 도출한다.

| 그림 13-B |

Model 4: Probit, using observations 1-125
Dependent variable: ROH
Standard errors based on Hessian

	coefficient	std. error	z	p-value	
const	−2.47222	0.761305	−3.247	0.0012	***
AGE	0.0125312	0.0145180	0.8632	0.3881	
ASS	0.000149379	3.34501e-05	4.466	7.98e-06	***
JOB1	0.478488	0.353380	1.354	0.1757	
JOB2	0.188837	0.338989	0.5571	0.5775	
NOF	0.320666	0.136479	2.350	0.0188	**

Mean dependent var	0.624000	S.D. dependent var	0.486329
McFadden R-squared	0.292286	Adjusted R-squared	0.219786
Log-likelihood	−58.56969	Akaike criterion	129.1394
Schwarz criterion	146.1093	Hannan-Quinn	136.0334

Number of cases 'correctly predicted' = 109 (87.2%)
f(beta'x) at mean of independent vars = 0.349
Likelihood ratio test: Chi-square(5) = 48.3786 [0.0000]

		Predicted	
		0	1
Actual	0	38	9
	1	7	71

Excluding the constant, p-value was highest for variable 4 (JOB2)

Test for normality of residual -
Null hypothesis: error is normally distributed
Test statistic: Chi-square(2) = 57.4001
with p-value = 3.43349e-013

로짓모형과 마찬가지로 P-값 대신 설명변수들의 평균치에서의 기울기를 선택할 수 있다.

실전예제 13.2 EViews 명령문 및 추정결과

1. 선형확률모형

선형확률모형은 기본적으로 최소자승추정치를 구하는 것으로 지금까지의 명령문과 같다. HOUSING 파일에서 Quick > Estimate Equation을 선택한 후 Equation Specification항에 [ROH C AGE ASS JOB1 JOB2 NOF] 순서로 입력한다. 단 이때 추정방법을 나타내는 Method항이 LS-Least Squares로 선택되어 있어야 한다.

2. 로짓모형

HOUSING 파일에서 Quick > Estimate Equation을 선택한 후 Equation Specification항에 [ROH C AGE ASS JOB1 JOB2 NOF] 순서로 입력한 후 Method항에서 커서를 이용하여 BINARY를 선택한다. Binary estimation method항에서 Logit 추정방법을 선택한다.

3. 프로빗모형

로짓모형과 마찬가지 방법으로 프로빗모형을 추정할 수 있다. 이 경우에는 Binary estimation method항에 제시된 추정방법 중에서 Probit을 선택하면 된다.

연습문제

1. 다음의 용어에 대하여 설명하라.
   (1) 이산선택모형 (2) 선형확률모형
   (3) 로짓모형과 프로빗모형

2. CAR 파일은 20~70세의 개인의 성별(GENDER, 남자이면 1, 여자이면 2를 나타냄), 연령(AGE), 월 소득(EARNING; 단위: 만 원), 출근 시 소요시간(TIME), 승용차 소유 여부(OWNER; 승용차 소유 시 1, 소유하고 있지 않으면 0)에 대하여 1,553명의 관찰치로부터 구한 자료이다. GENDER 변수로부터 남녀 간의 성별 구분이 0과 1의 값을 갖는 MALE(남자이면 1, 여자이면 0) 변수를 만들고, OWNER를 상수항과 MALE, AGE, EARNING에 대하여 다음 모형을 이용하여 설명하라.
   (1) 선형확률모형을 이용하여 추정하고 각 변수의 유의성에 대해 5% 유의수준에서 검정하라.
   (2) (1)에서 구한 추정치로부터 모든 개인에 대한 $\hat{P}_i = \hat{P}(OWNER_i = 1)$를 구하고 0과 1 사이에 위치하고 있는지를 확인하라.
   (3) 로짓모형을 이용하여 추정하고 각 변수의 유의성에 대해 5% 유의수준에서 검정하라.
   (4) 프로빗모형을 이용하여 추정하고 각 변수의 유의성에 대해 5% 유의수준에서 검정하라.
   (5) (3)와 (4)의 추정치의 크기를 비교하고, 각각에 대해 설명하라.

CHAPTER 14

패널자료의 분석

패널자료는 시계열과 횡단면이 동시에 존재하는 자료를 말한다. 제 1장에서 데이터의 종류를 살펴보았다. 앞서 살펴본 바와 같이, 패널자료는 여러 개체, 즉 여러 기업, 국가 혹은 가구 등의 자료를 일정 기간에 걸쳐서 조사하여 모인 자료를 말한다.

이렇게 모인 자료를 표현하기 위해서 횡단면을 i로 색인하고 시계열을 t로 색인하여 Y_{it} 혹은 X_{it}와 같이 나타낸다. 패널자료를 수집하는 가장 큰 장점은 자료의 수가 시계열 혹은 횡단면의 수로 제약을 받지 않고 늘어나는 데 있다. 만약에 경제성장률과 물가의 상충관계를 실증분석한다고 생각해 보자. 경제성장률이 연간으로 조사된다고 가정하자. 두 변수의 실증분석을 하기 위해서 충분한 표본의 수를 t-분포를 정규분포로 근사할 수 있는 약 30개 정도라고 하면, 약 30년간의 자료를 수집해야 한다. 2020년을 기준으로 하면 1990년 이후의 자료가 필요하다. 우리나라의 경우 이 기간에 통화정책의 변동이 있었다. 기준금리를 도입하고 물가관리 목표제를 시행한 것이 1997~8년 외환위기 이후이다. 이전까지는 통화정책의 목표가 통화량 관리에 있었다. 물가관리 목표를 설정한 이후에도 목표가 일정하지는 않았다. 설정 초기에는 근원소비자물가 상승률을 약 3%대에서 안정시키는 것을 목표로 설정했다. 그러나 2007년 중반에 소비자물가 상승률로 목표 대상 물가지수를 변경했다.

2016년 이후에는 목표 물가상승률을 2%로 낮췄다. 이러한 정책 변화들은 성장률과 물가상승률의 상충관계를 일관적으로 분석하기 힘들게 만든다. 그리고 정책이 일관적이었던 기간으로 한정하여 분석한다면, 통계적으로 유의미한 분석결과를 도출하기 위한 충분한 자료의 수가 확보되지 않는다. 이러한 경우에 국가의 수를 늘려서 패널자료를 구축하면 자료의 수가 부족한 문제를 극복할 수 있다.

패널자료를 분석할 때는 다음과 같은 회귀식을 고려한다.

$$Y_{it} = \beta_{1_i} + \beta_2 X_{2it} + \beta_3 X_{3it} + \varepsilon_{it} \qquad \text{▸ 14.1}$$

이 회귀식에는 상수항에 아래첨자 i를 포함하는데, 이는 횡단면에 따라서 일반적으로 상수항이 다를 수 있다고 가정하기 때문이다. 다만, 각 독립변수에 대한 계수($\beta_{2,}$ β_3)는 횡단면이 바뀌어도 일정하다고 가정한다. 만약에 독립변수에 대한 계수가 횡단면에 따라서 모두 다르다고 가정한다면 패널자료로 분석할 필요가 없다. 각 횡단면에 따라서 시계열 자료를 분석하는 것이 마땅하다. 왜냐하면, 횡단면이 다른 시계열의 정보가 상수항 및 계수들에 영향을 주지 않기 때문이다.

14.1 회귀식이 보통의 선형회귀식과 다른 점은 상수항에 있다. 각 횡단면에 따라서 상수항이 다르다고 생각하기 때문이다. 모든 자료에 있어서 상수항이 같지 않기 때문에 일반적인 선형회귀분석으로 상수항을 추정할 수 없다. 따라서 다음과 같은 방법을 통해서 횡단면에 따라서 서로 다른 상수항 문제를 해결한다.

1 차분을 이용한 분석

주어진 횡단면 자료에서 시계열을 따라서 차분을 하면 상수항을 제거할 수 있다.

$$Y_{it-1} = \beta_{1_i} + \beta_2 X_{2it-1} + \beta_3 X_{3it-1} + \varepsilon_{it-1} \quad \text{▸ 14.2}$$

즉 회귀식 14.1에서 회귀식 14.2를 차감하는 것이다.
두 식을 차감하면 아래 회귀식 14.3을 얻게 된다.

$$Y_{it} - Y_{it-1} = \beta_2(X_{2it} - X_{2it-1}) + \beta_3(X_{3it} - X_{3it-1}) + \varepsilon_{it} - \varepsilon_{it-1} \quad \text{▸ 14.3}$$

14.3 회귀식을 살펴보면, 상수항이 횡단면이 변하면 서로 다른 값을 갖지만, 시계열이 바뀌어도 변하지 않기 때문에 차분하면 상수항은 사라진다.

회귀식 14.3으로 분석하기 위해서 독립변수와 피 설명변수 모두 시계열로 차분 되어야 하며, 상수항은 회귀 식에 없어야 한다. 또한 14.1의 ε_{it}가 자기상관과 이분산이 없었다고 하더라도 회귀식 14.3의 오차항은 $\varepsilon_{it} - \varepsilon_{it-1}$이므로 자기상관이 존재하는 오차항이 된다. 따라서 계수의 표준편차 혹은 t-값을 구할 때 오차항에 자기상관이 있음을 고려해야 한다. 더욱이 패널자료의 경우 횡단면이 바뀌면 오차항의 분산도 달라진다고 가정하는 것이 일반적일 것이다. 따라서 이분산도 존재하게 되므로 이분산과 자기상관을 감안하고 분석해야 한다.

예 14.1 GDPPANEL 파일은 23개국의 GDP와 지출항목이 들어있다. 23개국의 실질GDP를 각 지출파트로 차분을 이용해 분석한 결과는 다음과 같다.

$$\begin{aligned} GDPR - GDPR_{-1} = {} & \underset{(0.017)}{0.640}\,(CONR - CONR_{-1}) + \underset{(0.003)}{0442}\,(INVR - INVR_{-1}) \\ & + \underset{(0.006)}{1.01}\,(GOVR - GOVR_{-1}) + \underset{(0.001)}{0.446}\,(EXPR - EXPR_{-1}) \\ & - \underset{(0.006)}{0.017}\,(IMPR_{it} - IMPR_{it-1}) \end{aligned}$$

■

2 확률효과(Random Effect) 모형

두 번째 방법은 상수항을 확률 변수로 취급하는 것이다. 즉, 회귀식 14.1의 $\beta_{1_i} = \beta_1 + \nu_i$로 나타낸다. 여기서 $\nu_i \sim N(0, \sigma_\nu^2)$와 같이 확률변수이고 β_1은 확률 변수가 아닌 계수이다. 이렇게 표현하면 회귀식을

$$Y_{it} = \beta_1 + \beta_2 X_{2it} + \beta_3 X_{3it} + \varepsilon_{it} + \nu_i \qquad \text{▸ 14.4}$$

로 쓸 수 있다.

식 14.4의 오차항은 ε_{it}가 자기상관과 이분산이 없다고 하더라도, ν_i로 인해서 이분산이 존재하게 된다. 따라서 선형회귀분석에서 이분산을 고려하여 추정치의 표준편차를 보정해야 한다.

예 14.2 GDPPANEL 파일의 23개국의 실질GDP를 각 지출파트로 확률효과를 이용해 분석한 결과는 다음과 같다.

$$\underset{}{GDPR_{it}} = \underset{(23125)}{15918} + \underset{(0.010)}{0.982}\ CONR_{it} + \underset{(0.014)}{0.790}\ INVR_{it} + \underset{(0.004)}{0.879}\ GOVR_{it}$$
$$+ \underset{(0.877)}{0.711}\ EXPR_{it} - \underset{(0.127)}{0.411}\ IMPR_{it}$$

■

3 고정효과(Fixed Effect) 모형

세 번째 방법은 상수항을 확률변수가 아닌 고정된 계수로 취급하는 것이다. 첫 번째 방법인 차분법도 상수항이 각 횡단면에 따라서 고정된 계수라는 가정 하에서 유효한 방법이다. 다만 차분을 이용하는 경우에

는 표본의 수가 줄어드는 단점이 있다. 이를 피하고자 한다면 횡단면을 기준으로 평균을 차감하는 방법을 취할 수 있다. 변수 x에 대해서 $\overline{x_i} = \frac{1}{T}\sum_{t=1}^{T} x_{it}$라고 하면

$$Y_{it} - \overline{Y_i} = \beta_{1_i} - \overline{\beta_{1_i}} + \beta_2\left(X_{2it} - \overline{X_{2i}}\right) + \beta_3\left(X_{3it} - \overline{X_{3i}}\right) + \varepsilon_{it} - \overline{\varepsilon_i} \qquad \text{14.5}$$

와 같이 쓸 수 있다. 그런데, $\overline{\beta_{1_i}} = \frac{1}{T}\sum_{t=1}^{T}\beta_{1_i} = \beta_{1_i}$이다. 따라서 회귀식 14.5는

$$Y_{it} - \overline{Y_i} = \beta_2\left(X_{2it} - \overline{X_{2i}}\right) + \beta_3\left(X_{3it} - \overline{X_{3i}}\right) + \varepsilon_{it} - \overline{\varepsilon_i} \qquad \text{14.6}$$

로 다시 쓸 수 있다.

즉, 횡단면을 기준으로 시계열의 평균들을 구해 차감해서 회귀분석하는 것이다. 이렇게 회귀분석하면 상수항을 추정하지 않아도 된다. 시계열이 통계적으로 유의미하게 상수항을 추정할 정도로 많지 않으면, 상수항을 따로 추정하기는 힘들다. 횡단면을 어떤 그룹(국가, 기업, 가계 등)으로 생각하면 이 방법은 그룹 안에서의 각 변수의 시계열 변동을 가지고 계수들을 추정하는 방법으로 그룹내 추정(Within Estimator)이라고 한다.

예 14.3 GDPPANEL 파일의 23개국의 실질GDP를 각 지출파트로 고정효과를 이용해 분석한 결과는 다음과 같다.

$$\underset{}{GDPR_{it}} = \underset{(0.079)}{0.831}\ CONR_{it} + \underset{(0.009)}{0.794}\ INVR_{it} + \underset{(0.033)}{0.931}\ GOVR_{it}$$
$$+ \underset{(0.024)}{0.676}\ EXPR_{it} - \underset{(0.007)}{0.283}\ IMPR_{it}$$

■

만약에 확률효과모형에서 상수항이 확률변수라고 가정했는데 이 가정이 맞다면, 고정효과모형의 추정치와 확률효과모형으로 추정한 추정

치 모두 불편추정치이다. 다만, 확률효과 모형의 추정치가 더 효율적이다. 확률효과모형의 상수항에 대한 가정이 맞지 않다면, 고정효과모형의 추정치는 불편추정치이나, 확률효과모형의 추정치는 불편추정치가 아니다. 이 차이를 이용해서 확률효과모형의 상수항에 대한 가정이 통계적으로 맞는지를 검정할 수 있다. 이를 하우스만(Hausman) 검정이라고 한다.

하우스만 검정은 고정효과의 추정치와 확률효과의 추정치의 차이 제곱의 합을 두 추정치의 분산의 합으로 나눈 통계치를 활용한다. 하우스만 검정치는 자유도가 상수항을 제외한 설명변수의 개수인 카이제곱 분포와 따르게 된다. 상수항을 제외한 설명변수 계수에 대한 두 모형의 추정치 차이가 큰 경우에는 확률효과모형의 가정이 맞지 않고 두 추정치의 차이가 크지 않을 경우는 확률효과모형의 가정이 옳다고 판단한다.

예 14.4 GDPPANEL 파일의 23개국의 실질GDP를 각 지출파트로 고정효과를 이용해 분석한 결과와 확률효과를 분석할 결과의 추정치 차이를 하우스만 검정을 해보면 검정치가 1,037,720로서 매우 크다. 자유도가 5인 카이제곱분포에 따라서 유의확률은 0이다. 따라서 확률효과의 가정, 즉 상수항의 확률변수이다라는 가정을 기각한다. ■

패널자료의 회귀분석의 방법론은 회귀식 14.1에서 상수항을 어떻게 처리할 것인지에 따라서 달라진다. 여기서 설명하지 않은 방법은 확률효과의 하나로 볼 수 있는 일반적인 선형회귀분석(OLS)이다. 선형회귀분석할 때 오차항이 이분산과 자기상관이 존재한다는 점을 고려하여 추정한다. 이렇게 네 방법을 비교하면 일반적인 선형회귀분석과 확률모형 그리고 차분을 이용한 분석과 고정효과분석은 상수항에 대한 가정이 서로 다르다. 일반적인 선형회귀분석과 확률효과분석은 상수항이 확률변수로서 오차항의 이분산을 가져온다고 가정하며, 차분을 이용한 분석과 고정효과 분석에는 상수항에 대한 분포를 가정하지 않는다.

실전예제 14.1 실전예제에 대한 gretl 명령 및 추정결과

1. 차분을 이용한 분석

GDPPANEL 파일을 연후, GDPR, CONR, INVR, GOVR, EXPR, IMPR변수들을 선택한 후 Add 텝에서 First differences of selected variables를 차례로 선택하면, 시계열에 따라서 차분한 d_GDPR, d_CONR, d_INVR, d_GOVR, d_EXPR, d_IMPR가 만들어진다.

이 변수들를 이용하여 Model의 Ordinary Least Squres에서 설명변수로서 d_CONR, d_INVR, d_GOVR, d_EXPR, d_IMPR를 선정하고 피설명변수에 d_GDPR를 선정하고 Robust standard errors를 선택하여 OK를 누르면 다음의 결과가 도출된다.

differece: Pooled OLS, using 2093 observations
Included 23 cross-sectional units
Time-series length = 91
Dependent variable: d_GDPR
Robust (HAC) standard errors

	Coefficient	*Std. Error*	*t-ratio*	*p-value*	
d_CONR	0.639554	0.0171678	37.25	<0.0001	***
d_INVR	0.442201	0.00290699	152.1	<0.0001	***
d_GOVR	1.00948	0.00612637	164.8	<0.0001	***
d_EXPR	0.446157	0.000960183	464.7	<0.0001	***
d_IMPR	−%s	0.00578041	−%#.4g	0.0073	***

Mean dependent var	144834.3	S.D. dependent var	949150.7
Sum squared resid	3.15e+14	S.E. of regression	388352.0
Uncentered R-squared	0.836714	Centered R-squared	0.832910
F(5, 22)	2.62e+10	P-value(F)	9.5e-107
Log-likelihood	−29903.55	Akaike criterion	59817.10
Schwarz criterion	59845.33	Hannan-Quinn	59827.44
rho	−0.166323	Durbin-Watson	2.331420

2. 확률효과를 이용한 분석

GDPPANEL 파일을 연 후, Model>Panel>Fixed or Random effects를 차례로 선택한다. 패널분석 창은 OLS분석과 거의 동일하다. 설명변수로 CONR, INVR, GOVR, EXPR, IMPR를 선택하고, 피설명변수에 GDPR를 선택하고 왼쪽 아래 Random effects와 Robust standard errors 박스를 체크하고 OK를 누르면 다음 결과가 도출된다.

Random: Random-effects (GLS), using 2116 observations
Included 23 cross-sectional units
Time-series length = 92
Dependent variable: GDPR
Robust (HAC) standard errors

	Coefficient	*Std. Error*	*z*	*p-value*	
const	15918.1	23125.4	0.6883	0.4912	
CONR	0.982243	0.0101412	96.86	<0.0001	***
INVR	0.789801	0.0139954	56.43	<0.0001	***
GOVR	0.879260	0.00387407	227.0	<0.0001	***
EXPR	0.710796	0.0877168	8.103	<0.0001	***
IMPR	−%s	0.126962	−%#.4g	0.0012	***

Mean dependent var	17905234	S.D. dependent var	76053654
Sum squared resid	5.67e+14	S.E. of regression	518433.3
Log-likelihood	−30843.50	Akaike criterion	61699.00
Schwarz criterion	61732.94	Hannan-Quinn	61711.42
rho	0.535178	Durbin-Watson	0.909082

'Between' variance = 0
'Within' variance = 2.27999e+011
theta used for quasi-demeaning = 0
Joint test on named regressors -
Asymptotic test statistic: Chi-square(5) = 1.14038e+11
with p-value = 0

Breusch-Pagan test -
Null hypothesis: Variance of the unit-specific error = 0
Asymptotic test statistic: Chi-square(1) = 137.646
with p-value = 8.70845e-32

Hausman test -
Null hypothesis: GLS estimates are consistent
Asymptotic test statistic: Chi-square(5) = 1.03772e+06
with p-value = 0

확률효과 모형을 실행하면 위에서 보는 바와 같이 맨 하단에 하우스만 검정치와 유의확률을 계산해 준다.

3. 고정효과를 이용한 분석

GDPPANEL 파일을 연후, Model〉Panel〉Fixed or Random effects를 차례로 선택한다. 패널분석 창은 OLS분석과 거의 동일하다. 설명변수로 CONR, INVR, GOVR, EXPR, IMPR를 선택하고, 피설명변수에 GDPR를 선택하고 왼쪽 아래 Fixed effects와 Robust standard errors 박스를 체크하고 OK를 누르면 다음 결과가 도출된다.

fixed: Fixed-effects, using 2116 observations
Included 23 cross-sectional units
Time-series length = 92
Dependent variable: GDPR
Robust (HAC) standard errors

	Coefficient	*Std. Error*	*t-ratio*	*p-value*	
const	713117	381208	1.871	0.0748	*
CONR	0.830516	0.0785495	10.57	<0.0001	***
INVR	0.793842	0.00916179	86.65	<0.0001	***
GOVR	0.930540	0.0328076	28.36	<0.0001	***
EXPR	0.676043	0.0237884	28.42	<0.0001	***
IMPR	−%s	0.00693096	−%#.4g	<0.0001	***

Mean dependent var	17905234	S.D. dependent var	76053654
Sum squared resid	4.76e+14	S.E. of regression	477492.1
LSDV R-squared	0.999961	Within R-squared	0.999215
Log-likelihood	−30657.84	Akaike criterion	61371.67
Schwarz criterion	61530.08	Hannan-Quinn	61429.67
rho	0.535178	Durbin-Watson	0.909082

```
Joint test on named regressors -
Test statistic: F(5, 22) = 6.67394e+12
with p-value = P(F(5, 22) > 6.67394e+12) = 3.29697e-133

Robust test for differing group intercepts -
Null hypothesis: The groups have a common intercept
Test statistic: Welch F(22, 742.3) = 289.218
with p-value = P(F(22, 742.3) > 289.218) = 0
```

연습문제

1. 다음의 용어를 대하여 설명하라.
   (1) 확률효과
   (2) 고정효과

2. GDPPANEL 파일에는 분기별 소비자 물가상승률(cpich)이 있다.
   (1) 실질GDP(GDPR)과 명목GDP(GDPN)을 이용하여서 각국의 GDP 디플레이터를 구하여라.
   (2) GDP 디플레이터를 이용하여 전년 동기 대비 물가상승률을 백분율(%) 단위로 구하여라.
   (3) 소비자 물가상승률을 피설명변수로 GDP 디플레이터 물가상승률로 설명변수하여 확률효과 모형을 한 분석을 하고 GDP 디플레이터 물가상승률과 소비자물가상승률이 서로 같은지를 검정하여라.
   (4) 소비자 물가상승률을 피설명변수로 GDP 디플레이터 물가상승률로 설명변수하여 고정효과 모형을 한 분석을 하고 GDP 디플레이터 물가상승률과 소비자물가상승률이 서로 같은지를 검정하여라.
   (5) (3), (4)의 검정결과 중 어느 것을 통계적으로 믿을 수 있는가 논하여라.

참고문헌

남준우 · 이창화 · 나동엽 (2015), "'슈퍼스타K' 경연에 대한 심사위원 평가 점수 결정 요인 분석: 심사위원은 어떠한 특성을 선호하는가?" 『문화경제연구』 18권 3호, pp.27-47.

Dickey, D. and W.A. Fuller (1979), "Distribution of the Estimators for Autoregressive Time Series with a Unit Root," *Journal of the American Statistical Association* 74, pp.427-431.

Engle, R.F. and C.W.J. Granger (1987), "Cointegration and Error Correction: Representation, Estimation and Testing," *Econometrica* 55, pp.251-276.

Goldberger, A.S. (1991), *A Course in Econometrics*, Harvard University Press.

Goldberger, A.S. (1998), *Introductory Econometrics*, Harvard University Press.

Gujarati, D.N. (1998), *Essentials of Econometrics* (2nd edition), McGraw Hill.

Gujarati, D.N. and D.C. Porter (2009), *Basic Econometrics* (5th edition), McGraw Hill.

Hamilton, J.D. (1994), *Time Series Analysis*, Princeton University Press.

Hill, C., W. Griffiths and G. Lim (2008), *Principles of Econometrics* (3rd edition), John Wiley & Sons.

부록 및 연습문제 해답

부록 A 실증분석을 위한 통계자료

부록 B 주요통계표

연습문제 해답

부록 A 실증분석을 위한 통계자료

본 교재에서 다루는 실증분석과 연습문제에 사용되는 자료를 수록하였다. gretl과 EViews 프로그램을 활용한 회귀분석이 가능하게 하기 위하여 gretl 파일명은 'DATA.gdt'의 이름으로, Eviews 파일명은 'DATA.wf1'의 이름으로(여기서 DATA는 아래 제시된 각 자료 파일의 이름을 나타냄) 데이터 파일을 수록하고 있다.

다음의 데이터 파일은 홍문사 홈페이지 www.hongmoonsa.co.kr에서 다운로드 받을 수 있다.

자료 A-1 ARTWORK

변수명	변수설명	비 고
AGE	작가의 나이	
DIE	작가의 생존 여부	생존=0, 사망=1
MEDIUM	그림 재료	아크릴화=1, 유화=2, 수채화=3, 기타=0
PRICE	그림 가격	단위: 만원
SIZE	그림 크기	단위: 호
SUPPORT	그림 바탕	캔버스=1, 종이=2, 기타=3

1998년 12월~2001년 12월 기간 동안 서울옥션에서 낙찰된 미술품 중 서양화 179 작품 가격에 대한 자료.

자료 A-2 CAR

변수명	변수설명	비 고
AGE	연령	단위: 세
EARNING	월소득	단위: 만원
OWNER	승용차 소유 여부	승용차소유=1, 비소유=0
GENDER	성별 구분	남자=1, 여자=2
TIME	출근시 소요시간	단위: 분

1,553명의 개인으로부터 개인의 특성과 승용차 소유 여부에 대하여 구한 자료.

자료 A-3 ENGEL

변수명	변수설명	비 고
COMMUEXP	통신비 지출금액	단위: 만원
EDUC	가구주의 교육수준	중졸이하=1, 고졸=2, 전문대졸=3, 대졸=4, 대학원졸=5
EXP	가계 총 지출금액	단위: 만원
FOOD	식료품 지출금액	단위: 만원
HAGE	가구주 연령	단위: 세
HOUSEEXP	주거비 지출금액	단위: 만원
HOUSEOWN	자가 주택 소유 여부	소유=1, 기타=0
HUNEMP	가구주의 실업 상태	실업=1, 기타=0
HSEX	가구주 성별	남성=1, 여성=0
HINCOME	가계 총소득	단위: 만원
NUMCHILD1	고등학교 이하 자녀수	단위: 명
NUMCHILD2	대학교 이상 자녀수	단위: 명
PBEXP	공교육비 지출금액	단위: 만원
PREXP	사교육비 지출금액	단위: 만원
REGION	거주 지역	서울=1, 광역시=2, 기타=3

한국노동연구원 KLIPS 9차 조사자료(2006년 조사) 가구 중 초등학생 자료가 있는 표본 가구 2,516가구를 추출.

자료 A-4 EPL_PLAYER

변수명	변수설명	비 고
WAGE	2017-2018 시즌 계약 본봉	단위: 파운드
APPEARANCE	경기 출장 수	
GOALS	득점 골 수	
POSITION	포지션	골키퍼=1, 수비수=2, 미드필더=3, 공격수=4
TEAMVALUE	구단별 가치	단위: 파운드 축구전문지 TransferMarkt에서 산출한 값
STAT85	EA Games사의 FIFA 2018 게임의 패치 기준 선수들의 종합 능력치 평가 점수	85 이상인 경우=1, 85 미만이면=0

2017-2018 시즌 영국 프리미어 리그 출장 축구 선수 448명의 연봉과 성적.

자료 A-5 EXCHANGE

변수명	변수설명	비 고
OBS	시기	년, 월
EURO	달러/유로 월평균환율	단위: 통화당 달러
EUROKRW	원/유로 월평균환율	단위: 원화
USDKRW	원/미국달러 월평균환율	단위: 원화
YEN	일본엔/미국달러 월평균환율	단위: 달러당 통화
YENKRW	원/일본엔(100엔) 월평균환율	단위: 원화

1999년 1월부터 2018년 5월까지 총 233개의 자료임. 모든 자료는 한국은행에서 홈페이지에서 2018년 6월 25일에 내려받음.

자료 A-6 FIRM

변수명	변수설명	비 고
ADV	광고비	단위: 백만원
FIN	퇴직금	단위: 백만원
PROFIT	당기 순이익	단위: 백만원
RDEXP	연구개발비	단위: 백만원
SALES	매출액	단위: 백만원
TOTAL	매출원가	단위: 백만원
WAGE	급료, 임금, 수당	단위: 백만원
WELFARE	복지비	단위: 백만원

1994년 우리나라 일반제조업 75개 기업의 당기순이익 등에 관한 자료.

자료 A-7 GDPPANEL

변수명	변수설명	비고
country	국가명	
CONN	명목 민간소비	자국통화
CONP	GDP 중 민간소비 비중	
CONR	실질 민간소비	자국통화
cpi	소비자물가지수	
cpich	전년동기 대비 소비자물가상승률	백분율(%)
EXPN	명목 수출	자국통화
EXPP	GDP 중 수출 비중	
EXPR	실질 수출	자국통화
GDPN	명목 GDP	자국통화
GDPR	실질 GDP	자국통화
GOVN	명목 정부지출	자국통화

GOVP	GDP 중 정부지출 비중	
GOVR	실질 정부지출	자국통화
IMPN	명목 수입	자국통화
IMPP	GDP 중 수입 비중	
IMPR	실질 수입	자국통화
INVN	명목 투자	자국통화
INVP	GDP 중 투자 비중	
INVR	실질 투자	자국통화

모든 자료는 IMF IFS홈페이지(https//data.imf.org/ifs)에서 구하였다. 자료의 기간은 2000년 1사분기부터 2022년 4사분기까지 계간자료이다.

자료 A-8 HOUSING

변수명	변수설명	비 고
AGE	가구주의 연령	단위: 세
ASS	자산	단위: 만원
JOB1	직업 가변수1	전문, 기술. 사무직=1, 기타=0
JOB2	직업 가변수2	판매 및 서비스직=1, 기타=0
NOF	가구원수	단위: 명
POG	평당 대지가격	단위: 만원
REG	거주지역	강남=1, 강북=0
ROH	주택소유 여부 가변수	소유=1, 전월세=0
TIN	가구원 총소득	단위: 만원

서울지역 125개 가구에 대한 가구 특성자료와 주택 소유 여부에 대한 자료.

자료 A-9 INCOME

변수명	변수설명	비 고
AGE	나이	단위: 세
ED	교육수준 가변수	중학교 졸업 이하=0, 고등학교 졸업=1 전문대학 졸업=2, 4년제 대학 졸업=3 대학원 졸업=4
INCOME	월소득	단위: 백만원
MALE	성별 구분 가변수	남자=1, 여자=0

통계청의 도시가계근로조사 자료로부터 추출한 92개 관측치에 대한 자료.

자료 A-10 KOSPI

변수명	변수설명	비 고
KOSPI	KOSPI 주가지수 수익률	단위: %
KOSDAQ	KOSDAQ 주가지수 수익률	단위: %
KTB5	국고채 5년물 수익률의 일일 변동	단위: %p

주가수익률은 2017년 1월 3일부터 2018년 4월 3일까지의 일별 주가지수의 수익률임. 이자율은 동 기간 동안 일간 변동폭을 말함. 총 자료의 개수는 305개임.

자료 A-11 KTB

변수명	변수설명	비 고
CPI	CPI 지수의 월간 상승률	단위: %
KTB3	국고채 3년물 수익률의 월간 변동	단위: %p
TB10	미재정부채권 10년물 수익률의 월간 변동	단위: %p
CALL	은행간 1일 무담보 대출 수익률의 월간 변동	단위: %p

1999년 2월부터 2018년 2월까지 총 229개의 자료임.

자료 A-12 MOVIE

변수명	변수설명	비 고
ACTOR	주연배우 인지도	주연배우 최대 2인의 누적관객 수
AUDIENCE	전국 누적 관객 수	단위: 명
DIRECTOR	감독 인지도	감독의 필모그래피 중 영화 누적관객 수
DISTRIBUTOR	배급사	참여 배급사 2010-2012년 매출액(억원)
GENRE	메인 장르	드라마=1, 멜로=2, 다큐멘터리=3, 코메디=4, 액션(미스터리, 범죄, 스릴러)=5, 기타=6
MONTH	상영 시기	월
RATE	등급	전체관람가=1, 12세 이상=2, 15세 이상=3, 청소년 불가=4
SCREEN	공식 통계의 스크린 수	개봉 첫 주 최대 스크린 수
TYPE	유형	상업영화=1, 다양성 영화=0

2012년에 개봉된 한국영화 174편 중 성인물을 제외한 156편을 대상으로 영화진흥위원회 통합전산망의 통계자료를 기반으로 각종 사이트에서 일부 자료 가공.

자료 A-13 NATIONAL_QUARTER

변수명	변수설명	비 고
CP	민간소비(계절조정)	단위: 10억원(2010년 기준)
GP	정부소비(계절조정)	단위: 10억원(2010년 기준)
IN	총고정자본형성(계절조정)	단위: 10억원(2010년 기준)
XX	재화와 서비스의 수출(계절조정)	단위: 10억원(2010년 기준)
MM	재화와 서비스의 수입(계절조정)	단위: 10억원(2010년 기준)
CPI	소비자물가지수	2015년=100
GDP	국내총생산(계절조정)	단위: 10억원(2010년 기준)
GNI	국민총소득(계절조정)	단위: 10억원(2010년 기준)
M1	M1(협의통화, 말잔)	단위: 10억원
M2	M2(광의통화, 말잔)	단위: 10억원
UR	실업률	단위: %
R	국고채 5년물 수익률	단위: %

실업률은 통계청에서, 나머지 자료는 한국은행에서 구했음. 1999년 1월부터 분기별 자료임.

자료 A-14 NATIONAL_YR

변수명	변수설명	비 고
CP	민간소비	단위: 10억원(2010년 기준)
GP	정부소비	단위: 10억원(2010년 기준)
IN	총고정자본형성	단위: 10억원(2010년 기준)
XX	재화와 서비스의 수출	단위: 10억원(2010년 기준)
MM	재화와 서비스의 수입	단위: 10억원(2010년 기준)
CPI	소비자물가지수	2015년=100
GDP	국내총생산	단위: 10억원(2010년 기준)
GNI	국민총소득	단위: 10억원(2010년 기준)
M1	M1(협의통화, 말잔)	단위: 10억원
M2	M2(광의통화, 말잔)	단위: 10억원
UR	실업률	단위: %
R	통화안정증권 1년물 수익률	단위: %

**실업률은 통계청에서, 나머지 자료는 한국은행에서 구했음. 1980년부터 연도별 자료임.
단, 통화안정증권 수익률은 1987년부터임.**

자료 A-15 NERD

변수명	변수설명	비 고
CAPTP	자본 가격	
COST	비용	
FULEP	연료 가격	
GROUP	그룹	
ID		
OUTPUT	생산량	
WAGE	임금	

145개 기업의 생산요소 가격과 비용 및 생산량에 관한 자료.

자료 A-16 PITCHER

변수명	변수설명	비 고
FOUR	포볼 수	
GAME	출전게임 수	
HIT	피안타수	
HOLD	무실점 중간계투 수	
HR	피홈런 수	
INN	출전이닝 수	
STRIKE	스트라이크 아웃 수	
LOSE	패한 게임 수	
MONEY	2009년 연봉	단위: 만원
SAVE	세이브 게임 수	
TEAM	활동구단	두산=1, 롯데=2, 삼성=3, SK=4, 한화=5, LG=6, 현대=7, 해태=8
WIN	승리게임 수	
YEAR	활동시즌 수	단위: 년

코리언리그에 소속된 프로야구 선수 중 투수에 대한 2009년도 연봉과 2008년도 실적을 신인 및 외국인 선수를 제외한 115명의 선수에 대하여 구한 자료.

자료 A-17 STUDENTRENT

변수명	변수설명	비 고
DEPOSIT	보증금 금액	만원
MFEE	월세 금액	만원
MANAGE	관리비	만원
AREA	전용면적	제곱미터
OPTIONS	다방에 공지된 옵션 수	개

DSCHOOL	가장 가까운 학교 출입문과의 거리	미터
DAEHUNG	지하철 6호선 대흥역과의 거리	미터
SINCHON	지하철 2호선 신촌역과의 거리	미터
EWHA	지하철 2호선 이대입구역과의 거리	미터
NUMROOM	방의 수	원룸=0, 1.5룸=1, 투룸=2, 오피스텔=3
QUALITY	자취방 상태	중품질=0, 고품질=1, 저품질=2
TYPE	자취방 형태	일반방=0, 옥탑방=1, 반지하=2
GATE	이용 편의 학교 출입문	정문=0, 남문=1, 후문=2
ID	다방 ID 번호	
DSTATION	가장 가까운 지하철역과의 거리	미터

서강대 인근의 자취방에 대한 정보를 온라인 부동산 매물 검색사이트 다방을 통해 구한 107건의 자료.

자료 A-18 TOURISM

변수명	변수설명	비 고
COMP	관광경쟁력 지수	World Economic Forum 자료
PGDP	1인당 GDP	단위: US 천달러 International Monetary Fund 2017년 자료
SECURE	치안지수	International Police Science Association 발표 2016년 자료
UNESCO	유네스코 등재 세계 유산 수	유네스코 공식 홈페이지 발표 자료
LIFE	건강기대수명	단위: 세 세계보건기구(WHO)의 Global Health Observatory Data Repository 자료

세계경제포럼(World Economic Forum)에서 전 세계 136개국을 대상으로 발표하는 국가별 관광경쟁력 지수를 기본으로 타 자료를 통합하여 121개국 자료를 취합.

자료 A-19 UNIDO

변수명	변수설명	비 고
GDP	국내총생산	단위: 백만달러
MANU	제조업 부가가치	단위: 백만달러
POP	인구	단위: 백만명

1997년 OECD 28개국에 대한 제조업의 크기에 대한 자료.

자료 A-20 USEDCAR

변수명	변수설명	비 고
ABSEQ	ABS장치의 유무 여부	ABS 장치가 없으면=0 ABS 장치가 있으면=1
AIRBAG	에어백 개수	에어백이 없는 경우=0 운전석에만 있는 경우=1 운전석과 조수석에 모두 있는 경우=2
AUTO	자동변속기 유무 여부	자동변속기=1, 기타=0
CC	배기량	단위: cc
CVT	무단변속기 유무 여부	무단변속기=1, 기타=0
DIESEL	디젤 엔진 여부	디젤엔진의 경우=1, 기타=0
GAS	휘발유 사용 여부	휘발유 엔진의 경우=1, 기타=0
LPG	LPG연료 사용 여부	LPG엔진의 경우=1, 기타=0
MILEAGE	주행거리	단위: km
PERIOD	출고 후 경과기간	단위: 개월
PRICE	중고차 (매매 완료) 가격	단위: 만원
DWOO	제조회사	대우차=1, 기타=0
HYUN	제조회사	현대차=1, 기타=0
KIA	제조회사	기아차=1, 기타=0
SSANG	제조회사	쌍용차=1, 기타=0

2002년 말 현재 여러 인터넷 중고차 매매 사이트의 정보를 통해 실제 판매된 145개 중고 차량을 대상으로 조사한 자료.

부록 B

주요통계표

표 B-1 정규분포표

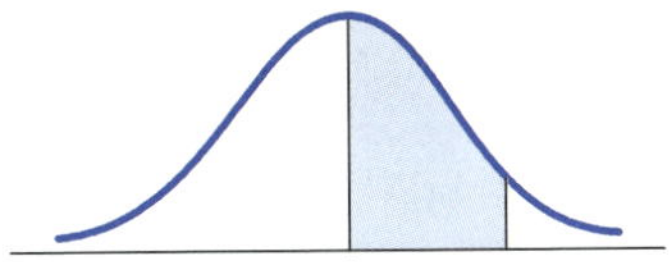

z	0.00	0.01	0.02	0.03	0.04	0.05	0.06	0.07	0.08	0.09
0.0	0.0000	0.0040	0.0080	0.0120	0.0160	0.0199	0.0239	0.0279	0.0319	0.0359
0.1	0.0398	0.0438	0.0478	0.0517	0.0557	0.0596	0.0636	0.0675	0.0714	0.0753
0.2	0.0793	0.0832	0.0871	0.0910	0.0948	0.0987	0.1026	0.1064	0.1103	0.1141
0.3	0.1179	0.1217	0.1255	0.1293	0.1331	0.1368	0.1406	0.1443	0.1480	0.1517
0.4	0.1554	0.1591	0.1628	0.1664	0.1700	0.1736	0.1772	0.1808	0.1844	0.1879
0.5	0.1915	0.1950	0.1985	0.2019	0.2054	0.2088	0.2123	0.2157	0.2190	0.2224
0.6	0.2257	0.2291	0.2324	0.2357	0.2389	0.2422	0.2454	0.2486	0.2518	0.2549
0.7	0.2580	0.2612	0.2642	0.2673	0.2704	0.2734	0.2764	0.2794	0.2823	0.2852
0.8	0.2881	0.2910	0.2939	0.2967	0.2995	0.3023	0.3051	0.3078	0.3106	0.3133
0.9	0.3159	0.3186	0.3212	0.3238	033264	0.3289	0.3315	0.3340	0.3365	0.3389
1.0	0.3413	0.3438	0.3461	0.3435	0.3508	0.3531	0.3554	0.3577	0.3599	0.3621
1.1	0.3643	0.3665	0.3686	0.3708	0.3729	0.3749	0.3770	0.3790	0.3810	0.3830
1.2	0.3849	0.3869	0.3888	0.3907	0.3925	0.3944	0.3962	0.3980	0.3997	0.4015
1.3	0.4032	0.4049	0.4066	0.4082	0.4099	0.4115	0.4131	0.4147	0.4162	0.4177
1.4	0.4192	0.4207	0.4222	0.4236	0.4251	0.4265	0.4279	0.4292	0.4306	0.4319
1.5	0.4332	0.4345	0.4357	0.4370	0.4382	0.4394	0.4406	0.4418	0.4429	0.4441
1.6	0.4452	0.4463	0.4474	0.4484	0.4495	0.4505	0.4515	0.4525	0.4535	0.4545
1.7	0.4554	0.4564	0.4573	0.4582	0.4591	0.4599	0.4608	0.4616	0.4625	0.4633
1.8	0.4641	0.4649	0.4656	0.4664	0.4671	0.4678	0.4686	0.4693	0.4699	0.4706
1.9	0.4713	0.4719	0.4726	0.4732	0.4738	0.4744	0.4750	0.4756	0.4761	0.4767
2.0	0.4772	0.4778	0.4783	0.4788	0.4793	0.4798	0.4803	0.4808	0.4812	0.4817
2.1	0.4821	0.4826	0.4830	0.4834	0.4838	0.4842	0.4846	0.4850	0.4854	0.4857
2.2	0.4861	0.4864	0.4868	0.4871	0.4875	0.4878	0.4881	0.4884	0.4887	0.4890
2.3	0.4893	0.4896	0.4898	0.4901	0.4904	0.4906	0.4909	0.4911	0.4913	0.4916
2.4	0.4918	0.4920	0.4922	0.4925	0.4927	0.4929	0.4931	0.4932	0.4934	0.4936
2.5	0.4938	0.4940	0.4941	0.4943	0.4945	0.4946	0.4948	0.4949	0.4951	0.4952
2.6	0.4953	0.4955	0.4956	0.4957	0.4959	0.4960	0.4961	0.4962	0.4963	0.4964
2.7	0.4965	0.4966	0.4967	0.4968	0.4969	0.4970	0.4971	0.4972	0.4973	0.4974
2.8	0.4974	0.4975	0.4976	0.4977	0.4977	0.4978	0.4979	0.4979	0.4980	0.4981
2.9	0.4981	0.4982	0.4982	0.4983	0.4984	0.4985	0.4985	0.4985	0.4986	0.4986
3.0	0.4986	0.4987	0.4987	0.4988	0.4988	0.4984	0.4989	0.4989	0.4990	0.4990

표 B-2 t-분포표

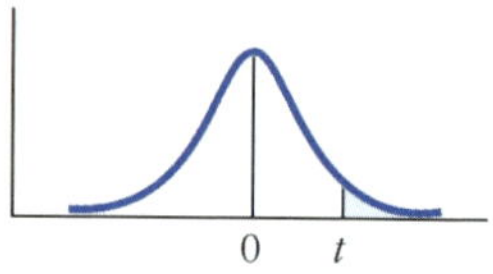

자유도 \ P	0.1	0.05	0.025	0.01	0.005
1	3.078	6.314	12.706	31.821	63.657
2	1.886	2.920	4.303	6.965	9.925
3	1.638	2.353	3.182	4.541	5.841
4	1.533	2.132	2.776	3.747	4.604
5	1.476	2.015	2.571	3.365	4.032
6	1.440	1.943	2.447	3.143	3.707
7	1.415	1.895	2.365	2.998	3.499
8	1.397	1.860	2.306	2.896	3.355
9	1.383	1.833	2.262	2.821	3.250
10	1.372	1.812	2.228	2.764	3.169
11	1.363	1.796	2.201	2.718	3.106
12	1.356	1.782	2.179	2.681	3.055
13	1.350	1.771	2.160	2.650	3.012
14	1.345	1.761	2.145	2.624	2.978
15	1.341	1.753	2.131	2.602	2.947
16	1.337	1.746	2.120	2.583	2.921
17	1.333	1.740	2.110	2.567	2.898
18	1.330	1.734	2.101	2.552	2.878
19	1.328	1.729	2.093	2.539	2.816
20	1.325	1.725	2.086	2.528	2.845
21	1.323	1.721	2.080	2.518	2.831
22	1.321	1.717	2.074	2.508	2.819
23	1.319	1.714	2.069	2.500	2.807
24	1.318	1.711	2.064	2.492	2.797
25	1.316	1.708	2.060	2.485	2.787
26	1.315	1.706	2.056	2.479	2.779
27	1.314	1.703	2.052	2.473	2.771
28	1.313	1.701	2.048	2.467	2.763
29	1.311	1.699	2.045	2.462	2.756
30	1.310	1.697	2.042	2.457	2.750
40	1.303	1.684	2.021	2.423	2.704
60	1.296	1.671	2.000	2.390	2.660
120	1.289	1.658	1.980	2.358	2.617
∞	1.282	1.645	1.960	2.326	2.576

표 B-3 χ^2-분포표

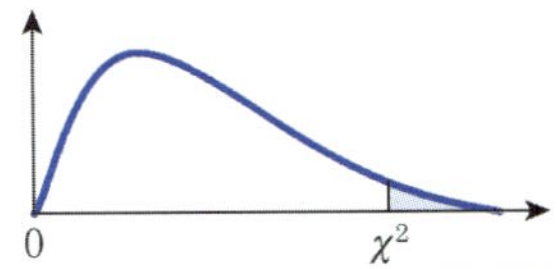

자유도	P=0.99	0.98	0.95	0.90	0.80	0.20	0.10	0.05	0.02	0.01
1	0.000157	0.000628	0.00393	0.0158	0.0642	1.642	2.706	3.841	5.412	6.635
2	0.0201	0.0404	0.103	0.211	0.446	3.219	4.605	5.991	7.824	9.210
3	0.115	0.185	0.352	0.584	1.005	4.642	6.251	7.815	9.837	11.341
4	0.297	0.429	0.711	1.064	1.649	5.989	7.779	9.488	11.668	13.277
5	0.554	0.752	1.145	1.610	2.343	7.289	9.236	11.070	13.388	15.086
6	0.872	1.134	1.635	2.204	3.070	8.558	10.645	12.592	15.033	16.812
7	1.239	1.564	2.167	2.833	3.822	9.803	12.017	14.067	16.622	18.475
8	1.646	2.032	2.733	3.490	4.594	11.030	13.362	15.507	18.168	20.090
9	2.088	2.532	3.325	4.168	5.380	12.242	14.684	16.919	19.679	21.666
10	2.558	3.059	3.940	4.865	6.179	13.442	15.987	18.307	21.161	23.209
11	3.053	3.609	4.575	5.578	5.989	14.631	17.275	19.675	22.618	24.725
12	3.571	4.178	5.226	6.034	7.807	15.812	18.549	21.026	24.054	26.217
13	4.017	4.765	5.892	7.042	8.634	16.985	19.812	22.362	25.472	27.688
14	4.660	5.368	6.571	7.790	9.467	18.151	21.064	23.685	26.873	29.141
15	5.229	5.985	7.261	8.547	10.307	19.311	22.307	24.996	28.259	30.578
16	5.812	6.614	7.962	9.312	11.152	20.465	23.542	26.296	29.633	32.000
17	6.408	7.255	8.672	10.085	12.002	21.615	24.769	27.587	30.995	33.409
18	7.015	7.906	9.390	10.865	12.857	22.760	25.989	28.869	32.346	34.805
19	7.633	8.567	10.117	11.651	13.716	23.900	27.204	30.144	33.687	36.191
20	8.260	9.237	10.851	12.443	14.578	25.038	28.412	31.410	35.020	37.566
21	8.897	9.915	11.591	13.240	15.445	26.171	29.615	32.671	36.343	38.932
22	9.542	10.600	12.338	14.041	16.314	27.301	30.813	33.924	37.659	40.289
23	10.196	11.293	13.091	14.848	17.187	26.429	32.007	35.172	38.968	41.638
24	10.856	11.992	13.848	15.659	18.062	29.553	33.196	36.415	40.270	42.980
25	11.524	12.697	14.611	16.473	18.940	30.675	34.382	37.652	41.566	44.314
26	12.198	13.409	15.379	17.292	19.820	31.795	35.563	38.885	42.856	45.642
27	12.879	14.125	16.151	18.114	20.703	32.912	36.741	40.113	44.140	46.963
28	13.565	14.847	16.928	18.939	21.588	34.027	37.916	41.337	45.419	48.278
29	14.256	15.574	17.708	19.768	22.475	35.139	39.087	42.557	46.693	49.588
30	14.953	16.306	18.493	30.599	23.364	36.250	40.256	43.773	47.962	50.892

표 B-4 F-분포표 (5% 유의수준)

v_2 \ v_1	1	2	3	4	5	6	7	8	9	10	12	15	20	24	30	40	∞
1	161.45	199.50	215.71	224.58	230.16	233.99	236.77	238.88	240.54	241.88	243.91	245.95	248.01	249.05	250.09	251.14	254.31
2	18.51	19.00	19.16	19.25	19.30	19.33	19.35	19.37	19.38	19.40	19.41	19.43	19.45	19.45	19.46	19.47	19.50
3	10.13	9.55	9.28	9.12	9.01	8.94	8.89	8.85	8.81	8.76	8.74	8.70	8.66	8.64	8.62	8.59	8.53
4	7.71	6.94	6.59	6.39	6.26	6.16	6.09	6.04	6.00	5.96	5.91	5.86	5.80	5.77	5.75	5.72	5.63
5	6.61	5.79	5.41	5.19	5.05	4.95	4.88	4.82	4.77	4.74	4.68	4.62	4.56	4.53	4.50	4.46	4.37
6	5.99	5.14	4.76	4.53	4.39	4.28	4.21	4.15	4.10	4.06	4.00	3.94	3.87	3.84	3.81	3.77	3.67
7	5.59	4.74	4.35	4.12	3.97	3.87	3.79	3.73	3.68	3.64	3.57	3.51	3.44	3.41	3.38	3.34	3.23
8	5.32	4.46	4.07	3.84	3.69	3.58	3.50	3.44	3.39	3.35	3.28	3.22	3.15	3.12	3.08	3.04	2.93
9	5.12	4.26	3.86	3.63	3.48	3.37	3.29	3.23	3.18	3.14	3.07	3.01	2.94	2.90	2.86	2.83	2.71
10	4.96	4.10	3.71	3.48	3.33	3.22	3.14	3.07	3.02	2.98	2.91	2.85	2.77	2.74	2.70	2.66	2.54
11	4.84	3.98	3.59	3.36	3.20	3.09	3.01	2.95	2.90	2.85	2.79	2.72	2.65	2.61	2.57	2.53	2.40
12	4.75	3.89	3.49	3.26	3.11	3.00	2.91	2.85	2.80	2.75	2.69	2.62	2.54	2.51	2.47	2.43	2.30
13	4.67	3.81	3.41	3.18	3.03	2.92	2.83	2.77	2.71	2.67	2.60	2.53	2.46	2.42	2.38	2.34	2.21
14	4.60	3.74	3.34	3.11	2.96	2.85	2.76	2.70	2.65	2.60	2.53	2.46	2.39	2.35	2.31	2.27	2.13
15	4.54	3.68	3.29	3.06	2.90	2.79	2.71	2.64	2.59	2.54	2.48	2.40	2.33	2.29	2.25	2.20	2.07
16	4.49	3.63	3.24	3.01	2.85	2.74	2.66	2.59	2.54	2.49	2.42	2.35	2.28	2.24	2.19	2.15	2.01
17	4.45	3.59	3.20	2.96	2.81	2.70	2.61	2.55	2.49	2.45	2.38	2.31	2.23	2.19	2.15	2.10	1.96
18	4.41	3.55	3.16	2.93	2.77	2.66	2.58	2.51	2.46	2.41	2.34	2.27	2.19	2.15	2.11	2.06	1.92
19	4.38	3.52	3.13	2.90	2.74	2.63	2.54	2.48	2.42	2.38	2.31	2.23	2.16	2.11	2.07	2.03	1.88
20	4.35	3.49	3.10	2.87	2.71	2.60	2.51	2.45	2.39	2.35	2.28	2.20	2.12	2.08	2.04	1.99	1.84
21	4.32	3.47	3.07	2.84	2.68	2.57	2.49	2.42	2.37	2.32	2.25	2.18	2.10	2.05	2.01	1.96	1.81
22	4.30	3.44	3.05	2.82	2.66	2.55	2.46	2.40	2.34	2.30	2.23	2.15	2.07	2.03	1.98	1.94	1.78
23	4.28	3.42	3.03	2.80	2.64	2.53	2.44	2.37	2.32	2.27	2.20	2.13	2.05	2.01	1.96	1.91	1.76
24	4.26	3.40	3.01	2.78	2.62	2.51	2.42	2.36	2.30	2.25	2.18	2.11	2.03	1.98	1.94	1.89	1.73
25	4.24	3.39	2.99	2.76	2.60	2.49	2.40	2.34	2.28	2.24	2.16	2.09	2.01	1.96	1.92	1.87	1.71
26	4.23	3.37	2.98	2.74	2.59	2.47	2.39	2.32	2.27	2.22	2.15	2.07	1.99	1.95	1.90	1.85	1.69
27	4.21	3.35	2.96	2.73	2.57	2.46	2.37	2.31	2.25	2.20	2.13	2.06	1.97	1.93	1.88	1.84	1.67
28	4.20	3.34	2.95	2.71	2.56	2.45	2.36	2.29	2.24	2.19	2.12	2.04	1.96	1.91	1.87	1.82	1.65
29	4.18	3.33	2.93	2.70	2.55	2.43	2.35	2.28	2.22	2.18	2.10	2.03	1.94	1.90	1.85	1.81	1.64
30	4.17	3.32	2.92	2.69	2.53	2.42	2.33	2.27	2.21	2.16	2.09	2.01	1.93	1.89	1.84	1.79	1.62
40	4.08	3.23	2.84	2.61	2.45	2.34	2.25	2.18	2.12	2.08	2.00	1.92	1.84	1.79	1.74	1.69	1.51
60	4.00	3.15	2.76	2.53	2.37	2.25	2.17	2.10	2.04	1.99	1.92	1.84	1.75	1.70	1.65	1.59	1.39
120	3.92	3.07	2.68	2.45	2.29	2.18	2.09	2.02	1.95	1.91	1.83	1.75	1.66	1.61	1.55	1.50	1.25
∞	3.84	3.00	2.60	2.37	2.21	2.10	2.01	1.94	1.88	1.83	1.75	1.67	1.57	1.52	1.46	1.39	1.00

v_1: 분자의 자유도; v_2: 분모의 자유도.

표 B-4 F–분포표 (1% 유의수준)

v_2 \ v_1	1	2	3	4	5	6	7	8	9	10	12	15	20	24	30	40	∞
1	4052.18	4999.50	5403.35	5624.58	5763.65	5858.99	5928.36	5981.07	6022.47	6055.87	6106.31	6157.28	6208.73	6234.63	6260.65	6286.78	6365.86
2	98.50	99.00	99.17	99.25	99.30	99.33	99.36	99.37	99.39	99.40	99.42	99.43	99.45	99.46	99.47	99.47	99.50
3	34.12	30.82	29.46	82.71	28.24	27.91	27.67	27.49	27.35	27.23	27.05	26.87	26.69	26.60	26.50	26.41	26.13
4	21.20	18.00	16.69	15.98	15.52	15.21	14.98	14.80	14.66	14.55	14.37	14.20	14.02	13.93	13.84	13.75	13.46
5	16.26	13.27	12.06	11.39	10.97	10.67	10.46	10.29	10.16	10.05	9.89	9.72	9.55	9.47	9.38	9.29	9.02
6	13.75	10.92	9.78	9.15	8.75	8.47	8.26	8.10	7.98	7.87	7.72	7.56	7.40	7.31	7.23	7.14	6.88
7	12.25	9.55	8.45	7.85	7.46	7.19	6.99	6.84	6.72	6.62	6.47	6.31	6.16	6.07	5.99	5.91	5.65
8	11.26	8.65	7.59	7.01	6.63	6.37	6.18	6.03	5.91	5.81	5.67	5.52	5.36	5.28	5.20	5.12	4.86
9	10.56	8.02	6.99	6.42	6.06	5.80	5.61	5.47	5.35	5.26	5.11	4.96	4.81	4.73	4.65	4.57	4.31
10	10.04	7.56	6.55	5.99	5.64	5.39	5.20	5.06	4.94	4.85	4.71	4.56	4.41	4.33	4.25	4.17	3.91
11	9.65	7.21	6.22	5.67	5.32	5.07	4.89	4.74	4.63	4.54	4.40	4.25	4.10	4.02	3.94	3.86	3.60
12	9.33	6.93	5.95	5.41	5.06	4.82	4.64	4.50	4.39	4.30	4.16	4.01	3.86	3.78	3.70	3.62	3.36
13	9.07	6.70	5.74	5.21	4.86	4.62	4.44	4.30	4.19	4.10	3.96	3.82	3.66	3.59	3.51	3.43	3.17
14	8.86	6.51	5.56	5.04	4.70	4.46	4.28	4.14	4.03	3.94	3.80	3.66	3.51	3.43	3.35	3.27	3.00
15	8.68	6.36	5.42	4.89	4.56	4.32	4.14	4.00	3.89	3.80	3.67	3.52	3.37	3.29	3.21	3.13	2.87
16	8.53	6.23	5.29	4.77	4.44	4.20	4.03	3.89	3.78	3.69	3.55	3.41	3.26	3.18	3.10	3.02	2.75
17	8.40	6.11	5.19	4.67	4.34	4.10	3.93	3.79	3.68	3.59	3.46	3.31	3.16	3.08	3.00	2.92	2.65
18	8.29	6.01	5.09	4.58	4.25	4.01	3.84	3.71	3.60	3.51	3.37	3.23	3.08	3.00	2.92	2.84	2.57
19	8.18	5.93	5.01	4.50	4.17	3.94	3.77	3.63	3.52	3.43	3.30	3.15	3.00	2.92	2.84	2.76	2.49
20	8.10	5.85	4.94	4.43	4.10	3.87	3.70	3.56	3.46	3.37	3.23	3.09	2.94	2.86	2.78	2.69	2.42
21	8.02	5.78	4.87	4.37	4.04	3.81	3.64	3.51	3.40	3.31	3.17	3.03	2.88	2.80	2.72	2.64	2.36
22	7.95	5.72	4.82	4.31	3.99	3.76	3.59	3.45	3.35	3.26	3.12	2.98	2.83	2.75	2.67	2.58	2.31
23	7.88	5.66	4.76	4.26	3.94	3.71	3.54	3.41	3.30	3.21	3.07	2.93	2.78	2.70	2.62	2.54	2.26
24	7.82	5.61	4.72	4.22	3.90	3.67	3.50	3.36	3.26	3.17	3.03	2.89	2.74	2.66	2.58	2.49	2.21
25	7.77	5.57	4.68	4.18	3.86	3.63	3.46	3.32	3.22	3.13	2.99	2.85	2.70	2.62	2.54	2.45	2.17
26	7.72	5.53	4.64	4.14	3.82	3.59	3.42	3.29	3.18	3.09	2.96	2.81	2.66	2.58	2.50	2.42	2.13
27	7.68	5.49	4.60	4.11	3.78	3.56	3.39	3.26	3.15	3.06	2.93	2.78	2.63	2.55	2.47	2.38	2.10
28	7.64	5.45	4.57	4.07	3.75	3.53	3.36	3.23	3.12	3.03	2.90	2.75	2.60	2.52	2.44	2.35	2.06
29	7.60	5.42	4.54	4.04	3.73	3.50	3.33	3.20	3.09	3.00	2.87	2.73	2.57	2.49	2.41	2.33	2.03
30	7.56	5.39	4.51	4.02	3.70	3.47	3.30	3.17	3.07	2.98	2.84	2.70	2.55	2.47	2.39	2.30	2.01
40	7.31	5.18	4.31	3.83	3.51	3.20	3.12	2.99	2.89	2.80	2.66	2.52	2.37	2.29	2.20	2.11	1.80
60	7.08	4.98	4.13	3.65	3.34	3.12	2.95	2.82	2.72	2.63	2.50	2.35	2.20	2.12	2.03	1.94	1.60
120	6.85	4.79	3.95	3.48	3.17	2.96	2.79	2.66	2.56	2.47	2.34	2.19	2.03	1.95	1.86	1.76	1.38
∞	6.63	4.61	3.78	3.32	3.02	2.80	2.64	2.51	2.41	2.32	2.18	2.04	1.88	1.79	1.70	1.59	1.00

v_1: 분자의 자유도; v_2: 분모의 자유도.

표 B-5 Durbin-Watson (5% 유의수준)

n	$k'=1$		$k'=2$		$k'=3$		$k'=4$		$k'=5$	
	d_L	d_U	d_L	d_U	d_L	d_U	d_L	d_U	d_L	d_U
15	1.077	1.361	0.946	1.543	0.814	1.750	0.685	1.977	0.562	2.220
16	1.106	1.371	0.982	1.539	0.857	1.728	0.734	1.935	0.615	2.157
17	1.133	1.381	1.015	1.536	0.897	1.710	0.779	1.900	0.664	2.104
18	1.158	1.391	1.046	1.535	0.933	1.696	0.820	1.872	0.710	2.060
19	1.180	1.401	1.074	1.536	0.967	1.685	0.859	1.848	0.752	2.023
20	1.201	1.411	1.100	1.537	0.998	1.676	0.894	1.828	0.792	1.991
21	1.221	1.420	1.125	1.538	1.026	1.669	0.927	1.812	0.829	1.964
22	1.239	1.429	1.147	1.541	1.053	1.664	0.958	1.797	0.863	1.940
23	1.257	1.437	1.168	1.543	1.078	1.660	0.986	1.785	0.895	1.920
24	1.273	1.446	1.188	1.546	1.101	1.656	1.013	1.775	0.925	1.902
25	1.288	1.454	1.206	1.550	1.123	1.654	1.038	1.767	0.953	1.886
26	1.302	1.461	1.224	1.553	1.143	1.652	1.062	1.759	0.979	1.873
27	1.316	1.469	1.240	1.556	1.162	1.651	1.084	1.753	1.004	1.861
28	1.328	1.476	1.255	1.560	1.181	1.650	1.104	1.747	1.028	1.850
29	1.341	1.483	1.270	1.563	1.198	1.650	1.124	1.743	1.050	1.841
30	1.352	1.489	1.284	1.567	1.214	1.650	1.143	1.739	1.071	1.833
31	1.363	1.496	1.297	1.570	1.229	1.650	1.160	1.735	1.090	1.825
32	1.373	1.502	1.309	1.574	1.244	1.650	1.177	1.732	1.109	1.819
33	1.383	1.508	1.321	1.577	1.258	1.651	1.193	1.730	1.127	1.813
34	1.393	1.514	1.333	1.580	1.271	1.652	1.208	1.728	1.144	1.808
35	1.402	1.519	1.343	1.584	1.283	1.653	1.222	1.726	1.160	1.803
36	1.411	1.525	1.354	1.587	1.295	1.654	1.236	1.724	1.175	1.799
37	1.419	1.530	1.364	1.590	1.307	1.655	1.249	1.723	1.190	1.795
38	1.427	1.535	1.373	1.594	1.318	1.656	1.261	1.722	1.204	1.792
39	1.435	1.540	1.382	1.597	1.328	1.658	1.273	1.722	1.218	1.789
40	1.442	1.544	1.391	1.600	1.338	1.659	1.285	1.721	1.230	1.786
45	1.475	1.566	1.430	1.615	1.383	1.666	1.336	1.720	1.287	1.776
50	1.503	1.585	1.462	1.628	1.421	1.674	1.378	1.721	1.335	1.771
55	1.528	1.601	1.490	1.641	1.452	1.681	1.414	1.724	1.374	1.768
60	1.549	1.616	1.514	1.652	1.480	1.689	1.444	1.727	1.408	1.767
65	1.567	1.629	1.536	1.662	1.503	1.696	1.471	1.731	1.438	1.767
70	1.583	1.641	1.554	1.672	1.525	1.703	1.494	1.735	1.464	1.768
75	1.598	1.652	1.571	1.680	1.543	1.709	1.515	1.739	1.487	1.770
80	1.611	1.662	1.586	1.688	1.560	1.715	1.534	1.743	1.507	1.772
85	1.624	1.671	1.600	1.696	1.575	1.721	1.550	1.747	1.525	1.774
90	1.636	1.679	1.612	1.703	1.589	1.726	1.566	1.751	1.542	1.776
95	1.645	1.687	1.623	1.709	1.602	1.732	1.579	1.755	1.557	1.778
100	1.654	1.694	1.634	1.715	1.613	1.736	1.592	1.758	1.571	1.780
150	1.720	1.746	1.706	1.760	1.693	1.774	1.679	1.788	1.665	1.802
200	1.758	1.778	1.748	1.789	1.738	1.799	1.728	1.810	1.718	1.820

k'=상수항을 제외한 설명변수의 수

n	$k'=6$		$k'=7$		$k'=8$		$k'=9$		$k'=10$	
	d_L	d_U	d_L	d_U	d_L	d_U	d_L	d_U	d_L	d_U
15	0.447	2.472	0.343	2.727	0.251	2.979	0.175	3.216	0.111	3.438
16	0.502	2.388	0.398	2.624	0.304	2.860	0.222	3.090	0.155	3.304
17	0.554	2.318	0.451	2.537	0.356	2.757	0.272	2.975	0.198	3.184
18	0.603	2.257	0.502	2.461	0.407	2.667	0.321	2.873	0.244	3.073
19	0.649	2.206	0.459	2.396	0.456	2.589	0.369	2.783	0.290	2.974
20	0.692	2.162	0.595	2.339	0.502	2.521	0.416	2.704	0.336	2.885
21	0.732	2.124	0.637	2.290	0.547	2.460	0.461	2.633	0.380	2.806
22	0.769	2.090	0.677	2.246	0.588	2.407	0.504	2.571	0.424	2.734
23	0.804	2.061	0.715	2.208	0.628	2.360	0.545	2.514	0.465	2.670
24	0.837	2.035	0.751	2.174	0.666	2.318	0.584	2.464	0.506	2.613
25	0.868	2.012	0.784	2.144	0.702	2.280	0.621	2.419	0.544	2.560
26	0.897	1.992	0.816	2.117	0.735	2.246	0.657	2.379	0.581	2.513
27	0.925	1.974	0.845	2.093	0.767	2.216	0.691	2.342	0.616	2.470
28	0.951	1.958	0.874	2.071	0.798	2.188	0.723	2.309	0.650	2.431
29	0.975	1.944	0.900	2.052	0.826	2.164	0.753	2.278	0.682	2.396
30	0.998	1.931	0.926	2.034	0.854	2.141	0.782	2.251	0.712	2.363
31	1.020	1.920	0.950	2.018	0.879	2.120	0.810	2.226	0.741	2.333
32	1.041	1.909	0.972	2.004	0.904	2.102	0.836	2.203	0.769	2.306
33	1.061	1.900	0.994	1.991	0.927	2.085	0.861	2.181	0.795	2.281
34	1.080	1.891	1.015	1.979	0.950	2.069	0.885	2.162	0.821	2.257
35	1.097	1.884	1.034	1.967	0.971	2.054	0.908	2.144	0.845	2.236
36	1.114	1.877	1.053	1.957	0.991	2.041	0.930	2.127	0.868	2.216
37	1.131	1.870	1.071	1.948	1.011	2.029	0.951	2.112	0.891	2.198
38	1.146	1.864	1.088	1.939	1.029	2.017	0.970	2.098	0.912	2.180
39	1.161	1.859	1.104	1.932	1.047	2.007	0.990	2.085	0.932	2.164
40	1.175	1.854	1.120	1.924	1.064	1.997	1.008	2.072	0.945	2.149
45	1.238	1.835	1.189	1.895	1.139	1.958	1.089	2.002	1.038	2.088
50	1.291	1.822	1.246	1.875	1.201	1.930	1.156	1.986	1.110	2.044
55	1.334	1.814	1.294	1.861	1.253	1.909	1.212	1.959	1.170	2.010
60	1.372	1.808	1.335	1.850	1.298	1.894	1.260	1.939	1.222	1.984
65	1.404	1.805	1.370	1.843	1.336	1.882	1.301	1.923	1.266	1.964
70	1.433	1.802	1.401	1.837	1.369	1.873	1.337	1.910	1.305	1.948
75	1.458	1.801	1.428	1.834	1.399	1.867	1.369	1.901	1.339	1.935
80	1.480	1.801	1.453	1.831	1.425	1.861	1.397	1.893	1.369	1.925
85	1.500	1.801	1.474	1.829	1.448	1.857	1.422	1.886	1.396	1.916
90	1.518	1.801	1.494	1.827	1.469	1.854	1.445	1.881	1.420	1.909
95	1.535	1.802	1.512	1.827	1.489	1.852	1.465	1.877	1.442	1.903
100	1.550	1.803	1.528	1.826	1.506	1.850	1.484	1.874	1.462	1.898
150	1.651	1.817	1.637	1.832	1.622	1.847	1.608	1.862	1.594	1.877
200	1.707	1.831	1.697	1.841	1.686	1.852	1.675	1.863	1.665	1.874

표 B-5 Durbin-Watson (1% 유의수준)

n	$k'=1$		$k'=2$		$k'=3$		$k'=4$		$k'=5$	
	d_L	d_U	d_L	d_U	d_L	d_U	d_L	d_U	d_L	d_U
15	0.811	1.070	0.700	1.252	0.591	1.464	0.488	1.704	0.391	1.967
16	0.844	1.086	0.737	1.252	0.633	1.446	0.532	1.663	0.437	1.900
17	0.874	1.102	0.772	1.255	0.672	1.432	0.574	1.630	0.480	1.847
18	0.902	1.118	0.805	1.259	0.708	1.422	0.613	1.604	0.522	1.803
19	0.928	1.132	0.835	1.265	0.742	1.415	0.650	1.584	0.561	1.767
20	0.952	1.147	0.863	1.271	0.773	1.411	0.685	1.567	0.598	1.737
21	0.975	1.161	0.890	1.277	0.803	1.408	0.718	1.554	0.633	1.712
22	0.997	1.174	0.914	1.284	0.831	1.407	0.748	1.543	0.667	1.691
23	1.018	1.187	0.938	1.291	0.858	1.407	0.777	1.534	0.698	1.673
24	1.037	1.199	0.960	1.298	0.882	1.407	0.805	1.528	0.728	1.658
25	1.055	1.211	0.981	1.305	0.906	1.409	0.831	1.523	0.756	1.645
26	1.072	1.222	1.001	1.312	0.928	1.411	0.855	1.518	0.783	1.635
27	1.089	1.233	1.019	1.319	0.949	1.413	0.878	1.515	0.808	1.626
28	1.104	1.244	1.037	1.325	0.969	1.415	0.900	1.513	0.832	1.618
29	1.119	1.254	1.054	1.332	0.988	1.418	0.921	1.512	0.855	1.611
30	1.133	1.263	1.070	1.339	1.006	1.421	0.941	1.511	0.877	1.606
31	1.147	1.273	1.085	1.345	1.023	1.425	0.960	1.510	0.897	1.601
32	1.160	1.282	1.100	1.352	1.040	1.428	0.979	1.510	0.917	1.597
33	1.172	1.291	1.114	1.358	1.055	1.432	0.996	1.510	0.936	1.594
34	1.184	1.299	1.128	1.364	1.070	1.435	1.012	1.511	0.954	1.591
35	1.195	1.307	1.140	1.370	1.085	1.439	1.028	1.512	0.971	1.589
36	1.206	1.315	1.153	1.376	1.098	1.442	1.043	1.513	0.988	1.588
37	1.217	1.323	1.165	1.382	1.112	1.446	1.058	1.514	1.004	1.586
38	1.227	1.330	1.176	1.388	1.124	1.449	1.072	1.515	1.019	1.585
39	1.237	1.337	1.187	1.393	1.137	1.453	1.085	1.517	1.034	1.584
40	1.246	1.344	1.198	1.398	1.148	1.457	1.098	1.518	1.048	1.584
45	1.288	1.276	1.245	1.423	1.201	1.474	1.156	1.528	1.111	1.584
50	1.324	1.403	1.285	1.446	1.245	1.491	1.205	1.538	1.164	1.587
55	1.356	1.427	1.320	1.466	1.284	1.506	1.247	1.548	1.209	1.592
60	1.383	1.449	1.350	1.484	1.317	1.520	1.283	1.558	1.249	1.598
65	1.407	1.468	1.377	1.500	1.346	1.534	1.315	1.568	1.283	1.604
70	1.429	1.485	1.400	1.515	1.372	1.546	1.343	1.578	1.313	1.611
75	1.448	1.501	1.422	1.529	1.395	1.557	1.368	1.587	1.340	1.617
80	1.466	1.515	1.441	1.541	1.416	1.568	1.390	1.595	1.364	1.624
85	1.482	1.528	1.458	1.553	1.435	1.578	1.411	1.603	1.386	1.630
90	1.496	1.540	1.474	1.563	1.452	1.587	1.429	1.611	1.406	1.636
95	1.510	1.552	1.489	1.573	1.468	1.596	1.446	1.618	1.425	1.642
100	1.522	1.562	1.503	1.583	1.482	1.604	1.462	1.625	1.441	1.647
150	1.611	1.637	1.598	1.651	1.584	1.665	1.571	1.679	1.557	1.693
200	1.664	1.684	1.653	1.693	1.643	1.704	1.633	1.715	1.623	1.725

k' =상수항을 제외한 설명변수의 수

n	$k'=6$		$k'=7$		$k'=8$		$k'=9$		$k'=10$	
	d_L	d_U	d_L	d_U	d_L	d_U	d_L	d_U	d_L	d_U
15	0.303	2.244	0.226	2.530	0.161	2.817	0.107	3.101	0.068	3.374
16	0.349	2.153	0.269	2.416	0.200	2.681	0.142	2.944	0.094	3.201
17	0.393	2.078	0.313	2.319	0.241	2.566	0.179	2.811	0.127	3.053
18	0.435	2.015	0.355	2.238	0.282	2.467	0.216	2.679	0.160	2.925
19	0.476	1.963	0.396	2.169	0.322	2.381	0.255	2.597	0.196	2.813
20	0.515	1.918	0.436	2.110	0.362	2.308	0.294	2.510	0.232	2.714
21	0.552	1.881	0.474	2.059	0.400	2.244	0.331	2.434	0.268	2.625
22	0.587	1.849	0.510	2.015	0.437	2.188	0.368	2.367	0.304	2.548
23	0.620	1.821	0.545	1.977	0.473	2.140	0.404	2.308	0.340	2.479
24	0.652	1.797	0.578	1.944	0.507	2.097	0.439	2.255	0.375	2.417
25	0.682	1.766	0.610	1.915	0.540	2.059	0.473	2.209	0.409	2.362
26	0.711	1.759	0.640	1.889	0.572	2.026	0.505	2.168	0.441	2.313
27	0.738	1.743	0.669	1.867	0.602	1.997	0.536	2.131	0.473	2.269
28	0.764	1.729	0.696	1.847	0.630	1.970	0.566	2.098	0.504	2.229
29	0.788	1.718	0.723	1.830	0.658	1.947	0.595	2.068	0.533	2.193
30	0.812	1.707	0.748	1.814	0.684	1.925	0.622	2.041	0.562	2.160
31	0.834	1.698	0.772	1.800	0.710	1.906	0.649	2.017	0.589	2.131
32	0.856	1.690	0.794	1.788	0.734	1.889	0.674	1.995	0.615	2.104
33	0.876	1.683	0.816	1.776	0.757	1.874	0.698	1.975	0.641	2.080
34	0.896	1.677	0.837	1.766	0.779	1.860	0.722	1.957	0.665	2.057
35	0.914	1.671	0.857	1.757	0.800	1.847	0.744	1.940	0.689	2.037
36	0.932	1.666	0.877	1.749	0.821	1.836	0.766	1.925	0.711	2.018
37	0.950	1.662	0.895	1.742	0.841	1.825	0.787	1.911	0.733	2.001
38	0.966	1.658	0.913	1.735	0.860	1.816	0.807	1.899	0.754	1.985
39	0.982	1.655	0.930	1.729	0.878	1.807	0.826	1.887	0.774	1.970
40	0.997	1.652	0.946	1.724	0.895	1.799	0.844	1.876	0.789	1.956
45	1.065	1.643	1.019	1.704	0.974	1.768	0.927	1.834	0.881	1.902
50	1.123	1.639	1.081	1.692	1.039	1.748	0.997	1.805	0.955	1.864
55	1.172	1.638	1.134	1.685	1.095	1.734	1.057	1.785	1.018	1.837
60	1.214	1.639	1.179	1.682	1.144	1.726	1.108	1.771	1.072	1.817
65	1.251	1.642	1.218	1.680	1.186	1.720	1.153	1.761	1.120	1.802
70	1.283	1.645	1.253	1.680	1.223	1.716	1.192	1.754	1.162	1.792
75	1.313	1.646	1.284	1.682	1.256	1.716	1.227	1.746	1.199	1.785
80	1.338	1.653	1.312	1.683	1.285	1.714	1.259	1.745	1.232	1.777
85	1.362	1.657	1.337	1.685	1.312	1.714	1.287	1.743	1.262	1.773
90	1.383	1.661	1.360	1.687	1.336	1.714	1.312	1.741	1.228	1.769
95	1.403	1.666	1.381	1.690	1.358	1.715	1.336	1.741	1.313	1.767
100	1.421	1.670	1.400	1.693	1.378	1.717	1.357	1.741	1.335	1.765
150	1.543	1.708	1.530	1.722	1.515	1.737	1.501	1.752	1.486	1.767
200	1.613	1.735	1.603	1.746	1.592	1.757	1.582	1.768	1.571	1.779

표 B-6 Dickey-Fuller t-검정치 분포표

n	Probability of a Smaller Value							
	0.01	0.025	0.05	0.10	0.90	0.95	0.975	0.99
				$\hat{\tau}$				
25	−2.66	−2.26	−1.95	−1.60	0.92	1.33	1.70	2.16
50	−2.62	−2.25	−1.95	−1.61	0.91	1.31	1.66	2.08
100	−2.60	−2.24	−1.95	−1.61	0.90	1.29	1.64	2.03
250	−2.58	−2.23	−1.95	−1.62	0.89	1.28	1.63	2.01
500	−2.58	−2.23	−1.95	−1.62	0.89	1.28	1.62	2.00
∞	−2.58	−2.23	−1.95	−1.62	0.89	1.28	1.62	2.00
				$\hat{\tau}_{\mu}$				
25	−3.75	−3.33	−3.00	−2.63	−0.37	0.00	0.34	0.72
50	−3.58	−3.22	−2.93	−2.60	−0.40	−0.03	0.29	0.66
100	−3.51	−3.17	−2.89	−2.58	−0.42	−0.05	0.26	0.63
250	−3.46	−3.14	−2.88	−2.57	−0.42	−0.06	0.24	0.62
500	−3.44	−3.13	−2.87	−2.57	−0.43	−0.07	0.24	0.61
∞	−3.43	−3.12	−2.86	−2.57	−0.44	−0.07	0.23	0.60
				$\hat{\tau}_{\tau}$				
25	−4.38	−3.95	−3.60	−3.24	−1.14	−0.80	−0.50	−0.15
50	−4.15	−3.80	−3.50	−3.18	−1.19	−0.87	−0.58	−0.24
100	−4.04	−3.73	−3.45	−3.15	−1.22	−0.90	−0.62	−0.28
250	−3.99	−3.69	−3.43	−3.13	−1.23	−0.92	−0.64	−0.31
500	−3.98	−3.68	−3.42	−3.13	−1.24	−0.93	−0.65	−0.32
∞	−3.96	−3.66	−3.41	−3.12	−1.25	−0.94	−0.66	−0.33

연습문제 해답

제 2 장 확률 · 통계의 기초이론

2.

$$\sum_{i=1}^{n}(X_i-a)^2=\sum_{i=1}^{n}\left(X_i-\overline{X}+\overline{X}-a\right)^2$$
$$=\sum_{i=1}^{n}\left(X_i-\overline{X}\right)^2+\sum_{i=1}^{n}(\overline{X}-a)^2+2(\overline{X}-a)\sum_{i=1}^{n}\left(X_i-\overline{X}\right)$$
$$=\sum_{i=1}^{n}\left(X_i-\overline{X}\right)^2+\sum_{i=1}^{n}(\overline{X}-a)^2$$
$$\geq\sum_{i=1}^{n}\left(X_i-\overline{X}\right)^2$$

따라서 $\sum_{i=1}^{n}(X_i-a)^2$은 $a=\overline{X}$일 때 최소값을 갖는다.

또한 다른 방법으로

$\phi\equiv\sum_{i=1}^{n}(X_i-a)^2$이라 하면 ϕ를 최소화하는 1계 조건은
$\frac{d\phi}{da}=-2\sum_{i=1}^{n}(X_i-a)=0$이며 이로부터 $a=\overline{X}$일 때 ϕ는 최적의 값을 가지며 2계 조건 $\frac{d^2\phi}{da^2}>0$으로부터 $a=\overline{X}$일 때 ϕ는 최소가 됨을 알 수 있다.

3. (1)
$$V\left(\sum_{i=1}^{n}w_iY_i\right)=V(w_1Y_1+\cdots+w_nY_n)$$
$$=w_1^2V(Y_1)+\ldots+w_n^2V(Y_n)+2w_1w_2C(Y_1,Y_2)+\cdots+2w_{n-1}w_nC(Y_{n-1},Y_n)$$
$$=\sum_{i=1}^{n}w_i^2\sigma_i^2+2\sum_{i=1}^{n}\sum_{j>i}^{n}w_iw_j\sigma_{ij}$$

(2) 만일 $\sigma_{ij}=0$이면
$V\left(\sum_{i=1}^{n}w_iY_i\right)=\sum_{i=1}^{n}w_i^2\sigma_i^2$이다.

(3) (2)에 추가로 만일 모든 i에 대하여 $\sigma_i^2 = \sigma^2$이면
$V\left(\sum_{i=1}^{n} w_i Y_i\right) = \sigma^2 \sum_{i=1}^{n} w_i^2$이 성립한다.

제 3 장 계량모형과 회귀분석

연습문제

2. (1) True. 최소자승법에 의한 표본회귀선의 기울기는 **식 3.14**에서 $b_2 = \dfrac{S_{XY}}{S_X^2}$로 표현되는데 $S_{XY} = 0$이면 $b_2 = 0$이다.

(2) False. 최소자승 추정법에서 잔차항의 합 $\sum_{i=1}^{n} e_i = 0$이 성립하는 이유는 **식 3.12**로부터이며 이는 **식 3.11**의 잔차항 제곱합을 절편에 대해 미분함에 따라 도출된다. 만일 절편항이 없다면 잔차항 제곱합을 절편에 대해 미분할 필요가 없으며 따라서 잔차항의 합이 0이라는 조건이 성립하지 않게 된다.

(3) False. 표본회귀선에서 $Y_i = \widehat{Y}_i + e_i$이며 이로부터 $\sum_{i=1}^{n} Y_i = \sum_{i=1}^{n} \widehat{Y}_i$ 혹은 $\overline{Y} = \overline{\widehat{Y}}$가 성립하기 위해서는 (2)번에서 보듯이 $\sum_{i=1}^{n} e_i = 0$가 성립해야 한다. 그러나 절편이 없으면 성립하지 않을 수 있다.

(4) False. 모집단에서의 모수 β_1, β_2의 값을 알지 못하므로 오차항의 값도 절대 관찰할 수 없다. 따라서 오차항의 합이 0인지 알 수 없다. 다만 OLS 추정을 적용하면 잔차의 합이 0이 된다.

(5) False. 잔차의 합이 0이 되지만, 이것이 곧 모든 잔차의 값이 0이라는 것을 의미하는 것은 아니다.

(6) True. $b_1 = \overline{Y} - b_2 \overline{X}$에서 $\overline{X} = \overline{Y} = 0$이면 $b_1 = 0$이다.

3. **식 3.14**에서
$$b_2 = \frac{\sum_{i=1}^{n}(X_i - \overline{X})(Y_i - \overline{Y})}{\sum_{i=1}^{n}(X_i - \overline{X})^2}$$
$$= \frac{\frac{1}{n-1}\sum_{i=1}^{n}(X_i - \overline{X})(Y_i - \overline{Y})}{\frac{1}{n-1}\sum_{i=1}^{n}(X_i - \overline{X})^2} = \frac{s_{XY}}{s_X^2}$$

4. (1) 주어진 자료로부터

$$\overline{GPA}=3.2125,\ \overline{STUDY}=25.875,$$
$$\sum_{i=1}^{8}\left(STUDY_i-\overline{STUDY}\right)^2=56.875,$$
$$\sum_{i=1}^{8}\left(STUDY_i-\overline{STUDY}\right)\left(GPA_i-\overline{GPA}\right)=5.813$$

를 구할 수 있다. 이로부터 $b_2 \approx 0.102, b_1 \approx 0.568$을 구한다.

(2) $5\times b_2=0.510$

(5) $\widehat{GPA}_i=0.568+0.102STUDY_i,\ e_i=GPA_i-\widehat{GPA}_i$로부터

GPA_i	$\hat{GPA}_i$	e_i
2.8	2.714	0.086
3.4	3.021	0.379
3	3.225	-0.225
3.5	3.327	0.173
3.6	3.532	0.068
3	3.123	-0.123
2.7	3.123	-0.423
3.7	3.634	0.066

를 구하며 $\sum_{i=1}^{8}e_i=0$을 확인할 수 있다.

5. (1) 주어진 자료에서 $\overline{X}=15, \overline{Y}=80.\ b_2=3600/900=4, b_1=20$을 구한다. 따라서 $\widehat{Y}_i=20+4X_i$.

(2) 학습시간 외에 성적에 영향을 주는 변수로 결석횟수, 통계학 성적, 수업시간 집중도 등을 들 수 있다.

6. (1) 위 통계치로부터 $\overline{X}=8,\ \ \overline{Y}=6$을 구하였다.

표본 상관계수에 대한 공식은

$$\gamma_{XY}=\frac{S_{XY}}{S_X \cdot S_Y}=\frac{\sum_{i=1}^{100}X_iY_i-n\overline{X}\overline{Y}}{\sqrt{\sum_{i=1}^{100}X_i^2-n\overline{X}^2}\sqrt{\sum_{i=1}^{100}Y_i^2-n\overline{Y}^2}}$$

$$=\frac{6{,}600-100\times 8\times 6}{\sqrt{10{,}000-100\times 8^2}\sqrt{6{,}100-100\times 6^2}}=0.6$$

(2) $b_2=\dfrac{\sum_{i=1}^{n}X_iY_i-n\overline{X}\overline{Y}}{\sum_{i=1}^{n}X_i^2-n\overline{X}^2}=\dfrac{6{,}600-100\times 8\times 6}{10{,}000-100\times 8^2}=0.5$

$b_1=\overline{Y}-b_2\overline{X}=6-0.5\times 8=2$

따라서 $\widehat{Y}_i=2+0.5X_i$.

심화문제

1. (1) $\sum_{i=1}^{n}(\widehat{Y}_i-\overline{Y})e_i=\sum_{i=1}^{n}(b_1+b_2X_i-\overline{Y})e_i=b_1\sum_{i=1}^{n}e_i+b_2\sum_{i=1}^{n}X_ie_i-\overline{Y}\sum_{i=1}^{n}e_i=0.$

(2) $\overline{Y}=\dfrac{1}{n}\sum_{i=1}^{n}(\widehat{Y}_i+e_i)=\dfrac{1}{n}\sum_{i=1}^{n}\widehat{Y}_i=\overline{\widehat{Y}}.$

(3) $\sum_{i=1}^{n}Y_i=\sum_{i=1}^{n}(\widehat{Y}_i+e_i)=\sum_{i=1}^{n}\widehat{Y}_i.$

(4) $\sum_{i=1}^{n}X_iY_i=\sum_{i=1}^{n}X_i(\widehat{Y}_i+e_i)=\sum_{i=1}^{n}X_i\widehat{Y}_i+\sum_{i=1}^{n}X_ie_i=\sum_{i=1}^{n}X_i\widehat{Y}_i.$

(5) 절편이 있는 최소자승추정법의 정규방정식으로부터

$\sum_{i=1}^{n}e_i=0,\ \sum_{i=1}^{n}e_iX_i=0$이다.

이로부터 $\sum_{i=1}^{n}e_i\widehat{Y}_i=0$이 성립하며 1의 (2)번에서 보듯이 $\overline{\widehat{Y}}=\overline{Y}$이다.

따라서

$\sum_{i=1}^{n}(\widehat{Y}_i-\overline{\widehat{Y}})(Y_i-\overline{Y})=\sum_{i=1}^{n}(\widehat{Y}_i-\overline{\widehat{Y}})(\widehat{Y}_i+e_i-\overline{Y})$

$=\sum_{i=1}^{n}(\widehat{Y}_i-\overline{\widehat{Y}})^2$이며

또한

$$\sum_{i=1}^{n}\left(\hat{Y}_i-\overline{\hat{Y}}\right)Y_i=\sum_{i=1}^{n}\left(\hat{Y}_i-\overline{\hat{Y}}\right)\left(\hat{Y}_i+e_i\right)=\sum_{i=1}^{n}\left(\hat{Y}_i-\overline{\hat{Y}}\right)\hat{Y}_i$$

$$=\sum_{i=1}^{n}\hat{Y}_i^2-n\overline{\hat{Y}}^2=\sum_{i=1}^{n}\left(\hat{Y}_i-\overline{\hat{Y}}\right)^2$$

2. (1) (>)

$$\sum_{i=1}^{n}\left(Y_i-\overline{Y}\right)^2=\sum_{i=1}^{n}\left(\hat{Y}_i+e_i-\overline{Y}\right)^2=\sum_{i=1}^{n}\left(\hat{Y}_i-\overline{Y}\right)^2+\sum_{i=1}^{n}e_i^2+2\sum_{i=1}^{n}\left(\hat{Y}_i-\overline{Y}\right)e_i$$

이고 정규방정식으로부터 $\sum_{i=1}^{n}\left(\hat{Y}_i-\overline{Y}\right)e_i=0$이다. 일반적으로 잔차의 제곱의 합은 0보다 크므로

$$\sum_{i=1}^{n}\left(Y_i-\overline{Y}\right)^2>\sum_{i=1}^{n}\left(\hat{Y}_i-\overline{Y}\right)^2=\sum_{i=1}^{n}\left(b_1+b_2X_i-\overline{Y}\right)^2$$ 이다.

(2) (=)

OLS 추정법의 정규 방정식으로부터 잔차의 합은 0이다.

(3) (=)

$$\sum_{i=1}^{n}Y_i\hat{Y}_i=\sum_{i=1}^{n}\left(\hat{Y}_i+e_i\right)\hat{Y}_i=\sum_{i=1}^{n}\hat{Y}_i^2+\sum_{i=1}^{n}e_i\hat{Y}_i=\sum_{i=1}^{n}\hat{Y}_i^2$$

3. (1) (F) 달러로 표시한 금액을 원화로 환산할 경우, 종속변수와 설명변수 모두에 1,000이 곱해지게 된다. 최소자승법에 의한 **식 3.14**에서 기울기의 값에는 변화가 없지만 **식 3.15**에서 절편의 경우 단위가 달러일 때보다 1,000배 커진다.

(2) (F) 각 연도별로 환율이 다르기 때문에 절편은 물론 기울기 추정치도 달라진다.

(3) (T) 종속변수에 상수항을 더하면 종속변수의 표본평균 또한 상수항만큼 변하기 때문에 **식 3.14**에서 $Y_i-\overline{Y}$의 값이 불변이다. 따라서 기울기에 대한 추정치도 변하지 않는다.

4. (1) $$b_1+b_2=\frac{\sum_t (Y_t-\overline{Y})X_t}{\sum_t (X_t-\overline{X})^2}+\frac{\sum_t (Z_t-\overline{Z})X_t}{\sum_t (X_t-\overline{X})^2}$$
$$=\frac{\sum_t (Y_t+Z_t-(\overline{Y}+\overline{Z}))X_t}{\sum_t (X_t-\overline{X})^2}=\frac{\sum_t (X_t-\overline{X})X_t}{\sum_t (X_t-\overline{X})^2}=1$$

(2) $a_1+a_2=(\overline{Y}-b_1\overline{X})+(\overline{Z}-b_2\overline{X})=\overline{Y}+\overline{Z}-\overline{X}=0$

(3) $(Y_t-a_1-b_1X_t)+(Z_t-a_2-b_2X_t)=(Y_t+Z_t)-(a_1+a_2)-(b_1+b_2)X_t=0$

5. (1) 설명변수나 종속변수에 같은 값의 상수항을 더할 경우 기울기에는 아무런 변화가 없다. 즉 $a_2=b_2$이다. 따라서

$a_1=\overline{Y}+c_1-a_2(\overline{X}+c_2)=b_1+c_1-b_2c_2$이다.

(2) $a_2=b_2$

6. $\phi\equiv\sum_{i=1}^{n}(Y_i-\hat{\mu})^2$이라 하면 $\frac{d\phi}{d\mu}=-2\sum_{i=1}^{n}(Y_i-\hat{\mu})=0$가 되며 이로부터 $\hat{\mu}=\overline{Y}$이다.

* 제2장 연습문제 2번 참조.

7. (1) $\phi\equiv\sum_{i=1}^{n}e_i^2\equiv\sum_{i=1}^{n}(Y_i-bX_i)^2$으로 두면 $\frac{d\phi}{db}=-2\sum_{i=1}^{n}(Y_i-bX_i)X_i-0$ 으로부터 정규방정식을 구할 수 있다. 이로부터

$b=\frac{\sum_{i=1}^{n}X_iY_i}{\sum_{i=1}^{n}X_i^2}$을 구한다.

(2) 그러나 회귀모형에서 절편이 없기 때문에 $\sum_{i=1}^{n}e_i=0$의 식은 도출되지 않는다.

8. 최소자승 추정법 **식 3.15**에 의해 $b_1^*=\overline{Y}^*-b_2^*\overline{X}^*$인데 $\overline{Y}^*=\overline{X}^*=0$이므로 $b_1^*=0$이다. 따라서 종속변수와 설명변수를 표준화하면 회귀선은 원점을 지나게 된다.

제 4 장 단순회귀분석

연습문제

2. (1) False. 설명변수의 분산이 크다는 것은 $\sum_{i=1}^{n}(X_i-\overline{X})^2$이 크다는 것으로 이는 **식 4.6**에서 보듯이 $V(b_2)$의 값을 감소시킨다. 따라서 회귀계수 β_2에 대한 신뢰구간은 다른 조건이 일정할 때 좁아진다.

(2) False. 오차항 ε_i의 정규분포 여부는 최소자승 추정량의 분포에 관한 것으로 최소자승 추정량이 BLUE인 것과는 관계가 없다. 최소자승 추정량이 BLUE이기 위해서는 가정 1~가정 6만으로 충분하다.

(3) False. 예측에 있어서 회귀계수 β_1, β_2와 미래의 설명변수 값을 안다고 하더라도 미래의 종속변수에 영향을 미치는 오차항의 값에 대한 불확실성이 존재하므로 정확한 예측은 불가능하다. 또한 이는 **식 4.22**에서 $\sigma^2 \neq 0$인 것을 의미한다.

(4) False. 설명변수의 분산이 크다는 것은 (1)번에서 보듯이 $V(b_2)$의 값을 감소시키는 것으로 이는 최소자승 추정량 b_2의 정확도가 커짐을 의미한다.

(5) False. 설명변수의 값이 표본평균에 가까울수록 $\sum_{i=1}^{n}(X_i-\overline{X})^2$값은 작아지며 따라서 최소자승추정량의 분산은 커진다.

(6) True. 오차항의 분산이 클수록 **식 4.6**에서 보듯이 최소자승추정량의 분산이 커진다.

(7) False. 유의확률의 값이 크면 클수록 회귀계수의 값이 0이라는 가설을 기각하지 못하게 한다.

(8) True. 최소자승 추정량의 분산은 오차항 ε_i의 분포와는 상관이 없다.

(9) True. 단순회귀분석 모형에서 오차항의 분산에 대한 추정량은 $\hat{\sigma}^2 = \frac{1}{n-2}\sum_{i}^{n} e_i^2$ (e_i는 OLS 잔차항)이다. 이때 $\hat{\sigma}^2=0$이면 모든 i에 대해서 $e_i^2=0$, 즉 $e_i=0$이라는 의미이다. $Y_i=\hat{Y}_i+e_i$에서 $e_i=0$이므로 $Y_i=\hat{Y}_i$가 성립한다.

(10) False. 추정치는 표본 자료로부터 구하는 것이므로, 표본이 바뀌면 그 값도 바뀐다. 최소자승 추정량이 불편추정량이라는 것은 $E(b_2)=\beta_2$라는 것으로서 통계적인 성질을 뜻한다.

(11) True. $b_2=0$이면 독립변수가 변동해도 종속변수는 변하지 않는다. 즉 독

립변수의 변동은 종속변수의 변동을 전혀 설명하지 못하며 이는 결정계수 $R^2=0$을 의미한다. 이를 수식으로 확인해보면 $b_2=0$이면 $\hat{Y}_i=\overline{Y}$이다. 즉 $\hat{Y}_i-\overline{Y}$이므로 $\sum(\hat{Y}_i-\overline{Y})^2=0$이다. 따라서 $R^2=0$이다.

3. (1) 선형 (2) 비선형 (3) 선형 (4) 비선형 (5) 선형 (6) 비선형

4. $\sum_{i=1}^{n}(Y_i-\hat{Y}_i)(\hat{Y}_i-E(Y_i))=\sum_{i=1}^{n}e_i(\hat{Y}_i-\beta_1-\beta_2X_i)=0$

5. (1) $b_1=\overline{Y}-b_2\overline{X}=\sum_{i=1}^{n}v_iY_i$로 표현할 수 있다. 제4장 2.3절에서와 같이 $v_i=\frac{1}{n}-w_i\overline{X}$를 나타내며 **식 4.7**에서 $w_i\equiv\frac{(X_i-\overline{X})}{\sum_{i=1}^{n}(X_i-\overline{X})^2}$를 나타낸다.

(2) $E(b_1)=\sum_{i=1}^{n}v_iE(Y_i)$

$=\sum_{i=1}^{n}v_i(\beta_1+\beta_2X_i)=\beta_1\sum_{i=1}^{n}v_i+\beta_2\sum_{i=1}^{n}v_iX_i$

여기서 $\sum_{i=1}^{n}v_i=1$이 성립하며 $\sum_{i=1}^{n}v_iX_i=0$이 성립한다.

따라서 $E(b_1)=\beta_1$이 된다.

(3) $V(b_1)=\sigma^2\sum_{i=1}^{n}v_i^2$

$$\sum_{i=1}^{n}v_i^2=\sum_{i=1}^{n}\left(\frac{1}{n^2}-2\overline{X}\frac{1}{n}w_i+\overline{X}^2w_i^2\right)=\frac{1}{n}+\frac{\overline{X}^2}{\sum_{i=1}^{n}(X_i-\overline{X})^2}$$

따라서 $V(b_1)=\sigma^2\left(\frac{1}{n}+\frac{\overline{X^2}}{\sum_{i=1}^{n}(X_i-\overline{X})^2}\right)=\sigma^2\left(\frac{\sum_{i=1}^{n}X_i^2}{n\sum_{i=1}^{n}(X_i-\overline{X})^2}\right)$

이 된다.

6. (1) $b_2=0.00060$은 기온이 1도 상승함에 따라 평균적으로 오존농도는 0.0006 ppm상승함을 의미한다.

(2) $R^2=0.362$는 이 모형에서 기온의 변화가 설명하는 오존농도의 변화는 약 36.2%에 해당한다는 것을 의미한다.

(3) 기울기에 대한 $t-$통계치$=\frac{b_2}{s_{b_2}}$가 성립하므로 $3.447=\frac{0.00060}{(A)}$로부터 0.00017을 구한다.

(4) 2-t 실용기준에 의하면 t-통계치 값이 3.447로 절대값에 있어서 2보다 크므로 기온은 오존농도 발생에 중요한 변수로 판단된다.

(5) β_2에 대한 유의확률이 0.0024로 유의수준 0.05보다 작으므로 $H_0 : \beta_2=0$의 가설을 기각한다.

(6) $H_0 : \beta_2 \geq 0$에 대한 대립가설은 $H_1 : \beta_2 < 0$으로 이는 단측검정에 해당한다. 이 경우 관찰치 23개로 부터 자유도는 21이며 위 단측검정에 대한 5% 임계치는 -1.721이다. t-통계치=3.447 〉 임계치=-1.721이므로 귀무가설을 기각하지 못한다.

(7) 식 4.16에 따라 $s^2=\frac{1}{n-2}\sum_{i=1}^{n}e_i^2$의 관계가 성립하므로 $\sum_{i=1}^{n}e_i^2=(n-2)\times s^2=(23-2)\times 0.0074^2=0.00115$를 구한다.

(8) $\widehat{O3}_{94.12}=0.0074+0.00060\,TEM_{94.12}=0.0074+0.00060\times(-2)=0.0062$로 예측된다.

심화문제

1. (1)
$$R^2=\frac{\sum(\hat{Y}_i-\overline{Y})^2}{\sum(Y_i-\overline{Y})^2}$$
$$=\frac{\sum(b_1+b_2X_i-b_1-b_2\overline{X})^2}{\sum(Y_i-\overline{Y})^2}=\frac{b_2^2\sum(X_i-\overline{X})^2}{\sum(Y_i-\overline{Y})^2}$$
$$=\frac{(\sum(X_i-\overline{X})(Y_i-\overline{Y}))^2}{(\sum(X_i-\overline{X})^2)^2}\frac{\sum(X_i-\overline{X})^2}{\sum(Y_i-\overline{Y})^2}$$
$$=\gamma_{X,Y}^2$$

(4) $b=\frac{s_{XY}}{s_X^2},\ d=\frac{s_{XY}}{s_Y^2}$이므로 $b\cdot d=\frac{s_{XY}^2}{s_X^2\,s_Y^2}=\gamma_{XY}^2$.

γ_{XY}는 X와 Y의 상관계수를 나타낸다. 그런데 $|\gamma_{XY}|\leq 1$이므로 $b\cdot d\leq 1$이다.

(5) $(Y_i-\overline{Y})=(\hat{Y}_i-\overline{Y})+e_i$이다.

그러므로

$$\text{분자}=\left(\sum_{i=1}^{n}\left(Y_i-\overline{Y}\right)\left(\hat{Y}_i-\overline{Y}\right)\right)^2=\left(\sum_{i=1}^{n}\left(\hat{Y}_i-\overline{Y}\right)^2\right)^2.$$

$$\text{분모}=\sum_{i=1}^{n}\left(Y_i-\overline{Y}\right)^2\sum_{i=1}^{n}\left(\hat{Y}_i-\overline{Y}\right)^2=\left(\sum_{i=1}^{n}\left(Y_i-\overline{Y}\right)^2\right)^2.$$

따라서 $\dfrac{\left(\sum_{i=1}^{n}\left(Y_i-\overline{Y}\right)\left(\hat{Y}_i-\overline{Y}\right)\right)^2}{\sum_{i=1}^{n}\left(Y_i-\overline{Y}\right)^2\sum_{i=1}^{n}\left(\hat{Y}_i-\overline{Y}\right)^2}=\left(\dfrac{\sum_{i=1}^{n}\left(\hat{Y}_i-\overline{Y}\right)}{\sum_{i=1}^{n}\left(Y_i-\overline{Y}\right)^2}\right)^2=R^2$이 된다.

2. (1) 주어진 문제로부터

$$\overline{X}=\frac{1}{100}\sum_{i=1}^{100}X_i=\frac{80}{100}=0.8,\quad \overline{Y}=\frac{1}{100}\sum_{i=1}^{100}Y_i=\frac{1}{100}\left(80\,\overline{Y}_{male}+20\,\overline{Y}_{female}\right)=1.8$$

을 구할 수 있다.

따라서 $b_1=\overline{Y}-b_2\overline{X}=1.8-0.8=1$.

(2) $\sum_{i=1}^{100}X_i^2=80$ 이며 $\sum_{i=1}^{100}X_i^2-100(\overline{X})^2=80-100(0.8)^2=16$이다.

따라서

$$b_2=\frac{\sum_{i=1}^{100}\left(Y_i-\overline{Y}\right)X_i}{\sum_{i=1}^{100}\left(X_i-\overline{X}\right)^2}$$

$$=\frac{\sum_{i=1}^{80}\left(Y_i-\overline{Y}\right)\times 1+\sum_{i=81}^{100}\left(Y_i-\overline{Y}\right)\times 0}{\sum_{i=1}^{100}X_i^2-100\overline{X}^2}=\frac{\sum_{i=1}^{80}\left(Y_i-\overline{Y}\right)}{\sum_{i=1}^{100}X_i^2-100\overline{X}^2}$$

이다.

(3)

$$R^2=\frac{\sum\left(\hat{Y}_i-\overline{Y}\right)^2}{\sum\left(Y_i-\overline{Y}\right)^2}=b_2^2\frac{\sum X_i^2-100\overline{X}^2}{\sum Y_i^2-100\,\overline{Y}^2}=\frac{80-100(0.8)^2}{632+100-100(1.8)^2}=\frac{2}{51}$$

3. (1) 제3장 5번 문제 해답으로부터

$$b^* = \frac{\sum_{i=1}^{n} X_i Y_i}{\sum_{i=1}^{n} X_i^2}$$

(2) $k_i = \dfrac{X_i}{\sum_{i=1}^{n} X_i^2}$ 로 둔다면 $b^* = \sum_{i=1}^{n} k_i Y_i$로 표현된다.

$$E(b^*) = \sum_{i=1}^{n} k_i \beta X_i = \beta \sum_{i=1}^{n} k_i X_i = \beta$$

(3) $V(b^*) = \sigma^2 \sum_{i=1}^{n} k_i^2 = \sigma^2 \dfrac{\sum_{i=1}^{n} X_i^2}{\left(\sum_{i=1}^{n} X_i^2\right)^2} = \dfrac{\sigma^2}{\sum_{i=1}^{n} X_i^2}$

(4) 이 모형에서는 절편이 존재하지 않음으로 표본회귀선이 $(\overline{X}, \overline{Y})$점을 지난다는 것을 보장받지 못한다.

(5) $E(b^*) = \sum_{i=1}^{n} k_i (\alpha + \beta X_i) = \alpha \dfrac{\sum_{i=1}^{n} X_i}{\sum_{i=1}^{n} X_i^2} + \beta \neq \beta$

4. β_1에 대한 OLS 추정량을 구하면 $\hat{\beta}_1 = \overline{Y}$이며 $\hat{Y}_i - \overline{Y} = \hat{\beta}_1 - \hat{\beta}_1 = 0$이다. 따라서 결정계수 공식 **식 4.12**의 분자의 값이 0이므로 결정계수 $R^2 = 0$이다.

5. (1) 타당하지 않다. t-ratio를 구해보면 그 값이 $\dfrac{0.000045}{0.000015} = 3$이며, p-value의 값이 실질적으로 0이므로 계수가 0과 유의적으로 다르다. 즉 변수 X의 영향은 유의적이다.

이는 차후 제6장에서 설명하는 바와 같이 회귀분석에서 독립변수와 종속변수의 단위를 변환함에 따라 회귀계수의 추정치의 값은 달라지나 t-통계치와 유의확률, 결정계수의 값은 변하지 않는다. 이러한 바는 어떤 특정 독립변수가 유의적인지 아닌지는 회귀계수의 추정치의 크기가 아니라 t-통계치, 유의확률 등의 통계적인 추론을 통해 설명되기 때문이다.

(2) ① Y_i에 1이 더해지면 $\overline{Y}$와 $\hat{Y}_i$에도 1만큼 더해진다. 따라서 $Y_i - \overline{Y}$, $\hat{Y}_i - \overline{Y}$ $(i=1, 2, \cdots, n)$ 모두 그 값이 변하지 않는다. 그러므로 결정계수의 값은 0.40으로 일정하다.

② 종속변수에 1만큼 더해지면 상수항에 대한 추정량 또한 1만큼 커진다. 상수항에 대한 새로운 추정량을 $b_1{}^*$이라 하면 $\hat{V}(b_1{}^*) = \hat{V}(b_1+1) = \hat{V}(b_1)$이다. 따라서 표준오차도 2.5로 일정하다.

6. (1) $\overline{W}=0, \overline{Z}=0$이므로

$$b_2^* = \frac{\sum(W_i-\overline{W})(Z_i-\overline{Z})}{\sum(Z_i-\overline{Z})^2} = \frac{\sum(Y_i-\overline{Y})(X_i-\overline{X})}{\sum(X_i-\overline{X})^2} = b_2\text{이다.}$$

(2) $\overline{W}=0, \overline{Z}=0$ 이므로 $b_1^* = \overline{W} - b_2^*\overline{Z} = 0$이다.

(3) $e_i = Y_i - (b_1 + b_2X_i) = Y_i - \overline{Y} - b_2(X_i - \overline{X}) = W_i - b_2^*Z_i = e_i^*$

(4) 잔차 $e_i = e_i^*$로 같으므로 잔차의 제곱합 또한 같다. 따라서 $\hat{\sigma}^2 = \hat{\sigma}^{*2}$이다.

(5) 잔차의 제곱합이 같으므로 결정계수 또한 $R^2 = R^{*2}$로 같다.

7. (1) $s^2 = \frac{1}{n-2}\sum_{i=1}^{52} e_i^2 = 2.05$이므로

$\sum_{i=1}^{52} e_i^2 = (n-2)\times 2.05 = 50 \times 2.05 = 102.5$를 구한다.

(2) $s_{b_2}^2 = \frac{s^2}{\sum_{i=1}^{52}(X_i-\overline{X})^2}$, $\sum_{i=1}^{52}(X_i-\overline{X})^2 = \frac{s^2}{s_{b_2}^2} = \frac{2.05}{0.00088} = 2329.55$.

(3) $\overline{Y} = b_1 + b_2\overline{X}$, $b_1 = \overline{Y} - b_2\overline{X} = 14.07 - 0.15 \times 68.14 = 3.85$.

(4) $e_i = Y_i - (b_1 + b_2X_i) = 12.28 - (3.85 + 0.15 \times 58.3) = -0.32$.

8. (1) (A) 절편 $b_1 = \overline{Y} - b_2\overline{X} = 8.322 - 0.089 \times 3.210 = 8.036$

(B) $t-stat(b_2) = \frac{b_2}{s_{b_2}}$로부터 $s_{b_2} = \frac{b_2}{t-stat(b_2)} = \frac{0.089}{7.877} = 0.011$

(D) $s^2 = \frac{1}{n-2}\sum_{i=1}^{n} e_i^2$로부터

$$\sum_{i=1}^{n} e_i^2 = (n-2) \times s^2 = (119-2) \times 0.501^2 = 29.367$$을 구한다.

(2) 절편 b_1에 대한 t-통계치 값은

$t-stat(b_1) = \dfrac{b_1}{s_{b_1}} = \dfrac{8.036}{0.059} = 136.203$은 117의 자유도에서 5% 유의수준에서의 임계치 1.98보다 절대값이 크므로 $H_0 : \beta_1 = 0$의 귀무가설을 기각한다.

(3) $H_0 : \beta_2 \geq 0.05$의 가설을 검정하기 위한 검정통계량 값

$t = \dfrac{b_2 - \beta_2^0}{s_{b_2}} = \dfrac{0.089 - 0.05}{0.011} = 3.545$이며 이는 5% 유의수준에서의 임계치 -1.658보다 크므로 귀무가설을 기각하지 못한다.

(4) 주어진 정보에서 기울기 b_2에 대한 t-통계치 값은 7.877로 이는 5% 유의수준에서의 임계치 1.98보다 크므로 기울기 b_2에 대한 유의확률(p-value)은 0.05보다 작다.

(5) $LOG(\widehat{MONEY_i}) = 8.036 + 0.089 \times 8 = 8.748$

(6) 결정계수 값 $R^2 = 0.347$에 대한 해석은 log로 환산한 투수 연봉 변화의 약 34.7%를 승리게임수 변동이 설명한다. 즉 승리게임수가 설명하는 종속변수의 변동은 약 34.75이다.

제 5 장 다중회귀분석

연습문제

2. (1) False. 설명변수의 수가 증가하면 잔차항 제곱의 합 $\sum_{i=1}^{n} e_i^2$는 감소하게 되지만 k의 증가에 따라 **식 5.9**에서 보듯이 $\overline{R}^2$값이 증가할 수도, 감소할 수도 있다. 증가 · 감소의 여부는 추가되는 설명변수의 유의성에 달려있다. 따라서 $\overline{R}^2$값이 항상 증가하는 것은 아니다.

(2) False. 제약조건의 성립 여부에 상관없이 $R_R^2 < R_U^2$이다. 단지 두 값의 차이의 크기는 제약조건의 성립 여부에 달려있다.

3. (1) $H_0 : \beta_3 = 0$ 가설에 대한 t-통계치는 $t-stat(b_3) = \frac{b_3}{s_{b_3}} = \frac{1.48}{0.70} = 2.11$은 n-4=89일 때 5% 임계치(60의 자유도에서는 2.00, 120의 자유도에서는 1.98)보다 절대값에서 크므로 귀무가설을 기각한다.

(2) **식 5.14**에 의해

$$F = \frac{R^2/(k-1)}{(1-R^2)/(n-k)} = \frac{0.302/(4-1)}{(1-0.302)/(93-4)} = 12.84$$를 구한다.

(3) **식 5.9**에 의해

$$\overline{R}^2 = 1-(1-R^2)\frac{n-1}{n-k} = 1-(1-0.302)\frac{93-1}{93-4} = 0.278$$을 구한다.

(4) $H_0 : \beta_2 = \beta_3 = \beta_4 = 0$에 대한 F-통계치 값이 (2)에서 12.84를 구하였다. 이는 5% 유의수준에서 3과 89의 자유도를 갖는 임계치 (3과 60의 자유도에서 임계치 2.76, 3과 120의 자유도에서 임계치 2.68)보다 크므로 귀무가설을 기각한다.

4. (1) $H_0 : \beta_1 = 0$ 가설에 대한 통계치는 $t-stat(b_1) = \frac{b_1}{s_{b_1}} = \frac{-14.47}{16.27} = -0.89$는 절대값에 있어서 5% 유의수준에서 자유도 86의 임계치 2.0보다 작으므로 귀무가설을 기각하지 못한다.

(2) $H_0 : \beta_2 = 1$ 가설에 대한 통계치는 $t-stat = \frac{b_2 - 1}{s_{b_2}} = \frac{0.976-1}{0.049} = -0.490$이다. 이는 절대값에 있어서 5% 유의수준에서 자유도 86의 임계치 2.0보다 작으므로 귀무가설을 기각하지 못한다.

(3) $H_0 : \beta_1 = 0, \beta_2 = 1$의 제약조건하에서 위 모형은 $price_i = assess_i + \epsilon_i$가 된다. 이 제약조건하에서 잔차 제곱합 $\sum_{i=1}^{88}(price_i - assess_i)^2 =$ 209,448.99이다. 제5장, **식 5.23**으로부터

$$F = \frac{(RSS_R - RSS_U)/J}{RSS_U/(n-k)} = \frac{(209{,}448.99 - 165{,}644.51)/2}{165{,}644.51/(88-2)} = 11.371$$을 구한다.

이는 5% 유의수준에서 2와 86의 자유도를 가지는 F-분포의 임계치 3.15보다 크므로 귀무가설을 기각한다.

(4) 결정계수를 이용하여 $H_0 : \beta_3 = \beta_4 = \beta_5 = 0$을 검정하기 위해서는 **식 5.19**에 의한 결과

$$F=\frac{(R_U^2-R_R^2)/J}{(1-R_U^2/(n-k)}=\frac{(0.829-0.820)/3}{(1-0.829)/(88-5)}=1.456$$ 을 구한다.

이는 5% 유의수준에서 3과 83의 자유도를 갖는 F-분포의 임계치 2.76보다 작으므로 귀무가설을 기각하지 못한다.

심화문제

1. (1) 이 문제에서 일반적인 모형을 $Y_i=\beta_1+\beta_2X_{2i}+\beta_3X_{3i}+\beta_4X_{4i}+\varepsilon_i$이라고 표현하면, 제약된 모형은 $Y_i=\alpha_1+\alpha_2X_{2i}+\alpha(X_{3i}+X_{4i})+\varepsilon_i$이다. 두 모형을 비교하면 $\alpha_1=\beta_1$, $\alpha_2=\beta_2$이며 $\beta_3=\beta_4(\equiv\alpha)$이다.

   따라서 검정가능한 가설은 $H_0:\beta_3=\beta_4$.

   (2) (1)의 가설은 $H_0:\beta_3-\beta_4=0$의 가설로 이는 회귀계수의 선형결합에 대한 가설검정에 해당한다. **식 5.24**에 주어진 정보를 대입하면

   $F=\dfrac{(RSS_R-RSS_U)/J}{RSS_U/(n-k)}=\dfrac{(64-60)/1}{60/(124-4)}=8.0$을 구할 수 있으며 이는 유의수준 5%에서 1과 120의 자유도를 갖는 F-분포의 임계치 6.85보다 크므로 귀무가설은 기각된다.

2. 두 회귀분석 결과를 비교하여 보면 변수 Z가 누락되었거나 포함되어 있음을 알 수 있다. 기본모형을 $Y_i=\beta_1+\beta_2X_i+\beta_3Z_i+\varepsilon_i$로 둘 경우 $H_0:\beta_3=0$의 가설을 검정할 수 있는 모형이다.

   이에 대한 가설검정 절차로는 제5장 4.4절의 회귀계수의 일부분에 대한 가설검정과 또한 4.2절의 개별 회귀계수에 대한 가설검정을 들 수 있다.

   ① 회귀계수 일부분에 대한 가설검정의 F-통계치 값을 계산하면

   $$F=\frac{(R_U^2-R_R^2)/J}{(1-R_U^2)/(n-k)}=\frac{(0.7706-0.6149)/1}{(1-0.7706)/(n-3)}$$

   ② 개별 회귀계수에 대한 가설검정에서의 t-통계치 값을 계산하면 $t=2.9712$

   ①의 통계치는 ②의 통계치의 제곱이므로

   $\dfrac{(0.7706-0.6149)/1}{(1-0.7706)/(n-3)}=2.9712^2$으로부터 n=16을 구한다.

3. 모집단 회귀식에 $\beta_1 = \beta_3$, $\beta_2 = 1$의 제약조건을 대입하면

$$Y_i - X_{2i} = \beta_1(1 + X_{3i}) + \beta_4 X_{4i} + \varepsilon_i$$

가 된다. 따라서 $(Y - X_2)$의 종속변수를 $(1 + X_3)$와 X_4에 대해 회귀분석하여 잔차항 제곱합 RSS_R을 구하고, 대립가설 하에서 Y의 종속변수를 상수항과 X_2, X_3, X_4의 설명변수에 회귀분석하여 RSS_U의 잔차항 제곱합을 구하여 **식 5.24**의 절차를 적용하여 검정한다.

4. $\beta_2 + \beta_3 = \alpha$이고 $\beta_2 + \beta_4 = \alpha$가 성립한다면 $\beta_3 = \alpha - \beta_2$이며 $\beta_4 = \alpha - \beta_2$가 된다. 따라서 이러한 경우 모집단 회귀식은

$$Y_i = \beta_1 + \beta_2(X_{2i} - X_{3i} - X_{4i}) + \alpha(X_{3i} + X_{4i}) + \varepsilon_i$$

가 된다. 따라서 이 모형을 추정하기 위해서는 종속변수 Y를 상수항과 설명변수 $(X_2 - X_3 - X_4)$와 $(X_3 + X_4)$에 대해 회귀분석하면 된다.

5. (1) **식 5.9**에서 보듯이 결정계수 R^2와 조정된 결정계수 $\overline{R^2}$간에는 다음의 관계가 있다.

$$\overline{R^2} = 1 - (1 - R^2)\frac{n-1}{n-k} = 1 - (1 - 0.9776)\frac{20-1}{20-3} \approx 0.9750$$

(2) 회귀식 (B)는 회귀식 (A)로부터 독립변수 X_3를 제외한 결과로 두 회귀식을 비교한 결과, 우리는 $H_0 : \beta_3 = 0$의 가설을 검정할 수 있다. 이 가설에 대한 검정방법으로는 제5장 심화문제 2번과 마찬가지로 **식 5.12**의 t-통계치를 이용한 방법과 **식 5.19**의 F-통계치를 이용한 방법을 들 수 있다.

우선 **식 5.19**의 방법을 적용한 결과,

$$F = \frac{(R_U^2 - R_R^2)/J}{(1 - R_U^2)/(n-k)} = \frac{(0.9776 - 0.9388)/1}{(1 - 0.9776)/(20-3)} = 29.45$$

를 구하였다.

또한 **식 5.12**의 방법을 적용한 결과,

$$t = \frac{-23.195}{s_{b_3}}$$

을 구할 수 있다.

그런데 두 통계치 간에는 $F=t^2$의 관계가 성립하므로 이로부터 $s_{b_3}=$ 4.2750을 구할 수 있다.

6. (1) 회귀분석 결과 (B)를 정리하면 다음 식과 같다.

$$Y_i = b_1^* + b_2^* X_{2i} + b_3^* X_{3i} + (1 - b_2^* - b_3^*) X_{4i} + e_i$$

이 결과를 원래 회귀모형 (A)와 비교하면

$H_0 : \beta_2 + \beta_3 + \beta_4 = 1,\ H_1 : \beta_2 + \beta_3 + \beta_4 \neq 1$의 가설을 도출할 수 있다.

(2) 위 귀무가설은 (A), (B) 회귀분석에서의 잔차제곱합을 이용하여 다음과 같이 검정할 수 있다.

$$F = \frac{(RSS_R - RSS_U)/J}{RSS_U/(n-k)} = \frac{(57.25 - 56.96)/1}{56.96/(65-4)} = 0.311$$

이 F-통계치 값=0.311은 5% 유의수준에서 1과 61의 자유도에서의 F-분포의 임계치 4.00보다 작으므로 귀무가설을 기각하지 못한다.

7. (1) **식 4.12**로부터

$$R^2 = 1 - \frac{\left(\sum_{i=1}^{n} e_i^2\right)}{\left(\sum_{i=1}^{n} \left(Y_i - \overline{Y}\right)^2\right)} = 1 - \frac{18.48}{109.6 + 18.48} = 0.856$$

(2) **식 5.9**로부터

$$\overline{R^2} = 1 - \frac{\left(\sum_{i=1}^{n} e_i^2\right)/(n-k)}{\left(\sum_{i=1}^{n} \left(Y_i - \overline{Y}\right)^2\right)/(n-1)} = 1 - \frac{18.48/(30-4)}{(109.6 + 18.48)/(30-1)} \approx 0.839$$

8. (1) (A), (B) 식을 비교한 결과 $H_0 : \beta_2 = -1, \beta_3 = 0$이라는 가설이 설정되었음을 알 수 있다.

(2) 제약식 2개를 동시에 검정해야하므로 F 검정을 실시해야한다. F 검정을

위한 검정통계량 값은 **식 5.24**로부터

$$F = \frac{(0.6788 - 0.4277)/2}{0.4277/17} = 4.9903 \text{이다.}$$

$F(2, 17; 0.05) = 3.59$이므로 귀무가설을 기각한다.

제 6 장 선형회귀모형의 응용

연습문제

2. (1) True. **식 6.3**에서 $w_1 = w_2$이므로 항상 $b_2^* = b_2$가 성립한다.

 (2) True. $b_2^* = \dfrac{1}{w_2} b_2$로 변화하지만 R^2값은 영향을 받지 않는다.

 (3) False. (0, 1)의 가변수 대신에 (0, 2)의 가변수를 사용하면 γ의 추정치의 값은 절반이 된다.

3. (1) 로그-로그 모형의 해석에 따라 0.257은 매출액(Sales)이 1% 증가할 때 CEO의 임금은 약 0.257% 증가함을 의미한다.

 (2) 원 단위로 환산한 임금을 Wage-new라고 한다면

$$\log(Wage - new_i) = 3 + \log(Wage_i)$$

 의 관계에 있다.
 이 관계를 추정식에 대입하면

$$\log(Wage - new_i) - 3 = 4.822 + 0.257 \log(Sales_i) + e_i$$
$$\Rightarrow \log(Wage - new_i) = 3 + 4.822 + 0.257 \log(Sales_i) + e_i$$

 가 되어 기울기의 추정치는 변화시키지 않으나 절편은 7.822가 된다.

4. 식 (A)의 결과에서 남자의 경우 $\widehat{Y}_i = 1.2 + 0.7X_i$, 여자의 경우 $\widehat{Y}_i = -0.8 + 0.5X_i$가 된다.

 식 (B)의 결과에서는 남자의 경우 $\widehat{Y}_i = b_1 + b_3 X_i$, 여자의 경우 $\widehat{Y}_i = (b_1 + b_2) + (b_3 + b_4) X_i$

 따라서 $b_1 = 1.2, b_2 = -2, b_3 = 0.7, b_4 = -0.2$

심화문제

1. (1) 연간 임금의 1단위, 즉 1원 증가에 따라 소비는 90% 증가한다.

(2) 12×0.9=10.8

(3) 3으로 변함없다.

2. (1) 이 결과에서 동일 특목고 출신 여학생과 남학생 간의 수능점수 차이를 나타내는 것은 female 변수의 기울기이다. 따라서 특목고 출신 여학생이 특목고 출신 남학생보다 4.51점 높으며 이는 4.53/0.43=10.49로 t-통계치 값이 통계적으로 유의한 값을 갖는다.

(2) 특목고 출신 남학생과 일반고 출신 남학생 간의 수능점수의 차이를 나타내는 것은 gns 변수의 기울기이다. 따라서 일반고 출신 남학생은 특목고 출신 남학생보다 수능점수가 16.98점 낮으며 이는 16.98/1.27=13.37로 t-통계치 값이 통계적으로 유의한 값을 갖는다.

(3) 이는 제6장 1절에서 보듯이 독립변수와 종속변수에 있어서 자료의 단위 변환은 회귀계수와 표준오차 값은 변화시키나 t-통계치, 유의확률 및 결정계수 R^2값은 변화시키지 않는다. 따라서 $R^2=0.0858$이다.

(4) 위 모형에서 만일 csize의 제곱변수($csize^2$)가 없다면 이는 csize에 대해 선형인 모형으로 학급당 학생수($csize$)가 증가함에 따라 수능점수는 선형인 형태로 항상 동일한 점수만큼 증가하는 것을 의미한다. 그러나 csize의 제곱변수($csize^2$)를 포함함에 따라 학생수가 증가함에 따라 수능점수는 증가하다가 감소(혹은 감소하다가 증가)하는 비선형인 형태를 보일 뿐 아니라 수능점수의 변화폭 또한 학생수에 따라 일정하지 않음을 의미하고 있다. 추정결과 회귀식을 csize에 대해 미분하면 19.30-4.38csize를 구할 수 있다. 따라서 학급당 학생수($csize$)가 증가함에 따라 수능점수는 처음에는 증가하다가 대략적으로 학생수가 4.4(=19.30/4.38)를 초과하면 학생수의 증가에 따라 수능점수는 오히려 감소하는 패턴을 보이고 있다.

3. 회귀식 (A)에서의 결과를 분기별로 정리하면 다음과 같다.

1분기: $\hat{Q}=68.5-0.01P+0.2Y$

2분기: $\hat{Q}=73.6-0.01P+0.2Y$

3분기: $\hat{Q}=74.7-0.01P+0.2Y$

4분기: $\hat{Q}=70-0.01P+0.2Y$

마찬가지 방법으로 회귀식 (B)에서의 결과를 분기별로 정리하면 다음과 같다.

1분기: $\hat{Q}=a_1+a_2P+a_3Y$

2분기: $\hat{Q}=(a_1+a_4)+a_2P+a_3Y$

3분기: $\hat{Q}=(a_1+a_5)+a_2P+a_3Y$

4분기: $\hat{Q}=(a_1+a_6)+a_2P+a_3Y$

두 결과를 비교하면 다음의 값을 구할 수 있다.

$a_1=68.5,\ a_2=-0.01,\ a_3=0.2,\ a_4=5.1,\ a_5=6.2,\ a_6=1.5$

4. (1) **식 4.12**로부터

$$R^2=1-\frac{\left(\sum_{t=1}^{76}e_t^2\right)}{\left(\sum_{t=1}^{76}\left(Y_t-\overline{Y}\right)^2\right)}=1-\frac{32.75}{213.6+32.75}\approx 0.867$$

또한, **식 5.9**로부터

$$\overline{R^2}=1-\frac{\left(\sum_{t=1}^{76}e_t^2\right)/(n-k)}{\left(\sum_{t=1}^{76}\left(Y_t-\overline{Y}\right)^2\right)/(n-1)}=1-\frac{32.75/(76-4)}{(213.6+32.75)/(76-1)}\approx 0.862$$

(2) 새 모형을 식으로 표현하면 다음과 같다.

$$Y_t=\beta_1+\beta_2+X_t+\beta_3Z_t+\beta_4W_t+\gamma_1D_{1t}+\gamma_2D_{2t}+\gamma_3D_{3t}+\epsilon_t$$

새 모형의 결정계수를 구하면

$$R^2=\frac{\left(\hat{Y}_t-\overline{Y}\right)^2)}{\left(\sum_{t=1}^{76}\left(Y_t-\overline{Y}\right)^2\right)}=\frac{232.6}{213.6+32.75}\approx 0.944\text{이다.}$$

문제에서 질문은 $H_0:\gamma_1=\gamma_2=\gamma_3=0$로 표현된다.

교과서 제5장 4.4 회귀계수의 일부분에 대한 가설검정에서의 설명에 따라 **식 5.19**를 적용하면

$$F = \frac{(R_U^2 - R_R^2)/J}{(1-R_U^2)/(n-k)} = \frac{(0.944-0.867)/3}{(1-0.944)/(76-7)} = 31.625$$

이는 5% 유의수준에서 자유도 3과 69의 F-분포의 임계치 2.76보다 크므로 귀무가설은 기각된다.

(3) 새 모형에서의 잔차 제곱합은 위에서

$$\sum_{t=1}^{76}\left(Y_t - \overline{Y}\right)^2 = 246.35, \sum_{t=1}^{76}\left(\widehat{Y}_t - \overline{Y}\right)^2 = 232.6$$

을 구하였다. 따라서

$$\sum_{t=1}^{76} e_t^2 = \sum_{t=1}^{n}\left(Y_t - \overline{Y}\right)^2 - \sum_{t=1}^{76}\left(\widehat{Y}_t - \overline{Y}\right)^2 = 246.35 - 232.6 = 13.75$$ 이다.

5. (1) **식 5.9**로부터

$$\overline{R^2} = 1-(1-R^2)\frac{n-1}{n-k} = 1-(1-0.512)\frac{93-1}{93-6} = 0.483$$

(2) $H_0 : R^2 = 0$를 검정하기 위한 통계량은 **식 5.14**에 의해

$$F = \frac{R^2/(k-1)}{(1-R^2)/(n-k)} = \frac{0.512/(6-1)}{(1-0.512)/(93-6)} = 18.25$$

를 구한다. 이는 5% 유의수준에서 5와 87의 자유도를 갖는 F-분포의 임계치 2.37보다 크므로 귀무가설을 기각한다.

(3) $H_0 : \beta_2 = 0$의 가설에 대한 통계량은 $t = \frac{b_2}{s_{b_2}} = \frac{660.0}{215.66} = 3.06$은 5% 유의수준에서 87의 자유도를 갖는 t-분포의 임계치 2.00보다 크므로 기각한다.

(4) $H_0 : \beta_6 = 0$의 가설에 대한 통계량은 $t = \frac{b_6}{s_{b_6}} = \frac{3.92}{1.32} = 2.42$은 5% 유의수준에서 87의 자유도를 갖는 t-분포의 임계치 2.00보다 크므로 기각한다.

(5) $H_0 : \beta_2 = \beta_6 = 0$의 가설을 검정하기 위한 통계량은 **식 5.19**에 의해

$$F=\frac{(R_U^2-R_R^2)/J}{(1-R_U^2)/(n-k)}=\frac{(0.512-0.302)/2}{(1-0.512)/(93-6)}=18.72$$를 구한다.

이는 5% 유의수준에서 2와 87의 자유도를 갖는 F-분포의 임계치 3.15보다 크므로 귀무가설을 기각한다.

(6) 남자의 봉급수준 추정식:

$$\hat{Y}_i= (3551.39+660.0)+89.53\,ED_i+1.29EXP_i+(22.21+3.92)\,TEN_i,$$

여자의 봉급수준 추정식:

$$\hat{Y}_i= 3551.39+89.53\,ED_i+1.29EXP_i+22.21\,TEN_i,$$

(7) $\hat{Y}_{계량이} = 3551.39+89.53\times 12+1.29\times 52+22.21\times 3 = 4759.46$

제7장 모형의 설정 및 검정

연습문제

1. (2) '누락변수로 인한 편의' 설명변수의 계수의 추정치의 평균이 누락변수를 포함한 '참모형'에서 모계수와 일치하지 않는 현상을 말한다.

(3) 부적합한 변수; 종속변수를 설명하는 데 있어서 통계적으로 유용하지 않은 변수를 말하며 부적합한 변수가 포함된 회귀분석과 포함되지 않은 회귀분석의 결과를 활용한 F-검정에서 포함되지 않은 모형이 '참모형'이라는 가설을 기각하지 못할 때 그 변수들을 부적합한 변수라 한다.

(4) 정보기준; 적절한 모형을 선택하는 기준으로서 설명변수를 많이 포함하면 무조건 모형의 정확도인 R^2가 높아지는 현상을 감안하여서 설명변수의 개수가 많아지는 것, RSS가 높아지는 것에 대해서 동시에 벌점을 부과하는 기준을 말한다.

2. (1) True. 설명변수가 증가하면 RSS는 낮아지고 따라서 R^2는 높아진다(다만, 조정된 결정계수, $\overline{R}^2$는 낮아질 수 있다).

(2) True. 부적합한 변수의 추가는 OLS 추정치의 편의를 발생시키지 않는다. 그리고 일치성에도 영향을 주지 않는다.

(3) True. RSS는 설명변수가 추가되면 낮아진다. 따라서 설명변수의 수가 줄었다면 RSS는 커지게 된다.

(4) False. 좋은 모형의 기준, (1.1)에서 보듯이 모형은 단순해야 한다. 설명력이 있고 이론적으로 필요한 변수만 포함하는 것이 적절하다.

심화문제

1. (1) True. 누락변수의 문제를 다루는 **식 7.7**에서

$E(a_2)=\beta_2+\beta_3\frac{s_{XZ}}{s_X^2}$의 관계가 성립한다. 여기서 $\beta_3>0$이고 공분산 $s_{XZ}<0$ 혹은 상관계수 $\gamma_{XZ}<0$이면 $E(\hat{a_2})<\beta_2$가 된다. 즉 하향편의가 발생한다.

(2) True. 위 (1)번 문제와 마찬가지로 만일 X와 Z가 독립이라면 $E(\hat{a_2})=\beta_2$이 된다. 따라서 이러한 경우 변수 Z를 누락하여 Y를 상수항과 X에 대해 단순 회귀 분석한다고 하더라도 누락변수로 인한 편의는 발생하지 않는다.

2. 이 문제에서는 $\beta_3\neq 0$ 이어 변수 X_i^2이 적합한 변수인데 이를 누락하여 추정하였으므로 $Y_i=b_1+b_2X_i+e_i$의 추정에서는 누락변수로 인한 편의가 발생하게 된다. 따라서 $E(b_2)\neq\beta_2$이다.

3. (1) **식 7.6**에서 $a_2=b_2+b_3\frac{s_{XZ}}{s_X^2}$의 관계가 성립한다. 여기서 상관계수 $\gamma_{XZ}=0$ 혹은 공분산 $s_{XZ}=0$이면 $a_2=b_2$가 성립한다. 그러나 $a_1=\overline{Y}-a_2\overline{X}$이며 $b_1=\overline{Y}-b_2\overline{X}-b_3\overline{Z}$가 되어 $\overline{Z}=0$이라는 보장이 없으므로 $a_1=b_1$이 성립한다고 할 수 없다.

(2) 마찬가지 방법으로 $d_3=b_3$이나 $d_1=b_1$이 성립한다고 할 수 없다.

(3) **식 7.14**를 이 문제에 적용하면 $V(b_2)=\frac{V(a_2)}{1-\gamma_{XZ}^2}$, $V(b_3)=\frac{V(d_3)}{1-\gamma_{XZ}^2}$가 각각 성립한다. 주어진 문제에서 X와 Z간의 상관계수 값 $\gamma_{XZ}=0$이므로 $V(a_2)=V(b_2), V(d_3)=V(b_3)$가 성립한다.

4. (1) 모형 (1), (2)의 차이는 MALE변수의 추가이다. 추가된 변수, MALE의 계수 추정치는 통계적으로 유의하다. 즉 MALE계수가 0이라는 가설을 t-검정을 통해 살펴보면 (본 회귀분석의 결과는 표준오차가 괄호 안에 보고되어 있음으로 계수의 추정치 6.776에서 표준오차의 2.809로 나누면 t-검정치인 2.412를 구할 수 있다.) t-검정치가 2.412임으로 표본의 수가 92로서 t-분포 표의 유의수준 5% 임계치인 1.96보다 큰 값임으로 기각된다. 또는 회귀분석 표에

서 **표시되어 있어 유의수준 5%에서 계수가 0이라는 가설이 기각됨을 표시하고 있다. 따라서 MALE변수는 불필요한 변수가 아니다. 그러므로 모형 (2)가 더 좋은 모형일 것이다.

(2) 모형 (2)가 적절한 모형 혹은 '참모형'일 것임으로, 모형 (1)은 누락변수가 있는 모형이다. 따라서 모형 (1)에서의 AGE의 계수의 추정치는 '누락변수의 편의'로 인해 불편추정량이 아니다.

(3) F-검정치는 수식 5.19 $F-stat=\dfrac{(RSS_R-RSS_U)/J}{RSS_U/(n-k)}$를 적용하면 된다. $RSS_U=7649.524$, $RSS_R=8149.776$라고 주어졌으며, MALE 변수 하나만 빠진 것이 제한된 모형임으로 $J=1$이다. 표본수는 92개이며 제한되지 않은 모형은 모형 (2)임으로 설명변수의 개수, k는 3개이다. 따라서 F-검정치는 5.82이다.

제 8 장 다중공선성

연습문제

2. (1) False. 설명변수 간의 다중공선성의 문제는 자료에 관한 문제이며 모집단 회귀함수의 특성과는 관계가 없다. 따라서 다중공선성은 모형의 고전적인 가정과는 관계가 없으므로 다중공선성이 발생한다고 해도 Gauss-Markov 정리에는 영향을 미치지 않는다.

(2) False. (1)번 문제와 마찬가지로 다중공선성의 문제는 최소자승추정량의 불편성에는 아무런 영향이 없다.

(3) False. (1)번 문제와 마찬가지로 다중공선성의 문제는 최소자승추정량의 효율성에는 아무런 영향이 없다.

(4) False. 다중공선성은 최소자승추정량의 분산을 크게 만드는 경향이 있으나 가설검정 절차에는 아무런 영향을 미치지 못하므로 t-검정이나 F-검정은 유효하다.

(5) True. 다중공선성이란 설명변수 간의 상관 정도에 대한 것으로 단순회귀분석에서는 다중공선성의 문제가 발생하지 않는다.

심화문제

1. log-log모형으로 Y를 상수항과 X, X^2에 대해 회귀분석하는 모형을 설정하면 회귀식은 다음과 같다.

$\ln(Y_i) = \beta_1 + \beta_2 \ln(X_i) + \beta_3 \ln(X_i^2) + \epsilon_i$

위 식에서 $\ln(X_i^2) = 2\ln(X_i)$가 되므로 $\ln(X_i), \ln(X_i^2)$간에 완전공선성이 발생하여 회귀계수를 추정하지 못하는 문제가 발생한다.

2. 새로운 모형 $Y_t = \beta_1 + \beta_2 M_t + \beta_3 M_{t-1} + \beta_4 \Delta M_t + \varepsilon_t$에서 설명변수들 간에는 $\Delta M_t = M_t - M_{t-1}$의 관계가 성립하여 세 변수들 간에 완전공선성이 발생한다.

3. (1) $H_0 : \beta_2 = \beta_3 = 0$의 가설을 검정하는 문제는 모형의 적합도에 대한 검정이다. 주어진 정보로부터 **식 5.14**를 적용하면

$$F = \frac{R^2/(k-1)}{(1-R^2)/(n-k)} = \frac{0.86/(3-1)}{(1-0.86)/(50-3)} = 144.36$$

을 구할 수 있다. 이 통계치는 2와 47의 자유도를 갖는 F-분포의 임계치 3.23보다 크므로 귀무가설을 기각한다.

(2) A가 추정하고자 하는 모형은 $\log(H_t) = \alpha_1 + \alpha_2 \log(Y_t/P_t) + \epsilon_t$이다. 이는 $\log(H_t) = \alpha_1 + \alpha_2 \log(Y_t) + \alpha_2 \log(P_t) + \epsilon_t$를 의미하는 모형으로 첫 모형인 $\log(H_t) = \beta_1 + \beta_2 \log(Y_t) + \beta_3 \log(P_t) + \epsilon_t$과 비교하면 $\beta_2 = \beta_3 (= \alpha_2)$의 제약조건을 가정한 모형이다. 따라서 제약된 모형에서의 결정계수는 일반적인 모형에서의 결정계수인 0.86보다 작다.

(3) C가 추정하고자 하는 모형은 첫 모형에 $\log(Y_t/P_t)$가 추가된 모형으로 이 모형은 다음 식과 같다.

$$\log(H_t) = \beta_1 + \beta_2 \log(Y_t) + \beta_3 \log(P_t) + \beta_4 \log(Y_t/P_t) + \epsilon_t$$

새 모형에서 $\log(Y_t/P_t) = \log(Y_t) - \log(P_t)$가 되어 $\log(Y_t)$, $\log(P_t)$, $\log(Y_t/P_t)$ 간에는 정확한 선형관계가 성립하여 독립변수 간에 완전공선성이 발생하여 회귀계수를 추정하지 못하는 문제가 발생한다.

4. (1) $H_0: \beta_3 = 0$의 가설에 대한 통계량은 $t = \frac{b_3}{s_{b_3}} = \frac{0.011}{0.04} = 0.275$은 5% 유의수준에서 203의 자유도를 갖는 t-분포의 임계치 1.96보다 작으므로 귀무가설을 기각하지 못한다.

(2) $H_0: \beta_2 = 1$의 가설에 대한 통계량은

$t = \frac{b_{13-1}}{s_{b_2}} = \frac{0.257-1}{0.3} = -2.477$의 절대값 2.477은 5% 유의수준에서 203의 자유도를 갖는 t-분포의 임계치 1.96보다 작으므로 귀무가설을 기각한다.

(3) $H_0: \beta_4 = \beta_5 = \beta_6 = 0$의 가설을 검정하기 위한 통계량은 **식 5.19**에 의해 $F = \frac{(R_U^2 - R_R^2)/J}{(1-R_U^2)/(n-k)} = \frac{(0.357-0.282)/3}{(1-0.357)/(209-6)} = 7.89$를 구한다. 이는 5% 유의수준에서 3과 203의 자유도를 갖는 F-분포의 임계치 2.60보다 크므로 귀무가설을 기각한다.

(4) (finance, consum, utility, ext)와 상수항 간에는 정확한 선형관계를 이루는 완전공선성이 발생하여 회귀계수의 추정치를 구할 수 없는 문제가 발생한다. 즉 모든 관찰치에 대하여

$finance_i + consum_i + utility_i + ext_i = 1$이 된다.

(5) finance, consum, utility 및 ext를 꼭 포함시키고 싶다면 상수항을 제외하는 것이 완전공선성을 회피하는 방법이다.

$\log(salary_i) = \beta_1 \log(sales_i) + \beta_2 roe_i + \beta_3 finance_i + \beta_4 consum_i + \beta_5 utility_i + \beta_6 ext_i + \epsilon_i$의 모형이 된다.

제 9 장 이 분 산

연습문제

2. (1) True. 이분산이 발생하면 OLS에 의한 회귀계수는 문제가 없으나 회귀계수 분산의 추정량에 편의가 발생한다. 이분산의 치유방법 중에서 이러한 점에 착안하여 OLS 추정에 의한 회귀계수는 그대로 사용하나 HC에 의한 표준오차를 사용하는 방법을 들 수 있다.

(2) False. 이분산은 고전적 가정에 위배되나 OLS 추정량의 불편성에는 영향을 미치지 못한다. (1)의 설명에서와 같이 회귀계수 분산의 추정에 영향을 미치기 때문이다.

(3) True. 이분산이 발생하면 OLS 추정량은 최소분산을 가지지 못하며 OLS 추정량보다 더 효율적인 추정량인 GLS 추정량이 존재한다.

(4) False. 이분산이 발생할 경우 치유방법으로는 첫째로, OLS 추정에 의한 회귀계수는 문제가 없으나 분산 추정량에 편의가 발생하기 때문에 OLS 추정에 의한 회귀계수와 HC-표준오차를 사용하는 방법이 있으며, 둘째로, 이분산이 고전적 가정에 위배되어 OLS 추정량이 BLUE의 특성을 가지지 못하기 때문에 GLS 추정량을 사용하는 방법이 있다.

(5) True. 이분산이 발생하면 OLS 추정량의 분산추정에 문제가 발생하기 때문에 이에 기초한 t-검정과 F-검정은 유효하지 못하다.

(6) False. 이분산은 회귀분석 모형의 고전적 가정을 위배하지만 다중공선성은 표본 자료의 문제로 고전적 가정과는 상관이 없다.

(7) True. 이분산의 발생은 최소자승 추정량의 불편성의 특성은 유지하지만 분산의 추정에 있어서 편의를 발생시키게 되므로 포준오차에 문제를 발생시킨다.

3. 만일 모든 i에 대하여 $\sigma_i^2 = \sigma^2$의 동분산이 성립한다면 **식 9.6**에 있어서

$$V(b_2) = \frac{\sum_{i=1}^{n}\left(X_i - \overline{X}\right)^2 \sigma_i^2}{\left(\sum_{i=1}^{n}\left(X_i - \overline{X}\right)^2\right)^2} = \frac{\sigma^2 \sum_{i=1}^{n}\left(X_i - \overline{X}\right)^2}{\left(\sum_{i=1}^{n}\left(X_i - \overline{X}\right)^2\right)^2} = \frac{\sigma^2}{\sum_{i=1}^{n}\left(X_i - \overline{X}\right)^2}$$

으로 **식 9.4**가 된다.

심화문제

1. 제4장 실전예제 4.1의 2. 최소자승 추정량의 분산 도출에 있어서

$$V(b_2) = V\left(\sum_{i=1}^{n} w_i Y_i\right)$$

$$V(b_2) = \sum_{i=1}^{n} w_i^2 V(Y_i) = \sum_{i=1}^{n} w_i^2 \sigma_i^2 = \frac{\sum_{i=1}^{n}\left(X_i - \overline{X}\right)^2 \sigma_i^2}{\left(\sum_{i=1}^{n}\left(X_i - \overline{X}\right)^2\right)^2}$$

2. $E(s^2)=\sigma^2$으로 부터 **식 9.5**의 최소자승 추정에 의한 분산의 추정에 있어서

$$E\left(\hat{V}(b_2)\right)=\frac{E(s^2)}{\sum_{i=1}^{n}\left(X_i-\overline{X}\right)^2}=\frac{\sigma^2}{\sum_{i=1}^{n}\left(X_i-\overline{X}\right)^2}$$

$$\neq\frac{\sum_{i=1}^{n}\left(X_i-\overline{X}\right)^2\sigma_i^2}{\left(\sum_{i=1}^{n}\left(X_i-\overline{X}\right)^2\right)^2}$$

이 된다.

3. (1) $E(u_i)=\sqrt{IC_i}\,E(\epsilon_i)=0$
$V(u_i)=IC_i V(\epsilon_i)=\sigma^2 IC_i$

(2) (1)에서 보듯이 $V(u_i)$는 독립변수 IC_i에 의존하게 되어 이분산이 발생한다. 따라서 이 모형은 고전적 가정을 만족하지 않게 된다.

(3) 이 모형을 동분산을 갖는 모형으로 변환하기 위하여 모형의 양변을 $\sqrt{IC_i}$으로 나누면

$\frac{S_i}{\sqrt{IC_i}}=\beta_1\frac{1}{\sqrt{IC_i}}+\beta_2\sqrt{IC_i}+\frac{u_i}{\sqrt{IC_i}}$ 가 된다.

이 경우 새 오차항의 분산은

$V\left(\frac{u_i}{\sqrt{IC_i}}\right)=V(\epsilon_i)=\sigma^2$으로 동분산을 갖는 모형이 된다.

4. (1) 이 모형은 회귀분석 모형의 고전적 가정 중에서 동분산 가정을 만족하지 못하고 있다.

(2) 이 모형의 양변을 $\sqrt{(X_i^2+Z_i^2)}$ 으로 나눈 다음 모형을 고려하자.

$$\frac{Y_i}{\sqrt{(X_i^2+Z_i^2)}}=\beta_1\frac{1}{\sqrt{(X_i^2+Z_i^2)}}+\beta_2\frac{X_i}{\sqrt{(X_i^2+Z_i^2)}}+\beta_3\frac{Z_i}{\sqrt{(X_i^2+Z_i^2)}}+\frac{\varepsilon_i}{\sqrt{(X_i^2+Z_i^2)}}$$

$$\Rightarrow\quad Y_i^*\quad=\beta_1 W_i^*\qquad+\beta_2 X_i^*\qquad+\beta_3 Z_i^*\qquad+\varepsilon_i^*$$

새 모형에서 $\varepsilon_i^*=\frac{\varepsilon_i}{\sqrt{(X_i^2+Z_i^2)}}$ 이므로 $V(\varepsilon_i^*)=\sigma^2$으로 동분산이 성립한다. 따라서 새로운 모형에서의 종속변수는 Y_i^*가 되며 설명변수는 $(W_i^*,\ X_i^*,\ Z_i^*)$이다.

(3) 새 모형에서는 상수항이 존재하지 않기 때문에 $\sum_{i=1}^{n} e_i = 0$라는 조건이 성립하지 않을 수 있으며 따라서 $0 \le R^2 \le 1$의 조건이 성립하지 않을 수 있다.

(4) 만일 $V(\varepsilon_i) = \sigma^2$으로 동분산이 성립한다면 (1)의 변형된 모형에서의 오차항의 분산은 $V(\varepsilon_i{}^*) = \dfrac{\sigma^2}{X_i^2 + Z_i^2}$으로 오히려 이분산이 발생하게 된다. 따라서 OLS 추정량에는 편의는 발생하지 않으나 이분산에서 발생하는 문제 즉, 첫째로, OLS 추정량의 분산 추정에 편의가 발생하거나, 둘째로 OLS 추정량이 BLUE가 되지 못하는 문제점이 발생한다.

5. (1)
$$\begin{aligned} Y_i &= \beta_1 + \beta_{2i} X_i \\ &= \beta_1 + (\beta_2 + v_i) X_i \\ &= \beta_1 + \beta_2 X_i + v_i X_i \\ &= \beta_1 + \beta_2 X_i + \varepsilon_i \end{aligned}$$

(2) $E(\varepsilon_i) = 0$

(3) $V(\varepsilon_i) = \sigma_v^2 X_i^2$

(4) 변형된 모형에서는 이분산이 발생한다. 따라서 최소자승법으로 추정하면, 첫째로 회귀계수 분산추정에 편의가 발생하거나, 둘째로 OLS 추정량이 최소분산을 갖는 BLUE가 되지 못한다.

(5) 양변을 X_i로 나누게 되면

$\dfrac{Y_i}{X_i} = \beta_1 \dfrac{1}{X_i} + \beta_2 + \dfrac{\varepsilon_i}{X_i}$가 되며 $V\left(\dfrac{\varepsilon_i}{X_i}\right) = \sigma^2$의 동분산이 된다. 따라서 최소자승법으로 추정하기 위한 모형의 종속변수는 $\dfrac{Y_i}{X_i}$이며 설명변수는 $\left(\dfrac{1}{X_i}, 1\right)$이 된다.

6. (1) 회귀분석 결과 (A)와 (B)를 비교하면 결과 (A)에서 종속변수와 독립변수가 결과 (B)에서 공히 EMPL 변수로 나누어진 것을 알 수 있다. 이는 결과 (A)에서 이분산이 발생하였으며 이분산의 형태가 EMPL 변수에 비례적인 즉, $V(\varepsilon_i) = \sigma^2 EMPL_i^2$의 형태를 갖는 것으로 유추된다.

(2) 결과 (A)에서 이분산을 제거하기 위해 양변을 EMPL로 나누어 결과 (B)를 구한 결과 기울기 β_2의 추정치는 0.008로 구해진다.

(3) 마찬가지 방법으로 절편 β_1의 추정치는 7.8로 구해진다.

(4) 이분산을 퇴치하기 위한 과정으로 결과 (B)에서의 종속변수는 결과 (A)에

서와 다르기 때문에 두 모형의 적합도를 비교하기 위한 지표로 결정계수를 사용하는 것은 무의미하다.

제10장 자기상관

연습문제

2. (1) True. 이분산의 경우와 마찬가지로 자기상관의 문제는 회귀계수의 추정에는 문제가 없다.
   (2) False. 자기상관은 고전적 가정에 위배되어 OLS 추정량이 BLUE가 되지 못하나 불편추정량의 특성에는 변화가 없다.
   (3) True. 자기상관이 발생하면 OLS 추정량은 BLUE가 되지 못한다.
   (4) False. 자기상관의 문제는 OLS 추정량의 회귀계수에는 문제가 없다. 이와 별개로 자기상관의 문제를 해결하기 위한 방법으로 GLS 추정방법을 고려할 수 있다.
   (5) True. 자기상관이 발생하면 OLS 추정량의 분산 추정에 편의가 발생하므로 이에 근거한 t-검정과 F-검정은 유효하지 못하다.
   (6) False. 자기상관의 유무는 오차항 간의 공분산, 즉 $Cov(\varepsilon_t, \varepsilon_s) = 0$의 여부를 검정하는 것이다.

3. 표본의 크기 $n = 24$이며 $k' = 1$인 부록 B-5의 Durbin-Watson 통계표에서 5%의 유의수준에서 $DW = 1.01 < d_L = 1.273$로 나타나 양의 자기상관이 있는 것으로 판정된다.

4. (1) 새 모형을 $Y_t = \beta_1 + \beta_2 X_t + \beta_3 Z_t + \beta_4 X_t^2 + \beta_5 Z_t^2 + \epsilon_t$으로 표현하면 이 문제는 $H_0 : \beta_4 = \beta_5 = 0$에 대한 질문이다. 따라서 제5장에서 **식 5.19**에 따라 이 가설에 대한 F-통계치 값은

$$F = \frac{(0.375 - 0.353)/2}{(1 - 0.375)/(177 - 5)} = 3.027$$

   로 나타나 2와 172의 자유도를 갖는 F-분포의 임계치 3.07보다 크게 나타나 귀무가설을 기각한다.
   (2) X_t^2, Z_t^2를 포함한 새 모형에서 k'=4와 표본크기 200의 임계치 $d_L =$

$1.728, d_U = 1.810$을 구하였다. 이로부터 Durbin-Watson 통계치=1.85는 $d_U = 1.810 < 1.85 < 4 - d_U = 2.190$에 위치하여 자기상관이 없는 것으로 판단할 수 있다.

심화문제

1. (1) 광고비에 대한 회귀계수의 값에 대한 t-통계치=2.5로 t-검정 결과 유의적인 것으로 나타났다. 그러나 DW-통계치=0.80에 의해 자기상관 여부를 검정한 결과 양의 자기상관이 존재하는 것으로 판단되었다. 따라서 이와 같이 자기상관이 있는 경우 OLS 추정량의 분산추정에 편의가 발생하므로 t-통계치=2.5에 근거한 가설검정은 유효하지 못하다.
   (2) 새로운 모형에서 $X_t, X_{t-1}, X_t - X_{t-1}$ 세 변수 간에는 정확한 선형관계가 존재하는 완전공선성의 문제가 발생한다.

2. 식 (B)의 모형에서 $\varepsilon_t = u_t + \beta_3 Y_{t-1}$이다. 따라서 모형 (B)의 오차항은

$$\begin{aligned} Cov(\varepsilon_t, \varepsilon_{t-1}) &= Cov(u_t + \beta_3 Y_{t-1}, u_{t-1} + \beta_3 Y_{t-2}) \\ &= Cov(\beta_3 Y_{t-1}, u_{t-1}) \neq 0 \end{aligned}$$

이 되어 자기상관이 발생한다. 이와 같이 시계열자료의 모형설정에서 이처럼 시차변수 등의 누락변수의 발생은 자기상관을 유발시킨다.

3. 위 모형으로부터

$$\begin{aligned} \Delta Y_t &= Y_t - Y_{t-1} \\ &= \beta_2 \Delta X_t + (\epsilon_t - \epsilon_{t-1}) \\ &= \alpha + \beta \Delta X_t + v_t \end{aligned}$$

가 되어 $\alpha = 0$, $\beta = \beta_2$가 된다.

(1) $E(v_t) = E(\epsilon_t) - E(\epsilon_{t-1}) = 0$

(2) $$\begin{aligned} V(v_t) &= V(\epsilon_t - \epsilon_{t-1}) = V\{(\rho - 1)\epsilon_{t-1} + u_t\} \\ &= (\rho-1)^2 V(\epsilon_{t-1}) + V(u_t) + 2(\rho-1) C(\epsilon_{t-1}, u_t) \\ &= (\rho-1)^2 \frac{\sigma_u^2}{1-\rho^2} + \sigma_u^2 \\ &= \frac{2}{1+\rho}\sigma_u^2 \end{aligned}$$

(3) $$\begin{aligned} Cov(v_t, v_{t-1}) &= Cov(\epsilon_t - \epsilon_{t-1}, \epsilon_{t-1} - \epsilon_{t-2}) \\ &= Cov(\epsilon_t, \epsilon_{t-1}) - Cov(\epsilon_t, \epsilon_{t-2}) - V(\epsilon_{t-1}) + Cov(\epsilon_{t-1}, \epsilon_{t-2}) \\ &= \rho\sigma_\epsilon^2 - \rho^2\sigma_\epsilon^2 - \sigma_\epsilon^2 + \rho\sigma_\epsilon^2 \\ &= \sigma_\epsilon^2(2\rho - \rho^2 - 1) \neq 0 \end{aligned}$$

(4) 식 (B)의 모형은 자기상관을 가진다. 이러한 경우 OLS 추정량은 최소의 분산을 가지지 못하고 표준오차의 추정량이 불편이긴 하나, 회귀계수의 추정량은 불편추정량의 특성을 유지한다.

4. $$\begin{aligned} e_{1999} &= \log H_{1999} - (-93 - 0.26\log Y_{1999} + 6\log P_{1999}) \\ &= 9.8 - (-93 - 0.26 \times 10.8 + 6 \times 17.6) \\ &= 0.008 \end{aligned}$$

따라서 $$\begin{aligned} \widehat{\log}H_{2000} &= -93 - 0.26 \times \log Y_{2000} + 6 \times \log P_{2000} + (0.25 \times e_{1999}) \\ &= -93 - 0.26 \times 10.9 + 6 \times 17.6 + 0.25 \times 0.008 = 9.768 \end{aligned}$$

$$\begin{aligned} \widehat{\log}H_{2001} &= -93 - 0.26 \times \log Y_{2001} + 6 \times \log P_{2001} + (0.25^2 \times e_{1999}) \\ &= -93 - 0.26 \times 11 + 6 \times 18 + 0.25^2 \times 0.008 = 12.1405 \end{aligned}$$

제11장 안정적 시계열

1. (1) 백색잡음; 모든 시계열의 기본이 되는 시계열로서 모평균이 0이고 자기공분산도 0이며 모분산은 시점과 상관없이 일정한 시계열을 말한다.

(2) 안정적인 시계열; 모집단의 평균, 분산, 자기공분산이 시점에 영향을 받지 않고 일정한 시계열을 말한다.

(3) 에르고딕 시계열; 안정적인 시계열 중에서 자기공분산이 시차가 커짐에 따라서 0으로 수렴하는 시계열을 말한다.

(4) AR(1); 시계열 중에서 ε_t가 백색잡음이라고 할 때, 다음과 같은 방식으로 생성된 시계열을 말한다.

$$y_t = \phi y_{t-1} + \varepsilon_t$$

2. (1) False. 자기상관이 존재한다고 하더라도 안정적이며 에르고딕한 시계열이라면 대수의 법칙과 중심극한 정리를 적용할 수 있어 OLS로 일치된 추정치를 구할 수 있다.

(2) False. 일반적으로 자기상관이 있는 변수들끼리의 선형 모형에서 잔차항은 자기상관을 갖게 된다. 잔차항에 자기상관이 있는 경우 OLS 추정치는 일치된 추정치이나 잔차항의 자기상관을 감안하지 않고 추정된 표준오차는

그렇지 않다. 따라서 OLS의 결과물로 t-검정을 할 수 없다. 따라서 일치된 표준오차를 다시 구해야 한다.

(3) True. MA 시계열은 그 시차 q로 유한하다면 $\gamma_j = 0,\ j > q$이다. 그리고 이동평균 시계열의 특성상 분산과 평균이 시차에 영향을 받지 않는다. 따라서 안정적이며 에르고딕하다.

(4) False. AR(1)시계열을 MA(∞)로 표현하면 **식 11.15**와 같이 표현할 수 있다. 에르고딕하려면 MA(∞)의 계수들의 제곱의 합이 존재해야 한다. 따라서 AR(1)이 에르고딕하려면 $\phi^2 < 1$이어야 한다.

3. (1) gretl이나 EViews를 이용하여 회귀분석한 결과

$$\widehat{KOSPI_t} = \underset{(0.762)}{0.024} + \underset{(12.55)}{0.350}\ KOSDAQ_t$$

$$D-W = 1.88 \quad R^2 = 0.342$$

(2) D-W 검정치가 1.88로서 $n = 305,\ k' = 1$이다. D-W 임계치표에서 $n = 200$일 때 임계치는 (1.758, 1.778)이다. $d_u = 1.778$이고 $4 - d_u = 2.222$이다. 본 검정치가 이 범위 안에 있음으로 자기상관은 없는 것으로 판정된다.

(3) 잔차항의 자기상관이 없는 상황임으로 원래의 OLS 분석으로서 표준오차를 구하는 것이 일치된 추정량임으로 OLS를 결과로 검정해도 무방하다.

4. (1) gretl이나 EViews를 이용하여 회귀분석한 결과

$$\widehat{KTB3_t} = \underset{(-0.727)}{-0.013} + \underset{(2.838)}{0.318}\ CALL_t$$

$$D-W = 1.41 \quad R^2 = 0.034$$

(2) D-W 검정치가 1.41로서 $n = 305,\ k' = 1$이다. D-W 임계치표에서 $n = 200$일 때 임계치는 (1.758, 1.778)이다. $d_L = 1.758$로서 D-W 검정치, 1.41보다 큼으로 양의 상관관계가 있다고 판정할 수 있다.

(3) 두 가지 방법이 있다. 첫 번째로는 제10장에서 다룬 방식으로 AR(1)이라는 가정으로 FGLS(Cochrane-Orcutt 방식으로 수렴하는)를 행하는 방법이다. 방법은 제10장을 참조하기 바란다. 그 결과는

$$\widehat{KTB3}_t = -0.017 + 0.312 \quad CALL_t$$
$$(-0.724) \quad (2.433)$$
$$R^2 = 0.126$$

두 번째 방법은 HAC 타입으로 표준오차를 교정하는 방법이다. gretl이나 EViews를 이용하는 방법은 생략한다.

$$\widehat{KTB3}_t = -0.013 + 0.318 \quad CALL_t$$
$$(-0.671) \quad (2.473)$$
$$R^2 = 0.034$$

(4) 두 가지 방법 모두로 검정을 해도 무방하다. 다만 첫 번째 방법은 AR(1) 이외의 다른 이유(이동평균 항이 있다든지)로 잔차항이 백색잡음이 아니라면 표준오차의 추정치가 일치된 추정치가 아닌 오류를 범할 수 있다.
두 번째 방법은 잔차항이 백색잡음이 아닌 이유와 상관없이 표준오차가 일치된 추정치이나, 가장 효율적(Best)이지는 않다.

제12장 불안정 시계열모형

1. (1) 가성회귀; 서로 선형인 관계가 없는 불안정한 시계열들을 OLS 분석하면 t-검정, F-검정 등에서 유의한 의미를 가지는 것으로 판정되는 회귀분석 결과를 도출하는 현상을 말한다.
(2) 불안정한 시계열; 모집단의 평균, 분산 및 자기상관이 시점에 따라서 변하는 시계열을 말한다.
(3) 난보 시계열; 과거의 정보다 현재의 자료가 어느 방향으로 움직이는지 정보를 주지 못하는 시계열을 말한다. 즉 $E(Y_t|Y_{t-1}) - Y_{t-1} = 0$인 시계열을 말한다.
(4) 공적분관계; 불안정한 시계열들의 선형결합이 안정적인 시계열이 될 때, 불안정한 시계열들 간에 공적분관계가 있다고 말한다.

2. (1) False. 불안정적인 시계열들 사이에 공적분관계가 존재할 때는 OLS로 공적분관계를 추정할 수 있다.
(2) True. 난보 시계열의 분산을 $Var(Y_t) = t\sigma^2$와 같이 구할 수 있다. 시간이 지날수록 분산이 커진다.
(3) False. 만약에 두 불안정한 시계열이 공적분관계가 존재하면 두 변수의 차

이가 안정적인 시계열일 수도 있다.

3. (1) 두 변수의 단위근 존재 여부를 디키-풀러 검정으로 알아본다. 여기서는 상수항를 포함하며 Schwartz criterion으로 시차를 정한다.

CP: 디키-풀러 검정치 -0.775 P-값 0.835

GNI: 디키-풀러 검정치 1.484 P-값 0.999

두 변수 모두 단위근이 있다는 가설을 기각할 수 없다. 따라서 불안정한 시계열이라고 판별한다.

(2) OLS 추정결과

$$\widehat{CP}_t = 37429.2 + 0.3776 \ GNI_t$$
$$(10.73) \quad (32.81) \qquad R^2 = 0.94$$

(3) 두 변수 모두 불안정한 시계열이므로 (2)의 결과로서 두 변수 사이의 관계가 존재한다고 판정할 수 없다. 불안정한 시계열들 사이에는 관계가 없더라도 t-검정, F-검정으로 통해서 관계가 있다는 가설을 기각할 수 없는 가성회귀분석의 문제가 존재하기 때문이다.

(4) 두 변수의 공적분관계 존재 여부는 (2)번 식의 잔차항이 단위근을 갖는지 여부를 디키-풀러 검정을 통해서 알아본다. 잔차항의 디키-풀러 검정치는 -1.25이고 이때 P값은 0.84로서 단위근이 있다는 가설을 기각하지 못한다. 따라서 공적분관계는 없는 것으로 결론 내릴 수 있다.

4. (1) 세 변수의 단위근 존재 여부를 디키-풀러 검정으로 알아본다. 여기서는 상수항을 포함하며 Schwartz criterion으로 시차를 정한다.

YEN: 디키-풀러 검정치 -1.89 P값 0.335,
YENKRW: 디키-풀러 검정치 -2.13 P값 0.232,
USDKRW: 디키-풀러 검정치 -2.43 P값 0.133

위와 같이 세 변수 모두 단위근이 있다는 가설을 기각하지 못한다. 따라서 세 변수 모두 불안정한 시계열이라고 판정한다.

(2) 세 변수 사이에 공적분이 존재하는 지 여부를 알아보면 된다. 즉 세 변수의 선형결합 중 안정적인 시계열이 존재하는지 여부를 알아보면 된다. 실제적으로 공적분관계가 존재할 때 그 공적분관계를 OLS로 추정할 수 있음으로 세 변수가 포함된 OLS 추정식에서 도출된 잔차항이 안정적인 시계열인지 여부를 판단하면 된다.

(3) 선형관계가 아님으로 양변에 자연대수 함수를 취해서 선형관계로 만든 후 분석한다. 즉 위의 세 변수를 log 변환한 변수를 가지고 디키-풀러 검정하고 공적분관계 여부를 알아보고 그 계수를 살펴보면 된다.

$\log(YENKRW_t)$: 디키-풀러 검정치 -2.488 P값 0.118

$\log(USDKRW_t)$: 디키-풀러 검정치 -2.459 P값 0.126

$\log(YEN_t)$: 디키-풀러 검정치 -1.998 P값 0.288

따라서 모두 단위근이 있다는 가설을 기각하지 못한다.

OLS 결과

$$\log(\widehat{YENKRW_t}) = \underset{(2805)}{4.604} + \underset{(4736)}{1.000}\log(USDKRW_t) - \underset{(-6822)}{1.000}\log(YEN_t) \qquad R^2 = 1.00$$

마지막으로 위 회귀분석 결과의 잔차항에 대한 디키-풀러 검정치는 -3.66으로 P값이 0.06이다. 따라서 5% 유의수준에서 잔차항이 단위근을 갖는다는 가설을 기각할 수 없다. 다만 10% 유의수준에서는 기각된다. 따라서 10% 유의수준으로 검정하면, 재정거래 유인이 장기에 존재하지 않으나, 5% 유의수준에서 검정하면 장기에도 재정거래 유인이 존재했다고 볼 수 있다.

제13장 종속변수가 가변수인 모형

1. (1) 이산선택모형이란 종속변수가 여러 대안 중 하나의 선택을 택하는 값을 가지는 모형을 말한다.

   (2) 선형확률모형은 가변수를 종속변수로 하는 회귀모형 중 $E(Y_i) \equiv P_i = \beta_1 + \beta_2 X_i$와 같이 설명변수 X에 대해서 선형으로 가정한 모형을 말한다.

   (3) 로짓모형과 프로빗모형은 가변수인 종속변수가 1일 확률을 나타내는 함수를 각각 로지스틱분포, 표준정규분포의 누적확률분포함수로 설정하여 분석하는 모형을 말한다.

2. (1), (3), (4) [편의상, (1), (3), (4)번의 답을 한꺼번에 작성함]

Dependent variable: OWNER

	(1) OLS	(3) Logit	(4) Probit
const	0.1564** (3.452) [0.0006]	-1.802** (-7.375) [0.0000]	-1.069** (-7.489) [0.0000]
MALE	0.3426** (12.32) [0.0000]	1.894** (11.04) [0.0000]	1.101** (11.79) [0.0000]
AGE	-0.003017** (-2.700) [0.0070]	-0.01614** (-2.821) [0.0048]	-0.009533** (-2.758) [0.0058]
EARNING	0.0009540** (3.771) [0.0002]	0.004413** (3.486) [0.0005]	0.002792** (3.602) [0.0003]
n	1553	1553	1553
R^2	0.1272	0.1085	0.1086
lnL	-971.7	-916.2	-916.1

t-statistics in parentheses
p-values in brackets
* indicates significance at the 10 percent level
** indicates significance at the 5 percent level
For logit and probit, R^2 is McFadden's pseudo-R^2

위의 표는 gretl로 분석한 결과를 요약한 표이다. 각 변수들의 유의성은 세 모형 모두에서 5% 수준에 MALE, AGE, EARNING 모두 유의하다고 결론내릴 수 있다.

(2) gretl을 이용할 경우, 선형확률모형 결과창에서 Save > Fitted values를 선택하면 생성된다. 그 변수의 기술통계치를 살펴보면 다음과 같다.

Summary Statistics, using the observations 1 - 1553
for the variable yhat1 (1553 valid observations)

Mean	Median	Minimum	Maximum
0.375402	0.457432	-0.00607126	1.10282
Std. Dev.	**C.V.**	**Skewness**	**Ex. kurtosis**
0.172771	0.460230	-0.728881	-0.716272
5% Perc.	**95% Perc.**	**IQ range**	**Missing obs.**
0.0726871	0.553988	0.332873	0

우리는 최소치와 최대치에서 최소치는 0보다 작고 최대치는 1보다 크다는 것을 알 수 있다.

(5) (3), (4)의 계수의 모든 추정치는 그 방향이 같다. 다만 다른 누적확률분포 함수를 사용함에 따라서 그 추정치의 크기는 차이가 난다. 모든 계수의 추정치는 그 절대값이 로짓모형에서 더 크다.

제14장 패널자료의 분석

1. (1) 확률효과: 패널 분석 모형에서 횡단면기준 상수항을 확률변수로 가정하는 것

(2) 고정효과: 패널 분석 모형에서 횡단면기준 상수항을 서로 다른 계수로 가정하는 것

2. GDPPANEL 파일에는 분기별 소비자 물가상승률 (cpich)이 있다.

(1) gretl에서 Add〉 Define new variables를 선택하고 deflator=GDPN/GDPR*100 와 같이 입력한다.

(2) gretl에서 Add〉 Define new variables를 선택하고 inflation=(deflator/deflator(-4)-1)*100와 같이 입력한다.

(3) Model〉Panel〉Fixed or Random effects를 차례로 선택한다. 피설명변수에 cpich를 선택하고, 설명변수로 (2)번의 inflation을 선택한다. Robust standard errors를 선택하고 Random effects를 선택하고 OK를 누르면, 아래 결과가 나타난다.

Model 5: Random-effects (GLS), using 2024 observations
Included 23 cross-sectional units
Time-series length = 88
Dependent variable: cpich
Robust (HAC) standard errors

	Coefficient	*Std. Error*	*z*	*p-value*	
const	0.114830	0.515796	0.2226	0.8238	
inflation	0.878542	0.197576	4.447	〈0.0001	***

Mean dependent var	2.945037	S.D. dependent var	5.547616
Sum squared resid	15063.79	S.E. of regression	2.728785
Log-likelihood	−4903.237	Akaike criterion	9810.473

Schwarz criterion	9821.699	Hannan-Quinn	9814.593
rho	0.792893	Durbin-Watson	0.414507

'Between' variance = 0.404355

'Within' variance = 7.07229

theta used for quasi-demeaning = 0.592815

Joint test on named regressors -

Asymptotic test statistic: Chi-square(1) = 19.7723

with p-value = 8.72369e-06

Breusch-Pagan test -

Null hypothesis: Variance of the unit-specific error = 0

Asymptotic test statistic: Chi-square(1) = 218.307

with p-value = 2.11626e-49

Hausman test -

Null hypothesis: GLS estimates are consistent

Asymptotic test statistic: Chi-square(1) = 0.214771

with p-value = 0.643053

이 모형창에서 Tests〉Linear restrictions를 선택한 후 아래와 같이 창에 b[2]-1=0를 입력한다.

OK를 누르면 검정결과가 다음과 같이 나타난다.

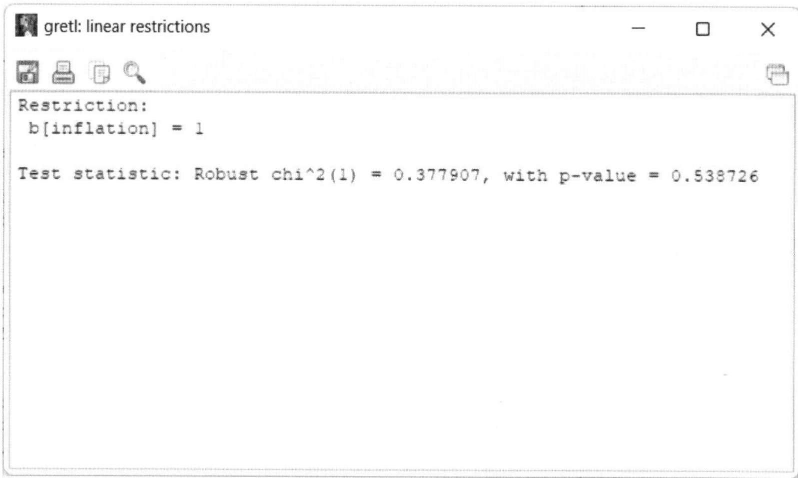

따라서 GDP deflator로 구한 물가상승률과 CPI로 구한 물가상승률이 서로 같다는 것을 기각하지 못한다.

(4) Model〉Panel〉Fixed or Random effects를 차례로 선택한다. 피설명변수에 cpich를 선택하고, 설명변수로 (2)번의 inflation을 선택한다. Robust standard errors를 선택하고 Fixed effects를 선택하고 OK를 누르면, 아래 결과가 나타난다.

Model 6: Fixed-effects, using 2024 observations
Included 23 cross-sectional units
Time-series length = 88
Dependent variable: cpich
Robust (HAC) standard errors

	Coefficient	*Std. Error*	*t-ratio*	*p-value*	
const	0.120282	0.647480	0.1858	0.8543	
inflation	0.876850	0.200988	4.363	0.0002	***

Mean dependent var	2.945037	S.D. dependent var	5.547616
Sum squared resid	14144.58	S.E. of regression	2.659378
LSDV R-squared	0.772814	Within R-squared	0.728319
Log-likelihood	−4839.518	Akaike criterion	9727.037
Schwarz criterion	9861.745	Hannan-Quinn	9776.469
rho	0.792893	Durbin-Watson	0.414507

Joint test on named regressors -

Test statistic: F(1, 22) = 19.0331
with p-value = P(F(1, 22) > 19.0331) = 0.000248763

Robust test for differing group intercepts -
Null hypothesis: The groups have a common intercept
Test statistic: Welch F(22, 726.5) = 3.53384
with p-value = P(F(22, 726.5) > 3.53384) = 1.11114e-07

이 모형창에서 Tests>Linear restrictions를 선택한 후 아래와 같이 창에 b[2]-1=0를 입력하고 OK를 누르면 다음 결과를 보여준다.

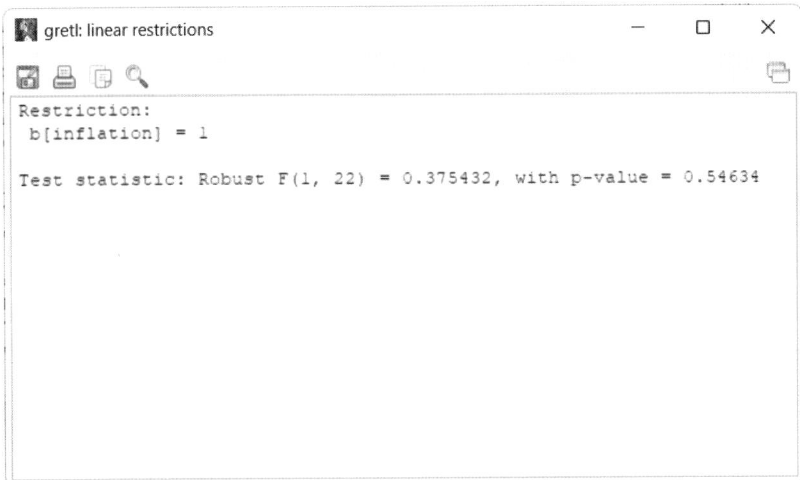

고정효과 모형에서도 두 물가상승률의 차이가 없음을 기각하지 못한다.

(5) (3)번 결과에서 하우스만 검정의 결과를 보면 검정치가 0.214771이며 카이제곱 자유도 1인 분포표에서 유의확률을 구하면 0.64이다. 따라서 확률효과 모형이 더 효율적이다. 다만 고정효과 모형의 불편성이 유지되므로, 두 모형 모두 추정 계수와 계수의 표준편차를 믿을 수 있게 추정한다고 볼 수 있다. 따라서 두 검정치 모두 믿을 수 있는 검정치이다.

찾아보기

ㅎ

기타

저자약력 및 연구업적

남준우(南俊祐)

(현) 서강대학교 경제학부 명예교수
학력 및 주요 경력

- 서강대학교 경제학과 (경제학사), 1982
- 미국 University of Wisconsin-Madison 경제학과 (경제학박사), 1989
- Empirical Economics, Journal of Cultural Economics, Journal of Economic Theory and Econometrics, 계량경제학보 등 국내외 학술지에 50여 편의 계량경제학 관련 논문 발표

허 인(許寅)

(현) 가톨릭대학교 경제학과 부교수
학력 및 주요 경력

- 서강대학교 경제학과 (경제학사), 1995
- 미국 University of Rochester 경제학과 (경제학박사) 2004
- 삼성금융연구소 수석연구원 2004~2008
- 하나은행 자본시장본부 이코노미스트 2008~2009
- 대외경제정책연구원 국제금융팀장 2009~2013
- 전남대학교 경제학부 조교수 2013~2015
- Asian Economic Papers, Singapore Economic Review, Korea and World Economy, 계량경제학보, 경제발전연구, 응용경제, 국제금융연구, 국제통상연구, 국제경제연구, 시장경제연구 등 국내외 학술지에 20여 편의 계량경제학 관련 논문 발표

제3판 **계량경제학** 이론과 활용

2018년 8월 25일 제 1 판 발행
2021년 2월 25일 제 2 판 발행
2024년 3월 5일 제 3 판 발행

공저자 남준우 · 허 인
발행인 임 권 규
발행처 弘 文 社

05855 서울시 송파구 송파대로 167 테라타워 B동 802호
등록 1993. 6. 24. 제1-1543호
TEL 712-5311(대) FAX 716-5311
e-mail hongmoonsa@hanmail.net
홈페이지 http://www.hongmoonsa.co.kr

값 33,000원

ISBN 978-89-7770-757-3 93320